高等院校金融学专业系列教材

金融企业会计
(第二版)

王颖驰　吴宝宏　主　编
赵立军　李冬辉　副主编

清华大学出版社
北　京

内 容 简 介

本书根据我国金融行业发展的最新动向，依照有关的会计准则和中国人民银行及银监会的有关规定编写，凸显了金融企业资金运动的特点，并充分考虑了我国目前会计国际化发展的情况，针对不同的金融行业分别进行了组织和划分。本书按照我国金融体系的构成(银行体系和非银行金融机构)设置章节，包括商业银行会计核算，保险公司、证券公司和租赁公司业务的会计核算，基本涵盖了金融领域各行业的会计核算，充分体现了系统性和全面性。

本书可作为高等院校会计专业和金融专业本、专科教学用书，同时也可作为金融行业有关人士的培训和自学用书。

本书封面贴有清华大学出版社防伪标签，无标签者不得销售。
版权所有，侵权必究。侵权举报电话：010-62782989　13701121933

图书在版编目(CIP)数据

金融企业会计/王颖驰，吴宝宏主编. —2版. —北京：清华大学出版社，2018(2020.1重印)
(高等院校金融学专业系列教材)
ISBN 978-7-302-49265-8

Ⅰ. ①金…　Ⅱ. ①王…　②吴…　Ⅲ. ①金融企业—会计—高等学校—教材　Ⅳ. ①F830.42

中国版本图书馆 CIP 数据核字(2018)第 002457 号

责任编辑：刘秀青　陈立静
装帧设计：刘孝琼
责任校对：周剑云
责任印制：李红英

出版发行：清华大学出版社
网　　址：http://www.tup.com.cn，http://www.wqbook.com
地　　址：北京清华大学学研大厦A座　　邮　　编：100084
社 总 机：010-62770175　　邮　　购：010-62786544
投稿与读者服务：010-62776969，c-service@tup.tsinghua.edu.cn
质量反馈：010-62772015，zhiliang@tup.tsinghua.edu.cn
课件下载：http://www.tup.com.cn，010-62791865

印 装 者：北京密云胶印厂
经　　销：全国新华书店
开　　本：185mm×260mm　　印　张：21.5　　字　数：518千字
版　　次：2014年7月第1版　2018年3月第2版　印　次：2020年1月第4次印刷
定　　价：49.80元

产品编号：076600-01

第二版前言

《金融企业会计》自 2014 年出版以来，得到了广大同行、师生和金融工作者的大力支持和认可。编者在第一版的基础上结合我国现行会计准则的修订情况，以及在金融企业会计理论和实务研究、教学研究的基础上听取了部分高校教师和学生及金融业相关人士的反馈意见后，对第一版进行了认真的完善和修订。具体修订情况如下。

本书除修改之前存在的校对错误外，重点对各章的引导案例进行了更新；第一章完善了银监会、证监会和保监会的相关内容；第四章存款业务核算完善了商业银行吸收存款的确认与计量内容；第六章支付结算业务的核算修改了我国银行支付结算的种类，增加了国内信用证核算和银行卡的相关内容；第十三章证券业务的核算完善和修改了证券公司自营证券的核算。

本书是校级教改项目"会计行业紧缺人才培养模式研究与实践(编号 JKB2012-017)"，高校"应用型会计人才培养体系构建研究(编号 JYWB2013-07)""经济管理类课程信息化改革研究"(编号 2016JW1017)的衍生成果。

本书分为三篇，共十四章，由佳木斯大学王燕、许延明担任主审，佳木斯大学王颖驰、吴宝宏担任主编，佳木斯大学赵立军、哈尔滨金融学院李冬辉担任副主编。具体编写分工如下：第二、三、四章由佳木斯大学王颖驰负责编写，第五、六、九、十章由佳木斯大学吴宝宏负责编写，第一、七和十一章由佳木斯大学赵立军负责编写，第八、十二、十三、十四章由哈尔滨金融学院李冬辉负责编写。在本书的编写过程中，得到了相关金融机构的鼎力协助，同时也得到了家人的大力支持，在此对他们深表谢意。

由于编者水平有限，书中难免存在疏漏和不足之处，敬请广大学者和同行批评指正。

编 者

第一版前言

在我国金融市场日益成熟、资本市场逐渐完善的背景下，我国现行企业会计准则对金融资产和金融企业的会计核算制定了更加国际化的规范。同时，因金融行业的蓬勃发展，我国急需培养金融人才，而"金融企业会计"课程对于金融人才进一步认识和系统学习金融企业资金运动提供了很好的知识平台，它同时还是会计专业的专业课，是会计学科体系的重要组成部分。本书立足于我国现状，根据财政部2006年发布的新《企业会计准则》《企业会计准则——应用指南》和2008年出版的《企业会计准则讲解》，并结合各金融机构最新行业管理办法和会计核算方法，对商业银行、保险公司、证券公司、租赁公司等主要金融企业的会计实务进行了详细、清晰、全面的阐述和分析，有助于广大读者和金融爱好者更快、更好地理解我国金融企业的会计核算方法。

本书按照由浅入深的原则讲述金融企业会计工作的各项内容，包括核算、监督、检查、分析的基本理论、基础知识和基本技能，努力做到概念清晰、层次分明、逻辑明确，使之有利于广大读者和教学单位了解金融企业会计的基本核算方法和各项业务处理方法，能帮助学生顺利学习后续专业课程，提高自学与更新专业知识的能力。本书分别针对银行、证券、保险、租赁等金融行业的会计业务处理及金融系统内部的资金往来及核算等进行了较为系统和翔实的讲解。笔者在编写过程中对商业银行和中国人民银行等金融机构做了会计核算的实地调研，特别是对"实际利率"在金融行业的应用这部分进行了深入的讨论和分析。书中不仅详细地介绍了金融企业的相关规定和操作，还通过金融小资料等特色内容扩充相关知识，而且每章都配有大量练习题，有利于学习者巩固相关知识。

本书是会计专业建设、省级教改课题"后金融危机时代会计专业应用型人才职业素养构建研究(编号 JG2012010608)"以及校级教改项目"会计行业紧缺人才培养模式研究与实践(编号 JKB2012-017)"和高校"应用型会计人才培养体系构建研究(编号 JYWB2013-07)"的衍生成果。

本书分为三篇，共十四章，由佳木斯大学王燕、许延明担任主审，佳木斯大学王颖驰、吴宝宏担任主编，哈尔滨金融学院李冬辉担任副主编。具体编写分工如下：第一、二、三、四、七和十一章由佳木斯大学王颖驰负责编写，第五、六、九、十章由佳木斯大学吴宝宏负责编写，第八、十二、十三、十四章由哈尔滨金融学院李冬辉负责编写。在本书的编写过程中，得到了相关金融机构的鼎力协助，同时也得到了家人的大力支持，在此对他们深表谢意。

由于编者水平有限，书中难免存在疏漏和不足之处，敬请广大学者和同行批评指正。

编　者

目　　录

第一篇　金融企业会计基本理论

第一章　我国金融体系的构成 1
第一节　银行体系 2
　　一、中央银行 2
　　二、银监会 3
　　三、商业银行 3
第二节　非银行金融机构 4
本章小结 7
复习思考题 7

第二章　金融企业会计概述 8
第一节　金融企业会计的概念及特点 8
　　一、金融企业会计的概念 8
　　二、金融企业会计的特点 9
第二节　金融企业会计核算的基本前提和会计基础 9
　　一、金融企业会计基本前提 9
　　二、金融企业会计基本核算基础 11
第三节　金融企业会计的信息质量要求 12
　　一、可靠性 12
　　二、相关性 12
　　三、可理解性 12
　　四、可比性 13
　　五、实质重于形式 13
　　六、重要性 13
　　七、谨慎性 14
　　八、及时性 14
第四节　金融企业的会计对象和会计要素 15
　　一、金融企业的会计对象 15
　　二、金融企业的会计要素 15
第五节　金融企业的会计计量属性 17
　　一、历史成本 17
　　二、重置成本 17
　　三、可变现净值 17
　　四、现值 17
　　五、公允价值 17
第六节　金融企业会计工作的组织 18
　　一、机构与人员 18
　　二、会计制度 19
本章小结 19
复习思考题 20

第三章　金融企业会计的核算方法 21
第一节　会计科目 21
　　一、会计科目设置 21
　　二、会计科目分类 22
第二节　记账方法 27
　　一、复式记账法——借贷记账法 27
　　二、单式记账法 29
第三节　会计凭证 29
　　一、会计凭证的种类 29
　　二、会计凭证的基本内容 35
　　三、会计凭证的处理 35
第四节　账务组织 36
　　一、明细核算系统 37
　　二、综合核算系统 41
　　三、账务核对 43
　　四、账务处理 44
　　五、记账规则与错账更正 44
本章小结 46
复习思考题 46

第二篇　商业银行会计

第四章　存款业务核算 ... 49
第一节　存款业务概述 ... 50
一、存款的种类 ... 50
二、存款的账户及管理 ... 51
三、存款业务会计科目的设置 ... 53
四、吸收存款的确认与计量 ... 54
第二节　单位存款业务核算 ... 54
一、单位活期存款的核算 ... 54
二、单位定期存款的核算 ... 60
三、单位通知存款的核算 ... 64
第三节　个人储蓄业务核算 ... 65
一、储蓄存款的种类 ... 65
二、活期储蓄存款的核算 ... 66
三、定期储蓄存款的核算 ... 68
四、个人通知储蓄存款及教育储蓄存款 ... 74
本章小结 ... 75
复习思考题 ... 75

第五章　贷款与贴现业务的核算 ... 78
第一节　贷款业务概述 ... 79
一、贷款的概念 ... 79
二、贷款业务的种类 ... 79
三、贷款的核算方式 ... 80
四、贷款的核算原则 ... 81
第二节　贷款业务核算 ... 81
一、贷款业务的会计科目 ... 81
二、贷款业务的确认与计量原则 ... 82
三、信用贷款的核算 ... 83
四、担保贷款的核算 ... 87
第三节　贷款减值核算 ... 90
一、贷款减值概述 ... 90
二、抵债资产的核算 ... 94
三、贷款呆账的核算 ... 96
第四节　贷款利息核算 ... 97
一、贷款利息计算的基本规定 ... 97
二、贷款利息的计算分录 ... 97
三、贷款利息的计算方法 ... 97
第五节　贴现业务核算 ... 98
一、票据贴现业务概述 ... 98
二、会计科目的设置 ... 99
三、贴现银行办理贴现的核算 ... 99
四、贴现汇票到期银行收回票款的核算 ... 100
本章小结 ... 101
复习思考题 ... 101

第六章　支付结算业务的核算 ... 103
第一节　支付结算业务概述 ... 103
一、支付结算的概念 ... 103
二、支付结算的核算要求 ... 104
三、支付结算的种类 ... 105
四、支付结算核算的基本程序 ... 106
第二节　票据结算业务的核算 ... 106
一、支票的核算 ... 106
二、银行本票的核算 ... 114
三、银行汇票的核算 ... 118
四、商业汇票的核算 ... 122
第三节　结算方式的核算 ... 127
一、汇兑的核算 ... 127
二、托收承付的核算 ... 130
三、委托收款的核算 ... 134
四、国内信用证的核算 ... 136
第四节　银行卡的核算 ... 139
一、银行卡的概念和分类 ... 139
二、信用卡的概念 ... 140
三、信用卡的基本规定 ... 140
四、信用卡发行的核算 ... 140
五、信用卡存取现金的核算 ... 141
六、凭信用卡直接消费的核算 ... 143

七、贷记卡使用额度及准贷记卡
　　　　透支本金的处理......144
　本章小结......145
　复习思考题......145

第七章　系统内联行往来业务核算......149
　第一节　商业银行系统内往来业务的
　　　　核算......150
　　一、商业银行系统内往来业务
　　　　概述......150
　　二、系统内资金汇划与清算的
　　　　核算......151
　第二节　现代化支付系统的核算......155
　　一、我国现代化支付系统概述......155
　　二、大额实时支付系统的核算......156
　　三、小额批量支付系统的核算......162
　本章小结......169
　复习思考题......169

第八章　跨系统银行间往来业务核算......171
　第一节　金融机构往来业务概述......172
　　一、金融机构往来的概念......172
　　二、金融机构往来的核算内容......172
　　三、金融机构往来的核算要求......172
　第二节　商业银行与中央银行往来的
　　　　核算......173
　　一、设置会计科目......173
　　二、向中央银行缴存和支取现金的
　　　　核算......174
　　三、向中央银行缴存存款的核算......175
　　四、向中央银行借款的核算......177
　　五、向中央银行贴现的核算......178
　第三节　商业银行往来的核算......179
　　一、同城票据交换核算......179
　　二、异地跨系统汇划款项转汇业务
　　　　核算......181
　　三、同业拆借业务核算......185
　本章小结......188
　复习思考题......188

第九章　外汇业务核算......190
　第一节　外汇业务概述......190
　　一、外币、外汇及汇率......190
　　二、外汇业务的主要内容......193
　　三、外汇业务的记账方法......194
　第二节　外汇买卖业务核算......195
　　一、外汇买卖的账务组织......195
　　二、外汇买卖的账务处理......197
　第三节　外汇存贷款业务核算......200
　　一、外汇存款的核算......200
　　二、外汇贷款的核算......205
　第四节　国际结算业务核算......211
　　一、信用证结算方式的核算......211
　　二、托收结算方式的核算......214
　　三、汇兑结算方式的核算......216
　本章小结......217
　复习思考题......217

第十章　所有者权益的核算......219
　第一节　所有者权益概述......219
　　一、所有者权益的概念......219
　　二、所有者权益的主要内容......219
　第二节　实收资本核算......222
　　一、实收资本核算的一般规定......222
　　二、实收资本的账务处理......222
　第三节　资本公积与留存收益的核算......227
　　一、资本公积的核算......227
　　二、留存收益的核算......229
　第四节　损益的核算......231
　　一、收入的核算......231
　　二、费用的核算......233
　　三、营业外收入与营业外支出的
　　　　核算......235
　第五节　利润与利润分配的核算......235
　　一、利润概述......235
　　二、利润的核算......236
　　三、利润分配的核算......237
　本章小结......238

复习思考题 239

第十一章 年度决算与财务报告 240

第一节 年度决算概述 240
一、年度决算的意义 241
二、年度决算工作 242

第二节 财务报告 244
一、财务报告的分类 244
二、财务报告的编制要求 245
三、资产负债表 246
四、利润表 248
五、现金流量表 249
六、所有者权益变动表 251
七、会计报表附注 254

本章小结 255
复习思考题 255

第三篇 非银行金融机构业务核算

第十二章 保险业务的核算 259

第一节 保险业务概述 260
一、保险 260
二、保险合同 263

第二节 财产保险业务核算 264
一、财产保险的特征及业务处理
　　程序 264
二、原保险合同收入的确认
　　和计量 264
三、原保险合同成本的确认
　　和计量 268
四、原保险业务保险准备金的
　　核算 269

第三节 人身保险业务核算 271
一、人寿保险保费收入的确认
　　和核算 271
二、人寿保险业务保险金给付的
　　核算 272
三、意外伤害保险和健康保险的
　　核算 274
四、人身保险准备金的核算 276

第四节 再保险业务核算 278
一、再保险分出业务的核算 278
二、再保险分入业务的核算 281

本章小结 283
复习思考题 283

第十三章 证券业务的核算 285

第一节 证券概述 285
一、证券公司 285
二、证券 286
三、证券业务的种类 287

第二节 证券经纪业务核算 288
一、证券经纪业务的构成要素 288
二、证券经纪业务的原则 289
三、证券经纪业务的特点 289
四、证券经纪业务的核算 290

第三节 自营证券业务核算 293
一、自营证券业务的概念和特点 293
二、自营证券的范围 294
三、自营证券的核算 294

第四节 证券承销业务核算 301
一、证券承销的形式 301
二、代理发行证券的核算 302

第五节 证券回购业务的核算 305
一、买入返售证券 305
二、卖出回购证券 305

本章小结 306
复习思考题 306

第十四章 租赁业务的核算 309

第一节 租赁业务概述 309
一、租赁的概念 309

二、租赁的特点 310
　　三、租赁的种类 310
　　四、融资租赁与经营租赁的区别 311
　　五、租赁业务的相关概念 312
　第二节　经营租赁业务的核算 314
　　一、经营租赁的主要特点 314
　　二、经营性租赁的账务处理 314
　第三节　融资租赁业务的核算 317
　　一、融资租赁的主要特征 317
　　二、融资租赁的四种功能 318
　　三、融资租赁的账务处理 318
　本章小结 328
　复习思考题 328

参考文献 330

第一篇　金融企业会计基本理论

第一章　我国金融体系的构成

【学习要点及目标】

- 掌握我国金融体系的构成。
- 了解银行体系和非银行金融机构的构成。
- 了解中央银行的地位和作用。

【核心概念】

金融体系　中央银行　商业银行　政策性银行　非银行金融机构

【引导案例】

积极做好钢铁、煤炭行业去产能和转型脱困金融服务

为贯彻落实国务院关于做好钢铁、煤炭行业化解过剩产能和脱困升级工作的决策部署，充分发挥金融引导作用，支持钢铁、煤炭等行业去产能、去杠杆、降成本、补短板，促进钢铁、煤炭行业加快转型发展、实现脱困升级，日前，人民银行、银监会、证监会、保监会联合印发了《关于支持钢铁煤炭行业化解产能实现脱困发展的意见》(银发〔2016〕118号，以下简称《意见》)。

《意见》提出，金融机构应坚持区别对待、有扶有控原则，满足钢铁、煤炭企业的合理资金需求，严格控制对违规新增产能的信贷投入。对长期亏损、失去清偿能力和市场竞争力的企业及落后产能，坚决压缩退出相关贷款。

《意见》指出，要积极稳妥推进企业债务重组，对符合政策且有一定清偿能力的钢铁、煤炭企业，通过实施调整贷款期限、还款方式等债务重组措施，帮助企业渡过难关。对符合条件的钢铁、煤炭分流人员，要进一步提高就业创业金融服务水平，鼓励金融机构按政策规定给予创业担保贷款支持，并合理确定贷款利率水平。

《意见》强调，银行业金融机构要综合运用债务重组、破产清算等手段，妥善处置企业债务和银行不良资产，加快不良贷款核销和批量转让进度，坚决遏制企业恶意逃废债务行为。对于企业债务重组和不良资产处置等重大问题，要加强沟通协调配合，共同研究解决，完善风险应对预案，防止个别行业、企业风险演化为系统性、区域性金融风险。

(资料来源：杨中华，http://www.Jiemian.com/article/619314.html.)

【案例导学】

在市场经济中，金融是配置社会资金、调剂资金余缺、充分发挥资金使用价值的重要

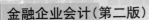

枢纽，可为经济发展提供推动力，在现代经济发展和社会进步中具有不可替代的作用。自改革开放以来，我国逐步形成以中国人民银行为核心，商业银行为主体，政策性金融机构为补充，其他多种金融机构并存、分工协作的金融机构体系。中国人民银行是制定和出台金融政策、调控金融市场的国家政府职能部门，它与一般的商业银行有着本质的不同，它不是以盈利为目的的企业。在现代信用经济条件下，经济发展对金融服务的需求层次不断提高。在这种情况下，金融体系日趋复杂，金融活动不仅渗透到社会经济的各个领域，而且开始在某种程度上脱离实体经济而独立运行，金融因素成为与土地、资本、劳动同样重要的经济增长因素。

第一节 银行体系

一、中央银行

中央银行是国家赋予其制定和执行货币政策，对国民经济进行宏观调控，对金融机构乃至金融业进行监督管理的特殊的金融机构；是一个由政府组建的机构，负责控制国家货币供给、信贷条件，监管金融体系，特别是商业银行和其他储蓄机构；为政府筹集资金；代表政府参加国际金融组织和各种国际金融活动。

中央银行所从事的业务与其他金融机构所从事的业务的根本区别在于，中央银行所从事的业务不是为了盈利，而是为实现国家宏观经济目标服务，这是由中央银行所处的地位和性质决定的。

我国的中央银行是中国人民银行，是于 1948 年 12 月 1 日在华北银行、北海银行、西北农民银行的基础上合并组成的，是中华人民共和国国务院组成部门之一。中国人民银行根据《中华人民共和国中国人民银行法》的规定，在国务院的领导下依法独立执行货币政策，履行职责，开展业务，不受地方政府、各级政府部门、社会团体和个人的干涉。中国人民银行在国务院的领导下，制定和执行货币政策，防范和化解金融风险，维护金融稳定，其全部资本由国家出资，属于国家所有。

中央银行具有三大基本职能，具体内容如下所述。

(一)制定和执行货币金融政策

中央银行作为一国货币政策的制定和执行者，通过对金融政策的制定和执行，运用金融手段，对全国货币、信用活动进行有目的的调控，影响和干预国家宏观经济，实现其预期货币金融政策的目标和职能。中央银行调节的主要对象是全社会信用总量，它不仅包括货币供应量，还包括信贷总规模。中央银行根据货币金融政策目标的要求来调节全社会信用总量，即调节社会的总需求和总供给，从而为国民经济的发展创造一个良好的货币、金融环境，进而达到调节宏观经济、促进国民经济发展的目的。

(二)金融监管

中央银行的管理职能，是指中央银行作为全国的金融行政管理机关，为了维护全国金融体系的稳定，防止金融混乱对社会经济的发展造成不良影响，而对商业银行和其他金融机构以及全国金融市场的设置、业务活动和经济情况进行检查监督、指导、管理和控制。简单来说，中央银行通过其对商业银行以及其他金融机构的管理，对金融市场的管理，来达到稳定金融和促进社会经济正常发展的目的。金融监管是随着商业银行的产生而产生的，而中央银行则是商业银行发展到一定阶段后，从商业银行中分离出来的。也就是说，金融监管制度是先于中央银行制度而出现的。金融监管并不是中央银行的产物，最早的金融监管是各国政府当局的职能，管理的主要内容是银行的注册登记和控制商业银行对银行券的发行。中央银行逐渐从商业银行中分离出来，并不断接受政府的授权，逐步演变成一个特殊的金融机构后，金融监管才逐渐成为中央银行的重要职能。值得注意的是，中央银行最早的金融监管集中在货币发行上。

(三)提供支付清算服务

现代市场经济，实质是货币信用经济，即金融经济，每个市场的参与者(从各级政府、金融机构到各类企业和家庭)为了生产和生活的需要每天都在进行大量的交易活动，这些活动是在特定的货币信用体系框架中进行的，交易中所牵涉的商品与劳务的转移，必须得到一个清算支付体系的支持，而所谓的支付体系，就是对市场参与者债务活动进行清算的一系列安排。一般而言，市场活动越发达，对债务清算安排的要求就越高，而一国支付体系的构造特别是中央银行在支付体系中所发挥的作用如何又直接影响一国经济运行的效率。经济体系中的债务清算过程就是货币所有权的转移过程。现实经济中的支付货币有三种形式，一是现金，二是存款，三是中央银行货币。其中，中央银行货币是商业银行体系在中央银行拥有的储备账户存款，是商业银行间用于清算同业债务关系的最终货币手段。

二、银监会

中国银行业监督管理委员会(China Banking Regulatory Commission，CBRC)简称中国银监会或银监会，成立于2003年4月25日，是国务院直属正部级事业单位。根据国务院授权，银监会统一监督管理银行、金融资产管理公司、信托投资公司及其他存款类金融机构，维护银行业的合法、稳健运行。

中国银监会于全国31个省(直辖市、自治区)和五个计划单列市设立了36家银监局，于306个地区(地级市、自治州、盟)设立了银监分局，于1730个县(县级市、自治县、旗、自治旗)设立了监管办事处，全系统参照《公务员法》管理。

三、商业银行

商业银行是通过吸收存款、发放贷款和办理结算等金融业务，以获取利润为目的的企业法人。商业银行以资金的安全性、流动性和效益性为经营原则，实行自主经营、自担风险、自负盈亏、自我约束的经营机制，其主要经营业务有：吸收存款；发放贷款；办理国内外结算，办理票据承兑与贴现；发行金融债券；代理发行、代理兑付、承销政府债券；买卖政府债券、金融债券；从事同业拆借；买卖、代理买卖外汇；从事银行卡业务；提供信用证服务及担保，代理收付款项及代理保险业务；提供保管箱服务等。

商业银行是我国金融体系的主体，其总行是一级法人，业务实行垂直领导，各分支机构不具有法人资格；全行统一核算，分级管理。在我国，商业银行主要有国有独资商业银行(如中国工商银行、中国农业银行、中国银行和中国建设银行)、股份制商业银行(如招商银行、交通银行、华夏银行、中信银行、民生银行、上海浦东发展银行等)、合作性商业银行(如城市合作商业银行和农村合作商业银行等)。随着金融市场的进一步开放，外资银行(如

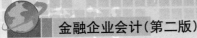

花旗银行、汇丰银行等)也已成为我国金融体系的重要组成部分。

除此以外，我国还有政策性银行，是指由政府投资建立，按照国家宏观政策要求在限定的业务领域从事信贷融资业务的政策性金融机构，包括中国进出口银行、中国农业发展银行、国家开发银行等。

第二节　非银行金融机构

非银行金融机构是指除银行以外，依法定程序设立的各种经营金融业务的金融机构。它与商业银行的主要区别表现在：第一，资金来源不同，商业银行以吸收存款为主要资金来源，非银行金融机构主要依靠发行股票、债券等筹集资金；第二，资金运用方式不同，商业银行的资金以发放贷款为主，非银行金融机构主要从事非贷款的其他多样化的资金运用方式，如保险公司从事保险业务、信托公司从事信托业务、租赁公司从事租赁业务等。目前我国非银行金融机构包括保险公司、信托投资公司、证券公司、租赁公司、信用社、基金管理公司、财务公司、期货公司、汽车金融公司等，是我国金融机构体系的重要组成部分。在目前我国金融业实行分业经营的模式下，各类非银行金融机构的经营范围有别，经营侧重点各异。

1. 保险公司

保险公司是指依法成立的经营保险业务的非银行金融机构。它的经营实质是对投保人未来可能的损失予以赔偿给付的承诺，在国民经济中发挥着"互助共济，分担风险"的保障作用。根据《中华人民共和国保险法》的规定，保险公司可以经营的业务有：财产保险业务，具体包括财产损失保险、责任保险、信用保险等；人身保险业务，具体包括人寿保险、健康保险、意外伤害保险等。同时，该法还规定：同一保险人不得同时兼营财产保险业务和人身保险业务，但是经营财产保险业务的保险公司经保监会核定，可以经营短期健康保险业务和意外伤害保险业务；经保监会核定，保险公司可以经营财产保险业务和人身保险业务的再保险分出和分入业务。

2. 信托投资公司

信托投资公司是指依法成立的主要经营信托业务的非银行金融机构。它以信用接受委托，按照委托人的意愿以自己的名义，为受益人的利益或者特定目的，对委托人的资财进行管理或者处分，发挥其"受人之托，代人理财"的功能。根据《信托投资公司管理办法》的规定，信托投资公司可以申请经营下列部分或者全部本外币业务：受托经营资金信托业务，受托经营动产、不动产及其他财产的信托业务，受托经营法律、行政法规允许从事的投资基金业务，经营企业资产的重组、购并及项目融资、公司理财、财务顾问等中介业务，受托经营国务院有关部门批准的国债、政策性银行债券、企业债券等的承销业务，代理财产的管理、运用和处分，代理保管业务，信用鉴证、资信调查及经济咨询业务，以固有财产为他人提供担保，中国人民银行批准的其他业务。

3. 证券公司

根据国家对证券公司实行分类管理的要求，我国证券公司分为综合类证券公司和经纪类证券公司两类,并由国务院证券监督管理机构按照其分类颁发业务许可证。综合类证券公司可以经营的业务包括:证券经纪业务、证券自营业务、证券承销业务、经国务院证券监督管理机构核定的其他证券业务。经纪类证券公司只允许专门从事证券经纪业务,即只能专门从事代理客户买卖证券、代理客户兑付证券及代理客户保管证券等业务。

4. 租赁公司

租赁公司是指依法成立的以经营融资租赁业务为主的非银行金融机构。所谓融资租赁业务,是指出租人根据承租人对出卖人、租赁物的选择,向出卖人购买租赁物件,提供给承租人使用,向承租人收取租金的交易。它以出租人保留租赁物的所有权和收取租金为条件,使承租人在租赁合同期内对租赁物取得占有、使用和受益的权利。融资租赁是以融物的形式进行的融资活动,在这种租赁方式下,承租人通过租入资产,既解决了其资金短缺的问题,又取得了其生产经营所需的设备。根据《金融租赁公司管理办法》的规定,金融租赁公司可以经营下列本外币业务:直接租赁、回租、转租赁、委托租赁等融资性租赁业务,经营性租赁业务,接受法人或机构的委托租赁资金,接受有关租赁当事人的租赁保证金,向承租人提供租赁项下的流动资金贷款,有价证券投资、金融机构股权投资,经中国人民银行批准发行金融债券,向金融机构借款,外汇借款,同业拆借业务,租赁物品残值变卖及处理业务,经济咨询和担保,中国人民银行批准的其他业务。

5. 信用社

信用社是指资本由社员入股,经营由社员民主管理,主要为入股社员服务的合作性质的集体金融组织,其主要业务有:城乡个人储蓄存款,农户、个体工商户和集体企业的存贷款及结算业务,代办保险,代收代付业务以及经中国人民银行批准的其他业务。随着经济的发展,目前绝大部分的城市信用社已逐渐改组为以城市命名的商业银行,少数经济比较发达地区的农村信用社也组建了农村合作银行,主要为本地区的经济发展融通资金,重点为中小企业的发展提供金融服务。

6. 基金管理公司

基金管理公司是指依法成立的从事证券投资基金管理业务的非银行金融机构,其主要业务有:证券投资基金的发行与赎回,以投资组合方式管理和运用证券投资基金进行股票、债券等金融工具的投资等。目前我国设立基金管理公司需要满足以下条件:符合《中华人民共和国证券投资基金法》和《中华人民共和国公司法》规定的章程;注册资本不低于 1 亿元人民币,且必须为实缴货币资本;主要股东具有从事证券经营、证券投资咨询、信托资产管理或者其他金融资产管理的较好经营业绩和良好的社会信誉,最近 3 年没有违法记录,注册资本不低于 3 亿元人民币;取得基金从业资格的人员达到法定人数;有符合要求的营业场所、安全防范设施和与基金管理业务有关的其他设施;有完善的内部稽核监控制度和风险控制制度;法律、行政法规规定的和经国务院批准的国务院证券监督管理机构规定的其他条件。

7. 财务公司

财务公司是指依法成立的以加强企业集团资金集中管理和提高企业集团资金使用效率为目的,为企业集团成员单位提供财务管理服务的非银行金融机构。它由企业集团内部成员单位集资组建,经营的业务种类比较综合,提供服务的范围主要局限于某一企业集团内部。

根据《企业集团财务公司管理办法》的规定，财务公司可以经营下列部分或者全部业务：对成员单位办理财务和融资顾问，信用鉴证及相关的咨询、代理业务；协助成员单位实现交易款项的收付；经批准的保险代理业务；对成员单位提供担保；办理成员单位之间的委托贷款及委托投资；对成员单位办理票据承兑与贴现；办理成员单位之间的内部转账结算及相应的结算、清算方案设计；吸收成员单位的存款；对成员单位办理贷款及融资租赁业务；从事同业拆借；中国银行业监督管理委员会批准的其他业务。同时，该办法还规定，对于符合条件的财务公司，可以向银监会申请从事以下业务：经批准发行财务公司债券，承销成员单位的企业债券，对金融机构的股权投资，有价证券投资，成员单位产品的消费信贷、买方信贷及融资租赁。

8. 期货公司

期货公司是指依照《中华人民共和国公司法》和《期货交易管理条例》的规定成立的代理客户从事期货交易的非银行金融机构。它接受客户的委托，按照客户的指令，以自己的名义为客户进行期货交易并收取交易手续费，交易结果由客户承担。期货公司可以从事期货经纪以及中国证监会批准的其他业务，不得从事经营范围以外的业务，比如，期货经纪公司不能从事期货自营业务。期货公司的主要职能是根据客户指令代理买卖期货合约、办理结算和交割手续；对客户的账户进行管理，控制客户交易风险；为客户提供期货市场信息，进行期货交易咨询，充当客户的交易顾问等。

期货交易者是期货市场的主体，正是因为期货交易者具有套期保值或投机盈利的需求，才促进了期货市场的产生和发展。尽管每一个交易者都希望直接进入期货市场进行交易，但是由于期货交易的高风险性，决定了期货交易所必须制定严格的会员交易制度，非会员不得入场交易，于是就产生了严格的会员交易制度与吸引更多交易者、扩大市场规模之间的矛盾。

除此之外，随着我国汽车金融服务业发展的需要，经营汽车金融业务的非银行金融机构，如上海通用汽车金融有限责任公司、丰田汽车金融(中国)有限公司、大众汽车金融(中国)有限公司等相继成立，其主要为中国境内的汽车购买者提供贷款并从事相关金融业务。

【小资料】

中国保监会

中华人民共和国保险监督管理委员会(China Insurance Regulatory Commission，CIRC)，简称中国保监会，成立于1998年11月18日，是国务院直属正部级事业单位，根据国务院授权履行行政管理职能，依照法律、法规统一监督管理全国保险市场，维护保险业的合法、稳健运行。

2003年，国务院决定，将中国保监会由国务院直属副部级事业单位改为国务院直属正部级事业单位，并相应地增加职能部门、派出机构和人员编制。中国保险监督管理委员会内设15个职能机构，并在全国各省、直辖市、自治区、计划单列市设有35个派出机构。

中国证监会

中国证监会是国务院直属正部级事业单位，依照法律、法规和国务院授权，成立于1998年4月，统一监督管理全国证券期货市场，维护证券期货市场秩序，保障其合法运行。

中国证监会设在北京，现设主席1名，副主席4名，纪委书记1名(副部级)，主席助理

3名；会机关内设18个职能部门，1个稽查总队，3个中心；根据《证券法》第14条规定，中国证监会还设有股票发行审核委员会，委员由中国证监会专业人员和所聘请的会外有关专家担任。中国证监会在省、自治区、直辖市和计划单列市设立36个证券监管局，以及上海、深圳证券监管专员办事处。

本章小结

本章主要介绍了我国金融体系的构成，包括银行体系和非银行金融机构。在银行体系中，中央银行是国家赋予其制定和执行货币政策，对国民经济进行宏观调控，对金融机构乃至金融业进行监督管理的特殊的金融机构。我国的中央银行是中国人民银行，其在国务院的领导下，制定和执行货币政策，防范和化解金融风险，维护金融稳定。除此之外，中国银监会于2003年成立，根据国务院授权，统一监督管理银行、金融资产管理公司、信托投资公司及其他存款类金融机构，维护银行业的合法、稳健运行。

中国人民银行和中国银监会的全部资本由国家出资，属于国家所有。

商业银行是通过吸收存款、发放贷款和办理结算等金融业务，以获取利润为目的的企业法人。商业银行是我国金融体系的主体。商业银行总行是一级法人，业务实行垂直领导，各分支机构不具有法人资格；全行统一核算，分级管理。

非银行金融机构是指除银行以外，依法定程序设立的各种经营金融业务的金融机构。它与商业银行的主要区别表现在：第一，资金来源不同，商业银行以吸收存款为主要资金来源，非银行金融机构主要依靠发行股票、债券等筹集资金；第二，资金运用方式不同，商业银行的资金以发放贷款为主，非银行金融机构主要从事非贷款的其他多样化的资金运动方式。目前我国非银行金融机构包括保险公司、信托投资公司、证券公司、租赁公司、信用社、基金管理公司、财务公司、期货公司、汽车金融公司等，是我国金融机构体系的重要组成部分。

复习思考题

一、基本概念

金融体系　中央银行　银监会　商业银行　政策性银行　非银行金融机构

二、判断题

1. 我国的金融体系就是指银行系统。　　　　　　　　　　　　　　（　）
2. 中国人民银行和其他商业银行一样是以盈利为目的的金融机构。　（　）
3. 我国金融体系既包括银行系统，也包括非银行金融机构。　　　　（　）

三、简答题

1. 我国金融体系的构成指什么？
2. 中央银行与商业银行的区别与联系有哪些？
3. 商业银行的种类有哪些？
4. 简述商业银行与非银行金融机构的区别。
5. 简述非银行金融机构的种类。

第二章 金融企业会计概述

【学习要点及目标】

- 了解金融企业的含义。
- 了解金融企业会计的特点。
- 掌握金融企业会计核算的基本前提和会计基础。
- 掌握金融企业会计的质量要求和会计要素。

【核心概念】

金融企业会计 金融企业会计基本假设 金融企业会计信息质量特征 金融企业会计要素

【引导案例】

谨慎性原则的应用

在现行的会计准则中,谨慎性原则主要体现在计提"资产减值准备"上。这不仅对一般企业适用,对金融企业同样适用。谨慎性原则的应用对于"挤出"我国上市公司资产和利润中的水分,防止其利用"准备"调节利润发挥了较大的作用。

中国工商银行股份有限公司 2012 年 6 月份的半年报上显示(单位:人民币百万元):资产减值准备 206 647;资产减值损失 19 237;贷款减值准备 211 401;固定资产折旧 6022;一般准备 103 731。但还有一些上市公司对于呆账准备计提不足,比如民生银行在计提一般性准备后,呆账准备金为 407 亿元,而境外会计师根据我国谨慎性要求的审计结果显示,报告期初还应增加呆账准备金 6.05 亿元,报告期内应增加 3.25 亿元;深圳发展银行境外审计师提出呆账准备金应追溯调整增加 10.43 亿元。

(资料来源:作者根据百度资料整理)

【案例导学】

现行会计准则对于会计核算的一般要求适用于各个类型的企业,这也包括金融企业,其中主要有会计确认、会计核算基本前提、会计信息质量特征、会计要素的设定等内容。同时金融企业的发展和多样化极大地促进了会计理论和实务的发展。金融企业是经营货币信用业务的特殊企业,这一特殊性决定了金融企业一些具体会计核算的内容、范围和方法均不同于其他企业会计。金融企业会计既是社会会计的重要组成部分,又是金融企业内部管理的重要方面,通过履行核算与监督的基本职能,为组织管理、经营各项业务,提高经营管理水平和经济效益服务。

第一节 金融企业会计的概念及特点

一、金融企业会计的概念

金融企业会计是以货币为主要计量单位,按照会计学的基本原理和基本方法,对金融企业的经营活动进行连续、系统、完整的核算和监督，从而为企业经营者和有关各方提供财务状况和经营成果等会计信息的一种管理活动。具体来讲，它是以商业银行和非银行金融机构的经济活动为中心，对资产、负债、所有者权益、收入、费用、利润进行核算和监督的会计。

二、金融企业会计的特点

金融企业会计是财务会计体系中的一种专业会计，是为经营金融业务服务的，也是金融的基础工作。由于金融是一个特殊的行业，其社会地位和作用与其他行业不同，所以金融会计同国民经济其他部门的行业会计相比，具有不同的特点，主要表现在如下几方面。

(1) 金融企业会计的核算与金融各项业务的处理紧密联系在一起。金融企业会计的核算过程就是金融业务的处理过程，这是因为各项金融业务活动都必须通过会计来实现，由会计人员具体办理。比如，银行的各种存款业务、贷款业务、社会支付业务、证券买卖以及信托租赁等中介代理业务的处理都离不开会计，金融企业会计处于银行业务活动的第一线。

(2) 金融企业会计具有显著的社会性和宏观性。金融业务的会计核算主要是直接面向全社会，面向国民经济的各部门、各企业、各单位及广大居民。金融业务是国民经济各部门、各企业、各单位甚至居民个人的经济活动所引起的，金融是现代国民经济的核心，各部门、各单位的经济活动在金融企业会计账户上以货币形式得到综合反映，金融的资产、负债、收入、费用等的变化都与社会各部门、各企业单位和个人的资金有密切的联系，因此金融企业会计不仅核算、反映和监督金融机构本身的资金活动情况，而且核算、反映和监督各部门、各企业、各单位的资金活动情况。金融企业会计综合反映了社会宏观经济活动情况。

(3) 金融企业会计联系面广、影响大、政策性强。金融企业会计通过柜台办理各种门市业务，从而与社会各方面发生密切联系，所以金融企业会计工作处理得好坏，不仅会影响自身的工作，而且还会影响社会其他会计的工作，进而影响国民经济各部门、各企业、各单位的经济活动。因此，金融企业会计必须认真贯彻执行国家各项经济政策，协调处理好各方面的经济关系。

(4) 金融企业会计在核算上具有严密的内部监督机制和管理控制制度。由于金融企业会计在国民经济中具有举足轻重的地位和作用，因此要求金融企业会计核算必须做到准确、及时、真实、完整，以确保会计核算的质量。为此，金融企业会计采用严密独特的内部控制与监督方式进行核算，比如双线核算、双线核对、账折见面、复核制度、内外对账、当日轧平账务等，以保证金融企业会计核算正确无误。

(5) 金融企业会计核算的电子网络化。金融企业会计核算的业务量大，会计凭证种类繁多，这就要求处理要及时，当天的业务必须当天处理完毕。随着市场经济的发展，金融企业会计的工作任务越来越艰巨，为了适应金融业务的发展、满足会计核算的需要，在会计核算中广泛应用计算机联网操作，实行计算机网络化是现代金融会计工作的重要标志之一。

第二节 金融企业会计核算的基本前提和会计基础

一、金融企业会计基本前提

会计核算的基本前提又称为基本假设，是指会计准则中规定的各种程序和方法适用的前提条件，是为实现会计目标，满足会计确认、计量、记录和报告的需要，而对会计核算所依赖的基础条件所作的合理设定。会计核算的基本假设是由财务会计所处的环境决定的，是对会计特征具有深刻影响的基本概念，它概括了现代会计的基本先决条件，是会计理论最基础的组成部分，也是会计实务中确定会计核算对象、选择会计处理程序和方法等的重要依据。

会计核算的基本假设包括会计主体假设、持续经营假设、会计分期假设、货币计量假设，这四个基本假设也同样适用于金融企业会计。

(一)会计主体假设

会计主体是指会计为之服务的特定单位或组织。我国于2006年2月发布的《企业会计准则——基本准则》第五条明确规定："企业应当对其本身发生的交易或者事项进行会计确认、计量和报告。"根据这一规定，金融企业会计核算应反映一个特定金融企业的经营活动，而不应包括金融企业所有者本人和其他经济实体的经营活动。会计主体假设明确了金融企业会计工作的空间范围。只有在这一假设下，金融企业会计才能真实地反映会计主体的财务状况、经营成果和现金流量信息，会计信息使用者才可据此作出正确的决策。

会计主体不能等同于法律主体。尽管法律主体一定是会计主体，但会计主体不一定是法律主体。比如对金融企业来讲，会计主体可以是由若干家企业通过控股关系组织起来的金融企业集团，还可以是金融企业内部独立核算的部门或单位。此外，在证券投资基金会计核算中，由于每家基金管理公司往往管理多只基金，而每只基金的权益由不同的基金持有人所拥有，因此基金管理公司证券投资基金的会计核算是以每只基金为会计核算主体的，并对其单独建账，以反映每只基金的资产、负债、收入、费用及基金单位净值情况，为基金投资者买卖基金提供依据。

(二)持续经营假设

持续经营是指会计主体的业务经营活动能够按照既定目标持续不断地经营下去。只有在持续经营的前提下，资金才能实现周而复始的循环与周转，会计人员才能分期记账、定期进行财务报告，会计处理方法才能保持一致性和稳定性，并以权责发生制为基础确定本期的收益和费用，解决资产计价和负债偿还等问题。

在一般情况下，金融企业都应按持续经营假设进行核算。若有迹象表明金融企业已无法继续经营时，持续经营假设就不再适用，会计人员应改用清算价格或重置成本来确定财产价值，并进行相应的会计处理。

(三)会计分期假设

会计分期又称会计期间，是指将会计主体持续不断的经营活动人为地划分为一定的期间。我国于2006年2月发布的《企业会计准则——基本准则》第七条明确规定："企业应当划分会计期间，分期结算账目和编制财务会计报告。"根据这一规定，金融企业会计核算应以会计分期为前提，按期结算账目和编制财务会计报告，以便为会计信息使用者及时提供反映会计主体财务状况、经营成果、现金流量的信息。会计分期假设是对金融企业会计工作时间范围的具体划分。会计主体持续经营产生了对会计分期的需要，持续经营的会计主体也只有在会计分期的前提下才能实现会计的目标，发挥会计的职能，满足会计核算的需要。由于有了会计分期这个假定前提，才产生了本期和非本期的区别，金融企业会计核算的权责发生制基础才得以确立，会计确认和计量的配比原则、衡量会计信息质量的一贯性原则、及时性原则、相关性原则等才得以在会计实务中正确贯彻执行，从而也就产生了应收、应付、预收、预付、递延、待摊、预提等会计处理方法。同时，会计分期前提使金融企业能按期编制财务会计报告，为财务会计报告使用者及时提供与其决策相关的信息，从而实现金融企业会计的目标，发挥金融企业会计预测和参与经济决策的职能。

会计期间分为年度和中期。中期是指短于一个完整的会计年度的报告期间，一般分为半年度、季度、月度。在我国，年度、半年度、季度、月度会计期间的划分都与公历起讫日期一致。

(四)货币计量假设

货币计量是指会计在计量、记录和报告会计主体的经营活动时，应以货币为计量单位。我国于 2006 年 2 月发布的《企业会计准则——基本准则》第八条明确规定："企业会计应当以货币计量。"根据这一规定，金融企业会计核算应以货币计量为前提，该前提明确了金融企业会计核算的计量尺度。

虽然会计产生于货币之前，但货币一经产生便天然成为会计核算的计量手段，这是由货币本身的属性所决定的。货币作为固定充当一般等价物的商品，是衡量和表现其他一切商品价值的共同尺度。比如，金融企业所拥有的各种资产，尽管在实物形态上表现各异，不能利用实物计量单位进行量上的累加汇总，但它们在价值上却具有同质性，一旦表现为观念货币形态，这些在实物形态上不具有相加性的资产就可以利用货币计量单位汇总为一定的货币量，从而可以提供金融企业资产总规模及结构的信息。此外，由于金融企业特别是商业银行本身就是经营货币资金的特殊法人，其业务主要表现为货币流，从这方面来看，货币也就自然成为金融企业会计核算的计量单位。

货币计量假定包括如下几层含义：①假设货币币值保持不变。按照国际惯例，当货币本身价值波动不大或前后波动可以相互抵消时，这些波动在会计核算中可不予考虑，但在发生持续的恶性通货膨胀、货币购买力严重下跌时，就需要用特殊的会计准则进行处理。②会计核算的对象只包括能用货币计量的经济活动。③借贷记账法只有通过货币计量，才能全面、连续、系统、完整地揭示企业的经营状况和财务成果。④我国金融企业的会计核算以人民币为记账本位币。业务收支以外币为主的企业，可以选定某种外币作为记账本位币，但编制的会计报表应折算为人民币反映。境外企业向国内有关部门报送的会计报表也应折算为人民币反映。

二、金融企业会计基本核算基础

我国于 2006 年 2 月发布的《企业会计准则——基本准则》第九条明确规定："企业应当以权责发生制为基础进行会计确认、计量和报告。"在权责发生制基础下，凡是当期已经实现的收入和已经发生或应当负担的费用，不论款项是否收付，都应当作为当期的收入和费用记入利润表；凡是不属于当期的收入和费用，即使款项已在当期收付，也不应当作为当期的收入和费用。

以权责发生制为基础要求金融企业以收入在本期实现和费用在本期发生或应由本期负担为标准来确认本期的收入和费用，而不论款项是否在本期收付。该基础以持续经营和会计分期假设为前提，是与以收到或支付现金作为确认收入和费用依据的收付实现制相对应的一种会计基础。

金融企业以权责发生制为基础进行会计核算，能公正、合理地确定企业各期的收入和费用，正确计算各期损益，有助于企业对经理人员进行业绩考核和评价。但是，由于权责发生制基础是以收入的实现而不是款项的收到作为收入确认的标准，这对于目前我国不良贷款比例过高的商业银行来讲，其金额较大的应收未收利息，由于难以收回，在转入表外核算之前势必会虚增商业银行的收入和利润，不利于正确反映商业银行的经营成果和盈利能力，容易对会计信息使用者产生误导。

第三节　金融企业会计的信息质量要求

根据现行的《企业会计准则——基本准则》的规定，我国金融企业会计信息的质量要求如下。

一、可靠性

可靠性原则要求企业应当以实际发生的交易或者事项为依据进行确认、计量和报告，如实反映符合确认和计量要求的各项会计要素及其他相关信息，保证会计信息真实可靠、内容完整。

金融企业提供会计信息的目的是为了满足会计使用者的决策需要，因此，就应做到内容真实、数字准确、资料可靠。如果金融企业的会计核算不以实际发生的交易或事项为依据，没有如实地反映金融企业的财务状况、经营成果和现金流量，会计工作就失去了存在的意义，甚至会误导会计信息使用者，导致决策的失误。

二、相关性

相关性原则要求企业提供的会计信息应当与投资者等财务报告使用者的经济决策需要相关，有助于投资者等财务报告使用者对企业过去、现在或者未来的情况作出评价或者预测。

相关性原则强调会计信息的价值在于与决策相关，有助于决策。在会计核算工作中坚持上述基本原则，就要求在收集、加工、处理和提供会计信息过程中，充分考虑会计信息使用者的信息需求。如果提供的会计信息没有满足会计信息使用者的需要，对会计信息使用者的决策没有什么作用，该会计信息就不具有相关性。

相关性是以可靠性为基础的，两者之间并不矛盾，不应将两者对立起来。也就是说，会计信息在可靠性的前提下，应尽可能地做到相关性，以满足投资者以及财务报告使用者的决策需要。

三、可理解性

可理解性原则要求企业提供的会计信息应当清晰明了，便于投资者以及财务报告使用者理解和使用。

在会计核算工作中应坚持会计信息的可理解性，会计记录应当准确、清晰；填制会计凭证、登记会计账簿必须做到依据合法、账户对应关系清楚、文字摘要完整；在编制会计报表时应做到项目之间的关系清楚完整、数字准确。

当然，会计信息毕竟是一种专业性较强的信息产品，在强调会计信息的可理解性要求的同时，还应假定会计信息使用者具有一定的有关企业经营活动和会计方面的知识，并且愿意付出努力去研究这些信息。对于某些复杂的信息，如交易本身较为复杂或者会计处理较为复杂，但其与使用者的经济决策相关的，企业就应当在财务报告中予以充分披露。

四、可比性

可比性原则要求企业提供的会计信息应当相互可比。对于同一企业不同时期发生的相同或者相似的交易或者事项，应当采用一致的会计政策，不得随意变更。对于不同企业同一会计期间发生的相同或者相似的交易或者事项，应当采用规定的会计政策，确保会计信息口径一致、相互可比，使不同企业按照一致的确认、计量和报告要求提供有关会计信息。但是，满足会计信息可比性要求，并非企业不得变更会计政策，如果按照规定或者在会计政策变更后可以提供更可靠、更相关的会计信息，企业可以变更会计政策。有关会计政策变更的情况，应当在附注中予以说明。

五、实质重于形式

实质重于形式原则要求企业应当按照交易或者事项的经济实质进行会计确认、计量和报告，不能仅以交易或者事项的法律形式为依据。

在金融企业会计实务中，交易或事项的外在法律形式或人为形式并不总是与其经济实质内容一致。在这种情况下，为了使金融企业会计提供的会计信息更加真实可靠并且具有决策相关性，当交易或事项的外在法律形式或人为形式与其经济实质不一致时，金融企业会计核算就应忠实于交易或事项的经济实质进行会计处理，而不能仅仅以其法律形式为依据。

例如，在承租人和出租人的会计处理上，应当根据我国于 2006 年 2 月发布的《企业会计准则第 21 号——租赁》的规定，将售后租回交易认定为融资租赁或经营租赁，并按租赁准则的规定进行会计核算。若认定为融资租赁的，虽然在法律形式上承租人不拥有租赁资产的所有权，但从与租赁资产所有权有关的全部风险和报酬已由出租人转移给了承租人的经济实质来看，在会计核算上承租人应将以融资租赁方式租入的资产视为其自有资产进行核算和管理，并在资产负债表上予以列报。

当交易或事项的外在法律形式或人为形式与其经济实质不一致时，金融企业会计核算如果仍以法律形式或人为形式为依据，而不考虑交易或者事项的经济实质，则会损害会计信息的有用性，不利于会计信息使用者作出正确的经济决策。

六、重要性

重要性原则要求金融企业提供的会计信息应当反映与企业财务状况、经营成果和现金流量等有关的所有重要交易或者事项。

金融企业在会计核算中贯彻重要性原则，要求对那些对金融企业资产、负债、损益等有较大影响，进而影响会计报告使用者作出合理判断的重要会计事项，必须按照规定的会计方法和程序进行处理，并在会计报告中予以充分、准确地披露；对于次要的会计事项，在不影响会计信息的真实性和不至于误导会计报告使用者作出正确判断的前提下，可适当简化处理，在会计报告中合并反映。

重要性是相对的，无法制定出一个在各种情况下都适用的标准。一般来说，如果某项交易或者事项一经省略或被遗漏而未予以揭示，或者对它作了错误的揭示，可能影响会计报告使用者作出正确的决策，那么，这项交易或者事项就应当被认为是重要的。在金融企业会计实务中，对某项交易或者事项重要性的评价，在很大程度上取决于会计人员的职业判断。具体而言，会计人员应当结合不同企业、不同时期的实际情况，从交易或者事项的性质和金额两个方面加以判断。从性质方面来讲，只要某项交易或者事项的发生可能对决策产生一定的影响，就属于重要性项目；从金额方面来讲，当某项交易或者事项的金额达到了一定规模或者比例而可能对决策产生一定影响时，则认为该项交易或者事项具有重要性。

在会计核算中坚持重要性原则，不仅能显著提高金融企业会计信息的相关性，而且对于提高金融企业会计工作的效率，以及在会计信息提供中贯彻成本效益原则都具有重要意义。

七、谨慎性

谨慎性原则要求金融企业对交易或者事项进行会计确认、计量和报告时应当保持应有的谨慎，不应高估资产或者收益、低估负债或者费用。

谨慎性原则是对市场经济条件下客观存在的巨大不确定性(即风险)所作出的积极反应。金融企业在会计核算中运用谨慎性原则，就要求采用那些少计或推迟确认资产或收益、多计或提前确认负债或费用的会计程序和方法，而不是相反。例如，金融企业按照规定提取资产减值准备、贷款损失准备和坏账准备就是谨慎性原则的具体运用，并体现了谨慎性原则对历史成本原则的修正。

金融企业属于高风险行业，在会计核算中运用谨慎性原则尤为重要。一方面，对会计报告使用者来讲，高风险的金融企业为其决策提供比较保守、谨慎的信息要比提供过于乐观的信息更为有用；另一方面，对金融企业自身来讲，只有始终保持着应付意外情况和风险的充足储备，才能抵御风险，防范和化解金融危机，实现金融企业的持续、稳健经营。

需要指出的是，谨慎性原则的运用受会计规范的制约，不能随意使用，更不能滥用谨慎性原则设置各种秘密准备，否则，应按照对会计差错更正的要求进行相应的会计处理。

八、及时性

及时性原则要求金融企业对于已经发生的交易或者事项，应当及时进行会计确认、计量和报告，不得提前或者延后。

由于会计信息具有时效性，不及时的会计信息会使其相关性完全消失，从而对会计信息使用者的决策毫无价值。因此，金融企业在会计核算中贯彻及时性原则，就要求在经济业务发生后，及时取得原始凭证并及时进行账务处理，定期及时结账、编制和提供会计报告，以确保会计信息在失去影响决策的能力之前提供给信息使用者。

在上述质量特征中，可靠性、相关性、可理解性和可比性是会计信息的首要质量要求，是企业财务报告中所提供会计信息应具备的基本质量特征；实质重于形式、重要性、谨慎性和及时性是会计信息的次级质量要求，是对可靠性、相关性、可理解性和可比性等首要质量要求的补充和完善，尤其是在对某些特殊交易或者事项进行处理时，需要根据这些质量要求来把握其会计处理原则。另外，及时性还是会计信息相关性和可靠性的制约因素，企业需要在相关性和可靠性之间寻求一种平衡，以确定信息及时披露的时间。

第四节 金融企业的会计对象和会计要素

一、金融企业的会计对象

会计核算对象是会计所要核算、反映和监督的内容。会计核算对象的性质和管理要求是制定会计方法的依据，只有符合会计核算对象要求的核算方法才能正确地反映经济活动情况。如果会计核算对象不明确，就难以确定会计核算、反映和监督的控制职能在什么范围、通过什么形式和手段来实现。所以，研究会计核算对象对于掌握会计的核算方法有重要意义。

社会扩大再生产过程中能用货币表现的经济活动都可称为资金运动。由于国民经济各个部门的职能不同，所以会产生各种不同的具体经济活动，因而在资金运动形式上也各不相同。以工业企业为例，资金运动形式是货币资金→生产资金→产品资金→货币资金；从商品流通企业来观察，其资金运动形式是货币资金→商品资金→货币资金。

从总体上来看，金融企业会计核算对象依然是资金运动，但由于金融企业在国民经济中的地位和业务活动的特点，决定了金融企业的资金运动形式区别于其他企业的资金运动形式。我们以银行为例来说明其会计核算对象的特殊性，银行的资金运动形式可以表示为社会货币资金(投入阶段)→银行信贷资金(经营阶段)→社会货币资金(退出阶段)。

投入阶段的社会货币资金主要表现为商业银行通过吸收存款、收回贷款本金、借入资金等手段获得营运资金；经营阶段主要通过办理贷款、办理支付结算业务以及提供金融产品等手段获取收益；退出阶段主要通过客户提取存款、兑现债券等行为为结束金融活动。

金融企业的资金运动是社会再生产过程中资金运动的综合反映，银行的基本职能是聚集资金和经营货币资金。银行采取有偿方式吸收社会上暂时闲置的货币资金，并通过有偿方式运用这些货币资金，即吸收存款与发放贷款，为社会扩大再生产和商品流通服务，满足它们的资金需要，实现社会发展和提高人民生活水平。银行在经营业务的活动中，同时还会产生经营业务收入与支出等，因此银行的资金运动不仅表现为聚集和运用货币资金的增减变化，同时也表现为银行的收支及财务成果的形成，这些都是银行会计的核算对象。

二、金融企业的会计要素

会计要素是根据交易或者事项的经济特征对会计核算对象进行的基本分类，是会计核算对象的具体化。按照我国《企业会计准则》的规定，会计要素分为资产、负债、所有者权益、收入、费用、利润六项。其中，资产、负债、所有者权益是企业财务状况的静态反映，也称资产负债表要素；收入、费用、利润是从动态方面来反映企业的经营成果，也称利润表要素。

资产是指企业过去的交易或事项形成的、由企业控制的、预期会给企业带来经济利益的资源。金融企业的资产按照变现的不同速度分为流动资产和非流动资产两大类。

负债是指企业过去的交易或事项形成的、预期会导致经济利益流出企业的现实义务。金融企业负债按照偿付的不同速度分为流动负债和非流动负债两类。

所有者权益是指企业资产扣除负债后由所有者享有的剩余权益，又称股东权益。金融企业的所有者权益主要由实收资本、资本公积、盈余公积、未分配利润等组成。

收入是指企业在日常活动中形成的、会导致所有者权益增加的、与所有者投入资本无关的经济利益的总流入。金融企业的收入通常由主营业务收入和其他业务收入构成。

费用是指企业在日常活动中发生的、会导致所有者权益减少的、与向所有者分配利润无关的经济利益的总流出。金融企业的费用通常包括营业费用、管理费用、财务费用等。

利润是指企业在一定会计期间的经营成果。利润包括收入减去费用后的净额、直接计入当期利润的利得和损失等。其中，直接计入当期利润的利得和损失，是指应当计入当期损益、会导致所有者权益发生增减变动的、与所有者投入资本或者向所有者分配利润无关的利得或者损失。

营业利润=营业收入-营业支出

利润总额=营业利润+营业外收入-营业外支出

净利润=利润总额-所得税费用

【小资料】

如何理解金融企业收入

1. 日常活动的含义

日常活动，是指金融企业为完成其经营目标而从事的所有活动，以及与之相关的其他活动，如商业银行提供贷款服务、商业银行办理委托贷款、证券公司代理客户买卖证券、保险公司销售保险合同、信托投资公司受托理财、租赁公司出租固定资产等。

2. 经济利益的含义

经济利益，是指现金或最终能转化为现金的非现金资产。

3. 收入、收益和利得的关系

收益和利得与收入密切相关。收益，是指会计期间内经济利益的增加，表现为能导致所有者权益增加的资产流入、资产增值或负债减少。"能导致所有者权益增加"是收益的重要特征。但要注意的是，能导致所有者权益增加并不能说明它就一定是收益。投资者投入也能导致企业所有者权益增加，但它不是收益。

收益的形成可能源于金融企业的日常活动，也可能源于日常活动以外的活动。那些由企业日常活动所形成的收益，即为收入；而源于日常活动以外所形成的收益，通常称作利得。在对收益、利得两者作出区分时，要注意以下三个方面。

(1) 利得是金融企业边缘性或偶发性交易或事项的结果。比如，无形资产所有权转让、固定资产处置形成的收益等。

(2) 利得属于那种不经过经营过程就能取得或不曾期望获得的收益。比如，金融企业接受政府的补贴、因其他企业违约收取的违约金、资产价值的变动等。

(3) 利得在利润表中通常以净额反映。由此判断，通过"营业外收入"科目核算的固定资产盘盈、处置固定资产净收益、非货币性交易收益、出售无形资产收益、罚款净收入等，属于利得的范畴；通过"补贴收入"科目核算的按国家规定的补助定额计算并按期给予的定额补贴，也属于利得的范畴。

第五节　金融企业的会计计量属性

会计计量是根据一定的计量标准和计量方法，将符合确认条件的会计要素登记入账并列报于财务报表而确定其金额的过程。企业应当按照规定的会计计量属性进行计量，确定相关金额。计量属性是指所予计量的某一要素的特性，从会计角度来讲，计量属性反映的是会计要素金额的确定基础。根据 2006 年版《企业会计准则》的描述，会计计量属性主要包括历史成本、重置成本、可变现净值、现值和公允价值。

一、历史成本

历史成本又称为实际成本，是指取得或制造某项财产物资时所实际支付的现金或现金等价物。在历史成本计量下，资产按照其购置时支付的现金或者现金等价物的金额，或者按照购置资产时所付出的对价的公允价值计量。负债按照其因承担现时义务而实际收到的款项或者资产的金额，或者承担现时义务的合同金额，或者按照日常活动中为偿还负债预期需要支付的现金或者现金等价物的金额计量。

二、重置成本

重置成本又称现行成本，是指按照当前市场条件，重新取得同样一项资产所需支付的现金或现金等价物金额。在重置成本计量下，资产按照现在购买相同或者相似资产所需支付的现金或者现金等价物的金额计量；负债按照现在偿付该项债务所需支付的现金或者现金等价物的金额计量。在实务中，重置成本多应用于盘盈固定资产的计量等。

三、可变现净值

可变现净值是指在正常生产经营过程中，以预计售价减去进一步加工成本、预计销售费用以及相关税费后的净值。在可变现净值计量下，资产按照其正常对外销售所能收到的现金或者现金等价物的金额扣减该资产至完工时估计将要发生的成本、估计的销售费用以及相关税费后的金额计量。可变现净值通常应用于存货资产减值情况下的后续计量。

四、现值

现值是指对未来现金流量以恰当的折现率进行折现后的价值，是考虑货币时间价值的一种计量属性。在现值计量下，资产按照预计从其持续使用和最终处置中所产生的未来净现金流入量的折现金额计量；负债按照预计期限内需要偿还的未来净现金流出量的折现金额计量。现值通常用于非流动资产可收回金额的确定等。例如，在确定固定资产、无形资产等可收回金额时，通常需要计算资产预计未来现金流量的现值。

五、公允价值

公允价值是指在公平交易中，熟悉情况的交易双方自愿进行资产交换或者债务清偿的金额。在公允价值计量下,资产和负债按照在公平交易中熟悉情况的交易双方自愿进行资产交换或者债务清偿的金额计量。公允价值主要应用于交易性金融资产、可供出售金融资产的计量等。

第六节 金融企业会计工作的组织

一、机构与人员

金融企业的会计工作,是依据国家有关法律制度,通过设立专门的职能机构,并配备专门会计人员来具体从事和完成的。积极合理地组织金融企业会计工作,是完成金融企业会计核算任务,充分发挥其职能作用的重要保证。

(一)机构设置

金融企业的会计机构是金融企业内部组织领导和直接从事会计工作的职能单位。以商业银行为例,商业银行实行统一核算,即全行合并为一张财务报表对财政部门清算各项指标,缴纳税金。总行对各分行下达考核目标责任制,全行效益由总行负责,分级管理;分行对支行下达考核目标责任制,支行为基本核算单位,各下级行的会计部门,除应在行长的统一领导下进行工作外,还应接受上级行会计部门的领导。

(二)会计人员

金融企业要根据工作需要配备相应的会计人员,建立会计人员岗位责任制,明确每个会计人员的工作岗位和职责范围。

1. 会计人员的职责

(1) 认真组织、推动会计工作的各项规章制度、办法的贯彻执行。

(2) 按操作规程,认真进行会计核算与监督,努力完成各项工作任务。

(3) 遵守国家财经政策、法令和有关制度,认真办理各项业务。

(4) 讲究职业道德,坚持原则,维护财经纪律,同一切违法乱纪行为作斗争。

2. 会计人员的权限

(1) 会计人员有权要求各开户单位和本企业其他业务部门,认真执行财经纪律和有关规章制度、办法。如有违反,会计人员有权拒绝办理。

(2) 会计人员有权越级反映情况。会计人员在行使职权过程中,对违反国家政策、财经纪律和财务制度的收支,单位领导坚持办理的,会计人员可以执行,同时必须向上级主管单位的行政领导提出书面报告,请求处理,并报财政部门和审计机关。

(3) 会计人员有权对本企业各职能部门在资金使用、财产管理、财务收支等方面实行会计监督。

(4) 会计人员有权参与本企业计划的编制、经济合同的签订,参加有关业务和经营管理会议。

(5) 会计人员有权参加继续教育和会计业务培训。

二、会计制度

金融企业会计制度是指国家权力机关和行政机关制定的各种有关会计工作的规范性文件的总称，通常包括会计法律、金融行业法律规范、会计准则及应用指南、会计规章与企业内部会计管理制度等几个层次。《中华人民共和国会计法》是调整我国经济活动中会计关系的法律总称，是制定其他会计法规的依据，也是指导会计工作的基本准则。各金融机构也必须在各自机构的法律框架下工作，如《中华人民共和国银行法》《中华人民共和国商业银行法》《中华人民共和国保险法》《中华人民共和国证券法》《中华人民共和国信托法》等，都是约束各金融机构会计工作的法律规范，会计工作人员必须严格遵守。

会计准则及其应用指南是对金融机构会计工作的具体要求和规定。会计准则分为基本会计准则与具体会计准则。其中，基本会计准则是对会计核算的一般要求和会计核算的主要方面作出的原则性规定，为具体会计准则和会计制度提供基本架构。

《会计基础工作规范》是由财政部发布的会计规章，是金融企业会计基础工作的具体操作规范。内部会计管理制度是对各单位会计工作和会计资料完整性、真实性加以规范的制度，是根据《会计基础工作规范》的规定，结合本单位的具体情况和内部管理的需要建立的。

本章小结

本章主要介绍了我国金融企业会计核算的有关知识，包括金融企业的概念，金融企业核算的前提条件、核算基础、核算对象，会计要素，会计计量属性等，并简单介绍了金融企业会计工作的组织。

金融企业是经营货币、信用业务的特殊机构，是资金融通的重要部门，在市场经济中充当重要的中介人。金融企业是金融运行的主体，是金融在经济中发挥核心作用的执行者，积极发挥着创造货币和信用流通工具等重要功能，对经济发展具有推动和先导作用，是经济发展的关键部门。

金融企业会计是以货币为主要计量单位，按照会计学的基本原理和基本方法，对金融企业的经营活动进行连续、系统、完整的核算和监督，从而为企业经营者和有关各方提供财务状况和经营成果等会计信息的一种管理活动。金融会计同国民经济其他部门的行业会计相比，具有不同的特点，主要表现在：①金融企业会计的核算与金融各项业务的处理紧密联系在一起；②金融企业会计具有显著的社会性和宏观性；③金融企业会计联系面广、影响大、政策性强；④金融企业会计在核算上具有严密的内部监督机制和管理控制制度；⑤金融企业会计核算的电子网络化。

金融企业的会计工作，是依据国家有关法律制度，通过设立专门的职能机构，并配备专门的会计人员来具体从事和完成的。金融企业的会计机构是金融企业内部组织领导和直接从事会计工作的职能单位。金融企业要根据工作需要配备相应的会计人员，建立会计人员岗位责任制，明确每个会计人员的工作岗位和职责范围。金融企业会计制度是指国家权力机关和行政机关制定的各种有关会计工作的规范性文件的总称，通常包括会计法律、金融行业法律规范、会计准则及应用指南、会计规章与企业内部会计管理制度等几个层次。

复习思考题

一、基本概念

金融企业会计　会计主体假设　持续经营假设　会计分期假设　货币计量假设　可靠性原则　相关性原则　谨慎性原则　资产　负债　所有者权益　收入　费用　利润

二、判断题

1. 实质重于形式是指经济实质重于法律形式。（　）
2. 相关性原则是指会计核算提供的信息应当与会计信息使用者的决策相关。（　）
3. 我国境内企业必须以人民币作为记账本位币进行会计核算。（　）
4. 确立会计核算空间范围所依据的假设是会计主体。（　）

三、简答题

1. 金融企业的含义是什么？
2. 金融企业会计核算的特点有哪些？
3. 请简述金融企业会计核算的基础。
4. 金融企业会计核算的前提条件是指什么？
5. 请简述金融企业会计核算的对象及要素。

第三章 金融企业会计的核算方法

【学习要点及目标】

- 了解会计科目的概念、设置特点,金融企业会计账户组织结构及其特点。
- 理解和掌握会计科目的分类、会计凭证的种类及分类、会计凭证的处理。
- 掌握金融企业会计账务组织结构、处理,以及会计报表。

【核心概念】

会计科目　单式记账法　复式记账法　会计凭证

【引导案例】

> **做小企业的金融伙伴——中国建设银行积极探索小企业金融服务健康发展的长效机制**
>
> 近年来,中国建设银行(以下简称建行)不断为小企业的发展提供多种金融服务,持续推进向小额化和标准化转型。截至2013年8月,建行累计向18万户小企业发放贷款1.9万亿元,并几乎覆盖了与民生相关的各个行业。目前,建行为200万个小企业开设了账户,小企业授信客户达到89 705户。
>
> 在账务管理上,建行通过建立完善的明细账体系,分门别类地设置不同的分户账,以便加强财务管理和信贷管理,使业务能有效地运行。截至目前,全行通过上述模式服务的小企业贷款余额已经超过100亿元,让更多的小企业得到了建行的金融支持。建行已经成为千千万万个小企业创业、发展的金融伙伴,成为众多小企业信赖的金融专家。
>
> (资料来源:孟艳琼. 金融企业会计[M]. 2版. 北京:中国人民大学出版社,2016)

【案例导学】

金融企业是典型的国民经济综合部门,是社会资金活动的总枢纽,与社会联系最为密切。根据《商业银行法》的规定,任何单位,只要经营就必须将其货币资金存入银行,需要时再到银行支取;单位经营中出现资金的困难,也要到银行借款;对于居民个人暂时不用的款项,也要存入银行。同时商业银行要建立全面的账务组织系统,来加强内部财务管理。国家的这一规定使银行不仅有传统的存款、贷款、现金出纳、支付结算、外汇、储蓄存款等业务,还有许多代理业务,如代理证券、代理保险、代理国库、代客户服务、衍生金融工具业务等,如此多的业务,每天都要完成会计核算,靠的是银行会计核算的基本方法。

第一节　会 计 科 目

一、会计科目设置

会计核算的基本方法是指对会计对象进行完整、连续、系统、综合反映与控制的基本业务技术手段或方式，主要包括设置会计科目和账户、复式记账、填制和审核会计凭证、登记账簿、成本核算、财产清查和编制财务报表等方法，这些方法构成了一个完整、科学的会计核算方法体系。会计科目是对会计对象的具体内容进行分类反映的标志或名称，它是设置账户、分类记载会计事项的工具，也是确定报表项目的基础。设置会计科目应遵循统一的会计核算规范，满足统一经营管理的需要。适当简化会计科目的设置，可以提高会计核算工作效率、降低核算成本。

1. 符合金融业务特点和经营管理需要

金融企业作为独立核算的经济实体，实行企业化经营和管理，必须加强经济核算，考核经济效益。因此，要制定相应的会计科目对有关的业务内容进行核算、反映与监督，以便更好地反映金融企业内部资金使用情况和财务收支情况。

2. 坚持统一性原则

金融企业所设置的会计科目应当符合国家统一的会计准则。为了保证会计核算指标口径的一致性，便于不同企业的会计指标进行比较和逐级汇总，提供宏观经济管理所需的会计信息，企业应统一按《企业会计准则》的要求设置会计科目。

3. 坚持相关性原则

金融企业所设置的会计科目应为提供有关各方所需要的会计信息服务，满足对外报告与对内管理的要求。这样不仅能全面反映企业的财务状况与经营成果，而且能满足外部投资者和债权人等的需要，有利于企业内部管理活动的开展。

4. 适应组织会计核算的需要

为提高会计核算的质量和效率，金融企业会计科目的设置，必须考虑会计核算的需要，并要求会计科目的设置要贯彻权责发生制原则以便准确反映各期的权利、责任。

5. 根据资金性质设置会计科目

根据我国《企业会计准则》《金融企业会计制度》的规定，金融企业会计科目按资金性质分为六大类，即资产类、负债类、共同类、所有者权益类、成本类和损益类。

6. 具有相对的稳定性

每一会计科目都有其特定的核算内容，会计科目名称含义明确、通俗易懂。为方便在一定范围内综合汇总和在不同时期对比分析会计核算指标，会计科目的设置应具有稳定性，以使核算指标具有可比性。

二、会计科目分类

金融企业会计科目按资金性质可分为六类：资产类、负债类、共同类、所有者权益类、成本类和损益类，如表3-1所示。表3-1中金融企业常用会计科目后面标注了"√"号。

按照会计科目与资产负债表的关系，金融企业会计科目可以分为表内科目和表外科目。表内科目是指反映金融企业资金实际增减变化而纳入资产负债表内的科目；表外科目是指反映金融企业确已发生但尚未涉及资金的实际增减变化，或不涉及资金增减变化而不列入资产负债表的科目，如"有价单证""空白重要凭证"等。

第三章 金融企业会计的核算方法

按反映经济业务内容的详略程度不同，金融企业会计科目可分为一级科目和二级科目。一级科目的名称、代号及核算内容具有较强的统一性，科目的设置及修改应高度集中；二级科目可由各金融企业根据自身业务的实际需要和权限增添。

表 3-1　金融企业会计科目表

顺序号	编号	会计科目名称	会计科目适用范围	
一、资产类				
1	1001	库存现金	✓	
2	1002	银行存款	✓	
3	1003	存放中央银行款项	银行专用	✓
4	1011	存放同业	银行专用	✓
5	1012	其他货币资金	✓	
6	1021	结算备付金	证券专用	✓
7	1031	存出保证金	金融共用	✓
8	1101	交易性金融资产	✓	
9	1111	买入返售金融资产	金融共用	✓
10	1121	应收票据		
11	1122	应收账款		
12	1123	预付账款		
13	1131	应收股利	✓	
14	1132	应收利息	✓	
15	1201	应收代位追偿款	保险专用	✓
16	1211	应收分保账款	保险专用	
17	1212	应收分保合同准备金	保险专用	✓
18	1221	其他应收款	✓	
19	1231	坏账准备	✓	
20	1301	贴现资产	银行专用	✓
21	1302	拆出资金	金融共用	
22	1303	贷款	银行和保险共用	✓
23	1304	贷款损失准备	银行和保险共用	✓
24	1311	代理兑付证券	银行和证券共用	✓
25	1321	代理业务资产	✓	
26	1401	材料采购		
27	1402	在途物资		
28	1403	原材料		
29	1404	材料成本差异		
30	1405	库存商品		
31	1406	发出商品		
32	1407	商品进销差价		
33	1408	委托加工物资		

续表

顺序号	编号	会计科目名称	会计科目适用范围	
一、资产类				
34	1411	周转材料		
35	1421	消耗性生物资产		
36	1431	贵金属	银行专用	√
37	1441	抵债资产	金融共用	√
38	1451	损余物资	保险专用	
39	1461	融资租赁资产	租赁专用	√
40	1471	存货跌价准备		
41	1501	持有至到期投资	√	
42	1502	持有至到期投资减值准备	√	
43	1503	可供出售金融资产	√	
44	1511	长期股权投资	√	
45	1512	长期股权投资减值准备	√	
46	1521	投资性房地产	√	
47	1531	长期应收款	√	
48	1532	未实现融资收益	√	
49	1541	存出资本保证金	保险专用	√
50	1601	固定资产	√	
51	1602	累计折旧	√	
52	1603	固定资产减值准备	√	
53	1604	在建工程	√	
54	1605	工程物资	√	
55	1606	固定资产清理	√	
56	1611	未担保余值	租赁专用	√
57	1621	生产性生物资产		
58	1622	生产性生物资产累计折旧		
59	1623	公益性生物资产		
60	1631	汽油资产		
61	1632	累计折耗		
62	1701	无形资产	√	
63	1702	累计摊销	√	
64	1703	无形资产减值准备	√	
65	1711	商誉	√	
66	1801	长期待摊费用	√	
67	1811	递延所得税资产	√	
68	1821	独立账户资产	保险专用	
69	1901	待处理财产损溢	√	

续表

顺序号	编号	会计科目名称	会计科目适用范围	
二、负 债 类				
70	2001	短期借款	√	
71	2002	存入保证金	金融共用	√
72	2003	拆入资金	金融共用	√
73	2004	向中央银行借款	银行专用	√
74	2011	吸收存款	银行专用	√
75	2012	同业存款	银行专用	√
76	2021	贴现负债	银行专用	√
77	2101	交易性金融负债	√	
78	2111	卖出回购金融资产款	金融共用	√
79	2201	应付票据		
80	2202	应付账款		
81	2203	预收账款		
82	2211	应付职工薪酬	√	
83	2221	应交税费	√	
84	2231	应付利息	√	
85	2232	应付股利	√	
86	2241	其他应付款	√	
87	2251	应付保单红利	保险专用	√
88	2261	应付分保账款	保险专用	√
89	2311	代理买卖证券款	证券专用	√
90	2312	代理承销证券款	证券和银行专用	√
91	2313	代理兑付证券款	证券和银行专用	√
92	2314	代理业务负债	√	
93	2401	递延收益		
94	2501	长期借款		
95	2502	应付债券	√	
96	2601	未到期责任准备金	保险专用	√
97	2602	保险责任准备金	保险专用	√
98	2611	保护储金	保险专用	√
99	2621	独立账户负债	保险专用	√
100	2701	长期应付款		
101	2702	未确认融资费用	√	
102	2711	专项应付款		
103	2801	预计负债	√	
104	2901	递延所得税负债	√	

续表

顺序号	编号	会计科目名称	会计科目适用范围	
三、共同类					
105	3001	清算资金往来	银行专用	√
106	3002	货币兑换	金融共用	√
107	3101	衍生工具	√	
108	3201	套期工具	√	
109	3202	被套期项目	√	
四、所有者权益类					
110	4001	实收资本	√	
111	4002	资本公积	√	
112	4101	盈余公积	√	
113	4102	一般风险准备	金融共用	√
114	4103	本年利润	√	
115	4104	利润分配	√	
116	4201	库存股	√	
五、成本类					
117	5001	生产成本		
118	5101	制造费用		
119	5201	劳务成本		
120	5301	研发支出		
121	5401	工程施工		
122	5402	工程结算		
123	5403	机械作业		
六、损益类					
124	6001	主营业务收入	√	
125	6011	利息收入	金融共用 √	
126	6021	手续费及佣金收入	金融共用 √	
127	6031	保费收入	保险专用	√
128	6041	租赁收入	租赁专用	√
129	6051	其他业务收入	√	
130	6061	汇兑损益	金融共用	√
131	6101	公允价值变动损益	√	
132	6111	投资收益	√	
133	6201	摊回保险责任准备金	保险专用	√
134	6202	摊回赔付支出	保险专用	√
135	6203	摊回分保费用	保险专用	√
136	6301	营业外收入	√	
137	6401	主营业务成本	√	

续表

顺序号	编号	会计科目名称	会计科目适用范围	
六、损 益 类				
138	6402	其他业务成本	√	
139	6403	税金及附加	√	
140	6411	利息支出	金融共用	√
141	6421	手续费及佣金支出	金融共用	√
142	6501	提取未到期责任准备金	保险专用	√
143	6502	提取保险责任准备金	保险专用	√
144	6511	赔付支出	保险专用	√
145	6521	保单红利支出	保险专用	√
146	6531	退保金	保险专用	√
147	6541	分出保费	保险专用	√
148	6542	分保费用	保险专用	√
149	6601	销售费用		
150	6602	管理费用	√	
151	6603	财务费用		
152	6604	勘探费用		
153	6701	资产减值损失	√	
154	6711	营业外支出	√	
155	6801	所得税费用	√	
156	6901	以前年度损益调整	√	

第二节 记 账 方 法

记账方法是指按照一定的记账规则，使用一定的记账符号，将经济业务分类记入会计账簿的一种专门方法。记账方法在会计核算方法体系中发挥着非常重要的作用。如何将这些经济业务记录在有关的账户中，历史上曾采用过不同的方法，概括起来有单式记账法和复式记账法。金融企业对表内科目采用复式记账法——借贷记账法，对表外科目采用单式记账法。

一、复式记账法——借贷记账法

复式记账法是指对于发生的每一笔经济业务，同时在两个或两个以上相互联系的账户中，以对应相等的金额进行登记，全面反映经济业务来龙去脉的记账方法。

复式记账法是以会计等式为依据建立的一种科学的记账方法。它利用其完整的账户体系以及账户之间存在的对应关系，不仅可以反映会计主体所有的经济活动及其全貌，而且还可以对会计主体所有的经济业务的会计记录进行总体试算平衡，以检查会计记录是否正确，防止会计差错。

复式记账法按技术上的特点不同,可分为借贷记账法、增减记账法和收付记账法。其中,借贷记账法是目前世界各国通用的一种复式记账法。我国于 2006 年 2 月发布的《企业会计准则——基本准则》第十一条明确规定:"企业应当采用借贷记账法进行记录。"

借贷记账法是世界上通行的应用广泛的一种复式记账法,它是以"借""贷"作为记账符号,以"有借必有贷,借贷必相等"为记账原则,对每项经济业务都在两个或两个以上有关账户中相互联系地进行记录的一种复式记账方法,其主要内容包括记账主体、记账符号、记账规则和试算平衡。

1. 记账主体

借贷记账法以会计科目为记账主体,根据资金的性质,将金融企业的会计科目分为六大类:资产类、负债类、所有者权益类、共同类、成本类和损益类。经济业务发生后,根据会计科目的类别和资金运动的增减变化来确定会计科目的记账方向和金额。

2. 记账符号

借贷记账法以"借""贷"作为记账符号,将每个会计科目所属账户都划分为借方、贷方和余额三部分,借方在左,贷方在右,余额可以在借方,也可以在贷方。借和贷在这里只是记账符号,指明会计科目的记账方向,并没有实际的借和贷的含义。借可以表示增加,也可以表示减少;贷可以表示增加,也可以表示减少。在不同类型的账户中,借和贷的含义不同。

3. 记账规则

借贷记账法是以"有借必有贷,借贷必相等"为记账规则的。当经济业务发生时,同时至少引起两个账户发生变化。根据经济业务所引起的资金变化,一方面记入相关账户的借方,另一方面必定要记入相关账户的贷方,记入借方的金额和记入贷方的金额必须相等。下面举例说明。

【例 3-1】从中央银行提取现金 6 000 000 元。

借:库存现金　　　　　　　　　　　　　　　　　　　　　　6 000 000
　　贷:存放中央银行款项　　　　　　　　　　　　　　　　　　6 000 000

【例 3-2】收到某单位存入的活期存款 800 000 元。

借:库存现金　　　　　　　　　　　　　　　　　　　　　　　800 000
　　贷:吸收存款——活期存款——××公司户　　　　　　　　　800 000

【例 3-3】发放给天翼公司 3 年期贷款一笔,金额 500 000 元,转入该公司存款账户。

借:贷款——天翼公司贷款户　　　　　　　　　　　　　　　500 000
　　贷:吸收存款——天翼公司存款户　　　　　　　　　　　　500 000

【例 3-4】宏达公司归还短期贷款 400 000 元,利息 1440 元,由其存款账户支付。

借:吸收存款——宏达公司存款户　　　　　　　　　　　　　401 440
　　贷:贷款——宏达公司贷款户　　　　　　　　　　　　　　400 000
　　　　利息收入　　　　　　　　　　　　　　　　　　　　　　1 440

4. 试算平衡

借贷记账法是根据复式记账的原理,按照"资产=负债+所有者权益"的平衡理论来检查和平衡账务的。由于每笔经济业务始终坚持"有借必有贷,借贷必相等"的记账规则,一定时期内的借方发生额和贷方发生额必然是相等的,一定时期内期初借方余额和贷方余额是相等的,所以本期的借方余额和贷方余额也必然是相等的。其账务平衡公式如下:

各科目本期借方发生额合计数=各科目本期贷方发生额合计数

各科目本期借方余额合计数=各科目本期贷方余额合计数

二、单式记账法

单式记账法是指对发生的经济业务,只在一个账户中进行记录的记账方法。单式记账法是一种比较简单、不完整的记录方法,账户之间也不能形成直接的对应关系,因此不能全面、系统地反映经济业务的来龙去脉,也不便于检查账户记录的正确性。目前在其他行业的会计中基本上不采用这种方法,在金融企业会计中该方法只适用于表外科目的记录。

金融企业的大部分经济业务都是通过表内科目进行核算的,但也有些业务的发生不会引起会计要素的增减变动但又必须记载反映,这类业务则需要通过表外科目进行核算。例如,重要的空白凭证、未发行的国家证券、银行承兑汇票、待结算凭证和待保管的有价值物品等,都应按照单式记账法,在备查簿中用表外科目进行登记。表外科目是根据金融企业核算的需要来设置的,一般数量不多,增减变动次数较少,通常采用单式收付记账法进行记录。单式收付记账法是以收入和付出作为记账符号,账簿设"收入""付出""余额"三栏,表外科目涉及的业务发生时,记收入;注销或冲减时,记付出;余额表示结存或剩余。

【例3-5】建设银行企业存款柜组领回重要空白凭证支票400本。

收入:重要空白凭证——支票　　　　　　　　　　　　　　400

【例3-6】得力文化用品股份有限公司向工商银行购买支票20本。

付出:重要空白凭证——支票　　　　　　　　　　　　　　20

第三节　会 计 凭 证

会计凭证是金融企业记录经济业务,明确经济责任的一种具有法律效力的书面证明文件。填制与审核会计凭证,是会计核算的专门方法,也是金融企业会计核算工作的起点和基础。填制和取得的会计凭证,只有经过审核无误后,才能凭以办理资金收付、款项划转和作为登记账簿的依据。会计凭证登账之后,应按规定整理、装订和归档保管,以备核对账务和事后查考所需。此外,随着社会主义市场经济的发展,经济纠纷时有发生,将会计凭证作为重要的经济档案和历史资料归档存查,还可以为处理经济纠纷、审判经济案件提供重要的证据资料。

一、会计凭证的种类

金融企业的会计凭证,按照其填制程序和用途,分为原始凭证和记账凭证。

(一)原始凭证

原始凭证是金融企业在经济业务发生时取得或填制的,用以证明经济业务的发生或完成情况,并明确有关经济责任的会计凭证。原始凭证作为经济业务发生和完成情况的证明,是金融企业填制记账凭证或登记账簿的原始依据。在会计实务中,原始凭证一般作为重要的会计核算资料,附在记账凭证的背面,称作记账凭证的附件。

原始凭证按其来源不同,分为自制原始凭证和外来原始凭证。自制原始凭证是金融企业自行制作,并由本企业内部经办业务的部门或人员,在执行或完成某项经济业务时所填制的会计凭证;外来原始凭证是金融企业在业务发生或完成时,直接从企业外部取得的凭证。

(二)记账凭证

记账凭证是金融企业根据审核无误的原始凭证或业务事实编制的,或对外办理业务时受理的,可以直接作为记账依据的会计凭证。

对金融企业特别是商业银行而言,有时原始凭证和记账凭证的划分并不是绝对的。有些原始凭证如果具备记账凭证的要素,就可以直接作为记账凭证使用。

在商业银行会计核算中,除某些业务需要根据原始凭证编制记账凭证外,大多采用银行对外办理业务时所受理的原始凭证,以及银行根据业务事实自行编制的原始凭证,直接代替记账凭证,作为登记账簿的依据。根据不同的分类标准,可以将金融企业的记账凭证分为不同的种类。

1. 按记账凭证的外表形式分为单式记账凭证和复式记账凭证

(1) 单式记账凭证,又称为单科目记账凭证。它要求将金融企业某项经济业务所涉及的每个会计科目分别填制在记账凭证上,每张记账凭证上只填列一个会计科目,填列的对方科目仅供参考,不作为登记账簿的依据。在单式记账凭证中,只记录借方科目的称为借方记账凭证,只记录贷方科目的称为贷方记账凭证。

由于商业银行的业务量大,采用单式记账凭证便于凭证在各柜组之间传递、分工记账和按会计科目汇总发生额,因此,商业银行在会计核算中主要采用单式记账凭证。但是,单式记账凭证不能在一张凭证上集中反映某笔经济业务涉及的所有对应科目,否则万一出现差错,不便于查找。

(2) 复式记账凭证,又称为多科目记账凭证。它要求将金融企业某项经济业务所涉及的所有会计科目,集中填制在一张记账凭证上。

复式记账凭证能在一张凭证上,集中反映某笔经济业务所涉及的会计科目的对应关系,资金来龙去脉清楚,万一出现差错,也便于查找。但是,当金融企业业务量大时,在手工操作的情况下,不便于记账分工和按每一会计科目汇总发生额。目前,除商业银行外,其他金融企业在会计核算中,一般采用复式记账凭证。

2. 按记账凭证的使用范围分为基本凭证和特定凭证

记账凭证的这种分类,主要是针对金融企业中商业银行的业务特点和会计核算需要划分的。在商业银行会计实务中,由于需要将记账凭证在不同部门、柜组之间传递记账,因此,商业银行的记账凭证又称为"传票"。

(1) 基本凭证,又称通用凭证,是商业银行根据有关原始凭证及业务事实自行编制,用作记账依据,具有统一格式的凭证。商业银行通用的基本凭证,按照格式和用途又可分为以下八种:现金收入传票(见表 3-2)、现金付出传票(见表 3-3)、转账借方传票(见表 3-4)、转账贷方传票(见表 3-5)、特种转账借方传票(见表 3-6)、特种转账贷方传票(见表 3-7)、表外科目收入传票(见表 3-8)、表外科目付出传票(见表 3-9)。

表 3-2　××银行　现金收入传票

(贷)
(借)现金　　　　　　　年　　月　　日

总字第　号
字第　号

户名或账号	摘　要	金　额										附件张
		亿	千	百	十	万	千	百	十	元	角	分
合　计												

会计：　　　　出纳：　　　　复核：　　　　记账：　　　　制票：

表 3-3　××银行　现金付出传票

(借)
(借)现金　　　　　　　年　　月　　日

总字第　号
字第　号

户名或账号	摘　要	金　额										附件张
		亿	千	百	十	万	千	百	十	元	角	分
合　计												

会计：　　　　出纳：　　　　复核：　　　　记账：　　　　制票：

表 3-4　××银行　转账借方传票

总字第　号
字第　号

科目(借)	年 月 日	对方科目(贷)										附件张
户名或账名	摘　要	金　额										
		亿	千	百	十	万	千	百	十	元	角	分
合　计												

会计：　　　　复核：　　　　记账：　　　　制票：

表 3-5　××银行　转账贷方传票

		总字第　号
		字第　号

科目(贷)	年 月 日	对方科目(借)										附件　张
户名或账名	摘　要	金　额										
		亿	千	百	十	万	千	百	十	元	角	分
合　计												

会计：　　　　复核：　　　　记账：　　　　制票：

表 3-6　××银行　特种转账借方传票

		总字第　号
		字第　号

年　　月　　日

付款人	全称			收款人	全称											附件　张
	账号或地址				账号或地址											
	开户银行		行号		开户银行			行号								
金额	人民币(大写)					千	百	十	万	千	百	十	元	角	分	
原凭证金额			赔偿金			科目(借)										
原凭证名称			号码			对方科目(贷)										
转账原因																
					银行盖章	会计：　复核：　记账：　制票：										

表 3-7　××银行　特种转账贷方传票

　　　　　　　　　　　　　年　　月　　日

总字第　　号

字第　　号

付款人	全称				收款人	全称												附件
	账号或地址					账号或地址												
	开户银行		行号			开户银行			行号									
金额	人民币(大写)						千	百	十	万	千	百	十	元	角	分		
原凭证金额			赔偿金															
原凭证名称			号码			科目(借)												
转账原因						对方科目(贷)												张
						会计：　　复核：　　记账：　　制票：												
					银行盖章													

表 3-8　××银行　表外科目收入传票

表外科目(收入)＿＿＿＿＿＿　　　　　年　　月　　日

总字第　　号

字第　　号

户　名	摘　要	金　额										附件
		亿	千	百	十	万	千	百	十	元	角	分
合　计												张

会计：　　　　复核：　　　　记账：　　　　保管：　　　　经手：

表 3-9　××银行　表外科目付出传票

表外科目(付出)_____　　　　年　　月　　日

总字第　号
字第　号

户　名	摘　要	金　额										附件
		亿	千	百	十	万	千	百	十	元	角	分
合　计												

会计：　　　　复核：　　　　记账：　　　　保管：　　　　经手：

　　上述八种通用的基本凭证，格式各不相同，在商业银行会计核算中各有其用途。现金收入、付出传票，转账借方、贷方传票，这四种传票只在银行内部使用，不对外销售和传递。现金收入、付出传票用于未设特定凭证的现金收入和付出业务；转账借方、贷方传票用于未设特定凭证的转账业务。特种转账借方、贷方传票既可在银行内部使用，也可对外填发，但不对外销售。特种转账借方、贷方传票用于没有特定凭证，但又涉及外单位资金收付的转账业务，一般是商业银行在主动为外单位收款进账或扣款出账时填制使用。表外科目收入、付出传票用于各种表外科目核算的会计事项。

　　(2) 特定凭证，又称专用凭证，是商业银行根据某项业务的特殊需要制定的、具有专门格式和用途的凭证。这类凭证一般由银行统一印制，客户领用并在需要时多联套写提交银行凭以办理业务(如支票、现金缴款单、信汇凭证、电汇凭证等)，也有些特定凭证由联行寄来(如联行报单)或银行自己签发(如银行本票、银行汇票)或填制(如定期储蓄存单)，银行在收到或取得这些特定凭证，经审核无误后，以其中一联或几联代替记账凭证，并据以办理业务和登记账簿。比如，以现金缴款单第二联代现金收入传票；以现金支票代现金付出传票；以转账支票代转账借方传票；以进账单第二联代转账贷方传票等。这种以特定凭证代替记账凭证，将原始凭证和记账凭证合二为一，在原始凭证上编制会计分录后凭以记账的做法，是商业银行根据自身业务的需要在会计凭证使用中的显著特点。特定凭证的种类较多，其具体使用将在后面章节中结合商业银行的具体业务加以介绍。

　　3. 按记账凭证是否经过汇总分为非汇总记账凭证和汇总记账凭证

　　(1) 非汇总记账凭证是没有经过汇总的记账凭证，如前面介绍的各种记账凭证均为非汇总记账凭证。在金融企业会计核算中，非汇总记账凭证是登记明细账的依据。

　　(2) 汇总记账凭证是根据非汇总记账凭证，按照一定的方法汇总填制的记账凭证。例如，商业银行将每一个会计科目当日借贷方发生额和传票张数，分别进行汇总所编制的科目日结单；其他金融企业根据其采用的会计核算形式的需要所编制的科目汇总表以及汇总收款凭证、汇总付款凭证和汇总转账凭证等均属于汇总记账凭证。

　　在金融企业会计核算中，将记账凭证进行汇总，是为了减少登记总账的工作量，汇总记账凭证是登记总账的依据。

二、会计凭证的基本内容

会计凭证的内容是构成合法、正确凭证所具备的基本要素。尽管会计凭证的种类繁多、内容各异，但都必须具备一些相同的内容。根据银行核算内容的要求，会计凭证应具备以下基本要素。

(1) 年、月、日(凭证编制及转账日期)。
(2) 收、付款人的户名和账号。
(3) 收、付款人开户行的名称和行号。
(4) 人民币或外币符号和大、小写金额。
(5) 款项来源、用途、经济业务摘要及附件张数。
(6) 单位按有关规定加盖的印章。
(7) 银行经办人员和有关人员的盖章。
(8) 会计分录及凭证编号。

三、会计凭证的处理

会计凭证的处理是指银行从编制或受理凭证开始，经过审核、传递、登记账簿直至装订、保管为止的全部过程。会计凭证的处理是进行会计核算的重要保证，对于及时准确地办理各项业务、加快资金周转、充分发挥银行会计的作用具有十分重要的意义。

(一)会计凭证的编制

编制凭证是会计工作的起点。会计凭证编制的好坏关系到会计核算的质量，因此编制会计凭证除了做到要素齐全外，还要做到以下几点。

(1) 根据经济业务的需要，选择相应的会计凭证种类。
(2) 正确运用会计科目，准确对应关系。
(3) 填写会计凭证要内容真实、字迹清晰、数字正确、摘要简明。
(4) 金额前要有货币符号，大、小写金额要一致。
(5) 单联式的基本凭证可分别填写，多联式的专用凭证要一式套写，不得分张单写。
(6) 凭证的金额错误不得涂改，若填写有误要作废重填；对其他内容若填写错误，可按规定的方式进行更改，更改后由更改人在更改处盖章证明。
(7) 项目填列齐全，责任分工明确。

(二)会计凭证的审核

为保证会计凭证的真实完整、符合要求，银行对自编或从外部受理的会计凭证要进行严格的审核，只有审查合格的会计凭证才能作为记账的依据。银行应当从凭证的合法性、完整性、真实性和正确性等方面进行审查。审查的具体内容如下。

(1) 是否为本行受理的凭证，凭证是否合法有效。
(2) 凭证种类是否符合业务要求，凭证的内容、联数及附件是否完整和齐全。
(3) 账号、户名是否相符，与客户的基本资料是否一致。
(4) 款项来源、用途是否符合规定，支取的款项是否超过存款余额、贷款额度或拨款限额。

(5) 货币符号，大、小写金额是否相符，字迹有无涂改。
(6) 利息、收费、赔偿金、本外币折算等金额的计算是否正确。
(7) 密押、印鉴是否真实与齐全。

对审核无误的会计凭证要及时进行账务处理，对于审查不合格的凭证要拒绝受理，对内容不全或不符合要求的凭证应予退回，待补全改正后再行处理。若发现有伪造或编造凭证，应向金融企业负责人报告。会计凭证经审核无误后，应及时处理和科学传递。

(三) 会计凭证的传递

凭证的传递是指会计凭证按规定的程序在银行内部各柜组或银行间的流转。科学组织好凭证的传递，不仅可以迅速完成会计核算任务，而且对于加速资金周转、维护业务当事者(包括银行、收款人、付款人)的正当权益具有重要意义。因此，银行应根据业务的特点，科学、合理、严密、及时、谨慎地组织好凭证的传递，做到"先外后内，先急后缓"，方便客户，并且避免无人负责的现象。除有特殊规定外，凭证一律由银行内部传递，不能交由银行外部人员代为传递。同时还应注意：必须适应银行业务的需要和会计核算的要求；对于现金收入凭证，应先收款后记账，保证账款一致；现金付出凭证，应先记账后付款，防止发生透支；对于转账凭证，应先记付款人账户再记收款人账户；代收他行的凭证收妥进账，贯彻银行不垫款的原则。

(四) 会计凭证的装订与管理

会计凭证是重要的会计档案资料，为保证其完整性、科学性和安全性，必须按规定将凭证进行认真整理、装订和保管，以便事后查考。

每日营业终了，要将会计凭证按科目归类整理。对表内科目，将属同一科目的凭证按现金借方、现金贷方、转账借方、转账贷方的顺序整理，再按科目大小排列，并装订成册；对表外科目，按收入、付出凭证的顺序整理加以装订。会计凭证一般按日期装订，对业务量较小的银行可按数量装订，随日常业务的办理，当凭证积累到一定数量时再装订成册，但是不能随意积压、散放、丢失。

装订好的会计凭证应按保管年限固定地点，及时入库保管，并登记"会计档案登记簿"。日后如需查证和调阅已入库的凭证，必须严格按规定的手续办理，未经批准不得外借和摘录。对超过保管年限的会计凭证，经批准后方可进行销毁。

第四节 账 务 组 织

账务组织又称账簿组织或会计核算形式，是指账簿设置、记账程序、核对方法相互配合的账务体系。各单位应根据自身的经营规模、业务性质、业务数量以及会计人员的配备和经营管理的需要等具体情况，设计科学合理的账务组织方式，使之既有利于会计工作的分工协作，又能简化会计核算手续，提高会计工作的质量和效率。

金融企业的账务组织包括明细核算和综合核算两个系统。这两个系统依据相同的会计凭证，按照双线核算和双线核对的原则分别进行核算，并每日和定期相互进行核对，各自在金融企业会计核算中发挥不同的作用。同时，这两个系统又相互依存、彼此制约，明细核算是综合核算的具体化，对综合核算起补充说明作用；综合核算是明细核算的概括，对明细核算起统驭、控制作用。明细核算和综合核算两个系统，共同构成了金融企业完整的账务组织体系。

一、明细核算系统

明细核算系统是根据总账科目的具体核算内容和实际需要设立分户账，详细反映金融企业各项资金增减变化情况及其结果的核算系统。明细核算系统要利用分户账、登记簿、现金收入和付出日记簿、余额表四种账表。

(一)分户账

分户账是在总账科目下，按单位或资金性质分户独立设账，根据凭证逐笔连续登记，具体反映某项经济业务引起的资金增减变动详细情况的明细分类账簿。分户账既是金融企业进行明细核算的主要账簿，也是金融企业办理业务及与客户进行内外账务核对的重要工具。分户账的格式，除根据业务需要规定的专用格式外，一般设有甲、乙、丙、丁四种。

1. 甲种分户账

甲种分户账设有借方发生额、贷方发生额和余额三栏，适用于不计息或用余额表计息的账户。甲种分户账又称为分户式账页，如表3-10所示。

2. 乙种分户账

乙种分户账设有借方发生额、贷方发生额、余额、积数四栏，适用于在账页上计息的账户。乙种分户账又称为计息式账页，如表3-11所示。

表3-10　甲种分户账

＿＿＿××银行＿＿＿
＿＿＿＿＿＿账

本账总页数	
本户页数	

户名：　　账号：　　领用凭证记录：　　利率：

年		摘要	凭证号码	对方科目代号	借方(位数)	贷方(位数)	借或贷	余额(位数)	复核盖章
月	日								

会计：　　　　　　　　记账：

表3-11　乙种分户账

＿＿＿××银行＿＿＿
＿＿＿＿＿＿账

本账总页数	
本户页数	

户名：　　账号：　　领用凭证记录：　　利率：

年		摘要	凭证号码	对方科目代号	借方(位数)	贷方(位数)	借或贷	余额(位数)	日数	积数(位数)	复核盖章
月	日										

会计：　　　　　　　　记账：

3. 丙种分户账

丙种分户账设有借方发生额、贷方发生额、借方余额和贷方余额四栏，适用于借、贷双方同时反映余额的账户，如表 3-12 所示。

表 3-12　丙种分户账

××银行_____账

本账总页数	
本户页数	

户名：　　账号：　　领用凭证记录：　　利率：

年		摘要	凭证号码	对方科目代号	发生额		余额		复核盖章
月	日				借方(位数)	贷方(位数)	借方(位数)	贷方(位数)	

会计：　　　　　　　　　记账：

4. 丁种分户账

丁种分户账设有借方发生额、贷方发生额、余额、销账四栏，适用于逐笔记账、逐笔销账的一次性业务的账户。丁种分户账又称为销账式账页，如表 3-13 所示。

表 3-13　丁种分户账

××银行_____账

本账总页数	
本户页数	

户名：　　账号：　　领用凭证记录：　　利率：

年		账号	户名	摘要	凭证号码	对方科目代号	贷方(位数)	销账		借方(位数)	借或贷	余额(位数)	复核盖章
月	日							年	月 日				

会计：　　　　　　　　　记账：

(二)登记簿

登记簿是为了满足某些业务需要而设置的辅助性账簿，主要用来登记在分户账和日记簿中未能记载而又需要查考的业务事项。例如，对客户交来的托收单据、金融企业的一些重要空白凭证及有价单证进行登记，对金融企业租入固定资产进行登记等。登记簿与其他账簿之间不存在严密的依存与钩稽关系，其格式也不固定，金融企业可以根据具体业务的需要而自行设计。登记簿通用的一般格式设有收入、付出、余额三栏，每栏下面分设数量栏和金额栏，如表 3-14 所示。

表 3-14　登记簿

××银行
登记簿(卡)

本账总页数	
本户页数	

户名：　　　　　　单位：

年		摘要	收　入		付　出		余　额		复核盖章
月	日		数量	金额(位数)	数量	金额(位数)	数量	金额(位数)	

会计：　　　　　　　　记账：

(三)现金收入和付出日记簿

现金收入和付出日记簿是现金业务的序时记录，是用以记载现金收入、现金付出数及现金传票张数的明细分类账簿。它由出纳员根据现金收入传票和现金付出传票，按照收付款的先后顺序逐笔序时登记。每日营业终了，分别结出现金收入合计数和现金付出合计数，并应与仓库保管员经管的现金库存簿，以及现金总账科目的借方、贷方发生额合计数核对相符。现金收入日记簿的格式与现金付出日记簿的格式相同，如表 3-15 所示。

表 3-15　现金收入日记簿

××银行
现金收入日记簿

柜组名称：　　　　　　　年　　月　　日　　　　　　第　页　共　页

凭证号数	科目代号	户名或账号	金额(位数)	凭证号数	科目代号	户名或账号	金额(位数)

复核：　　　　　　　　　出纳：

(四)余额表

余额表按照总账科目及所统驭的分户账设置，每日营业终了根据各分户账的最后余额逐户转抄编制。按照对科目是否计息，余额表分为计息余额表和一般余额表。

1. 计息余额表

计息余额表用于需要在余额表上计算利息的科目。每日营业终了，根据需要在余额表上计算利息的各科目分户账各户当日的最后余额填列，当日没有发生额的账户，应根据上一日的最后余额填列。每旬末，将余额表中的余额相加，结出小计，每月末结出本月合计。将"本月合计"加上"至上月底未计息积数"，便得出"至本月底累计未计息积数"。每季末月,将"至上月底未计息积数"加上本月初至结息日的余额之和,便得出本结息期的"至结息日累计计息积数",以此积数乘以相应的利率,计算各分户账本结息期的应计利息。计算累计积数时,如遇错账冲正,应计算应加、应减积数,并填入余额表的相应栏目,对累计积数进行调整。计息余额表的格式如表 3-16 所示。

表 3-16 计息余额表

××银行

计息余额表

科目名称:　　　　　　　　　　　　年　　　月　　　　　　　　　　　　　单位:元
科目代号:　　　　　　　利率:　　　　　　　　　　　　　　　　第　　页 共　　页

账号 / 户名 / 日期 / 余额						合计	复核盖章
1							
2							
3							
4							
5							
6							
7							
8							
9							
10							
10 天小计							
11							
…							
…							
20 天小计							
21							
…							
…							
本月合计							
至上月底未计息积数							
应加积数							
应减积数							
至结息日累计计息积数							
至本月底累计未计息积数							
结息日计算利息数							

会计:　　　　　　　　　　　　复核:　　　　　　　　　　　　制表:

2. 一般余额表

一般余额表用于不计息的科目以及不需要在余额表上计息(如在乙种账上计息)的科目。一般余额表按各分户账当日的最后余额编制，如表 3-17 所示。

余额表是金融企业进行总分核对的工具。每日营业终了，余额表上同一科目各户余额的合计数应与当日该科目总账的余额核对相符。

表 3-17　一般余额表

××银行

一般余额表

年　月　日　　　　　　　　第　页共　页

科目代号	户　名	摘　要	金额（位数）	科目代号	户　名	摘　要	金额（位数）

会计：　　　　　　复核：　　　　　　制表：

二、综合核算系统

综合核算是以会计科目核算为基础，总括反映和记录银行资金增减变化及其结果的组织形式，其综合反映了银行资金运动状况，为分析、预测银行经营成果和考核计划执行情况提供可靠的信息资料。综合核算由科目日结单、总账、日计表组成。

(一)科目日结单

科目日结单也称科目汇总传票，是每日每个会计科目借贷方发生额和凭证张数的汇总记录，是登记总账的依据，也是轧平当日发生额的工具。科目日结单的记载方法是：每日营业终了，将同一会计凭证，按现金借方、现金贷方、转账借方和转账贷方分别加总，填入科目日结单相应的栏目，并按借方、贷方分别加计合计金额。对于现金科目日结单，由于现会凭证是复式登证，其结计的原理是根据其他科目日结单中的现金借方、现金贷方分别合计数的反方向填入，其格式如表 3-18 所示。

表 3-18　科目日结单

××银行

科目日结单

年　月　日

借　方		贷　方	
传票张数	金　额（位　数）	传票张数	金　额（位　数）
现金　　张		现金　　张	
转账　　张		转账　　张	
合计　　张		合计　　张	

会计：　　　　　　复核：　　　　　　制表：

为验证科目日结单的正确性,可将所有科目日结单的借、贷合计金额分别加总,其数额应是相等的。

(二)总账

总账是综合核算系统的主要账簿,按科目分月设置,是核算综合核算与明细核算核对账务及统驭明细分户账的主要工具,也是编制各种报表的重要依据。总账的记载方法是:每日营业终了,根据各科目日结单的借、贷方发生额合计金额登记各科目总账,并结出当日余额,月末结出当月余额,每月需更换账页。总账的格式如表3-19所示。

表 3-19 总账

×× 银行

总　账

科目代号:
科目名称:

年　月	借　方		贷　方		
	(位　数)		(位　数)		
上年底余额					
本年累计发生额					
上月底余额					
日　期	发　生　额		余　额		复核盖章
	借方	贷方	借方	贷方	复核员
	(位数)	(位数)	(位数)	(位数)	
1					
2					
3					
4					
5					
6					
…					
10天小计					
11					
…					
20天小计					
21					
…					
月计					
自年初累计					
本期累计计息积数					
本月累计未计息积数					

会计主管:　　　　　　　　　　　记账:

每日营业终了,根据各科目日结单的借方合计数和贷方合计数,分别登记各该科目总账的借方发生额和贷方发生额,并同时结出余额。当日若无发生额,则应将上日余额填入本日余额栏。总账各科目每日余额应与当日同科目分户账或余额表各户余额合计数核对相符。总账每 10 天结计小计,月末结出本月合计、自年初累计及本月累计未计息积数等数据,有关数据应定期与同科目余额表上的计息积数进行核对。

(三)日计表

日计表是银行每日编制的资金平衡表,是反映每日银行业务的财务活动情况及结果和轧平账务的主要工具。日计表的记载方法是:每日营业终了,根据当日各科目总账的发生额和余额填入,并加计合计金额,其借、贷方发生额分别合计数和借、贷方余额分别合计数必须各自平衡,表明当日会计核算的正确无误。

综合核算的处理程序是每日营业终了,将纳入当天核算的会计凭证,按科目汇总凭证填写各科目日结单,根据科目日结单登记各科目总账,然后根据各科目总账编制当天的日计表。日计表的格式如表 3-20 所示。

表 3-20　日记表

××银行

日　计　表

年　　月　　日　　　　第　　页共　　页

科目代号	科目名称	本日发生额		余　额		科目代号
		借方(位数)	贷方(位数)	借方(位数)	贷方(位数)	
合　　计						

行长(主任):　　　　　会计:　　　　　复核:　　　　　制表:

【小资料】

综合核算与明细核算两者的关系

综合核算与明细核算的关系如下所述。

(1) 明细核算是按账户进行的核算,反映各科目的详细情况;综合核算是按科目进行的核算,反映各科目的总括情况。

(2) 根据同一凭证分别进行核算,坚持总分核对以保证账务相符。

(3) 明细核算是综合核算的具体化,对综合核算起补充作用;综合核算是明细核算的概括,对明细核算起统驭作用。两者相辅相成,彼此制约。

综上所述,两者的关系是在反映情况方面相互配合、相互补充,在反映数量方面相互联系、相互制约。

三、账务核对

账务核对是账务处理的重要环节,按照核对期限要求分为每日核对和定期核对。通账务核对,可以防止账务差错,保证会计核算的质量及金融企业资金的安全完整。

(一)每日核对

每日核对是指金融企业在每日会计核算结束后,对有关账务进行的核对,主要内容如下。

(1) 各科目总账余额应与该科目分户账或余额表的余额合计核对相符。

(2) 现金收付日记簿的合计应与现金科目总账借、贷方发生额核对相符;现金库存簿结存与实际现款和现金科目总账余额核对相符。

(3) 表外科目的余额应与有关的登记簿核对相符。

(4) 使用计算机作业,根据凭证输入后自动生成分户账、科目日结单、总账、日记表的发生额和余额,由于数据共享,为保证账务的准确,应由手工核打凭证与科目日结单的发生额核对相符。配备事后复核的银行应按规定由专人复核。

(二)定期核对

定期核对是指银行对未纳入每日核对的账务定期进行的核对工作,其主要内容如下。

(1) 各贷款科目账户余额与各种借据或借款合同的核对。

(2) 各种储蓄账户余额与储蓄卡片金额合计的核对。

(3) 各种贵金属与有关登记簿的核对。

(4) 各种固定资产与固定资产账(卡)及财产实物的核对。

(5) 银行内外账务,如各种存款、贷款、银行间往来款项等账务的核对。

四、账务处理

账务处理程序及账务核对如图3-1所示。

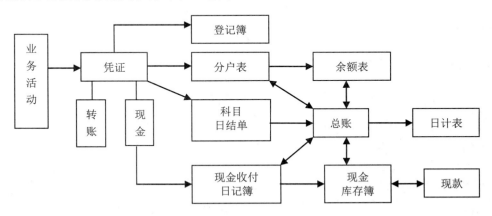

图3-1 账务处理程序及账务核对图

五、记账规则与错账更正

(一)记账规则

记账规则主要有手工记账规则和计算机记账规则两种。

1. 手工记账规则

(1) 账簿必须根据审查合格的凭证记载(其中票据的金额、日期、收款人名称更改的为无效凭证)，做到数字准确、字迹清晰、摘要简明。发现凭证内容不全或有错误的，必须由制票人更正、补充或者更换后再记账。支付的款项不得超过存款的余额、贷款的限额或拨款的限额。

(2) 记账必须使用蓝黑墨水钢笔书写，红墨水、红圆珠笔、红色复写纸只用于画线和错误冲正，以及规定用红字批注的文字说明。

(3) 账簿上的一切记录不得涂改、挖补、刀刮、皮擦和用药水销蚀，发现错误按规定的方法更正。

2. 计算机记账规则

计算机记账规则除按上述手工记账规则中第(1)项的方式办理外，还要注意以下几点。
(1) 数据输入必须由银行指定的操作员进行，非操作员不得输入任何数据。
(2) 操作员不得自制凭证上机处理，更不准无凭证进行数据输入。
(3) 操作员完成数据输入后，将姓名与工作代码打印到分户账上，并按要求将数据备份。

(二)错账更正

错账更正是指调整由于手工处理、计算机系统运行差错或操作员操作失误等原因造成的账务数据记录错误的行为。银行的会计人员应按照相关规定处理和记录业务事项，定期核对数据，发现错误要及时更正，不能更正的按照规定要求进行处理。

1. 当日差错的更正方法

当日手工记账发生错误时采用红线更正法，即用一条红线将错误画掉，在上面写上正确金额，并由记账员在红线左端盖章证明。如果红线画错，需在红线两端各画"×"符号，销去先前红线，并由记账员在右端盖章证明。如果发现凭证和账簿都有错误，则按照先凭证后账簿的顺序运用红线更正法冲正错账。

计算机操作失误造成数据差错时，应由操作员凭会计主管人员的书面通知书冲正原录入错误数据，并打印冲账代码，然后再输入正确的数据。

2. 以前差错的更正方法

(1) 发现次日或以前年度手工记账的差错采用红蓝字冲正法。若凭证正确，仅记账串户时，应填制同方向红蓝字传票各一张，用红字传票冲销错误的账户，蓝字冲正凭证补记正确账户。若凭证填写错误，造成账簿记录随之错误的，应按错误凭证填制红字借贷凭证各一张冲销错账，再用正确内容编制蓝字借贷凭证各一张补记账户。

手工记账发现上年度差错的采用蓝字反方向冲正法，即按原错账编制反方向的蓝字凭证予以冲销。若冲正金额大于错误金额而发生反方向余额，则在该余额数前加"-"号或直接用红字表示。

(2) 计算机输入发生错误的，次日或之前的错误应填制冲账凭证进行更改。

(3) 不得进行冲正的错账处理。账页无法更改的，则在原账页上划交叉红线进行注销，经主管人员盖章同意后更换新账页，注销账页则作为附件附在新账页背面。

已经发生实际交易，造成收付款项错误的，不得立即进行错账冲正，应当在收回和支付正确后再进行相关的账务调整。

由于计算机系统故障造成错账的,按照行内具体规定进行处理。

上述各错误造成利息收入和支出发生错误的,应计算应加(减)积数,以调整收支款项的错误。对错误冲正的日期、金额应予以登记,对涉及重大差错的还要调整会计报表,保证记录的准确性。

本章小结

基本核算方法是金融企业会计核算方法的基本原理和账务处理的一般程序,主要包括会计科目的设置、记账方法的运用、会计凭证的填制与审核、账务组织结构与账务处理程序、会计报表的编制等。金融企业会计科目是对金融企业会计对象按照经济内容进行分类核算的项目,是对金融资产、负债、所有者权益和损益进行分类汇总反映的类别名称,是分类记载经济业务、设置账户和确定报表项目的依据。

金融企业设置会计科目需遵循一定的原则,按资金性质可分为资产类、负债类、共同类、所有者权益类和损益类;根据会计科目与资产负债表的关系,可分为表内科目和表外科目;按反映经济业务内容的详略程度不同,可分为一级科目和二级科目。记账方法分为单式记账法和复式记账法。金融企业表内科目的核算采用复式记账法;表外科目的核算一般采用单式记账法。

会计凭证是按一定格式编制的据以登记会计账簿的书面证明,用以记录经济业务,明确经济责任。金融企业的会计凭证按其填制程序和用途,分为原始凭证和记账凭证。记账凭证按其外表形式分为单式记账凭证和复式记账凭证;按其适用范围分为基本凭证和特定凭证;按其是否经过汇总分为非汇总记账凭证和汇总记账凭证。

金融企业在会计核算中,对填制和受理的会计凭证,应按规定进行审核,科学、及时地组织传递,并按要求进行分类整理、装订和归档保管。会计人员可以通过整理、分类、汇总会计凭证,并经过会计处理,为经济管理提供有用的会计信息。

账务组织又称账簿组织或会计核算形式,是指账簿设置、记账程序、核对方法相互配合的账务体系,分为明细核算系统和综合核算系统。这两个核算系统是依据相同的会计凭证,按照双线核算和双线核对的原则,分别进行核算,并每日和定期进行相互核对。

复习思考题

一、基本概念

会计科目　单式记账法　复式记账法　借贷记账法　会计凭证　记账凭证　原始凭证　现金收入传票　现金付出传票　转账借方传票　转账贷方传票　日计表

二、判断题

1. 明细核算系统由分户账、登记簿、现金收付日记簿和余额表组成。　　　　(　　)
2. 商业银行经济业务发生后,涉及表内科目的,采用单式记账法,涉及表外科目的,采用复式记账法。　　　　(　　)
3. 综合核算系统由科目日结单、总账、余额表和日记表组成。　　　　(　　)

三、简答题
1. 金融企业的会计凭证有什么特点？
2. 什么是分户账？甲、乙、丙、丁四种分户账有什么区别？
3. 简述基本凭证与特定凭证的区别。
4. 对于商业银行发生的现金收付业务应如何编制会计凭证？
5. 简述商业银行的账务处理程序。

第二篇 商业银行会计

第四章 存款业务核算

【学习要点及目标】

- 了解银行结算账户管理办法及银行存款账户的种类。
- 掌握单位人民币存款业务和个人储蓄存款业务的会计核算程序及处理手续。
- 掌握存款利息的计算方式和核算。

【核心概念】

活期存款　定期存款　应付利息科目　储蓄存款　存款利息　活期储蓄　定期储蓄　通知存款　利息所得税

【引导案例】

我国利率市场化

利率市场化是指金融机构在货币市场经营融资的利率水平由市场供求来决定。它包括利率决定、利率传导、利率结构和利率管理的市场化。实际上，它就是将利率的决策权交给金融机构，由金融机构自己根据资金状况和对金融市场动向的判断来自主调节利率水平，最终形成以中央银行基准利率为基础，以货币市场利率为中介，由市场供求决定金融机构存贷款利率的市场利率体系和利率形成机制。

中国已于1996年放开了同业拆借利率，向市场利率迈出了坚实的第一步。接着又放开了国债的市场利率，逐步建立起一个良好的货币市场与国债市场的利率形成机制，也为政府进行利率调整确定了一个基准利率。这都为利率市场化打下了基础。

自2013年7月20日起，中国人民银行决定全面放开金融机构贷款利率管制。自2015年5月11日起，中国人民银行决定金融机构存款利率浮动区间的上限由存款基准利率的1.3倍调整为1.5倍。自2015年8月26日起，中国人民银行决定放开1年期以上(不含1年期)定期存款的利率浮动上限，标志着中国利率市场化改革又向前迈出了重要一步。自2015年10月24日起，中国人民银行决定对商业银行和农村合作金融机构等不再设置存款利率浮动上限。毋庸置疑，我国利率市场化改革已取得相当成效。而中国人民银行运用公开市场操作等调控市场利率的能力也正在逐步提高。存款保险制度和金融机构优胜劣汰退出机制也在逐步完善中。

(资料来源：httpsi/baike.so.com/doc/2182223-2309044.html 整理)

【案例导学】

商业银行通过吸收客户的存款，可以将国家财政渠道难以集中的、大量的、分散的社会闲散资金聚集为巨额资金，形成巨大的货币力量，通过其信用中介作用，将资金有计划地放出去，投入到社会再生产过程中，从而对社会经济活动进行有效的调节。同时，银行贷款所收回的利息收入则是银行的主营业务收入，这样通过收入和费用的对比就形成了银行的主要收益。这其中的存贷款利率调整成为银行资金运行以及是否能正确反映市场经济发展变化的关键，所以我国从 2013 年开始逐渐执行利率的市场化，这样更能表现市场经济运行的特点，更加符合国际化要求。

第一节　存款业务概述

一、存款的种类

存款是商业银行以信用方式吸收的社会暂时闲置和待用的货币资金，是银行对存款客户的负债，体现了银行与存款客户之间的一种信用关系。商业银行吸收的存款，按照管理的不同要求，可采用不同的分类标准。常见的存款种类如下。

1. 按照存款对象分为单位存款和个人储蓄存款

单位存款主要是银行吸收企业、事业、机关、社会团体、部队等单位的闲置资金形成的存款；个人储蓄存款主要是银行吸收城乡居民个人的资金形成的存款。

国家对单位存款和个人储蓄存款分别采取不同的管理政策。任何单位和个人不得将公款以个人名义转为个人储蓄存款，任何个人也不得将私款以单位名义存入金融机构。

2. 按照期限分为活期存款和定期存款

活期存款是存入时不确定存期，可以随时存取的存款，其利率较低，主要包括单位活期存款和居民个人活期储蓄存款。活期存款对于银行来说所提供的资金来源具有不稳定性，但由于其利率低，故其资金成本也低。

定期存款是在存款时约定存期，到期支取的存款，其利率较高，主要包括单位定期存款和居民个人定期储蓄存款。定期存款对于银行来说所提供的资金来源具有较强的稳定性，但由于其利率高于活期存款利率，故其资金成本也较高。

商业银行在经营管理中，应充分考虑活期存款与定期存款在流动性及资金成本上的差异，加强资产、负债期限的对应管理，保持贷款资产合理的期限结构，正确处理好效益性、流动性和安全性三者之间的关系。

3. 按照资金性质分为财政性存款和一般存款

财政性存款是指银行经办的各级财政拨入的预算资金或应上缴财政的各项资金，以及财政安排的专项资金形成的存款；一般存款是指企事业单位、部队、机关团体及个人存入的并由其自行支配的各种资金形成的存款。财政性存款一般不计付利息，但应按规定全额就地缴存当地人民银行；一般存款则应计付利息，并且应当按照一定的比例，向人民银行缴存法定存款准备金。

4. 按照存款币种分为人民币存款和外币存款

人民币存款是单位和个人等存入的人民币款项形成的存款；外币存款是单位或个人将其外汇资金存入银行，并于以后随时或约期支取的存款。

5. 按照产生的来源不同分为原始存款和派生存款

原始存款是指银行接受存款单位和居民个人以现金或现金支票方式存入形成的存款，以及中央银行对商业银行的再贴现或再贷款而形成的准备金存款；派生存款是指由银行发放贷款、办理贴现或投资等业务活动引申而来的存款。派生存款是原始存款的对称。

二、存款的账户及管理

(一)存款账户的种类

存款的账户又称人民币结算账户，是指银行为存款人开立的办理资金收付结算的人民币活期账户。存款账户按存款对象分为单位银行结算账户和个人银行结算账户。

1. 单位银行结算账户

单位银行结算账户按其用途分为基本存款账户、一般存款账户、临时存款账户和专用存款账户四种。个体工商户凭营业执照开立的银行结算账户纳入单位银行结算账户管理。

(1) 基本存款账户，是存款人的主办账户，存款人日常经营活动的资金收付及其工资、奖金和现金支付，必须通过该账户办理。按照规定，凡是独立核算的单位，均可自主选择一家商业银行的一个营业机构开立一个基本存款账户。

(2) 一般存款账户，是存款人因借款或其他结算需要，在基本账户开户行以外的银行开立的结算账户，用于办理存款人借款转存、归还借款款项转入和其他结算的资金收付。该账户可以办理现金缴存，但不得办理现金支取。

(3) 临时存款账户，是存款人因临时需要并在规定期限内使用而开立的账户，用于办理临时机构及存款人临时经营活动发生的资金收付。该账户开立时可按规定或所需确定其有效期，该有效期可以展期，但最长不得超过两年，需从该账户支取现金的应按现金管理的规定办理。

(4) 专用存款账户，是存款人按照法律、行政法规和规章，对其特定用途资金进行专项管理和使用而开立的账户，用于办理各项专用资金的收付。该账户可以办理现金的缴存，但原则上不能办理现金的支取。对于基本建设资金、更新改造资金、政策性房地产开发资金，以及金融机构存放同业资金等开立的专用账户，需支取现金的应报当地中国人民银行批准，按现金管理的规定办理；粮、棉、油收购资金，社会保障基金，住房公积金等专用账户支取现金时，按现金管理的规定办理(不用中国人民银行批准)。

此外，存款账户按存取款手续可分为支票存款户和存折存款户。支票存款户适用于独立核算、经营管理好、财务制度健全的企事业单位；存折存款户适用于生产规模较小、财务制度不健全、存取款次数较少的企事业单位。

2. 个人银行结算账户

个人银行结算账户是自然人因办理个人转账收付和现金支取而开立的账户，用于办理个人工资、奖金收入，稿费、奖金等收入，债券、期货、信托等投资的本金收入和收益，个人债权或产权转让收入，个人贷款转存，证券交易结算资金和期货交易保证金，继承、赠予款项，保险理赔、保费退还等款项，纳税退还，农、副、矿产品销售收入，以及其他合法款项。

(二)存款账户的开立

根据《人民币银行结算账户管理办法》的规定，单位银行结算账户的存款人可以是企业法人，非企业法人，机关、事业单位，团级以上(含团级)军队、武警部队及分散执勤的支(分)队，社会团体，民办非企业组织，异地常设机构，外国驻华机构，个体工商户，居民委员会、村民委员会、社区委员会，单位设立的独立核算的附属机构以及其他组织。个人银行结算账户的存款人是自然人。

存款人申请开立银行结算账户，除了应向银行提交开户申请书和盖有存款人印章的印鉴卡片外，还应按规定提供以下证明文件。

(1) 申请开立基本存款账户时，应向银行出具当地工商行政管理机关核发的"企业法人执照"或"营业执照"正本，有关部门的证明、批文、登记证书等证明文件之一。

(2) 申请开立一般存款账户时，应向银行出具其开立基本存款账户规定的证明文件、基本存款账户开户登记证和借款合同或其他结算需要的相关证明。

(3) 申请开立专用存款账户时，应向银行出具其开立基本存款账户规定的证明文件、基本存款账户开户登记证和经有关部门批准立项的文件或各专项资金管理部门或机构的批文或证明。

(4) 申请开立临时存款账户时，应向银行出具当地工商行政管理机关核发的临时执照或当地有关部门同意设立外来临时机构的批文。因注册验资的需要而申请开立临时存款账户时，应向银行出具工商行政管理部门核发的企业名称预先核准通知书或有关部门的批文。

(5) 申请开立个人银行结算账户时，应向银行出具存款人有效的身份证明文件，如居民身份证或临时身份证、军人或武警身份证件、港澳居民往来内地通行证、台湾居民往来大陆通行证或其他有效旅行证件、外国公民护照等。

银行在收到存款人提交的开户申请书、印鉴卡片及有关证明文件后，应对开户申请书填写的事项和证明文件的真实性、完整性、合规性进行认真审查。开户申请书填写的事项齐全，符合开立基本存款账户、临时存款账户和预算单位专用存款账户条件的，银行应将存款人的开户申请书、相关的证明文件和银行审核意见等开户资料报送中国人民银行当地分支行，经其核准后办理开户手续；符合开立一般存款账户、其他专用存款账户和个人银行结算账户条件的，银行应办理开户手续，并于开户之日起 5 个工作日内向中国人民银行当地分支行备案。银行为存款人开立银行结算账户，应与存款人签订银行结算账户管理协议，并向其核发开户登记证。

存款人开立单位银行结算账户，自正式开立之日起 3 个工作日后，方可办理付款业务，但注册验资的临时存款账户转为基本存款账户和因借款转存开立的一般存款账户除外。

(三)存款账户的管理

账户的管理权集中在中国人民银行。中国人民银行负责监督和检查，并实施监控和管理各开户行对开立账户的管理与使用，负责开户许可证的核发和管理。各商业银行负责对账户的开立和注销进行审查，准确办理开户的相关手续，并按要求在规定的时间内对开立、注销的账户及时上报中国人民银行，与此同时还要做到以下几点。

(1) 开立基本账户、临时存款账户，以及预算外资金专用账户需经中国人民银行核准，防止违规开户。开立一般存款账户、专用存款账户则需向中国人民银行备案。

(2) 开立一般存款账户、专用存款账户、临时存款账户要在基本存款账户开户行记录存款人的账户信息，以利于债权银行和司法机关的检查监督。

(3) 对不同存款人开立的各类账户需进行认真审核，确保存款人实名开户。

(4) 加强对单位结算账户转个人账户结转资金的管理，认真审查单位转账给个人款项的合法付款凭证。

(5) 严格现金支付的管理。

三、存款业务会计科目的设置

1. "吸收存款"科目

"吸收存款"科目为负债类科目，用于核算商业银行吸收的除同业存放款项以外的其他各种存款，包括单位存款(如企业、事业、机关、社会团体等单位)、个人存款、信用卡存款、特种存款、转贷款资金和财政性存款等，可按存款类别及存款单位，分"本金""利息调整"等项目进行明细核算。

商业银行收到客户存入的款项时，应按实际收到的金额，借记"存放中央银行款项"等科目，贷记"吸收存款——本金"科目，如存在差额，借记或贷记"吸收存款——利息调整"科目。

资产负债表日，商业银行应按摊余成本和实际利率计算确定的存入资金的利息费用，借记"利息支出"科目，按合同利率计算确定的应付未付利息，贷记"应付利息"科目，按其差额，借记或贷记"吸收存款——利息调整"科目。实际利率与合同利率差异较小的，也可以采用合同利率计算确定利息费用。

支付的存入资金利息，借记"应付利息"科目，贷记"吸收存款"科目。

支付的存款本金，借记"吸收存款——本金"科目，贷记"存放中央银行款项""库存现金"等科目，按应转销的利息调整金额，贷记"吸收存款——利息调整"科目，按其差额，借记"利息支出"科目。

"吸收存款"科目期末贷方余额，反映商业银行吸收的除同业存放款项以外的其他各项存款。

2. "利息支出"科目

"利息支出"科目为损益类科目，用于核算商业银行发生的利息支出，包括吸收的各种存款(如单位存款、个人存款、信用卡存款、特种存款、转贷款资金等)、与其他金融机构(如中央银行、同业等)之间发生资金往来业务、卖出回购金融资产等产生的利息支出，可按利息支出项目进行明细核算。

资产负债表日，商业银行应按摊余成本和实际利率计算确定的利息费用金额，借记"利息支出"科目，按合同利率计算确定的应付未付利息，贷记"应付利息"科目，按其差额，借记或贷记"吸收存款——利息调整"等科目。实际利率与合同利率差异较小的，也可以采用合同利率计算确定利息费用。

期末，应将该科目余额转入"本年利润"科目，结转后该科目无余额。

3. "应付利息"科目

"应付利息"科目为负债类科目,用于核算商业银行按照合同约定应支付的利息,包括吸收存款、发行债券等应支付的利息,可按存款人或债权人进行明细核算。

实际支付利息时,借记"应付利息"科目,贷记"吸收存款"等科目。该科目期末贷方余额,反映商业银行应付未付的利息。

四、吸收存款的确认与计量

吸收存款作为商业银行的金融负债,初始确认时,按照公允价值计量,相关交易费用计入初始确认金额。后续计量时,采用实际利率法,按照摊余成本进行计量。

实际利率法是指按照吸收存款的实际利率计算其摊余成本及各期利息费用的方法。

存款的摊余成本是指该存款的初始确认金额经下列调整后的结果:①扣除已偿还的本金;②加上或减去采用实际利率法将初始确认金额与到期日金额之间的差额进行摊销形成的累计摊销额。

实际利率是指将吸收存款在预期存续期间或适用的更短期间的未来现金流量,折现为该吸收存款当前账面价值所使用的利率。吸收存款当前账面价值的计算公式为

$$V = \frac{CF_1}{(1+IRR)^1} + \frac{CF_2}{(1+IRR)^2} + \cdots + \frac{CF_n}{(1+IRR)^n} = \sum_{t=1}^{n} \frac{CF_t}{(1+IRR)^t}$$

其中:V 为吸收存款当前账面价值;

IRR 为实际利率;

CF_t 为预计未来各期现金流量;

n 为吸收存款的预期存续期间或适用的更短期间。

第二节 单位存款业务核算

单位存款是指机关、企业、事业单位、社会团体、部队等机构,将货币资金存入银行或非银行金融机构所形成的存款。

单位存款包括单位活期存款、单位定期存款、单位通知存款等。根据国家现金管理制度的规定,各单位暂时闲置的资金,除核定的库存现金限额外,其余的现金应全部缴存银行。在各单位的经济往来中,除了在国家现金管理制度规定的现金使用范围内可以支付现金外,其他款项的支付,均应按规定通过各单位在银行开立的账户办理转账结算。

一、单位活期存款的核算

单位活期存款是指不规定存款期限,客户可以随时存取,并依照活期存款利率按季计取利息的存款。单位活期存款的存取主要通过现金存取和转账存取两种方式办理,其中转账存取需采用一定的结算方式,运用一定的支付结算工具进行,其具体内容将在第六章阐述。单位活期存款主要分支票户和存折户两种。

(一)支票户存取现金的核算

支票户是单位在银行开立的凭支票、进账单等结算凭证办理款项存取的账户,适合财

务制度比较健全、存款金额大、经常发生存取款业务的单位使用。需要注意的是，必须经商业银行的严格审查并同意，由商业银行售给开户单位支票及其他结算凭证后才能使用这种账户。

1. 存入现金的核算

支票户在存入现金时，需填写一式两联的现金缴款单(见表 4-1)，将其与现金一同交给开户行出纳部门。开户行出纳部门在收到现金和缴款单后应仔细审查单据和清点现金，确认无误后，在现金缴款单上加盖现金收讫章和名章，并登记现金收入日记簿，之后将第一联回单退回收款人，将第二联交给开户行会计部门，代现金收入传票登记单位存款分户账。

表 4-1　××银行现金缴款单

年　月　日　　　　　　　　　　　　　总　字第　号

收款单位名　称							开户银行							
							单位账号							
款项来源							金额							
							百	十	万	千	百	十	元	角	分
人民币(大写)														
票面	张数	金额	票面	张数	金额	票面	张数	金额	(贷)　　　　　　　　　　　　　　　对方科目：(借)　　　　　　　　　　(现金收讫章)　会计：　　　　　记账：　复核：　　　　　出纳：						
壹佰元															
伍拾元															
贰拾元															
壹拾元															
伍元															

其会计分录如下。

借：库存现金
　　贷：吸收存款——活期存款——××单位户(本金)

2. 支取现金的核算

支票户在支取现金时，需签发现金支票(见表 4-2)，并在支票上加盖预留印鉴，再由收款人背书后交给商业银行会计部门。商业银行在收到现金支票后应仔细审核，检查支票金额、期限、印鉴等是否无误。只有审核无误后，才能剪下支票右下角的出纳对号单交给取款单位，取款单位凭此到商业银行出纳部门取款。同时，商业银行以现金支票代现金付出传票登记分户账。

表 4-2 银行现金支票样式

××银行现金支票　　XIV00000000
出票日期(大写)　年　月　日　　付款人名称：
本支票付款期限十天　收款人：　　　　　　　　　出票人账号：
人民币(大写) / 亿 千 百 十 万 千 百 十 元 角 分
用途
上列款项请从我账户内支付
出票人签章：　　　　　复核：　　　　　记账：

其会计分录如下。

借：吸收存款——活期存款——××户(本金)
　　贷：库存现金

(二)存折户存取现金的核算

存折户是指在开立账户后，由商业银行发给开户单位一个存折，业务发生后，不论存取现金还是转账收付，都要凭存折办理手续。此账户适合账面余额小、业务发生少、缺少专职财会人员的单位使用。

1. 存入现金的核算

存折户存入现金时应填制存款凭条，连同款项、存折一并交银行出纳部门，出纳部门根据存款凭条收妥款项后在存款凭条上加盖现金收讫、戳记及出纳员名章，登记现金日记账簿，然后将凭条和存折一并交会计部门。会计部门对存款凭条进行审查，审查无误后编列账号，以存款凭条代收入传票登记单位存款账。

其会计分录为如下。

借：库存现金
　　贷：吸收存款——单位活期存款——××户(本金)

然后根据存款凭条填发结算存折，经审核无误后，将存折加盖银行专用章，退还存款单位收存。单位以后续存时，只要填写存款凭条，连同存折交银行比照上述手续处理。

2. 支取现金的核算

存折户向其开户银行支取现金时应填写取款凭条，加盖预留银行印鉴，连同存折一并交银行会计部门。会计部门应按照支票取款办法，经审核无误后，剪交出纳对号单或另发铜牌，然后以取款凭条代现金付出传票，登记单位存款账和存折。

其会计分录如下。

借：吸收存款——单位活期存款——××户(本金)
　　　贷：库存现金

登完账折后，经审核无误后，加盖会计人员名章，将取款凭条连同存折送交出纳部门登记现金付出日记账并叫号付款，然后由出纳员将存折和现金交给取款单位。

(三)单位活期存款利息的核算

1. 计息、结息的基本规定

商业银行吸收的存款，除财政性存款、信用卡存款和被法院判决为赃款的冻结户存款等有特殊规定的款项外，吸收的其他各种存款均应按规定计付利息。

根据 2005 年 9 月 21 日起执行的《中国人民银行关于人民币存贷款计结息问题的通知》的规定，单位活期存款按日计息，按季结息，计息期间遇利率调整分段计息，每季度末月的 20 日为结息日。

2. 计息公式

计算利息的公式为

$$利息 = 本金 \times 存期 \times 利率$$

在运用上述公式时，应注意以下几点。

(1) 本金以元位起息，元位以下的不计息。计算的利息保留到分位，分位以下四舍五入。

(2) 存期的计算。存期即为存款单位两次存取款的时间间隔。存期的计算一般采取"算头不算尾"的方法，即存入日计算利息，支取日不计算利息，实际存期的计算应从存入日至支取日的前一日止。但若遇结息日，则存期的计算应采取"算头又算尾"的方法，即实际存期的计算应从存入日算至结息日这一天为止。

需要注意的是，在按以上公式及规则计算利息时，存期内如遇利率调整，应分段计息。

(3) 利率的使用。利率有年利率、月利率和日利率，具体运用时应与存期保持一致。即存期按天数计算时，应用日利率；存期按月数计算时，应用月利率；存期按年数计算时，应用年利率。年利率、月利率和日利率之间的换算公式如下：

$$日利率 = 年利率(\%) \div 360$$
$$月利率 = 年利率(\%) \div 12$$

3. 利息的计算与核算

单位活期存款利息的计算采用积数计息法，即按实际天数每日累计账户余额，以累计积数乘以日利率计算利息。计息公式如下：

$$利息 = 累计计息积数 \times 日利率$$

其中：

$$累计计息积数 = 每日余额合计数$$

(1) 资产负债表日利息的计算与核算。资产负债表日，按计算确定的存入资金的利息，借记"利息支出"科目，贷记"应付利息"科目，其会计分录如下。

借：利息支出——单位活期存款利息支出户
　　　贷：应付利息——单位活期存款应付利息户

(2) 结息日利息的计算与核算。单位活期存款的结息日一般采用余额表计息和在分户账页上计息两种方法。

第一，余额表计息法。所谓余额表计息法，就是在每日营业终了，将各计息分户账的最后余额填入余额表内，求得累计计息积数，并据此计算利息的一种方法。其具体的做法是：每日营业终了，记账人员按照单位或账户顺序逐户将账户当日余额分别抄列入余额表。当日余额没有变动的，按照上日余额抄列，各户各日余额相加之和即为计息积数。每旬、每月和结息期，应结出累计计息积数。如遇记账日期与起息日期不同，或错账冲正涉及利息的，应根据其发生额和天数，算出应加或应减积数，填入余额表相关栏内进行调整。每到结息日，以调整后的余额表上的累计计息积数乘以日利率，可算出本季应付利息。其计算公式如下：

$$利息 = 累计计息积数 \times (月利率 \div 30)$$

【例4-1】某银行6月份计息余额表中的甲单位活期存款余额情况如表4-3所示。

表4-3　××银行计息余额表

20××年6月份　　　　　　　　　　　　　　　单位：元

科目名称：甲单位活期存款　　利率：0.72%　　　　　　　第　页　共　页

日期 / 余额 / 户名、账号	甲单位存款户 201 008	合　计
1	96 000	
2	102 000	
3	130 000	
4	104 000	
5	86 000	
6	74 000	
7	96 000	
8	134 000	
9	166 000	
10	160 000	
10天小计	1 148 000	
⋮	⋮	
20天小计	1 822 000	
⋮	⋮	
本月合计	3 152 000	
至上月底未计息积数	6 128 000	
应加积数	16 000	
应减积数	22 000	
至结息日累计应计积数	7 944 000	
至本月底累计未计息积数	1 330 000	
结息日计算利息数	158.88	

甲单位活期存款至上月底未计息积数(即3月21日至5月31日的累计计息积数)为6 128 000元，6月份1日至20日的计息积数为1 822 000元，本季度应加积数为16 000元，应减积数为22 000元，所以第二季度的计息积数(即上期结息日至6月20日止的累计应计息积数)为7 944 000元(1 822 000+6 128 000+16 000−22 000)。则第二季度结息日(6月20日)

的计算利息数为

计算利息数=至结息日累计计息积数×日利率=7 944 000×0.72‰÷360=158.88(元)

① 6月21日编制"利息清单",办理利息转账,其会计分录为

借:应付利息——单位活期存款应付利息户　　　　　　　　　158.88
　　贷:吸收存款——单位活期存款——甲单位户　　　　　　　　158.88

② 资产负债表日(6月30日)应计提的利息费用为

计提利息费用=本月合计计息积数×日利率=3 152 000×0.72‰÷360
=63.04

借:利息支出——单位活期存款利息支出户　　　　　　　　　　63.04
　　贷:应付利息——单位活期存款应付利息户　　　　　　　　　　63.04

第二,乙种账计息法。所谓分户账页计息法,是指在营业终了时,将存款账户的昨日账面余额乘以该余额再次变动前一天所延续的日数而计算求得积数,并据此计算利息的一种方法。在发生收付业务时,按上次最后余额乘以该余额的实存日数计算出积数,记入分户账的"积数"栏内。实存日数按"算头不算尾"的方法计算,记入分户账的"日数"栏内,到结息日时,应先根据上次记账日期和存款余额,计算出截至结息日为止的日数和积数后,再加计所有积数。如遇错账冲正,应调整积数,即求出本季度计息总积数,然后以积数乘以日利息率,得出本季度应付利息数。

余额表计息法适用于存款余额变动频繁的存款户,而乙种账计息法则适用于存款余额变动不多的存款户。

【例4-2】某银行甲单位9月份的分户账如表4-4所示。

表4-4　××银行分户账

户名:甲单位　　　账号:　　　　　　　　　　　　　　利率:0.72‰　　单位:元

20××年		摘要	凭证号	借方	贷方	借或贷	余额	日数	积数	复核盖章
月	日									
9	1	承前页				贷	56 000	72	3 691 400	
								6	336 000	
	7	汇出		10 000		贷	46 000	4	184 000	
	11	转收			24000	贷	70 000	2	140 000	
	13	转付		8 000		贷	62 000	5	310 000	
	18	汇出		4 000		贷	58 000	3	174 000	
	21	结息转出			96.71	贷	58 096.71	92	4 835 400	

9月1日的计息日数分为两格,"72"表示从6月21日至8月31日共72天,设累计积数为3 691 400元,第二格的"6"表示9月1日至7日即6天,故累计积数为336 000 (56 000×6)元,其余类推。至结息日的累计计息积数为4 835 400(369 1400+336 000+184 000+140 000+310 000+174 000)元。

第三季度结息日(9月20日)的计算利息数为

计算利息数=至结息日累计计息积数×日利率=4 835 400×0.72‰÷360=96.71(元)

9月21日编制"利息清单",办理利息转账,并结出新的存款余额,其会计分录为

借:应付利息——单位活期存款应付利息　　　　　　　　　　　96.71

贷：吸收存款——单位活期存款——甲单位户   96.71

二、单位定期存款的核算

  单位定期存款是存款单位在存入款项时与银行约定期限，到期支取本息的存款。财政拨款、预算内资金和银行贷款不得作为单位定期存款存入银行。单位定期存款的起存金额为1万元，多存不限，存期分为3个月、6个月、1年、2年、3年、5年六个档次。

(一)存入存款的核算

  单位定期存款存入方式可以是现金存入和转账存入。采取现金存入方式时，应填制单位定期存款缴款凭证，连同现金一起提交银行；采取转账存入方式时，应填制转账支票，在支票"用途"栏填明"转存单位定期存款"字样，并注明存期后提交银行。银行收到后，按有关规定审查无误，并在收妥款项后，填制一式三联单位定期存款存单。经复核后，现金存入时，以单位定期存款缴款凭证第二联代现金收入传票；转账存入时，以存单第一联代转账贷方传票，以转账支票代转账借方传票，办理转账。
  现金存入时会计分录为
  借：库存现金
    贷：吸收存款——定期存款——××单位户(本金)
  转账存入时会计分录为：
  借：吸收存款——活期存款——××单位户(本金)
    贷：吸收存款——定期存款——××单位户(本金)
  存单第二联加盖单位定期存款专用章和经办人员名章后，作为定期存款凭据交存款单位，第三联作定期存款卡片账留存，并据以登记开销户登记簿后，按顺序排列，专夹保管。
  如果单位要求凭印鉴支取，应在存单第一联、第二联上加盖预留印鉴，并在存单第二联注明"凭印鉴支取"字样。
  单位持他行支票办理定期存款时，应按票据交换的要求提出交换，待收妥后，先转入单位活期存款账户，然后通知单位办理定期存款手续。定期存款办理手续和账务处理同上述转账存入方式。

(二)支取存款的核算

  存款单位支取单位定期存款时，只能以转账的方式将存款转入其基本存款账户，不得将定期存款用于结算或从定期存款账户中提取现金。

1. 到期支取的处理

  定期存款到期，单位持存单支取款项时，银行应抽出该户卡片账与存单核对户名、金额、印鉴等无误后，计算出利息，填制利息清单，并在存单上加盖"结清"戳记。以存单代定期存款转账借方传票，卡片账作附件，另编制三联特种转账传票，一联作转账借方传票，一联作转账贷方传票，另一联作收账通知，连同利息清单一起交存款单位。同时，销记开销户登记簿，其会计分录为
  借：吸收存款——定期存款——××单位户(本金)
    应付利息
    贷：吸收存款——活期存款——××单位户(本金)

2. 提前支取的处理

单位定期存款可以全部或部分提前支取，但若办理部分提前支取，则以一次为限。部分提前支取时，若剩余定期存款不低于起存金额，银行根据提前支取的规定计算利息，办理支取手续，并为定期存款剩余金额开具新存单；若剩余定期存款低于起存金额，银行根据提前支取的规定计算利息，并对该项定期存款予以清户。

(1) 全部提前支取。在办理单位定期存款全部提前支取时，银行应根据提前支取存款利息计算的有关规定计算单位定期存款全部提前支取利息，并在卡片账及审查无误的存单上加盖"提前支取"戳记，其余手续和账务处理与单位定期存款到期支取相同。

(2) 部分提前支取。在办理单位定期存款部分提前支取时，若剩余定期存款不低于起存金额，银行应根据提前支取存款利息计算的有关规定计算单位定期存款部分提前支取利息，填制利息清单，并采取满付实收、更换新存单的做法，即视同原存单本金一次全部支取，对实际未支取部分按原存期、原利率和到期日另开具新存单一式三联，新存单上注明"由××号存单部分转存"字样与原存入日，在原存单及卡片账上注明"部分支取××元"字样，同时，在开销户登记簿上作相应注明。

以原存单代定期存款转账借方传票，原卡片账作附件，以新存单第一联代定期存款转账贷方传票，另编制三联特种转账传票，一联作转账借方传票，一联作转账贷方传票，办理转账。其会计分录为

借：吸收存款——定期存款——××单位户(本金)   (全部本金)
　　应付利息——单位户   (提前支取部分利息)
　贷：吸收存款——活期存款——××单位户(本金)
借：吸收存款——活期存款——××单位户(本金)   (未支取本金)
　贷：吸收存款——定期存款——××单位户(本金)   (未支取本金)

新存单第二联加盖单位定期存款专用章和经办人员名章后，作为定期存款凭据，与利息清单及作收账通知的特种转账传票一起交存款单位，新存单第三联作定期存款卡片账留存，并按顺序专夹保管。

3. 逾期支取的处理

单位定期存款若逾期支取，银行除计算到期利息外，对逾期部分还应根据逾期支取存款利息计算的有关规定计算应付利息，其办理手续和账务处理与单位定期存款到期支取相同。

银行在办理单位定期存款的支取手续时，若单位定期存款转入的收款单位是在他行开户的，应先将定期存款本息转入该存款单位在本行的单位活期存款账户，然后再按结算制度的规定办理。

定期存款到期后，如果单位要求续存，则应结清旧户，并按开户手续另开新存单，其办理手续和账务处理与前述定期存款的到期支取和存入相同。

(三)单位定期存款利息的核算

1. 利息的计算公式

单位定期存款利息的计算采用逐笔计息法，即在支取时，按预先确定的计息公式逐笔计算利息，利随本清。

(1) 计息期为整年或整月时，计息公式为

利息=本金×年(月)数×年(月)利率

(2) 计息期有整年或整月，又有零头天数时，计息公式为

利息=本金×年(月)数×年(月)利率+本金×零头天数×日利率

(3) 将计息期全部化为实际天数计算利息时，计息公式为

利息=本金×实际天数×日利率

上述(1)和(2)公式中的年(月)数，按对年、对月、对日计算；(2)公式中的零头天数，按"算头不算尾"的方法计算实际天数；(3)公式中的实际天数，即每年为365天(闰年366天)，每月为当月公历实际天数。年利率、月利率、日利率之间的换算同前述。

2. 利息计算的有关规定

(1) 单位定期存款在原定存期内的利息，按存入日(开户日)挂牌公告的利率计算，存期内遇利率调整，不分段计息。

(2) 单位定期存款全部提前支取时，按支取日挂牌公告的活期存款利率计算利息，不分段计息。

(3) 单位定期存款部分提前支取时，若剩余定期存款不低于起存金额，提前支取部分按支取日挂牌公告的活期存款利率计算利息(不分段计息)，未支取部分按原定存期及到期日另开新存单，到期时按原存款开户日挂牌公告的利率计算利息；部分提前支取时，若剩余定期存款低于起存金额，则对该项定期存款予以清户，按支取日挂牌公告的活期存款利率计算利息(不分段计息)。按规定，单位定期存款部分提前支取只能办理一次。

(4) 单位定期存款逾期支取时，逾期部分按支取日挂牌公告的活期存款利率计算利息(不分段计息)。

(5) 单位定期存款的到期日若为节假日，可于节假日前最后一个营业日办理支取手续，银行扣除提前支取天数后，按存入日挂牌公告的利率计算利息。节假日后支取的，按逾期支取计算利息。

注意：如果存款到期日为该月所没有的日期，则以月末日为到期日。例如，5月31日存入半年期定期存款，到期日应为11月30日。8月29日、30日、31日存入半年期定期存款，到期日均为次年2月28日(闰年为29日)。2月29日存入半年期定期存款，则应以同年8月29日为到期日。

3. 利息的计提与支付

根据我国现行的《金融企业会计准则》规定的资产负债表日，商业银行应按摊余成本和实际利率计算确定的存入资金的利息费用，借记"利息支出"科目，按合同利率计算确定的应付未付利息，贷记"应付利息"科目，按其差额，借记或贷记"吸收存款——利息调整"科目。实际利率与合同利率差异较小的，也可以采用合同利率计算确定利息费用。

根据权责发生制原则，于资产负债表日计提利息费用时，应按定期存款利率的档次分别逐笔计算利息费用和应付利息，然后根据计算的利息费用和应付利息金额，编制转账传票办理转账。

单位支取定期存款时，应根据实际支付的利息额制作利息清单，并编制特种转账传票办理转账。

(四)单位定期存款核算举例

【例 4-3】 宏达公司 2012 年 8 月 25 日签发转账支票 50 000 元,转为定期存款半年,存入时挂牌的半年期定期存款利率为 2.25%,则宏达公司 2012 年 8 月 25 日签发转账支票存入定期存款时的会计分录为:

借:吸收存款——单位活期存款——宏达公司户　　　　　50 000
　　贷:吸收存款——单位定期存款——宏达公司户　　　　　　　50 000

【例 4-4】 承例 4-3,中国工商银行某支行 20×7 年 1 月 31 日计提利息费用时,宏达公司半年期定期存款 50 000 元,存入时年利率为 2.25%;坤龙公司 1 年期定期存款 100 000 元,存入时年利率为 2.52%;佳吉集团 2 年期定期存款 150 000 元,存入时年利率为 3.06%;中盛工贸有限公司 3 年期定期存款 80 000 元,存入时年利率为 3.69%。假设上述存款均为 20×6 年 12 月 31 日以前存入,存满本月,实际利率与合同利率差异较小,资产负债表日采用合同利率计算确定利息费用。20×7 年 1 月 31 日计算应提利息费用为

(1) 宏达公司的应提利息及会计分录
利息费用=50 000×2.25%×1÷12=93.75(元)
借:利息支出——单位定期存款利息支出户　　　　　93.75
　　贷:应付利息——单位定期存款应付利息户　　　　　　　93.75

(2) 坤龙公司的应提利息及会计分录
利息费用=100 000×1×2.52%÷12=210(元)
借:利息支出——单位定期存款利息支出户　　　　　210
　　贷:应付利息——单位定期存款应付利息户　　　　　　　210

(3) 佳吉集团的应提利息及会计分录
利息费用=150 000×1×3.06%÷12=382.5(元)
借:利息支出——单位定期存款利息支出户　　　　　382.5
　　贷:应付利息——单位定期存款应付利息户　　　　　　　382.5

(4) 中盛工贸有限公司的应提利息及会计分录
利息费用=80 000×1×3.69%÷12=246(元)
借:利息支出——单位定期存款利息支出户　　　　　246
　　贷:应付利息——单位定期存款应付利息户　　　　　　　246

【例 4-5】 承例 4-4,假设宏达公司由于急需资金,于 20×7 年 2 月 1 日提前支取本金 20 000 元。20×7 年 2 月 1 日银行挂牌的活期存款利率为 0.72%,其他资料同上。

20×7 年 2 月 1 日部分提前支取时:
利息=20 000×32×0.72%÷360=12.8(元)
借:吸收存款——单位定期存款——宏达公司户　　　　　50 000
　　应付利息——单位定期存款应付利息户　　　　　　　12.8
　　贷:吸收存款——单位活期存款——宏达公司户　　　　　　　50 012.8
借:吸收存款——单位活期存款——宏达公司户　　　　　30 000
　　贷:吸收存款——单位定期存款——宏达公司户　　　　　　　30 000

【例 4-6】 假设坤龙公司 1 年期定期存款 100 000 元,为 20×6 年 12 月 28 日签发转账支票存入,存入时年利率为 2.52%。坤龙公司于 20×8 年 2 月 10 日来行支取,银行该日挂牌公告的活期存款利率为 0.72%。

20×8 年 2 月 10 日坤龙公司来行支取时,原定存期内利息计算采用"利息=本金×年(月)

数×年(月)利率"计息公式计算,逾期部分按支取日挂牌公告的活期存款利率计息,利息计算为

利息=100 000×1×2.52%+100 000×44×0.72%÷360=2 520+88=2608(元)

借:吸收存款——单位定期存款——坤龙公司户　　　　　　100 000
　　应付利息——单位定期存款应付利息户　　　　　　　　　2 608
　　贷:吸收存款——单位活期存款——坤龙公司户　　　　　102 608

三、单位通知存款的核算

单位通知存款是指存款人与银行签订通知存款协议,将款项一次存入,一次或分次支取,不约定存期,支取时按协议提前通知银行,于约定支取日办理款项支取的存款。单位通知存款的起存金额为 50 万元,每次支取的最低金额为 10 万元。通知存款按提前通知的期限长短,有 1 天通知和 7 天通知两种形式,在存入时约定。通知存款一律记名,存款凭证丧失时可向银行申请挂失。

(一)款项存入的核算

存入通知存款时,单位应签发转账支票及进账单交银行会计部门。银行会计部门应依据存款人提交的开户申请书、营业执照为其开立通知存款账户,并预留印鉴。经审核无误后,分别以转账支票和进账单作借方、贷方传票办理转账。其会计分录为

借:吸收存款——单位活期存款——××户
　　贷:吸收存款——单位通知存款——××户

转账后,为存款人开具一式三联"单位通知存款开户证实书"(或签发结算存折,并在证实书或结算存折上加盖"通知存款"戳记),以第一联证实书作传票凭以登记"开销户登记簿";在第二联上加盖业务公章及经办人名章后交给存款人收执;第三联作卡片账专夹保管。

(二)提前通知的核算

存款人应按照通知存款的要求,在支取前的规定时间内填制书面通知,在通知中列明支取的时间和支取的金额,然后以书面传真的方式通知或直接提交开户银行。

银行接到存款人的书面通知,应在证实书卡片联上用红笔批注支取日期和支取的金额,或在计算机系统的该通知存款账户上添加支取时间和金额的标识。

(三)支取的核算

单位按约定的时间持通知存款的证实书或结算存折办理支取时,开户银行应抽出专夹保管的卡片联核对无误后,按规定计付利息,若为全部支取的应在两联证实书上加盖"结清"戳记,销记"开销户登记簿"。以证实书和利息清单作转账借方传票,另填制特种转账贷方传票办理转账手续。其会计分录为

借:吸收存款——单位通知存款——××户
　　应付利息——单位通知存款应付利息户
　　贷:吸收存款——单位活期存款——××户

通知存款部分支取后,留存的部分高于最低起存金额的,需要重新填写证实书,起息

日为原存款的起息日。部分支取后的留存金额低于最低起存金额的，予以清户，并按清户日挂牌公告的活期利率计付利息，或根据存款人的意愿转为其他存款。

(四)通知存款利息的核算

通知存款采取利随本清的方式计算利息，具体如下所述。

(1) 单位按规定提前通知，并于通知期满支取确定金额的，其利息按支取日挂牌公告的相应档次的利率计息。

(2) 未提前通知而支取的、已办理通知手续而又提前支取的、支取金额低于最低支取金额的，按支取日挂牌公告的活期利率计息。

(3) 支取金额高于约定金额的，其超过部分按活期利率计息。

(4) 支取金额低于约定金额的，则实际支取的部分按通知存款利率计息，不足部分按通知存款利率减去活期利率计算出差额，再将实际支取的利息减去差额，支付给客户。

(5) 通知存款已办理通知手续而未支取，或在通知期限内取消通知的，通知期限内不计息。

第三节　个人储蓄业务核算

一、储蓄存款的种类

储蓄存款是指居民个人在银行的存款，主要由居民货币收入的节余和待用部分组成，存取款项多为现金，并呈小额、零星的特点。我国银行储蓄存款经过 40 多年的发展，业务品种不断丰富，形成了一套适应城乡居民多种需要的储蓄业务种类。

1. 活期储蓄

活期储蓄是零星存入，随时存取，每年计付一次利息的储蓄。活期储蓄是目前一种基本的存款方式，其存取方便灵活，存期不受限制，且有利于个人安全保管现金。

2. 定期储蓄

定期储蓄是储户在存款时约定期限，一次或在存期之内按期分次存入本金，整笔或分期、分次支取本金或利息的储蓄。定期储蓄根据其不同的存取办法和付息方式又分为：整存整取、零存整取、存本取息、整存零取等。

3. 定活两便储蓄

定活两便储蓄是以存单为存取款凭证，50 元起存，存款时不确定存期，随时可以提取，利率随存期长短而变动的一种介于活期和定期之间的储蓄。它既有活期存款随时可取的灵活性，又具有达到一定期限可享有同档次定期储蓄一定折扣利率的优惠，因而深受居民的欢迎。

4. 专项储蓄

专项储蓄是以积攒某项特定用途的费用为目的的储蓄，如教育储蓄。专项储蓄一般采取零存整取的办法，积少成多，逐步积累，以作为某项特定用途的费用。

二、活期储蓄存款的核算

(一)活期储蓄存款存入的核算

储户第一次存入活期储蓄存款时,应提交本人有效身份证件(由他人代理存款的,必须同时提交代理人和被代理人的有效身份证件),填制"活期储蓄存款凭条",连同现金一并交银行经办人员。

银行经办人员审查存款凭条的日期、户名、金额和储户身份证件无误后,点收现金与凭条相符,根据存款凭条输入计算机,由计算机系统编列账号、开立分户账,并打印存折。凭印鉴支取的还应由储户在印鉴卡上预留印鉴,凭密码支取的由储户预留密码。以存款凭条作现金收入传票办理核算,其会计分录为

借:库存现金
　　贷:吸收存款——个人活期存款——××户

经复核无误后,在存款凭条上盖"现金收讫"戳记和经办人名章,登记"现金收入日记簿"。同时,在活期储蓄存折上加盖业务公章后,问清姓名,将存折交给储户。

储户以后续存时,首先应填写"活期储蓄存款凭条",连同存折和现金一并交银行经办人员,经办人员检验存折、审查存款凭条、点收现金无误后,根据存款凭条记账。其余手续与前面所述相同。

(二)活期储蓄存款支取的核算

储户持活期储蓄存折支取存款时,应填写"活期储蓄取款凭条",连同存折一并交银行经办人员。凭印鉴支取的,储户应在取款凭条上加盖预留银行印鉴;凭密码支取的应输入预留密码。

经办人员根据凭条核对账、折、印无误后,以取款凭条代借方传票办理核算手续,其会计分录为

借:吸收存款——个人活期存款——××户
　　贷:库存现金

经复核无误后,在取款凭条上加盖"现金付讫"戳记及经办人名章,登记"现金付出日记簿"。根据取款凭条配款、核点后,将现金及存折一并交给储户。

储户若要求取出全部存款,且无意保留账号时,应予销户。储户应按存款余额填写取款凭条,银行凭以记账、登折,并计算应付利息余额,填制一式两联储蓄存款利息清单,然后在存折、凭条和分户账上加盖"结清"戳记及经办人名章,注销"开销户登记簿",其会计分录为

借:吸收存款——个人活期存款——××户
　　应付利息——个人活期存款应付利息户
　　贷:库存现金

对取款凭条、账页、存折、利息清单进行核对,核对无误后,根据应付的税后本息配好款项,在取款凭条和利息清单上加盖"现金付讫"章,登记"现金付出日记簿"后,将一联利息清单连同本息交给储户,另一联留待营业终了据以汇总编制利息支出科目传票,在存折上加盖附件戳记作为取款凭条的附件。

(三)活期储蓄存款利息的核算

1. 计息、结息的基本规定

根据 2005 年 9 月 21 日起执行的《中国人民银行关于人民币存贷款计结息问题的通知》，个人活期存款按季结息，按结息日挂牌活期利率计息，每季末月的 20 日为结息日。未到结息日清户时，按清户日挂牌公告的活期利率计息到清户前一日止。计息期间遇利率调整不分段计息。

2. 利息的计算与核算

个人活期存款利息的计算与单位活期存款利息的计算一样，采用积数计息法，即按实际天数每日累计账户余额，以累计积数乘以日利率计算利息。其计息公式为

$$利息=累计计息积数×日利率$$

其中

$$累计计息积数=每日余额合计数$$

(1) 资产负债表日利息的计算与核算。资产负债表日，按计算确定的存入资金的利息，借记"利息支出"科目，贷记"应付利息"科目，其会计分录如下。

借：利息支出——个人活期存款利息支出户
　　贷：应付利息——个人活期存款应付利息户

(2) 结息日利息的计算与核算。个人活期存款的结息日一般采用余额表计息和在分户账页上计息两种方法，其会计分录如下。

借：应付利息——个人活期存款应付利息户
　　贷：吸收存款——个人活期存款——××户

【小资料】

存折丢失怎么办？

客户的储蓄存单、存折、印鉴如不慎遗失、被盗或遗忘密码，可按下列步骤到银行办理挂失。

(1) 客户应立即到原存款行办理书面挂失手续，挂失时客户应持本人身份证件(如身份证、暂住证、护照等)，并提供账户、户名、开户时间、金额、币种、期限等有关存款内容，经银行审核无误后即可办理挂失，银行经查实确未支付方可受理。如果客户不能亲自前往银行，可委托他人代办挂失，同时提供代办人身份证件。密码挂失不准代办。注意：如挂失前存款已被人冒领，银行不予受理。

(2) 海外侨胞、港澳台同胞遗失国内存折要求挂失，而本人不能回国办手续的，可委托国内亲友代办并出具代办挂失授权书，由受托人持证件办理(授权书须由我国驻该国领事馆公证)。

(3) 办理挂失时，客户须填写储蓄挂失申请书，其中一联回单由客户留存，并在 7 日后持申请书及本人身份证件到开户行领取新存折办理转存或取现手续。

(4) 客户如有客观原因不能及时或亲自到银行办理挂失，可先口头、信函或电话请求临时挂失，然后在 5 日内到开户行办理正式挂失手续，否则挂失不再有效。

(5) 如为在上机联网储蓄所开立的活期存折，可在任何一个联网储蓄所办理临时挂失手续，正式书面挂失则须到开户行办理。

(6) 正式办理挂失后，原遗失的存折如找回，客户可持身份证到银行取消存折挂失状态，

并交回挂失申请书回执，原存折即可继续使用。撤销挂失不能通过函电方式办理。已开具存款证明和办理质押的存单(折)不得挂失。

(资料来源：刘学华. 金融企业会计[M]. 2版. 上海：立信会计出版社，2017)

三、定期储蓄存款的核算

如前所述，定期储蓄又分为整存整取、零存整取、整存零取、存本取息、定活两便等。

(一)整存整取定期储蓄存款的核算

整存整取定期储蓄存款 50 元起存，存期分 3 个月、6 个月、1 年、2 年、3 年、5 年六个档次，本金一次存入，由储蓄机构发给存单，到期凭存单支取本息。储户也可在存款时办理到期约定或自动转存，到期时储户若未支取，银行将到期时的本金和利息按约定或自动转存。

1. 开户

储户办理整存整取定期储蓄存款开户时，需持本人有效身份证件，填写"整存整取定期储蓄存款凭条"，连同现金、身份证件一并提交银行。银行审查凭条、验明身份证件并点收现金无误后，制作一式三联的"整存整取定期储蓄存单"，第一联代现金收入传票办理收款，第二联加盖业务公章后作存单交储户收执，第三联作卡片账由银行留存，并据以登记开销户登记簿后，按顺序排列，专夹保管。其会计分录为

借：库存现金
　　贷：吸收存款——定期储蓄存款——整存整取——××户

若储户要求凭印鉴支取，则应在第一联、第三联存单上预留印鉴，各联存单上注明"凭印鉴支取"字样，凭密码支取的预留密码，注明"凭密码支取"字样。

2. 支取

(1) 到期支取。整存整取定期储蓄存款到期，储户持存单支取款项时，银行应抽出该户卡片账与存单核对账号、户名、金额、印鉴或由储户输入密码等无误后，按规定计算利息，制作利息清单和利息所得税传票，在存单和卡片账上填写利息金额，并加盖"结清"戳记，同时销记"开销户登记簿"。经复核无误后，银行将本金及利息合计金额的现金连同一联利息清单交储户，以存单代现金付出传票，与另一联利息清单一起办理转账。其会计分录为

借：吸收存款——定期储蓄存款——整存整取——××户
　　应付利息——定期储蓄利息户
　　贷：库存现金

(2) 过期支取。整存整取定期储蓄存款过期支取时，其处理手续与到期支取相同，只是在计算利息时，除了计算到期利息外，还应按规定计算过期利息。

(3) 提前支取。整存整取定期储蓄存款未到期，若储户急需资金，可凭本人有效身份证件办理全部或部分提前支取，若办理部分提前支取，则每张存单以一次为限。

整存整取定期储蓄存款全部提前支取时，储户在向银行提交未到期存单的同时，还应交验本人有效身份证件。银行查验无误后，将证件名称、号码、发证机关记录在存单背面，并在存单和卡片账上加盖"提前支取"戳记，按提前支取规定计付利息。其余处理手续与

到期支取相同。

整存整取定期储蓄存款部分提前支取时，银行查验存单和身份证件无误，并按规定办理有关手续后，还应按"满付实收，更换新存单"的做法，将原存单本金视同全部支取并收回原存单，按规定计算提前支取部分利息；对未支取部分的本金另开新存单，重新编列账号，并在新存单上注明原存入日期、原存期、原到期日和利率，以及"由××号存单部分转存"字样。在收回的原存单上注明"部分支取××元"字样，并在开销户登记簿上也作相应记载。其余手续可参照前述到期支取和开户时办理。其会计分录为

借：吸收存款——定期储蓄存款——整存整取——××户(全部本金)
　　应付利息——定期储蓄利息户(提前支取部分利息)
　　贷：库存现金
借：库存现金
　　贷：吸收存款——定期储蓄存款——整存整取——××户(未支取部分本金)

银行将"库存现金"科目借、贷方差额金额的现金，连同利息清单、新存单及身份证件一并交给储户。

3. 利息的计算

整存整取定期储蓄存款利息的计算采用逐笔计息法，即在支取时，按预先确定的计息公式逐笔计算利息，利随本清。其计息公式与单位定期存款的计息公式相同。现分以下几种情况介绍整存整取定期储蓄存款利息计算的有关规定。

(1) 原定存期内的利息计算。整存整取定期储蓄存款在原定存期内的利息，按开户日挂牌公告的利率计算，存期内遇利率调整，不分段计息。

(2) 提前支取的利息计算。整存整取定期储蓄存款未到期，储户全部提前支取的，按支取日挂牌公告的活期储蓄存款利率计付利息；部分提前支取的，提前支取部分，按支取日挂牌公告的活期储蓄存款利率计付利息，其余部分到期时，按原开户日挂牌公告的整存整取定期储蓄存款利率计付利息。

(3) 过期支取的利息计算。整存整取定期储蓄存款过期支取时，其超过原定存期的部分，除了按约定转存或自动转存的外，一律按支取日挂牌公告的活期储蓄存款利率计付利息。

(4) 到期日为法定节假日的利息计算。整存整取定期储蓄存款到期日如为法定节假日，储户不能按期支取的，可在储蓄机构节假日前一天办理取款，手续上视同提前支取，利息按到期支取计算。节假日后支取的，按过期支取计算利息。

【例 4-7】某储户 20×7 年 2 月 18 日存入本金为 10 000 元、存期为 1 年的整存整取，年利率为 3.25%，20×8 年 3 月 18 日支取，支取日活期利率为 0.72%。

应计利息=10 000×(1×3.25%+1×0.72%÷12)=331(元)

(二)零存整取定期储蓄存款的核算

零存整取定期储蓄存款是每月存入固定数额的款项，约定存期，到期一次支取本息的储蓄存款。其存期分 1 年、3 年、5 年三个档次，5 元起存，多存不限，每月按固定存款金额存入一次，中途如有漏存，可在次月补存，到期支取存款本息。

1. 开户

储户开户时，应提交本人有效身份证件，填写"零存整取储蓄存款凭条"，将存款凭

条连同现金一并交给银行经办人员。银行经办人员收妥现金，审查储户身份证件、存款凭条并与点收现金核对无误后，根据存款凭条记账并打印零存整取储蓄存折，并登记"开销户登记簿"，复核无误盖章后，存折交储户收执。其会计分录为

　　借：库存现金
　　　　贷：吸收存款——个人定期存款——零存整取——××户

2. 续存

储户持折来行续存时，应填写"零存整取定期储蓄存款凭条"，连同现金、存折一并提交银行。银行审查存折、凭条和点收现金无误，并核对账折相符后，登记分户账和存折。经复核无误后，存折退交储户，存款凭条加盖"现金收讫"章和名章后代现金收入传票留存。其会计分录与开户时相同。

3. 支取

零存整取定期储蓄存款办理到期支取、提前支取或逾期支取，除按规定计息外，其余核算手续比照整存整取的相应手续办理。

(1) 到期支取。零存整取定期储蓄存款到期，储户持存折支取款项时，银行应抽出该户卡片账与存折进行核对相符后，按规定计算利息，制作利息清单和利息所得税传票，分别在存折、分户账上填记本金、利息和本息合计数并加盖"结清"戳记，同时销记"开销户登记簿"。经复核无误后，按本金及利息合计金额配款，连同一联利息清单一并交储户，以存折代现金付出传票，与另一联利息清单一并办理转账。其会计分录为

　　借：吸收存款——定期储蓄存款——零存整取——××户
　　　　应付利息——定期储蓄利息户
　　　　贷：库存现金

(2) 过期支取。零存整取定期储蓄存款过期支取时，其处理手续与到期支取相同，只是在计算利息时，除了计算到期利息外，还应按规定计算过期利息。

(3) 提前支取。零存整取定期储蓄存款未到期，若储户急需资金，可办理全部提前支取。零存整取定期储蓄存款不能办理部分提前支取。

储户办理零存整取定期储蓄存款全部提前支取时，应向银行交验本人有效身份证件。银行审查存折、身份证件无误后，办理提前支取手续，在存折和分户账上加盖"提前支取"戳记，按提前支取规定计付利息，其余处理手续与到期支取相同。

4. 利息的计算

零存整取定期储蓄存款的利率规定与整存整取定期储蓄存款相同，但中途漏存而次月未补存的，作为违约，按活期储蓄利率计算利息。零存整取储蓄的存期，一般按起息日(第一次存入日)对年、对月计算。由于这种储蓄每月的任何一天都可存入，因此，存满 1 个月的才计息，不是整月的零头天数不计息。

零存整取定期储蓄存款的计息通常采用固定基数法和月积数法。

(1) 固定基数法，是指先计算出每元存款存满约定的期限，按规定利率计算出应支付的利息作为基数。到期支取时，以每元存款利息基数乘以最后的存款余额即得出应付利息。其计算公式如下：

　　　　应付利息=每元利息基数×最后余额

每元利息基数=1元×(1+存期月数)÷2×月利率

根据零存整取定期储蓄存款的期限，银行事先计算每元本金的固定计息基数。办理计息时只需将计息基数乘以储蓄账户的最后余额即得应付利息额。

【例4-8】储户赵某20×7年1月1日存入零存整取定期储蓄，存期1年，每月存入1000元，中途无漏存。开户日挂牌公告的1年期零存整取定期储蓄存款年利率为1.98%，于20×8年1月1日到期支取，则

到期利息=1×(1+12)÷2×1.98%÷12×(1000×12)=128.7(元)

固定基数法手续简便，可以提高工作效率，但其使用条件具有一定的局限性，只能适用于储户逐期存入、中间无漏存，且储户每期存入的金额固定不变的情况，但不适用于提前支取的计息。

(2) 月积数法，该方法根据等差数列公式，将分户账上的每月余额计算累计余额积数，再乘以月利率，即为当期的应付利息。其计算公式如下：

应付利息=(首次余额+末次余额)×存款次数÷2×月利率

【例4-9】王某采用零存整取方式每月存入1000元，存期1年，假设月利率为0.15%，则：

应付利息=(1000+1000×12)×12÷2×0.15%=117(元)

(三)整存零取定期储蓄存款的核算

整存零取定期储蓄存款1000元起存，存期分1年、3年、5年三个档次，本金一次存入，由储蓄机构发给存单，凭存单分期支取本金，支取期分1个月、3个月、6个月一次，由储户与储蓄机构协商确定，利息于存款到期结清时一并计付。

1. 开户

储户办理整存零取定期储蓄存款开户时，需持本人有效身份证件，填写"整存零取定期储蓄存款凭条"，连同现金、身份证件一并提交银行。银行经审查并点收现金无误后，制作一式三联的"整存零取定期储蓄存单"。第一联代现金收入传票；第二联加盖业务公章后作存单交储户收执；第三联作卡片账，由银行注明每次支取时间和金额后留存，并据以登记开销户登记簿后，按顺序排列，专夹保管。其会计分录为

借：库存现金
　　贷：吸收存款——定期储蓄存款——整存零取——××户

若储户要求凭印鉴支取，则应在第一联、第三联存单上预留印鉴，各联存单上注明"凭印鉴支取"字样；凭密码支取的预留密码，注明"凭密码支取"字样。

2. 分次支取

储户按约定时间分次来行支取本金时，应填写"整存零取定期储蓄取款凭条"，连同存单一并提交银行。银行审查无误并经账单核对相符后，登记存单和卡片账，将支取的本金和存单交储户，以取款凭条代现金付出传票入账。其会计分录为

借：吸收存款——定期储蓄存款——整存零取——××户
　　贷：库存现金

整存零取定期储蓄存款可以办理全部提前支取和部分提前支取。全部提前支取时，应按提前支取的规定计付利息；部分提前支取时，可提前取本一至两次，但应在以后取本期

内停取一至两次,其余取本日期按原定日期不变。

3. 结清

整存零取定期储蓄存款到期,储户最后一次来行取款时,除按分次支取的手续办理外,还应按规定计算利息,制作利息清单和利息所得税传票,并在存单和卡片账上加盖"结清"戳记,同时销记"开销户登记簿"。经复核无误后,银行按最后一次取本金额和税后利息付款,将一联利息清单交储户,以取款凭条代现金付出传票,存单作取款凭条附件,与利息所得税传票及另一联利息清单一起办理转账。其会计分录为

借:吸收存款——定期储蓄存款——整存零取——××户　　(最后取本金额)
　　应付利息——定期储蓄利息户
　贷:库存现金

整存零取定期储蓄存款过期支取时,其处理手续与到期支取相同,只是在计算利息时,除了计算到期利息外,还应按规定计算过期利息。

4. 利息的计算

整存零取定期储蓄存款的利息,可参照零存整取定期储蓄存款采用月积数计息法进行计算。到期支取时,用到期时累计计息月积数,乘以开户日挂牌公告的相应月利率计算到期利息;全部提前支取时,按实存金额、实际存期及全部提前支取日挂牌公告的活期存款利率计算利息;过期支取时,除了按规定计算到期利息外,过期部分按最后余额与过期期限及支取日挂牌公告的活期存款利率计算利息。

资产负债表日,应按摊余成本和实际利率计算确定的存入资金的利息费用,借记"利息支出"科目,按合同利率计算确定的应付未付利息,贷记"应付利息"科目,按其差额,借记或贷记"吸收存款——利息调整"科目。实际利率与合同利率差异较小的,也可以采用合同利率计算确定利息费用。

根据权责发生制原则,于资产负债表日计提利息费用时,应按整存零取定期储蓄存款利率的档次分别逐笔计算利息费用和应付利息,然后根据计算的利息费用和应付利息金额编制转账传票,办理转账。

储户支取整存零取定期储蓄存款时,应根据实际支付的利息额和代扣的利息所得税制作利息清单和利息所得税传票,办理转账。其账务处理在整存零取定期储蓄存款结清的核算中已述。

(四)存本取息定期储蓄存款的核算

存本取息定期储蓄存款5000元起存,存期分1年、3年、5年三个档次,本金一次存入,由储蓄机构发给存款凭证,到期一次支取本金,利息凭存单分期支取,可以一个月或几个月取息一次,由储户与储蓄机构协商确定。

1. 开户

储户办理存本取息定期储蓄存款开户时,需持本人有效身份证件,填写"定期存本取息储蓄存款凭条",注明每次取息的日期。银行审验证件及凭条并点收现金无误后,制作一式三联的"定期存本取息储蓄存单",计算每次取息金额,填入凭证的有关栏中,其余处理手续与其他定期储蓄存款相同。其会计分录为

借：库存现金
　　贷：吸收存款——定期储蓄存款——存本取息——××户

2. 分次支取利息

储户按约定时间分次来银行支取利息时，应填写"定期存本取息储蓄取息凭条"，银行审查无误并核对账单相符后，登记存单和卡片账，以取息凭条作利息支出科目传票入账。其会计分录为

借：应付利息——定期储蓄利息户
　　贷：库存现金

取息日未到不得提前支取利息，取息日未取息，以后可以随时取息，但不计复息。

3. 支取本金

(1) 到期支取本金。存本取息定期储蓄存款到期，储户来行支取本金的同时支取最后一次利息。支取最后一次利息的处理手续与前述相同。支取本金的手续可参照整存零取定期储蓄存款到期支取办理。其会计分录为

借：吸收存款——定期储蓄存款——存本取息——××户　　　（全部本金）
　　应付利息——定期储蓄利息户(最后一次利息)
　　贷：库存现金

(2) 过期支取本金。存本取息定期储蓄存款过期支取时，其处理手续与到期支取相同，只是还应按规定计付过期利息。

(3) 提前支取本金。存本取息定期储蓄存款未到期，储户如需提前支取本金，可凭本人有效身份证件办理全部提前支取。存本取息定期储蓄存款不能办理部分提前支取。办理全部提前支取的手续与其他定期储蓄存款全部提前支取基本相同，只是除了按规定计算提前支取的利息外，对于已支付的利息，还应编制红字现金付出传票予以冲回。其会计分录为

借：应付利息——定期储蓄利息户(红字)
　　贷：库存现金(红字)

按提前支取的规定计算应付利息，并办理本息的支取手续，其会计分录为

借：吸收存款——定期储蓄存款——存本取息——××户
　　应付利息——定期储蓄利息户
　　贷：库存现金

需要注意的是，在全部提前支取的情况下，银行向储户支付现金时，应按上述会计分录中蓝字"库存现金"科目借、贷方差额减去红字"库存现金"后的金额办理付款手续。

4. 利息的计算

存本取息定期储蓄存款每次取息的金额，应在开户时按挂牌公告的利率计算出到期应付利息总额，除以约定的取息次数计算得出。其计算公式为

$$每次取息额=(本金×存期×利率)÷取息次数$$

储户提前支取全部本金时，应按支取日挂牌公告的活期储蓄存款利率计算利息，并在办理付款时，应将已付给储户的利息扣回。

储户过期支取本金时，其超过原定存期的部分，按支取日挂牌公告的活期储蓄存款利率计付利息。

资产负债表日，应按摊余成本和实际利率计算确定的存入资金的利息费用，借记"利

息支出"科目，按合同利率计算确定的应付未付利息，贷记"应付利息"科目，按其差额，借记或贷记"吸收存款——利息调整"科目。实际利率与合同利率差异较小的，也可以采用合同利率计算确定利息费用。

根据权责发生制原则，于资产负债表日计提利息费用时，应按存本取息定期储蓄存款利率的档次分别逐笔计算利息费用和应付利息，然后根据计算的利息费用和应付利息金额编制转账传票，办理转账。向储户支付利息的账务处理前已述。

(五)定活两便储蓄存款的核算

定活两便储蓄存款 50 元起存，不约定存期，本金一次存入，由储蓄机构发给存单，凭存单可随时一次支取本息。定活两便储蓄存单分为记名和不记名两种，记名式可挂失，不记名式不办理挂失。

定活两便储蓄存款需设置"吸收存款——定活两便储蓄存款"科目进行核算，该科目下按存款人分设明细账户进行明细核算。记名式定活两便储蓄存款开户存入和支取的手续及账务处理可参照整存整取定期储蓄存款办理；不记名式存单一般固定面额，分 50 元和 100 元两种，可以在约定范围内通存通兑。

定活两便储蓄存款的利息，应在支取时根据其实际存期确定利率进行计算。例如，自《储蓄管理条例》执行之日起(即 1993 年 3 月 1 日起)存入的定活两便储蓄存款，存期不满 3 个月的，按实存天数计付活期利息；存期 3 个月以上(含 3 个月)不满半年的，整个存期按支取日整存整取定期储蓄存款 3 个月期利率打六折计息；存期半年以上(含半年)不满 1 年的，整个存期按支取日整存整取定期储蓄存款半年期利率打六折计息；存期在 1 年以上(含 1 年)，无论存期多长，整个存期一律按支取日整存整取定期储蓄存款一年期利率打六折计息。

四、个人通知储蓄存款及教育储蓄存款

1. 个人通知储蓄存款

个人通知储蓄存款是储户在存款时不约定存期，支取时需提前通知银行，约定取款日期和金额后方能支取的一种存款。该存款的起存金额为 5 万元，最低支取金额为 5 万元；无论存期长短，按存款人提前通知的期限不同分为 1 天和 7 天两个档次。客户办理该存款时由银行发给存单，到期凭存单支取。其处理手续与单位通知存款相同。

2. 教育储蓄存款

教育储蓄存款是居民为其子女接受非义务性教育，每月固定存入一定的款项，到期一次性支取本息的储蓄存款。该存款最低起存金额为 50 元，本金合计最高限额为 2 万元；存期分为 1 年、3 年、6 年三个档次。客户存款时由银行发给存折，凭折存取。按照规定，客户须每月存入固定金额，中途如有漏存，应在次月补齐，未补存者，视同违约，违约后存入的款项，按活期利率计息。

【小资料】

利 息 税

1. 利息税的含义

所谓"利息税"，实际是指个人所得税的"利息、股息、红利所得"税目，主要是指

对个人在中国境内储蓄人民币、外币而取得的利息所得征收的个人所得税。对储蓄存款利息所得征收、停征或减免个人所得税(利息税)对经济具有一定的调节功能。世界上许多国家普遍征收利息税。根据国家规定，个人储蓄存款利息需要缴纳一定的利息税，单位存款利息不需要缴纳利息税，而是并入企业所得税进行核算。

2. 利息税的历程

中华人民共和国成立以来，利息税曾三度被免征，而每一次的变革都与经济形势密切相关。1950 年，我国颁布了《利息所得税条例》，规定对存款利息征收所得税。但当时国家实施低工资制度，人们的收入差距也很小，因而在1959年停征了存款利息所得税。1980 年通过的《个人所得税法》和 1993 年修订的《个人所得税法》，再次把利息所得列为征税项目。但是，针对当时个人储蓄存款数额较小、物资供应比较紧张的情况，随后对储蓄利息所得又作出了免税规定。根据 1999 年 11 月 1 日起开始实施的《对储蓄存款利息所得征收个人所得税的实施办法》，不论什么时间存入的储蓄存款，在 1999 年 11 月 1 日以后支取的，1999 年 11 月 1 日起开始滋生的利息要按20%征收所得税。根据第十届全国人民代表大会常务委员会第二十八次会议修改后的《个人所得税法》第十二条的规定，国务院决定自 2007 年 8 月 15 日起，将储蓄存款利息所得个人所得税的适用税率由现行的 20%调减为5%。2008 年 10 月 8 日，国家宣布从次日开始取消利息税。

(资料来源：李燕. 金融企业会计[M]. 大连：东北财经大学出版社，2013)

 本章小结

吸收存款是商业银行负债的重要组成部分，也是其信贷资金的主要来源。按照不同的分类标准，可将商业银行的吸收存款分为单位存款和个人储蓄存款；活期存款和定期存款；一般存款和财政性存款；原始存款和派生存款；人民币存款和外币存款等。为了办理资金收付结算的需要，银行为存款人开立的人民币活期存款账户，称为银行结算账户，分为单位银行结算账户和个人银行结算账户。其中，单位银行结算账户按用途又可分为基本存款账户、一般存款账户、专用存款账户和临时存款账户。

单位存款又称为对公存款，包括单位活期存款、单位定期存款、单位通知存款等。单位活期存款分为支票户和存折户两种，其业务核算的具体内容包括存取现金的核算、利息的计算与核算、内外账务核对等；单位定期存款的核算包括现金存入和转账存入的核算、到期支取和提前支取以及逾期支取的核算、利息的计算与核算等；单位通知存款的核算包括开户与存入的核算、通知与支取的核算、利息的计算与核算等。

储蓄存款又称为个人存款，包括活期储蓄、定期储蓄、定活两便储蓄、专项储蓄等。其中，定期储蓄又分为整存整取、零存整取、整存零取和存本取息四种，其核算的具体内容主要包括开户、续存、支取、销户等的核算，以及利息的计算与核算。

 **复习思考题**

一、基本概念

活期存款　定期存款　应付利息　储蓄存款　活期储蓄　定期储蓄　通知存款　利息所得税

二、判断题

1. 银行利息收入是指确认利息收入和收取利息收入。（   ）
2. 单位定期存款既可以办理转账，又可以支取现金。（   ）
3. 利用积数法计算利息，计算积数可以使用余额表和分户账。（   ）
4. 一般存款账户不能办理现金收支业务。（   ）

三、简答题

1. 简述商业银行结算账户体系的内容。
2. 简述存款利息的计算。

四、业务题

1. 资料：某农业银行支行开户单位 S 公司的存款资料如表 4-5 所示。

表 4-5　××农业银行存款资料表

开户单位：S 公司　　　　　　月利率 0.6‰　　　　　　单位：元

日	期	摘　要	借　方	贷　方	借或贷	余　额	日　数	积　数
6	21	开户		100 000				
	24	转存		5 000				
	30	转支	4 000					
7	10	现收		3 450				
	11	转支	5 000					
	16	转存		7 000				
	31	转支	3 000					
8	7	现收		6 000				
	19	转支	2 100					
9	3	转存		8 000				
	10	转支	6 300					
	20	止息						
	21	利息入账						

要求：

(1) 根据资料逐笔结计金额，计算日数和积数，并加计结息期会计日数和积数填入表内。
(2) 列出计算利息的步骤并作出利息入账的会计分录。

2. 单位活期存款利息的计算。

某工业企业 6 月 21 日至 9 月 20 日活期存款账户累计积数为 4 296 528 元，由于错账冲正应加积数 30 000 元，月利率 0.6‰。请计算该单位本期间利息总和，并作银行结息日会计分录。

3. 单位定期存款利息的计算。

某单位存入银行定期存款 500 000 元，存期 1 年，年利率为 2.25%，6 月 20 日到期。该单位于 7 月 5 日来银行支取，支取日活期存款年利率为 0.72%。请计算该单位利息总和，并作支取日银行会计分录。

4. 活期储蓄存款利息的计算。

某客户活期储蓄存款账户支取情况如表 4-6 所示，假定适用的活期储蓄存款利率为

0.72%，计息期间利率没有调整，银行计算该储户活期存款账户利息时，按实际天数累计计息积数。请计算该利息总和，并作支取日银行会计分录。

表 4-6　活期储蓄存款账户支取情况表　　　　　　　　单位：元

日　期	存　入	支　取	余　额	计息积数
20×8.1.6	10 000		10 000	
20×8.2.7		3 000	7 000	
20×8.2.21	5 000		12 000	
20×8.3.5		2 000	10 000	
20×8.3.18		10 000	0	

5. 整存整取定期储蓄存款计息。

(1) 某客户 20×8 年 2 月 28 日定期整存整取 6 个月存款 10 000 元，假定利率为 1.89%，名义利率和实际利率差异较小，到期日为 20×8 年 8 月 28 日，银行应付多少利息？

(2) 某客户 20×8 年 2 月 28 日定期整存整取 6 个月存款 10 000 元，假定利率为 1.89%，到期日为 20×8 年 8 月 28 日，支取日为 20×8 年 11 月 1 日。假定 20×8 年 11 月 1 日活期储蓄存款利率为 0.72%，银行应付多少利息？

6. 零存整取定期储蓄存款计息。

某储户于 20×8 年 9 月 18 日来银行办理零存整取定期储蓄存款，月存 500 元，存期 1 年，利率为 1.42%。于次年 9 月 18 日支取。计算其实际取得的利息。

7. 整存零取储蓄存款利息的计算。

某储户于 20×8 年 1 月 1 日一次存入本金 30 000 元，存期 1 年，每月支取一次，每次支取 2500 元，月利率为 1.65%。最后一次支取日期为到期日，连同利息一并支取。请计算存款利息。

8. 定活两便储蓄存款利息的计算。

某客户 20×8 年 7 月 31 日存入 10 000 元定活两便存款，若客户 20×9 年 3 月 10 日全额支取。支取日，银行确定的半年期整存整取利率为 1.89%。请问利息为多少？

第五章　贷款与贴现业务的核算

■【学习要点及目标】

- 了解贷款的含义及种类。
- 熟练掌握信用贷款和抵押贷款的核算方法。
- 掌握贷款减值的会计处理。
- 掌握商业汇票贴现的核算方法。

■【核心概念】

贷款　信用贷款　担保贷款　票据贴现

■【引导案例】

中国工商银行 2016 年上半年财报(节选)

根据 2016 年 8 月末的数据显示，中国工商银行集团客户贷款总额 97 282.75 亿元，比上年年末增加 5924.15 亿元，增长 6.48%。其中，人民币贷款总额 74 214.99 亿元，比上年年末增加 4096.32 亿元，增长 5.84%；外币贷款总额折合 3478.67 亿美元，比上年年末增加 207.77 亿美元，增长 6.35%。本行不断完善风险管理体系，密切关注宏观经济形势变化，加强重点领域风险识别和管理，资产质量保持相对稳定。月末集团贷款减值准备余额 2 217.08 亿元，比上年年末增加 210.43 亿元。不良贷款拨备覆盖率 155.10%。重组贷款总额为 56.94 亿元，比上年年末增加 3.89 亿元。

中国工商银行集团资产减值损失 499.46 亿元，同比增加 213.70 亿元，增长 74.78%。其中，集团贷款减值损失 491.36 亿元，同比增加 216.23 亿元，增长 78.59%。信贷成本为 1.04%。本行持续完善全面风险管理体系，加强风险管理的主动性和前瞻性，信贷资产质量保持相对稳定。严格执行审慎稳健的拨备政策，严格按监管要求计提拨备，保持充足的风险抵御能力。

(资料来源：根据百度资料整理)

【案例导学】

通过材料可以看到，商业银行贷款总额巨大。现实经济生活中，无论是企业，还是个人，都会有一个良好的愿望，投入越多、产出越多、回报越多。经济要发展，物质要丰富，都离不开资金的投入。如果出现资金紧缺的时候，往往都会想到向银行贷款。商业银行作为资金的供给者，一方面可以满足资金需求者用资的需要，另一方面也可以满足商业银行获利的需要。正因风险与收益并存，商业银行在经营贷款业务时，能否有效地贯彻"贷前严格审查，贷后跟踪管理"，符合"流动性、安全性、效益性"的运营原则，是开展贷款业务的首要课题。

第一节　贷款业务概述

一、贷款的概念

贷款是指商业银行以一定的利率将资金供应给借款人，并按期收回贷款本息的信用行为。贷款是商业银行最为重要的资产业务，是商业银行获得收入的主要途径。科学地进行贷款的核算与管理，对商业银行防范、化解经营风险，提高获利与发展能力具有重要意义。

二、贷款业务的种类

商业银行所发放的贷款，可以按照不同的标准进行分类。

1. 按贷款的期限划分

商业银行的贷款按照期限划分，可分为短期贷款、中期贷款和长期贷款。

短期贷款是指贷款期限在1年以内(含1年)的贷款；中期贷款是指贷款期限在1年以上5年以下(含5年)的贷款；长期贷款是指贷款期限在5年以上的贷款。

2. 按贷款的用途划分

商业银行的贷款按用途划分，可分为流动资金贷款和固定资产贷款。

流动资金贷款是指为满足生产经营过程中对短期资金的需求，保证生产经营活动正常进行而发放的贷款；固定资产贷款是指银行向借款人发放的，主要用于固定资产项目的建设、购置、改造及相应配套设施建设的贷款。

3. 按贷款的发放条件划分

商业银行的贷款按发放条件划分，可分为信用贷款和担保贷款。

信用贷款是指仅凭借款人的信誉而发放的贷款；担保贷款是指银行以法律规定的担保方式作为还款保障而发放的贷款。

担保贷款依担保方式的不同，又可以分为保证贷款、抵押贷款和质押贷款。保证贷款是指按《中华人民共和国担保法》规定的保证方式，以第三人承诺在借款人不能偿还贷款时，按约定承担一般保证责任或连带责任而发放的贷款；抵押贷款是指按《中华人民共和国担保法》规定的抵押方式，以借款人或第三人的财产作为抵押物而发放的贷款；质押贷款是指按《中华人民共和国担保法》规定的质押方式，以借款人或第三人的动产或权利作为质物而发放的贷款。其中：抵押贷款的担保物不用移交给债权人，不转移其使用权；而质押贷款的担保物则要移交给债权人。

4. 按贷款的经济属性(发放人承担的责任)划分

商业银行的贷款按经济属性划分，可分为自营贷款和委托贷款。

自营贷款是商业银行以合法方式筹集的资金自主发放的贷款，风险由商业银行承担，并由商业银行收回本金和利息的贷款；委托贷款是指委托人提供资金，由商业银行(即受托人)根据委托人确定的贷款对象、用途、金额、期限、利率等，代理发放、监督使用并协助收回的贷款。

商业银行在经办委托贷款业务过程中只收取手续费，不承担贷款风险，不得给委托人垫付资金。

5. 按贷款的风险程度划分

商业银行的贷款按风险程度划分，可分为正常贷款、关注贷款、次级贷款、可疑贷款和损失贷款。

正常贷款是指借款人能够履行合同，有充分把握按时、足额偿还本息的贷款；关注贷款是指尽管借款人目前有能力偿还本息，但是存在一些可能对偿还产生不利影响因素的贷款；次级贷款是指借款人的还款能力出现了明显问题，依靠其正常经营收入已无法保证足额偿还本息的贷款；可疑贷款是指借款人无法足额偿还本息，即使执行抵押或担保也肯定会造成一定损失的贷款；损失贷款是指在采取所有可能的措施和一切必要的法律程序后，本息仍无法收回或只能收回极少部分的贷款。

次级贷款、可疑贷款和损失贷款在商业银行中统称为不良贷款。

三、贷款的核算方式

1. 逐笔核贷

逐笔核贷，是借款单位根据借款合同逐笔填写借据，经银行信贷部门逐笔审核，一次发放，约定期限，一次或分次归还的一种贷款核算方式。逐笔核贷是目前我国商业银行发放贷款最常用的核算方式。发放时，贷款应一次转入借款单位的结算存款账户后才能使用，不能在贷款账户中直接支付；收回时，由借款单位开具支票，从借款单位账户中归还或由银行从借款单位账户中直接扣收。贷款利息一般由银行按季计收，个别为利随本清。

2. 存贷合一

存贷合一是指存款、贷款合设一个账户，客户的一切资金收付都通过该账户核算。目前信用卡业务实行存贷合一核算管理模式，持卡人可以在银行规定的时间和额度内进行转账结算、透支现金，在规定的期限内予以还款。

3. 下贷上转

下贷上转是借款单位为解决下属非独立核算的基层单位的资金需要而使用的一种贷款方式，是指由独立核算单位与银行事先对当地有银行分支机构的收购单位，核给一定数额的贷款指标。收购单位所需资金，用上级名义直接从当地银行借款，银行通过内部转账，将借款划拨到上级独立核算单位的"商品周转借款"账户，并负责偿还。同时，收购单位及时向上级核算单位报账，定期清算。

下贷上转与农副产品的收购旺季相适应，随购随借，借多少，上转多少，既及时满足了收购资金的需要，又避免了资金的积压浪费。

4. 定期调整

定期调整是为办理托收承付结算的结算贷款而设置。企业向异地客户发货后，由于资金尚未收回，会造成企业短期经营资金紧张。为了不影响企业资金周转，商业银行以企业托收的金额作为贷款保证向企业发放贷款，并随时根据在途资金的增减变化调整贷款金额。

目前，这种贷款已改为临时贷款。

四、贷款的核算原则

1. 本息分别核算

商业银行发放的各种贷款，应当按照实际贷出的贷款金额入账。期末，应当按照贷款本金和适用的利率计算应收取的利息，并分别对贷款本金和利息进行核算。

2. 自营贷款与委托贷款分别核算

商业银行经营发放的自营贷款，风险、收益自担，而代为发放的委托贷款，风险由委托人承担，收益归委托人所有，商业银行只能取得手续费收入。因此，为正确计算经营损益，保障资产安全、完整，商业银行对所发放的自营贷款与委托贷款应分别核算。

3. 商业性贷款与政策性贷款分别核算

商业性贷款是银行自主发放的贷款；政策性贷款是商业银行按照国家或政府有关部门的规定，限定用途、限定贷款对象而发放的贷款，如国家特定贷款、外汇储备贷款等。由于二者性质不同，承担的风险、获取的收益也不同，应分别核算。

第二节 贷款业务核算

一、贷款业务的会计科目

商业银行办理贷款业务，主要应设置"贷款""利息收入""应收利息""贷款损失准备""资产减值损失"等科目进行核算。

1."贷款"科目

"贷款"科目为资产类科目，核算商业银行按规定发放的各种客户贷款，包括质押贷款、抵押贷款、保证贷款、信用贷款等。商业银行按规定发放的具有贷款性质的银团贷款、贸易融资、协议透支、信用卡透支、转贷款以及垫款等，可在该科目核算；也可单设"银团贷款""贸易融资""协议透支""信用卡透支""转贷款""垫款"等科目核算。该科目可按贷款类别、客户，分"本金""利息调整""已减值"等项目进行明细核算。该科目期末余额在借方，反映商业银行按规定发放尚未收回贷款的摊余成本。

商业银行接受企业委托向其他单位贷出的款项，应设置"委托贷款"科目核算。

商业银行质押贷款、抵押贷款，可在本科目核算，也可单独设置"质押贷款""抵押贷款"科目核算。

2."利息收入"科目

"利息收入"科目为损益类科目，核算商业银行确认的利息收入，包括发放的各类贷款(如银团贷款、贸易融资、贴现和转贴现融出资金、协议透支、信用卡透支、转贷款、垫款等)、与其他金融机构(如中央银行、同业等)之间发生的资金往来业务、买入返售金融资产等实现的利息收入。该科目可按业务类别进行明细核算。

资产负债表日，商业银行应按合同利率计算确定的应收未收利息，借记"应收利息"科目，按摊余成本和实际利率计算确定的利息收入，贷记"利息收入"科目，按其差额，借记或贷记"贷款——利息调整"等科目。

实际利率与合同利率差异较小的，也可以采用合同利率计算确定利息收入。期末，应将该科目余额转入"本年利润"科目，结转后该科目无余额。

3. "应收利息"科目

"应收利息"科目为资产类科目，核算商业银行发放贷款、存放中央银行款项、交易性金融资产等应收取的利息。该科目可按借款人或被投资单位进行明细核算。

商业银行发放的贷款，应于资产负债表日按贷款的合同本金和合同利率计算确定的应收未收利息，借记"应收利息"科目，按贷款的摊余成本和实际利率计算确定的利息收入，贷记"利息收入"科目，按其差额，借记或贷记"贷款——利息调整"科目。

应收利息实际收到时，借记"吸收存款""存放中央银行款项"等科目，贷记"应收利息"科目。该科目期末余额在借方，反映商业银行尚未收回的利息。

4. "贷款损失准备"科目

"贷款损失准备"科目为资产类科目，同时也是"贷款"科目的备抵科目，核算商业银行贷款的减值准备。该科目可按计提贷款损失准备的资产类别进行明细核算。

资产负债表日，贷款发生减值的，按应减记的金额，借记"资产减值损失"科目，贷记"贷款损失准备"科目。对于确实无法收回的各项贷款，按管理权限报经批准后予以转销，借记"贷款损失准备"科目，贷记"贷款""贴现资产""拆出资金"等科目。已计提贷款损失准备的贷款价值以后又得以恢复的，应在原已计提的贷款损失准备金额内，按恢复增加的金额，借记"贷款损失准备"科目，贷记"资产减值损失"科目。

该科目期末余额在贷方，反映商业银行已计提但尚未转销的贷款损失准备。

5. "资产减值损失"科目

"资产减值损失"科目为损益类科目，核算商业银行计提各项资产减值准备所形成的损失。该科目可按资产减值损失的项目进行明细核算。

商业银行的贷款等资产发生减值的，按应减记的金额，借记"资产减值损失"科目，贷记"贷款损失准备"等科目。已计提减值准备的相关资产价值又得以恢复的，应在原已计提的减值准备金额内，按恢复增加的金额，借记"贷款损失准备"等科目，贷记"资产减值损失"科目。

期末，应将该科目余额转入"本年利润"科目，结转后该科目无余额。

二、贷款业务的确认与计量原则

1. 贷款的确认与计量

商业银行向借款人发放贷款时，发放贷款的商业银行应在其成为金融工具合同的一方时(当商业银行向借款人贷款并获得收取本金和利息的权利时)，将贷款确认为商业银行的金融资产，并应按发放贷款的公允价值和相关交易费用之和作为贷款的初始确认金额。

贷款的后续计量，应当采用实际利率法，按摊余成本进行计量，并在满足以下条件之一时终止确认：①收取该贷款现金流量的合同权利终止；②该贷款已转移，且符合《企业会计准则第 23 号——金融资产转移》规定的金融资产终止确认条件。

贷款的摊余成本，是指该贷款的初始确认金额经下列调整后的结果：①扣除已偿还的本金；②加上或减去采用实际利率法将初始确认金额与到期日金额之间的差额进行摊销形成的累计摊销额；③扣除已发生的减值损失。

实际利率法，是指按照金融资产或金融负债(含一组金融资产或金融负债)的实际利率计算其摊余成本及各期利息收入或利息费用的方法。

2. 贷款持有期间利息收入的确认

在贷款持有期间，商业银行应于资产负债表日，按贷款的摊余成本和实际利率计算的金额确认利息收入。

实际利率与合同利率差别较小的，也可按合同利率计算利息收入。

实际利率，是指将贷款在预期存续期间或适用的更短期间内的未来现金流量，折现为该贷款当前账面价值所使用的利率。实际利率应在取得贷款时确定，在该贷款存续期间或适用的更短期间内保持不变。

3. 贷款的减值与收回

商业银行应在资产负债表日对贷款的账面价值进行复核，有客观证据表明其发生了减值的，应当根据其账面价值与预计未来现金流量现值之间的差额计算确认减值损失。

商业银行收回或处置贷款时，应将取得的价款与该贷款账面价值之间的差额计入当期损益。

三、信用贷款的核算

信用贷款是商业银行仅凭借款人的信誉而发放的，不需要提供担保的贷款。目前，商业银行对信用贷款的发放持谨慎态度，仅对信用等级高、有稳定现金流量的法人资格的大型企业发放。

(一)信用贷款的发放

借款人向银行申请贷款时，向银行信贷部门提交借款申请书，经银行信贷部门审核批准后，双方商定贷款的额度、期限、用途和利率等，并签订借款合同或协议。借款合同一经签订，即具有法律效力，银行和借款人必须共同履行。

借款合同签订后，借款人需要用款时，应填写一式五联借款凭证，并在第一联凭证上加盖预留银行印鉴后，送交银行信贷部门审批。凭证各联的用途为：第一联借据，由会计部门留存，按贷款种类、到期日的先后顺序排列保管；第二联代转账借方传票；第三联代转账贷方传票；第四联回单，退还客户；第五联由信贷部门留存备查。信贷部门审查同意后，在借款凭证上加注贷款编号、贷款种类、贷款期限、贷款利率等项目，并加盖"贷款审查发放专用章"后，送会计部门凭以办理贷款的发放手续。

会计部门收到借款凭证后，应认真审查各栏填写是否正确、完整，大小写金额是否一致，印鉴是否相符，有无信贷部门审批意见等。经审查无误后，开立贷款账户，编列账号，将贷款转入借款单位存款账户，并根据凭证登记其存、贷款分户账。

商业银行按当前市场条件发放的贷款，应按发放贷款的本金和相关交易费用之和作为

初始确认金额。其会计分录为

借：贷款——信用贷款——××户(本金)　　　　(贷款的合同本金)
　　贷款——信用贷款——××户(利息调整)　　(相关交易费用)
　贷：吸收存款——活期存款——××户
　　　存放中央银行款项(或有关科目)

(二)信用贷款的到期收回

会计部门应经常查看贷款借据的到期情况，以及时告知信贷部门通知借款人偿还贷款。信用贷款的到期收回有借款人主动还款和银行直接扣款两种情况。

1. 借款人主动还款

在银行开立存款账户的借款人，在贷款到期日或之前，以其存款账户资金主动归还到期或将要到期的贷款时，应签发转账支票并填写一式四联的还款凭证。在转账支票的"收款单位"栏填写开户银行名称，"金额"栏内填写归还贷款的金额，"用途"栏注明"归还××年×月×日××贷款"字样。会计部门收到借款人的还款凭证后，抽出原借据进行核对，应重点审查还款凭证的内容是否正确、完整，印鉴与预留印鉴是否相符，款项用途是否注明"还借款"字样等。经审核无误后，填制特种转账借、贷方传票各一联，办理转账。编制会计分录为

借：吸收存款——活期存款——××户
　　存放中央银行款项
　贷：应收利息——××户
　　　贷款——信用贷款——××户(本金)
　　　利息收入——发放贷款及垫款户(借、贷方差额)

如存在利息调整余额的，还应同时予以结转。

转账后应注销借据，将特种转账借方传票代付款通知，连同借据一并退给借款人。如借款人分次归还贷款，则应在借据上登记本次还款金额，并结计未归还余额，借据继续保管，待最后一次还清余款时再将借据注销，退给借款人。若贷款到期，借款人未主动还款，银行应按有关规定主动从借款人存款账户中扣收，并填制两借一贷特种转账传票办理转账。其处理手续同上。

【例5-1】20×7年1月1日，工商银行某支行向其开户单位甲公司发放1年期贷款，合同本金200万元，合同年利率为12%，每月付息一次，并于20×8年1月1日到期收回本金。工商银行于每月月末计提利息。假设不考虑其他因素。

贷款初始确认金额=2 000 000(元)

设贷款的实际利率为IRR，根据公式

$$V = \frac{CF_1}{(1+IRR)^1} + \frac{CF_2}{(1+IRR)^2} + \cdots + \frac{CF_n}{(1+IRR)^n} = \sum_{t=1}^{n} \frac{CF_t}{(1+IRR)^t}$$

得

$$2\,000\,000 = \frac{2\,000\,000 \times 12\% \div 12}{(1+IRR)} + \frac{2\,000\,000 \times 12\% \div 12}{(1+IRR)^2}$$

$$+ \cdots + \frac{2\,000\,000 \times 12\% \div 12}{(1+IRR)^{12}} + \frac{2\,000\,000}{(1+IRR)^{12}}$$

$$= 20\,000 \times (P/A, IRR, 12) + 2\,000\,000 \times (P/F, IRR, 12)$$

采用逐步测试法，首先用 IRR=1%进行测试：

$20\,000 \times (P/A, 1\%, 12) + 2\,000\,000 \times (P/F, 1\%, 12)$
$= 20\,000 \times 11.2551 + 2\,000\,000 \times 0.8874$
$\approx 2\,000\,000$

由测试结果可知，实际月利率 IRR=1%，与合同月利率相等。

工商银行有关账务处理如下。

(1) 20×7 年 1 月 1 日，发放贷款时

借：贷款——信用贷款——甲公司户(本金)   2 000 000
    贷：吸收存款——活期存款——甲公司户   2 000 000

(2) 20×7 年 1~12 月每月月末确认并收到贷款利息时

借：应收利息——甲公司户   20 000
    贷：利息收入——发放贷款及垫款   20 000
借：吸收存款——活期存款——甲公司户   20 000
    贷：应收利息——甲公司户   20 000

(3) 20×8 年 1 月 1 日，收回贷款本金时

借：吸收存款——活期存款——甲公司户   2 000 000
    贷：贷款——信用贷款——甲公司户(本金)   2 000 000

【例 5-2】2018 年 1 月 1 日，A 银行以"折价"方式向 B 企业发放一笔 5 年期贷款 5000 万元(实际发放给 B 企业的款项为 4900 万元)，合同年利率为 10%，利息按年收取。A 银行将其划分为贷款和应收款项，该贷款实际利率为 10.53%。

工商银行有关账务处理如下。

(1) 2018 年 1 月 1 日，发放贷款时：

借：贷款——信用贷款——B 企业户(本金)   50 000 000
    贷：吸收存款——活期存款——B 企业户   49 000 000
        贷款——信用贷款——B 企业户(利息调整)   1 000 000

采用实际利率法计算利息收入和贷款摊余成本的数据如表 5-1 所示。

表 5-1 实际利率法计算利息收入和贷款摊余成本的数据表

时间 ①	期初摊余成本 ②	利息收入 ③=②×10.53%	现金流入 ④	期末摊余成本 ⑤=②+③-④
2018 年年末	49 000 000	5 159 700	5 000 000	49 159 700
2019 年年末	49 159 700	5 176 516.41	5 000 000	49 336 216.41
2020 年年末	49 336 216.41	5 195 103.59	5 000 000	49 531 320
2021 年年末	49 531 320	5 215 648	5 000 000	49 746 968
2022 年年末	49 746 968	5 253 032	5 000 000	50 000 000

(2) 2018 年 12 月末确认并收到贷款利息时：

借：应收利息——B 企业户   5 000 000
    贷款——信用贷款——B 企业户 (利息调整)   159 700
    贷：利息收入——发放贷款及垫款   5 159 700
借：吸收存款——活期存款——B 企业户   5 000 000
    贷：应收利息——B 企业户   5 000 000

(3) 2019 年 12 月末确认并收到贷款利息时：
借：应收利息——B 企业户 5 000 000
　　贷款——信用贷款——B 企业户（利息调整） 176 516.41
　　　贷：利息收入——发放贷款及垫款 5 176 516.41
借：吸收存款——活期存款——B 企业户 5 000 000
　　　贷：应收利息——B 企业户 5 000 000

(4) 2020 年 12 月末确认并收到贷款利息时：
借：应收利息——B 企业户 5 000 000
　　贷款——信用贷款——B 企业户（利息调整） 195 103.59
　　　贷：利息收入——发放贷款及垫款 5 195 103.59
借：吸收存款——活期存款——B 企业户 5 000 000
　　　贷：应收利息——B 企业户 5 000 000

(5) 2021 年 12 月末确认并收到贷款利息时：
借：应收利息——B 企业户 5 000 000
　　贷款——信用贷款——B 企业户（利息调整） 215 648
　　　贷：利息收入——发放贷款及垫款 5 215 648
借：吸收存款——活期存款——B 企业户 5 000 000
　　　贷：应收利息——B 企业户 5 000 000

(6) 2022 年 12 月末确认并收到贷款利息时：
借：应收利息——B 企业户 5 000 000
　　贷款——信用贷款——B 企业户（利息调整） 253 032
　　　贷：利息收入——发放贷款及垫款 5 253 032
注：利息调整明细账户入账金额=1 000 000-159 700-176 516.41-195 103.59-215 648
　　　　＝253 032(元)
借：吸收存款——活期存款——B 企业户 5 000 000
　　　贷：应收利息——B 企业户 5 000 000

(7) 2023 年 1 月 1 日，收回贷款本金时：
借：吸收存款——活期存款——B 企业户 50 000 000
　　　贷：贷款——信用贷款——B 企业户(本金) 50 000 000

2. 银行直接扣款

银行直接扣款是银行与借款人达成协议，贷款到期时，银行应按有关规定主动从借款人存款账户中扣款以收回贷款。其处理手续为：银行信贷部门填写"贷款收回通知单"，加盖信贷部门业务公章后交会计部门，会计部门填制两借一贷特种转账传票办理转账。会计分录同上。

(三)贷款的展期

贷款展期是指经借款人申请，银行同意推迟偿还贷款的方法。借款人因故不能按期归还贷款时，短期贷款必须在到期日之前，中长期贷款必须在到期日之前一个月，由借款人填写一式三联"贷款展期申请书"，向信贷部门提出展期申请。展期申请经信贷部门审查同意后，应在展期申请书上签注意见，一联留存备查，其余两联作贷款展期通知交会计部门办理贷款展期手续。

会计部门接到贷款展期申请书后，应对以下内容进行审查：信贷部门的批准意见及签章；展期贷款金额与借款凭证上的金额是否一致；展期时间是否超过规定期限，是否第一次展期；展期利率的确定是否正确。审查无误后，在贷款分户账及借据上注明展期还款日期及利率，同时，将一联贷款展期申请书加盖业务公章后退借款人收存，另一联贷款展期申请书附在原借据之后，按展期后的还款日期排列保管，无须办理转账手续。

每笔贷款只能展期一次，短期贷款展期不得超过原贷款的期限，中长期贷款展期不得超过原贷款期限的一半，最长不得超过三年。对展期贷款，全部以展期之日公告的贷款利率为计息利率。

四、担保贷款的核算

担保贷款是指银行以法律规定的担保方式作为还款保障而发放的贷款。担保贷款依担保方式的不同，又可以分为保证贷款、抵押贷款和质押贷款。担保贷款到期，若借款人不能按期归还贷款，应由保证人履行债务偿付责任或以财产拍卖、变卖的价款偿还贷款。

(一)保证贷款的核算

保证贷款是指按《中华人民共和国担保法》规定的保证方式，以第三人承诺在借款人不能偿还贷款时，按约定承担一般保证责任或连带责任而发放的贷款。

借款人申请保证贷款，应提交"借款申请书"和其他银行要求的相关资料，同时还应向银行提供保证人情况、保证人同意保证的有关证明文件，担保人承担了保证偿还借款的责任后，还应开具"贷款担保意向书"。

银行信贷部门要对保证人的资格和经济担保能力进行认真的审查核实，重点审核保证人的法人资格、经济效益和信用履历情况，从而避免因担保人无力担保或无意承担担保责任而使贷款产生损失。审核符合出贷要求后，银行要同借款人(被担保人)、担保人三方签订合法完整的借款合同、担保合同，明确各方责任。

保证贷款出贷后，银行和保证人应共同监督借款人按合同规定使用贷款和按期偿还贷款。贷款到期后，如果借款人按时还本付息，借款合同和担保合同随即解除；如果借款人无力偿还贷款本息，银行可通知担保人代偿。保证贷款发放与收回的核算手续与信用贷款基本相同。

【小资料】

一般保证责任与连带保证责任的区别

当事人在保证合同中约定，债务人不能履行债务时，由保证人承担保证责任的，为一般保证。一般保证的保证人在主合同纠纷未经审判或者仲裁，并就债务人财产依法强制执行仍不能履行债务前，对债权人可以拒绝承担保证责任。

当事人在保证合同中约定保证人与债务人对债务承担连带责任的，为连带责任保证。连带责任保证的债务人在主合同规定的债务履行期届满没有履行债务的，债权人可以要求债务人履行债务，也可以要求保证人在其保证范围内承担保证责任。简单来说，一般担保人的担保责任要轻，就是在法院没有对被担保人强制执行的情况下，担保人有权拒绝承担担保责任；而连带担保的担保责任要大，就是债权人可以要求债务人和担保人同时承担责任。

(二)抵押贷款的核算

1. 抵押物的范围

抵押贷款是指按《中华人民共和国担保法》规定的抵押方式,以借款人或第三人的财产作为抵押物而发放的贷款。抵押贷款中可以作为抵押物的财产如下。

(1) 抵押人所有的房屋和其他地面附着物。
(2) 抵押人所有的机器、交通运输工具和其他财产。
(3) 抵押人依法有权处置的国有土地使用权、房屋和其他地面附着物。
(4) 抵押人依法有权处置的国有机器、交通运输工具和其他财产。
(5) 抵押人依法承包并经发包方同意抵押的荒山、荒丘、荒滩等荒地的土地使用权。
(6) 依法可以抵押的其他财产。

抵押人可以其中一种、某几种或全部财产作抵押,但法律、法规禁止转让的国有土地所有权、自然资源和文物,金银及其制品,医院、学校、幼儿园等福利设施,对所有权有争议的财产和非借款人所有的财产以及依法被查封、扣押、监管的财产不能作为抵押品。

借款人若到期不能偿还贷款本息,银行有权依法处置其抵押品,并从所得价款中优先收回贷款本息。

抵押贷款中流动资金贷款最长不超过 1 年,固定资产贷款一般为 1~3 年(最长不超过 5 年)。

2. 抵押贷款的额度

抵押贷款不是按抵押物价值金额予以发放,而是按一定比例(抵押率)进行折扣,一般按抵押品现值的 50%~70%确定贷款金额。抵押贷款到期归还,不得展期。抵押率的计算公式如下。

$$抵押率=放款本息总额÷抵押物现值×100\%$$

3. 抵押贷款发放的核算

抵押贷款由借款人提出申请,并向银行提交"抵押贷款申请书",写明借款用途、金额、还款日期,抵押品名称、数量、价值、存放地点等有关事项。信贷部门经审批同意后,签订抵押贷款合同,同时,借款人应将有关抵押品或抵押品产权证明移交银行。

银行经审查无误后,签发"抵押品保管证"交借款人,出纳部门登记有关登记簿。同时,信贷部门应填制一式五联借款凭证,送会计部门凭以办理贷款的发放手续。会计部门收到借款凭证,经审核无误后进行账务处理。

商业银行按当前市场发放的贷款,应按发放贷款的本金和相关交易费用之和作为初始确认金额。其会计分录为

借:贷款——抵押贷款——××户(本金)　　(贷款的合同本金)
　　贷款——抵押贷款——××户(利息调整)　(相关交易费用)
　贷:吸收存款——活期存款——××户
　　　存放中央银行款项(或有关科目)

同时,对抵押物进行详细登记,并列入表外科目核算,其会计分录为

收入:待处理抵押品——××户

4. 资产负债表日计提利息的核算

按照合同本金和合同利率计算应收利息，按照摊余成本和实际利率计算利息收入，差额计入利息调整。实际利率与合同利率差异较小，可以按照合同利率计算利息收入。

借：应收利息——抵押贷款应收利息——××户
　　贷款——抵押贷款——××户(利息调整)借或贷
贷：利息收入——抵押贷款利息收入

5. 抵押贷款到期收回的核算

抵押贷款到期，借款人应主动到银行办理还款手续。其会计处理与信用贷款相同。其会计分录为

借：吸收存款——活期存款——××户
贷：应收利息——××户
　　贷款——抵押贷款——××户(本金)
　　利息收入——发放贷款及垫款户(借、贷方差额)

如存在利息调整余额的，还应同时予以结转。

抵押贷款本息全部收回后，银行会计部门应根据信贷部门签发的"抵押物品退还通知书"填制表外科目付出传票，销记表外科目登记簿，退还抵押品。其会计分录为

付出：待处理抵押品——××户

6. 抵押物拍卖的核算

抵押贷款到期，借款人不能归还贷款本息，银行应将其作为逾期贷款进行核算和管理，并按规定计息，同时向借款人发出"处理抵押品通知单"。逾期一个月借款人仍无法偿还抵押贷款本息，银行可按抵押贷款合同的规定处理抵押物，拍卖或作价入账。

银行拍卖抵押物所得款项，扣除抵押物处理过程中所发生的费用，所得净收入优先偿还抵押贷款本息，如有剩余，返还借款人所有。

(1) 净收入大于抵押贷款本息。拍卖所得净收入能够收回抵押贷款本息时，编制特种转账传票作如下处理。

借：吸收存款——活期存款——××户
贷：贷款——抵押贷款——××户(本金)
　　应收利息
　　吸收存款——活期存款——借款人户

(2) 净收入在抵押贷款本息与抵押贷款本金之间。拍卖所得净收入不能够收回抵押贷款本息，但能收回本金，未收回的利息经有关部门批准列为坏账损失。编制的会计分录为

借：吸收存款——活期存款——××户
贷：贷款——抵押贷款——××户(本金)
　　应收利息
借：坏账准备
贷：应收利息

(3) 净收入小于抵押贷款本息。拍卖所得净收入不能够收回抵押贷款本金，未收回的本金经有关部门批准列为贷款呆账损失，未收回的利息经有关部门批准列为坏账损失。编制的会计分录为

借：吸收存款——活期存款——××户
　　贷款损失准备
　　　贷：贷款——抵押贷款——××户(本金)
　　　　　应收利息
借：坏账准备
　　贷：应收利息

7. 抵押物作价入账的核算

抵押贷款到期，借款人不能归还贷款本息，银行按抵押贷款合同取得了抵押物的所有权，抵押物按未收回的抵押贷款本息之和作价入账。编制的会计分录为

借：固定资产等科目
　　贷：贷款——抵押贷款——××户(本金)
　　　　　应收利息

(三)质押贷款的核算

质押贷款是指按《中华人民共和国担保法》规定的质押方式，以借款人或第三人的动产或权利作为质物而发放的贷款。质押贷款的发放，必须以质物为基础。质物可以是出质人的动产，也可以是出质人的权利。以动产作质押的，必须将动产移交发放贷款的银行，并订立质押合同。以权利作质押的，可以作为质押的权利包括：汇票、支票、本票、债券、存款单、仓单和提货单；依法可转让的股份、股票；依法可转让的商标专用权、专利权、著作权中的财产权及可质押的其他权利。其中，以汇票、支票、本票、债券、存款单、仓单和提货单作质物的，应当在合同约定的期限内将权利凭证交付发放贷款的银行；以依法可以转让的股票作质物的，应向证券登记机构办理出质登记；以依法可以转让的商标专用权、专利权、著作权中的财产权作质物的，应向其管理部门办理出质登记。以依法可以转让的商标专用权、专利权、著作权中的财产权作质物的，出质后，只有经出质人与质权人协商同意，才可以转让或许可他人使用，并且出质人所得的转让费、许可费，应当向质权人提前清偿所担保的债权，或向与质权人约定的第三人提存。

质押贷款发放和收回的处理与抵押贷款基本相同。质押贷款到期，若借款人不能归还贷款，银行可以所得质物的价款收回贷款本息。

第三节　贷款减值核算

为了提高商业银行防范和化解风险的能力，正确核算经营损益，商业银行应当按照谨慎性原则的要求，在资产负债表日，对各项贷款的账面价值进行复核。如有客观证据表明贷款发生减值的，应当计提贷款减值准备。

一、贷款减值概述

(一)贷款损失准备的计提范围

计提贷款损失准备的资产是指商业银行承担风险和损失的资产，具体包括：贴现资产、

拆出资金、客户贷款、银团贷款、贸易融资、协议透支、信用卡透支、转贷款和垫款(如银行承兑汇票垫款、担保垫款、信用证垫款)等。商业银行接受企业委托向其他单位贷出的款项，也应计提减值准备，在"委托贷款损失准备"科目核算。

(二)贷款减值损失的确认与计量

贷款发生减值的客观证据主要包括：债务人发生严重财务困难；债务人违反了合同条款，如偿付利息或本金发生违约或逾期等；债权人出于经济或法律等方面因素的考虑，对发生财务困难的债务人作出让步；债务人很可能倒闭或进行其他财务重组；其他表明贷款发生减值的客观证据等。通常情况下，商业银行难以找到某一单独的客观证据表明贷款可能发生减值，因此应当在综合考虑上述各种因素的基础上进行分析和判断。

商业银行对贷款进行减值测试，应根据本银行的实际情况分为单项金额重大和非重大的贷款。对单项金额重大的贷款，应单独进行减值测试；对单项金额不重大的贷款，可以单独进行减值测试，或者将其包含在具有类似信用风险特征的贷款组合中进行减值测试。单独测试未发生减值的贷款，也应当包括在具有类似信用风险特征的贷款组合中再进行减值测试。

商业银行进行贷款减值测试时，可以根据自身管理水平的业务特点，确定单项重大贷款的标准。比如，可以将本金大于或等于一定金额的贷款作为单项金额重大的贷款，此标准以下的贷款属于单项金额非重大的贷款。单项金额重大贷款的标准一经确定，不得随意变更。

商业银行对于单独进行减值测试的贷款，有客观证据表明其发生了减值的，应当计算资产负债表日的未来现金流量现值(通常以初始确认时确定的实际利率作为折现率)，该现值低于其账面价值之间的差额确认为贷款减值损失。

商业银行采用组合方式对贷款进行减值测试的，可以根据自身风险管理模式和数据支持程度，选择合理的方法确认和计量贷款减值损失。

(三)贷款发生减值的核算

资产负债表日，商业银行确定贷款发生减值的，应当将该贷款的账面价值减记至预计未来现金流量现值，减记的金额确认为资产减值损失，计入当期损益。即按应减记的金额，借记"资产减值损失"科目，贷记"贷款损失准备"科目。同时，应将"贷款——本金""贷款——利息调整"及"应收利息"等科目的余额转入"贷款——已减值"科目，借记"贷款——已减值"科目，贷记"贷款——本金""贷款——利息调整""应收利息"科目。其会计分录为

借：资产减值损失——贷款损失准备金户
　　贷：贷款损失准备——客户贷款户
借：贷款——××贷款——××户(已减值)
　　贷：贷款——××贷款——××户(本金)
　　　　贷款——××贷款——××户(利息调整)
　　　　应收利息(已计息尚未收回的利息金额)

其中，预计未来现金流量现值，应当按照该贷款的原实际利率折现确定，并考虑相关担保物的价值(取得和出售该担保物发生的费用应当予以扣除)。原实际利率是初始确认该贷

款时计算确定的实际利率。对于浮动利率贷款,在计算未来现金流量现值时,则可采用合同规定的现行实际利率作为折现率。

(四)计提减值贷款利息的核算

资产负债表日,应按减值贷款的摊余成本和实际利率计算确定减值贷款的利息收入,借记"贷款损失准备"科目,贷记"利息收入"科目。同时,将按合同本金和合同利率计算确定的应收利息金额进行表外登记。其会计分录为

　　借:贷款损失准备——客户贷款户
　　　　贷:利息收入——发放贷款及垫款
　　收入:应收未收利息——××户

其中,计算确定利息收入的实际利率,应为确定减值损失时对未来现金流量进行折现所采用的折现率。

已发生减值的贷款如以后有收到利息,于收到时,按实际收到的金额编制会计分录如下:

　　借:吸收存款——××存款——××户
　　　　贷:贷款——××贷款——××户(已减值)

(五)减值贷款价值恢复的核算

已计提贷款损失准备的贷款,如有客观证据表明该贷款的价值已恢复,且客观上与确认该减值损失后发生的事项有关(如债务人的信用评级已提高等),原确认的减值损失应当予以转回,计入当期损益。但是,转回后的账面价值,不应当超过假定不计提减值准备情况下该贷款在转回日的摊余成本。其会计分录为

　　借:贷款损失准备——客户贷款户
　　　　贷:资产减值损失——贷款损失准备金户

(六)收回减值贷款的核算

收回减值贷款时,应按实际收到的金额,借记"吸收存款"等科目,按相关贷款损失准备余额,借记"贷款损失准备"科目,按相关贷款余额,贷记"贷款——已减值"科目,按其差额,贷记"资产减值损失"科目。其会计分录为

　　借:吸收存款(存放中央银行款项)
　　　　贷款损失准备——客户贷款户
　　　　贷:贷款——××贷款——××户(已减值)
　　　　　　资产减值损失——贷款损失准备金户

同时,销记表外登记的应收未收利息,其会计分录为

　　付出:应收未收利息——××户

【例 5-3】2018 年 1 月 1 日,A 银行以"折价"方式向 B 企业发放一笔 5 年期贷款 5000 万元(实际发放给 B 企业的款项为 4900 万元),合同年利率为 10%,利息按年收取。A 银行将其划分为贷款和应收款项,初始确认该贷款时确定的实际利率为 10.53%。2020 年 12 月 31 日,有客观证据表明 B 企业发生严重的财务困难,A 银行据此认定对 B 企业的贷款发生了减值,并预期 2021 年 12 月 31 日将收到利息 500 万元,2023 年 1 月 1 日将收到本金 2500 万元。

(1) 2018 年 1 月 1 日，发放贷款时：

借：贷款——本金 　　　　　　　　　　　　　　　　　　　　50 000 000
　　贷：吸收存款——活期 　　　　　　　　　　　　　　　　49 000 000
　　　　贷款——利息调整 　　　　　　　　　　　　　　　　 1 000 000

(2) 2018 年 12 月末确认并收到贷款利息时：

借：应收利息 　　　　　　　　　　　　　　　　　　　　　　5 000 000
　　贷款——利息调整 　　　　　　　　　　　　　　　　　　　159 700
　　贷：利息收入 　　　　　　　　　　　　　　　　　　　　 5 159 700
借：吸收存款 　　　　　　　　　　　　　　　　　　　　　　5 000 000
　　贷：应收利息 　　　　　　　　　　　　　　　　　　　　 5 000 000

2018 年年末贷款摊余成本=49 000 000-(5 000 000-5 159 700)=49 159 700(元)

(3) 2019 年 12 月末确认并收到贷款利息时：

借：应收利息 　　　　　　　　　　　　　　　　　　　　　　5 000 000
　　贷款——利息调整 　　　　　　　　　　　　　　　　　　　176 516.41
　　贷：利息收入 　　　　　　　　　　　　　　　　　　　　 5 176 516.41
借：吸收存款 　　　　　　　　　　　　　　　　　　　　　　5 000 000
　　贷：应收利息 　　　　　　　　　　　　　　　　　　　　 5 000 000

2019 年年末贷款摊余成本=49 159 700-(5 000 000-5 176 516.41)=49 336 216.41(元)

(4) 2020 年 12 月末确认并收到贷款利息时：

借：应收利息 　　　　　　　　　　　　　　　　　　　　　　5 000 000
　　贷款——利息调整 　　　　　　　　　　　　　　　　　　　195 103.59
　　贷：利息收入 　　　　　　　　　　　　　　　　　　　　 5 195 103.59
借：吸收存款 　　　　　　　　　　　　　　　　　　　　　　5 000 000
　　贷：应收利息 　　　　　　　　　　　　　　　　　　　　 5 000 000

2020 年年末贷款摊余成本=49 336 216.41-(5 000 000-5 195 103.59)=49 531 320(元)

$$2020\ 年年末预计未来现金流量现值 = \frac{5\ 000\ 000}{1+10.53\%} + \frac{25\ 000\ 000}{(1+10.53)^2}$$

$$= 4\ 523\ 658.74 + 20\ 463\ 488.35 = 24\ 987\ 147.09(元)$$

计提贷款损失准备=49 531 320-24 987 147.09=24 544 172.91(元)

借：资产减值损失 　　　　　　　　　　　　　　　　　　　　24 544 172.91
　　贷：贷款损失准备 　　　　　　　　　　　　　　　　　　24 544 172.91
借：贷款——已减值 　　　　　　　　　　　　　　　　　　　49 531 320
　　贷款——利息调整 　　　　　　　　　　　　　　　　　　 468 680
　　贷：贷款——本金 　　　　　　　　　　　　　　　　　　50 000 000

注：利息调整入账金额=1 000 000-(159 700+176 516.41+195 103.59)
　　　　　　　　　　=1 000 000-531 320=468 680(元)

(5) 2021 年 12 月月末确认减值贷款利息时：

借：贷款损失准备 　　　　　　　　　　　　　　　　　　　　2 631 146.59
　　贷：利息收入 　　　　　　　　　　　　　　　　　　　　 2 631 146.59
收入：应收未收利息——××户 　　　　　　　　　　　　　　 5000 000

注：利息收入入账金额=24 987 147.09×10.53%=2 631 146.59(元)

借：吸收存款 　　　　　　　　　　　　　　　　　　　　　　5 000 000
　　贷：贷款——已减值 　　　　　　　　　　　　　　　　　 5 000 000

2021年年末贷款摊余成本=24 987 147.09-5 000 000+2 631 146.59=22 618 293.68(元)

(6) 2022年12月月末确认减值贷款利息时：

借：贷款损失准备　　　　　　　　　　　　　　　　　　　2 381 706.33
　　　贷：利息收入　　　　　　　　　　　　　　　　　　　　2 381 706.33
收入：应收未收利息——××户　　　　　　　　　　　　　5000 000
注：利息收入入账金额=22 618 293.68×10.53%=2 381 706.32(元)

(7) 2023年1月1日收回减值贷款时：

借：吸收存款　　　　　　　　　　　　　　　　　　　　　25 000 000
　　贷款损失准备　　　　　　　　　　　　　　　　　　　19 531 319.99
　　资产减值损失　　　　　　　　　　　　　　　　　　　　　　　0.01
　　　贷：贷款——已减值　　　　　　　　　　　　　　　　44 531 320
付出：应收未收利息——××户　　　　　　　　　　　　　10 000 000
注：贷款损失准备应冲减金额=24 544 172.91-2 631 146.59-2 381 706.32
　　　　　　　　　　　　　=19 531 320(元)

二、抵债资产的核算

(一)抵债资产的概念

抵债资产是金融企业在贷款、拆出资金等金融债权无法实现的情况下，经双方协商或其他方式，债权人同意债务人用实物资产抵偿金融债权而取得的资产。

(二)抵债资产的核算

1. "抵债资产"科目

本科目核算金融企业依法取得并准备按有关规定进行处置的实物抵债资产的价值。借方登记取得抵债资产的公允价值，贷方登记处置抵债资产的账面价值，余额在借方。本科目按照抵债资产的类别进行明细核算。

抵债资产发生减值的，在本科目设置"跌价准备"明细科目进行核算，也可以单独设置"抵债资产跌价准备"科目进行核算。

抵债资产存续期间不计提折旧或摊销。

2. 账务处理

(1) 抵债资产取得的会计处理。如债务人无法用货币资金偿还债务，银行依法行使债权和担保物权而取得抵债资产的，按抵债资产的公允价值，借记"抵债资产"科目，按相关贷款已计提的减值准备，借记"贷款损失准备"科目；按相关贷款的账面余额，贷记"贷款——已减值"科目，按应支付的相关税费，贷记"应交税费"科目；按其差额，借记"营业外支出"科目或贷记"资产减值损失"科目。其会计分录为

如为借方差额，则

借：抵债资产
　　贷款损失准备——客户贷款户
　　营业外支出
　　　贷：贷款——××贷款——××户(已减值)
　　　　　应交税费

如为贷方差额，则

借：抵债资产
　　贷款损失准备——客户贷款户
　　贷：贷款——××贷款——××户(已减值)
　　　　应交税费
　　　　资产减值损失

同时，销记表外登记的应收未收利息，其会计分录为

付出：应收未收利息——××户

需要注意的是，如抵债资产原为贷款抵押品、质押品的，将其转为抵债资产核算时，还应销记原已登记的表外科目和担保物登记簿。其会计分录为

付出：待处理抵押(质押)品——××户

(2) 抵债资产保管期间的会计处理。抵债资产保管期间取得的收入、应发生的费用，作为其他业务收入与其他业务成本进行核算。其会计分录为

借：库存现金(存放中央银行款项)
　　贷：其他业务收入
借：其他业务成本
　　贷：库存现金(存放中央银行款项)

(3) 抵债资产处置的会计处理。处置抵债资产时，应按实际收到的金额，借记"库存现金""存放中央银行款项"等科目；按应支付的相关税费，贷记"应交税费"科目，按抵债资产的账面余额，贷记"抵债资产"科目；按其差额，贷记"营业外收入"科目或借记"营业外支出"科目。已计提抵债资产跌价准备的，还应同时予以结转。其会计分录为

如为借方差额，则

借：库存现金(存放中央银行款项)
　　抵债资产跌价准备
　　营业外支出
　　贷：应交税费
　　　　抵债资产

如为贷方差额，则

借：库存现金(存放中央银行款项)
　　抵债资产跌价准备
　　贷：应交税费
　　　　抵债资产
　　　　营业外收入

(4) 抵债资产转为自用的会计处理。抵债资产转为自用资产，银行应办妥相关手续，按转换日抵债资产的账面余额，借记"固定资产"等科目，贷记"抵债资产"科目。已计提抵债资产跌价准备的，还应同时予以结转。其会计分录为

借：固定资产等科目
　　抵债资产跌价准备
　　贷：抵债资产

三、贷款呆账的核算

(一)贷款呆账的确认条件

商业银行对于确实无法收回的贷款,应按规定的条件和管理权限报经批准后,作为呆账损失予以转销。凡符合下列条件之一的商业银行无法按期收回的贷款,可以被确认为呆账。

(1) 借款人和担保人依法被宣告破产,经法定清偿后仍未还清的贷款。

(2) 借款人死亡,或依照《中华人民共和国民法通则》的规定,宣告失踪或死亡,以其财产或遗产清偿后未能还清的贷款。

(3) 借款人遭受重大自然灾害或意外事故,损失巨大且不能获得保险赔款,确实不能偿还的部分或全部贷款,或经保险赔偿清偿后未能还清的贷款。

(4) 借款人依法处置抵押物所得价款不足以补偿的贷款部分。

(5) 经国务院专案批准核销的贷款。

各级银行机构对借款人有经济偿还能力,但因某些原因不能按期偿还贷款,不得列作呆账,应积极组织催收。

(二)贷款呆账的账务处理

1. 贷款呆账损失的核算

商业银行工作人员因渎职或其他违法行为造成贷款无法收回的,不得列作呆账,除追究有关责任人的责任外,应在银行的利润留成中逐年冲销。

对于需要转销的呆账贷款,银行要按规定的程序办理。申请转销呆账贷款时,应填报"核销呆账损失申报表"并附详细说明,按规定的转销权限逐级报上级行审查。上级行收到"核销呆账损失申报表"后,应组织信贷、法规、会计、稽核部门进行审查并签署意见。如符合规定条件,就可以冲减贷款损失准备。

按法定程序核销呆账损失时,会计分录为

借:贷款损失准备——客户贷款户
　　贷:贷款——××贷款——××户(已减值)

按管理权限报经批准后转销表外应收未收利息,减少表外"应收未收利息"科目金额。其会计分录为

付出:应收未收利息

2. 已转销的贷款又收回的核算

对已转为呆账损失的贷款,商业银行应采取"账销案存"的做法,积极催收。已确认并转销的贷款在以后会计期间又收回的,按原转销的已减值贷款余额,借记"贷款——已减值"科目,贷记"贷款损失准备"科目。按实际收到的金额,借记"吸收存款""存放中央银行款项"等科目,按原转销的已减值贷款余额,贷记"贷款——已减值"科目,按其差额,贷记"资产减值损失"科目。其会计分录为

借:贷款——××贷款——××户(已减值)
　　贷:贷款损失准备——客户贷款户

同时,

借：吸收存款(或存放中央银行款项)
　　贷：贷款——××贷款——××户(已减值)
　　　　资产减值损失——贷款损失准备金户

第四节　贷款利息核算

一、贷款利息计算的基本规定

商业银行发放的贷款，应按照规定计收利息，其利息计算的有关规定如下。

(1) 商业银行发放贷款的合同利率，应当根据人民银行规定的利率及浮动幅度加以确定。贷款期限在 1 年以内，按合同利率计息，若遇利率调整，不分段计息；贷款期限在 1 年以上的，若遇利率调整，应从新年度开始按调整后的利率计息。

(2) 贷款利息的计算分为定期结息和利随本清两种。定期结息计算的利息积数按实际天数计算，算头不算尾；利随本清的起讫时间，算头不算尾，采用对年、对月、对日的方法计算，对年按 360 天计算，对月按 30 天计算，不满月的零头天数按实际天数计算。

(3) 商业银行发放的贷款，到期日为节假日的，若在节假日前一日归还，应扣除归还日至到期日的天数后，按前述规定的利率计算利息；节假日后第一个工作日归还，应加收到期日至归还日的天数，按前述规定的利率计算利息；节假日后第一个工作日未归还，应从节假日后第一个工作日开始按逾期贷款利率计算利息。逾期贷款利率一般是在合同利率基础上加收一定比例的罚息。

二、贷款利息的计算分录

资产负债表日，商业银行应按贷款的合同本金与合同利率计算确定的应收未收利息，借记"应收利息"科目，按贷款的摊余成本与实际利率计算确定的利息收入，贷记"利息收入"科目，按其差额，借记或贷记"贷款——利息调整"科目。合同利率与实际利率差异较小的，也可以采用合同利率计算确定利息收入。其会计分录为

借：应收利息——××户
借或贷：贷款——××贷款——××户(利息调整)
　　贷：利息收入——发放贷款及垫款

对已确定发生减值损失的贷款，在资产负债表日，应按减值贷款的摊余成本和实际利率计算确定的利息收入，借记"贷款损失准备"科目，贷记"利息收入"科目。同时，将按合同本金和合同利率计算确定的应收利息金额进行表外登记。

三、贷款利息的计算方法

商业银行对贷款利息的计算，按照结计利息的时间不同，分为定期结息和利随本清两种方法。

(一)定期结息

定期结息是指银行按规定的结息期结计利息，一般为按季结息或按月结息，每季末月

20 日或每月 20 日为结息日，结计的利息于结息日次日办理转账。其利息的计算与活期存款利息的计算基本相同，具体可采用余额表和乙种账两种工具计算累计计息积数。

将计算的各贷款户利息编制一式三联贷款利息清单，第一联作转账贷方传票，第二联作转账借方传票，第三联作回单交借款人，同时汇总编制应收利息科目传票办理转账。其会计分录为

借：吸收存款——活期存款——××户
　　贷：应收利息——××户

若借款人存款账户无款支付或不足支付，对未收回的利息，应按前述规定的利率计收复息。

若贷款到期(含展期后到期)未收回，则从逾期之日起至款项还清前一日止，按规定的逾期贷款利率计息，对未收回的利息，应按逾期贷款利率计收复息。

对纳入表外核算的"应收未收利息"，应按期计算复息，计算的复息也在"应收未收利息"表外科目核算。

(二)利随本清

利随本清又称逐笔结息，是指银行按规定的贷款期限，在收回贷款的同时逐笔计收利息。逐笔结息即为利随本清。

在逐笔结息方式下，贷款利息计算的基本公式为

$$贷款利息=贷款本金·时期·利率$$

逐笔结息方式的利息计算在单位定期存款的利息计算中已经介绍，这里不再赘述。

在逐笔结息方式下，银行收回贷款本息时，应填制两借一贷特种转账传票，办理转账。其会计分录为

借：吸收存款——活期存款——××户
　　贷：贷款——××贷款——××户(本金)
　　　　应收利息——××户
　　　　利息收入——发放贷款及垫款户(借、贷方差额)

如存在利息调整余额的，还应同时予以结转。

对逾期贷款，除了按前述规定的利率计算到期利息外，还应按逾期贷款利率计算逾期利息。逾期贷款利息的计算公式为

$$逾期贷款利息=逾期贷款本金×逾期期限×规定的利率×(1+罚息率)$$

第五节　贴现业务核算

一、票据贴现业务概述

票据贴现是商业汇票的持票人在票据到期前，为取得资金，向银行贴付利息而将票据转让给银行，以此融通资金的行为。通过票据贴现，持票人可提前收回垫支给商业信用的资金；贴现银行通过买入未到期票据的债权，使商业信用转化为银行信用。除了另有规定外，商业汇票的贴现银行必须是贴现申请人的开户银行。

贴现贷款与一般贷款虽然都是商业银行的资产业务，是借款人的融资方式，商业银行

都要计收利息,但两者在以下几方面又存在明显的区别。

(1) 资金流动性不同。贴现银行受理票据贴现后,只有在票据到期时才能收款,银行急需资金,可以向中央银行再贴现;贷款是有期限的,在到期前银行不能提前收回。

(2) 利息收取时间不同。票据贴现利息是在业务发生时直接从票据到期值中扣收的;贷款利息可定期收息,也可利随本清。

(3) 利息率不同。票据贴现的利率要比贷款的利率低,持票人贴现的目的是为了提前取得资金,如果贴现率太高,则持票人取得资金的成本过高,贴现业务就不可能发生。

(4) 资金限制不同。持票人在贴现了票据以后,就完全拥有了资金的使用权,可以根据自己的需要使用这笔资金,不会受到贴现银行的任何限制;借款人在使用贷款时,要受到贷款银行的审查、监督和控制。

(5) 债务债权的关系人不同。贴现的债务人是出票人即付款人,遭到拒付时才能向贴现人或背书人追索票款;贷款的债务人就是申请贷款的人,银行直接与借款人发生债务关系。

(6) 资金的规模和期限不同。票据贴现的金额一般不太大,每笔贴现业务的资金规模有限;票据的期限也较短,一般为 2~4 个月;贷款的形式多样,期限长短不一,规模一般较大,贷款到期时,经银行审核,借款人还可申请展期。

二、会计科目的设置

商业银行办理票据贴现业务,应设置"贴现资产"科目进行核算。

"贴现资产"为资产类科目,核算商业银行办理商业票据的贴现、转贴现等业务所融出的资金。该科目可按贴现类别和贴现申请人,分"面值""利息调整"项目进行明细核算。该科目期末余额在借方,反映商业银行办理的贴现、转贴现等业务融出的资金。

商业银行办理贴现时,按贴现票面金额,借记"贴现资产——面值"科目,按实际支付的金额,贷记"吸收存款"等科目,按其差额,贷记"贴现资产——利息调整"科目。

资产负债表日,商业银行按计算确定的贴现利息收入,借记"贴现资产——利息调整"科目,贷记"利息收入"科目。贴现票据到期,应按实际收到的金额,借记"吸收存款"等科目,按贴现的票面金额,贷记"贴现资产——面值"科目,按其差额,贷记"利息收入"科目。存在利息调整金额的,也应同时予以结转。

三、贴现银行办理贴现的核算

持票人持未到期的商业汇票向开户银行申请贴现时,应填制一式五联贴现凭证。第一联作贴现借方凭证,第二联作收款户贷方凭证,第三联作利息收入贷方凭证,第四联作收账通知,第五联作票据贴现到期卡。持票人在第一联上加盖预留印鉴后,连同汇票送交银行。

银行信贷部门对其进行审查,若符合贴现条件,应在贴现凭证"银行审批"栏签注"同意"字样,并加盖有关人员印章后,送交会计部门。会计部门接到汇票和贴现凭证后,经审核无误,按规定的贴现利率计算贴现利息和实付贴现金额。其计算公式为

商业汇票到期值=商业汇票票面面值+票面面值×票据期限×年利率÷360

贴现息=汇票到期值×贴现天数×(月贴现率÷30)

实付贴现净额=汇票到期值-贴现息

公式中的"贴现天数"一般按实际天数计算，从贴现之日起算至汇票到期的前一日止。

将贴现率及计算的贴现利息和实付贴现金额填写在贴现凭证的有关栏目后，以贴现凭证第一联作转账借方传票，第二、三联作转账贷方传票，办理转账。其会计分录为

  借：贴现资产——贴现——××户(面值)
    贷：吸收存款——活期存款——××户
      贴现资产——贴现——××户(利息调整)

资产负债表日，按计算确定的贴现利息收入作会计分录：

  借：贴现资产——贴现——××户(利息调整)
    贷：利息收入——发放贷款及垫款户

四、贴现汇票到期银行收回票款的核算

(一)商业承兑汇票贴现到期收回的核算

对到期的贴现汇票，贴现银行应及时收回票款，商业承兑汇票贴现到期收回是通过委托收款方式进行的。贴现银行作为收款人，应于汇票到期前估算邮程，填制委托收款凭证，连同汇票一并向付款人开户行收取票款。

付款人开户行收到委托收款凭证和汇票后，应于汇票到期日将票款从付款人账户付出。付款人存款账户无款支付或不足支付，付款人开户行应将汇票和凭证退回贴现银行。若付款人拒绝付款，付款人开户行应将拒付理由书、汇票和凭证退回贴现银行。

贴现银行收到划回的票款时，其会计分录为

  借：联行来账(或有关科目)
    贷：贴现资产——贴现——××户(面值)
      利息收入——发放贷款及垫款户

存在利息调整金额的，也应同时予以结转。

若贴现银行收到付款人开户行退回委托收款凭证和汇票时，对已贴现的金额应从贴现申请人账户中收取。其会计分录为

  借：吸收存款——活期存款——××户
    贷：贴现资产——贴现——××户(面值)
      利息收入——发放贷款及垫款户

存在利息调整金额的，也应同时予以结转。

如贴现申请人存款账户不足支付票款，则不足部分作为逾期贷款。其会计分录为

  借：吸收存款——活期存款——××户
    贷款——逾期贷款——××户
    贷：贴现资产——贴现——××户(面值)
      利息收入——发放贷款及垫款户

存在利息调整金额的，也应同时予以结转。

(二)银行承兑汇票贴现到期收回的核算

银行承兑汇票兑现性强，贴现银行能够收到划回的票款。其会计分录为

  借：联行来账(或有关科目)
    贷：贴现资产——贴现——××户(面值)

利息收入——发放贷款及垫款户

存在利息调整金额的，也应同时予以结转。

本章小结

贷款是指商业银行将其所吸收的资金，按一定的利率贷给客户，并约定一定期限归还贷款本息的经济行为。按照不同的标准，贷款可分为流动资金贷款和固定资产贷款；短期贷款、中期贷款和长期贷款；信用贷款和担保贷款；自营贷款和委托贷款；正常贷款、关注贷款、次级贷款、可疑贷款和损失贷款等。

贷款的核算主要包括贷款的发放、到期收回的核算，贷款减值的核算，呆账贷款的核算，贷款利息的核算等。其中，贷款利息的核算有定期结息和逐笔结息两种方法。

票据贴现是商业汇票的持票人在票据到期前，为取得资金，向银行贴付利息而将票据转让给银行，以此融通资金的行为。票据贴现的核算主要包括贴现银行办理贴现的核算，以及贴现汇票到期贴现银行收回票款的核算两个方面。

复习思考题

一、基本概念

贷款　信用贷款　担保贷款　抵押贷款　质押贷款　贷款损失准备　票据贴现

二、判断题

1. 计提贷款损失准备金使用的成本、费用科目是资产减值损失。（　　）
2. 银行对抵押物拍卖、变卖，其价款(扣除有关费用)超过贷款本息部分，归银行所有。
（　　）
3. 处置抵债资产时，实际收到的金额大于抵债资产账面价值及相关税费之和的差额应作为营业外收支核算。（　　）
4. 银行按借款合同约定的期限，于贷款归还的同时计收利息的计息方法是利随本清法。
（　　）
5. 一般保证贷款，当贷款债务人不履行债务时，应承担责任的是保证人。（　　）

三、简答题

1. 商业银行的哪些资产应计提贷款损失准备？
2. 资产负债表日已减值贷款的利息应如何核算？
3. 简述贷款利息计算的规定及方法。
4. 银行办理贴现时，实际支付给贴现申请人的贴现净额应如何计算？
5. 贴现资产账户核算的内容有哪些？

四、业务题

1. 东方商场申请3个月流动资金贷款100 000元，经信贷部门审批同意，于本日发放，全数转入该商场存款账户内，请编制贷款发放的会计分录。

2. 2018年4月1日向机械厂发放信用贷款300 000元，期限为3个月，月利率为5‰。贷款到期收回，利随本清。请编制贷款发放、收回的会计分录。

3. 某商业银行2016年12月31日"贷款减值准备"科目余额为168 000元；2017年2月1日经批准核销华北商场呆账50 000元，2018年1月5日华北商场效益好转，归还了核销的贷款；2017年12月31日应计提损失准备金的贷款各科目余额为1 000 000元。请编制核销呆账、计提损失准备及收回核销呆账的会计分录。

4. 某商业银行开户单位洗衣机厂2017年4月1日持200 000元异省他行签发的银行承兑汇票来行申请贴现，汇票签发日期为同年3月1日，承兑日期为同年4月1日，到期日为2017年7月1日，贴现率为7.2‰，经审核无误，当即办理。请计算实付贴现金额并编制会计分录。

5. 收到异地同系统他行划回的银行承兑汇票贴现票款100 000元，办理转账手续。请编制会计分录。

第六章 支付结算业务的核算

【学习要点及目标】

- 理解结算业务的性质、原则、纪律。
- 掌握各种结算方式的概念、使用规定和会计核算。
- 明确支票、汇票、本票的区别。

【核心概念】

支付结算　支票　银行本票　银行汇票　商业汇票　银行卡　汇兑　委托收款　托收承付

【引导案例】

票据结算案例

贾某系某公司的财务人员，于 2017 年 6 月 7 日从银行开出一张金额为 90 万元、收款人为贾某的汇票。6 月 9 日该汇票被"六安市丰达发展公司"诈骗分子调包骗走，并于 6 月 12 日向中国银行安徽省某支行申请解付，中行支行在对该票据背书情况没有严格审查的情况下轻率地予以解付，中国农业银行安徽省某县支行在"六安市丰达发展公司"手续不全的情况下违规为其开户，致使该 90 万元汇票款能转到该账户，从而造成其中 60 万元的流失。

(资料来源：根据百度资料改编)

【案例导学】

人们的日常生活离不开结算，一手交钱一手交货的交易在我们身边每天都会发生。我们每天购买商品后可以安然离去，就是因为我们支付了现金，对我们所购的商品完成了结算。所以，简单来说，结算实质上就是指货币的收付行为。货币的收付行为直接利用现金完成，便是现金结算；货币的收付行为借助银行间的业务往来予以实现，便是支付(转账)结算。

现实经济生活中"汇通天下"的梦想只有借助银行才能实现。银行作为全社会各项支付结算和资金清算的中介机构，在结算业务中，不动用自己的资金，仅凭账户间的资金划拨，便可完成单位、个人间款项的清偿，既可促进单位、个人间的经济活动，又可为银行带来可观的收益。问题是银行如何进行转账业务的处理，才能既保障自身的利益，又能保障客户的利益？

第一节　支付结算业务概述

一、支付结算的概念

支付结算又称转账结算，是指单位、个人在社会经济活动中使用合法有效的票据、信

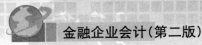

用卡或有关的结算方式进行货币给付及资金清算的行为。

随着经济的发展，单位、个人的经济往来包括商品交易、劳务供应和资金调拨等不同形式，呈现出广泛性、多样性、复杂性特点，但不论何种经济往来，都必然伴随货币的给付与清偿，这就是货币结算。在市场经济条件下，货币结算可分为现金结算和转账结算两种。现金结算是收、付款双方直接以现金进行清算，是货币作为流通手段的基本表现；而转账结算则是通过银行将款项从付款单位存款账户划转到收款单位存款账户的货币收付行为，表现为收、付款单位存款账户之间的资金转移。由于转账结算是在存款的基础上进行的，因而结算的过程也就体现为存款货币的流通过程。

二、支付结算的核算要求

(一)遵守支付结算的基本原则

支付结算的原则是银行和客户在办理结算时必须遵守的基本准则。为促进经济的发展，强化单位、个人的信用观念和承担资金清算责任，银行为单位、个人办理结算业务时，必须认真贯彻结算原则，以保证资金清算的顺利进行。

1. 恪守信用，履约付款

"恪守信用，履约付款"原则要求办理支付结算业务的当事人，既要维护经济合同秩序和保障当事人权利，又要严格遵守信用，认真履行付款义务。该原则要求，办理支付结算的当事人必须依法承担义务和行使权利，任何单位和个人办理结算时都必须共同遵守合同的规定，履行各自的职责。销货方依法提供货物，购货方按照规定的付款条件、付款时间支付款项，不得任意拖欠款项和无理拒付款项，否则都要承担相应的后果。

2. 谁的钱，进谁的账，由谁支付

结算业务是银行的中间业务，银行在经办业务过程中只是提供了一项服务。这条原则要求银行在支付结算过程中要维护存款人的合法权益。银行接受单位、个人的委托为其办理收款和付款，就要保护委托人对其存款的所有权和自主支配权。银行在办理结算时，必须按照委托人的要求收款和付款，即必须按照收款人的账号及户名，准确、及时地为其收账；对客户支取的款项，必须根据付款人的委托办理付款。同时，对存款人的资金，银行还必须为其保密，除国家法律规定和央行授权监督的项目外，必须由存款人自己支配，不得代其他单位、个人对其资金进行干预和侵犯。

这条原则既保护了存款人对其资金的自主权，又明确了银行办理结算业务的责任。

3. 银行不垫款

银行是在信用和存款人的存款基础上来经办结算业务，受单位、个人的委托完成资金的划拨。银行的营运资金大部分来源于负债，经办结算业务只是接受客户的委托进行资金的划拨，而不能为任何单位及个人垫款。为此，在支付结算过程中，必须恪守"先付后收、收妥抵用"的原则，款项只有在从付款方存款账户转出后，才能转入收款方银行账户，并且付款方所支用的款项，必须在其银行存款账户的余额内，否则，银行可不予办理。

这条原则明确地划清了银行资金和存款人资金的界限，可以保证银行资金的安全。

(二)强化结算纪律

支付结算纪律是国家财经纪律的重要组成部分，对维护社会经济秩序，正确处理各部门、各单位的经济关系具有重要意义，也是支付结算业务正常进行的保证。因此，无论单位、个人还是银行都必须执行《中华人民共和国票据法》(以下简称《票据法》)、《支付结算办法》，并严格遵守结算纪律。

1. 单位、个人应遵守的结算纪律

办理结算的单位和个人，必须重合同、守信用，并严格执行《票据法》《支付结算办法》和账户管理的规定，不准签发没有资金保证的票据或远期支票，套取银行信用；不准签发、取得和转让没有真实交易和债权债务的票据，套取银行和他人资金；不准无理拒绝付款，任意占用他人资金；不准违反规定开立和使用账户；不准出租、出借账户或转让他人使用；不准利用多头开户、转移资金，以逃避支付结算的债务。

2. 银行应遵守的结算纪律

银行要履行"清算中介"的职责，也必须严格执行《票据法》和《支付结算办法》，不准以任何理由压票、任意退票、截留挪用客户和他行资金；不准无理拒绝支付应由银行支付的票据款项；不准受理无理拒付、不扣少扣滞纳金；不准违章签发、承兑、贴现票据，套取银行资金；不准签发空头银行汇票、银行本票和办理空头汇款；不准在支付结算制度之外规定附加条件，影响汇路畅通；不准违反规定为单位和个人开立账户；不准拒绝受理、代理他行正常结算业务；不准放弃对企事业单位和个人违反结算纪律的制裁；不准逃避向中央银行转汇大额汇划款项。

(三)疏通支付结算渠道，规范支付结算行为

支付结算业务的账务处理过程关系到银行间的资金划拨，直接影响到国民经济各部门、各单位的资金周转。因此，业务经办过程中应尽量疏通支付结算渠道，减少不必要的环节，科学组织票据的传递，准确、及时、安全地完成账户间的资金划拨。

银行在经办结算业务过程中，也要对单位、个人的支付结算行为加以约束，即对支付结算行为的合法有效性提出要求，明确银行将不予受理单位、个人的无效结算行为，如印鉴不符的支票不予办理。同时，也要对单位、个人权利与义务加以约束，对于收款方，对实现自己收款权作出明确规定，保护其收款权；对于付款方，要求其遵守付款期，并为防止其无理拒付、拖欠划款等行为作出有效规定。此外，对于支付结算账户、支付结算工具等，银行也必须有明确要求，这些要求目前都已体现在《票据法》《支付结算办法》《正确填写票据和结算凭证》等法规制度中，银行在业务经办过程中严格执行并予以对单位、个人宣传和推广。

三、支付结算的种类

目前我国的支付结算方式按使用的支付结算工具不同分为票据、结算凭证和银行卡和国内信用证四类，称为"三票、三式、一卡、一证"。"三票"是指支票、汇票和银行本票三种票据，其中汇票又分为银行汇票和商业汇票；"三式"是指汇兑、托收承付和委托收款三种结算方式；"一卡"是指银行卡；"一证"是指国内信用证。

支付结算方式按使用的区域范围不同分为同城使用的结算方式、异地使用的结算方式、同城与异地均可使用的结算方式。同城使用的结算方式指银行本票，异地使用的结算方式包括银行汇票、国内信用证和托收承付，同城、异地均可使用的结算方式包括支票、商业汇票、委托收款、汇兑和银行卡。

四、支付结算核算的基本程序

支付结算的种类不同，其账务处理方法也会有所不同，但其基本处理程序存在一定的共性。

1. 接受和审查凭证

银行经办结算业务的起点是客户提交的相关凭证。银行受理凭证时，需要按规定对凭证进行审查，凭证的内容是否完整、正确，款项的用途或来源是否符合规定，审查无误后，才能进行会计处理。

2. 办理收付款单位账户间的资金转移

办理收付款单位账户间的资金转移是指资金从付款人的账户转入收款人的账户。在资金转移的过程中，必须贯彻"先付后收、收妥抵用"的原则，即款项先从付款单位存款账户付出后，才能转入收款单位存款账户，以确保银行"不垫款"。

3. 转账后，通知收付款单位

银行在完成收付款单位账户间的资金转移后，必须及时通知收、付款单位，以便开户单位能随时了解其账户的资金增减变动情况，使银行的企业分户账与企业的银行存款日记账保持一致。

第二节　票据结算业务的核算

票据一般是指商业上由出票人签发，无条件约定自己或要求他人支付一定金额，可流通转让的有价证券，持有人具有一定权力的凭证。属于票据的有汇票、本票、支票、提单、存单、股票、债券等。

根据国际上票据立法的惯例，我国的《票据法》所规范的对象，仅为狭义的票据，即汇票、本票和支票三种票据。它们的共同点是：在票据规定的期限内，持票人或收款人可向出票人或指定付款人无条件地支取确定金额的货币；它们都属于反映一定债权债务关系的、可流通的、代表一定数量货币请求权的有价证券。

一、支票的核算

支票是出票人签发的，委托办理支票存款业务的银行或其他金融机构在见票时无条件支付确定的金额给收款人或者持票人的票据。

支票是以银行为付款人的即期汇票，可以看作汇票的特例。出票人签发的支票金额，不得超出其在付款人处的存款金额。如果存款低于支票金额，银行将拒付给持票人。这种支票称为空头支票，出票人要负法律上的责任。因此，支票只能是即期的。

支票适用于单位和个人在同一票据交换区域的各种款项的结算。自 2007 年 6 月 25 日起，全国支票影像交换系统运行后，支票实现了全国通用，异地之间也可使用支票进行支付、结算。

支票可分为现金支票(见表 6-1)、转账支票(见表 6-2)和普通支票三种。我国经济生活中只有现金支票和转账支票。票面上印有"现金"字样的为现金支票，现金支票只能用于支取现金；票面上印有"转账"字样的为转账支票，转账支票只能用于转账；票面上未印有"现金"或"转账"字样的为普通支票，普通支票可用于支取现金，也可用于转账，在普通支票左上角画两条平行线的，为划线支票，划线支票只能用于转账，不得支取现金。

(一)支票的基本规定

(1) 支票的出票人，是指在经中央银行当地分支行批准办理支票业务的银行机构开立的可以使用支票存款账户的单位和个人。

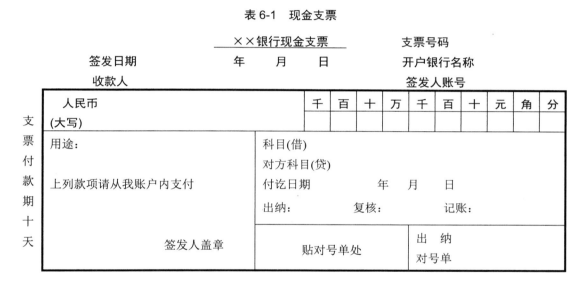

(2) 支票一律记名，转账支票可以背书转让。支票的金额、收款人名称，可以由出票人授权补记。未补记前不得背书转让和提示付款。支票签发的日期、大小写金额和收款人名称不得更改，其他内容有误，可以划线更正，并加盖预留银行印鉴证明。

(3) 支票无金额起点限制，提示付款期为 10 天(自出票之日算起，到期日遇到假日顺延)。

(4) 出票人签发空头支票、签章与预留银行签章不符的支票，使用支付密码地区而支付密码错误的支票，银行应予以退票，并按票面金额处以 5%但不低于 1000 元的罚款；持票人有权要求出票人赔偿支票金额 2%的赔偿金。对屡次签发空头支票的，银行应停止其签发支票。

(5) 持票人可以委托开户银行收款或直接向付款人提示付款。用于支取现金的支票仅限于收款人向付款人提示付款。持票人委托开户银行收款时，应作委托收款背书，银行应通过票据交换系统收妥后入账。

(6) 支票可以挂失止付，失票人可以到付款行申请挂失。挂失前已经支付的，银行不予受理。

(二)支票的核算

有关现金支票的核算在第四章已作叙述，这里只介绍转账支票的核算。

1. 持票人与出票人在同一行处开户的处理

单位或个人使用转账支票办理结算，应由持票人填制两联进账单，第一联为收账通知，第二联为贷方凭证，将进账单与支票一并提交银行。

银行接到持票人送来支票和两联进账单时，应认真审查：支票是否是统一印制的凭证，支票是否真实，提示付款期限是否超过；支票填明的持票人是否在本行开户，持票人的名称是否为该持票人，与进账单上的名称是否一致；出票人账户是否有足够支付的款项；出票人的签章是否符合规定，与预留银行的签章是否相符，使用支付密码的，其密码是否正确；支票的大小写金额是否一致，与进账单的金额是否相符；支票必须记载的事项是否齐全，出票金额、出票日期、收款人名称是否更改，其他记载事项的更改是否由原记载人签章证明；背书转让的支票是否按规定的范围转让，其背书是否连续，签章是否符合规定，背书使用粘单的是否按规定在粘接处签章；持票人是否在支票的背面作委托收款背书。

经审核无误后，支票作借方凭证，第二联进账单作贷方凭证，办理转账。其会计分录为

借：吸收存款——××存款(出票人户)
　　贷：吸收存款——××存款(持票人户)

第一联进账单加盖转讫章作收账通知交给持票人。如为出票人向银行送交支票，则应填制三联进账单，银行受理后第一联进账单加盖转讫章作回单交给出票人，第三联进账单加盖转讫章作收账通知交给收款人，第二联进账单作贷方凭证与支票办理转账，其会计分录同上。

2. 持票人与出票人不在同一行处开户的处理

(1) 持票人开户行受理持票人送交支票的处理。

① 持票人开户行的处理。持票人开户行接到持票人送交的支票和两联进账单时，应按有关规定认真审查无误后，在进账单上按票据交换场次加盖"收妥后入账"戳记，将第一

联加盖转讫章交给持票人。支票按照票据交换的规定及时提出交换。提出支票时,其会计分录为

  借:清算资金往来——同城票据清算
    贷:其他应付款

待退票时间过后,以第二联进账单作贷方凭证入账,其会计分录为

  借:其他应付款
    贷:吸收存款——××存款(持票人户)

对提出的支票,若在规定的退票时间内接到对方银行退票通知,则将"其他应付款"和"清算资金往来"账户对转冲销。编制会计分录为

  借:其他应付款
    贷:清算资金往来——同城票据清算

同时在进账单第二联上注明退票原因,盖章后连同支票一起退还收款人。交易纠纷由双方单位自行解决。

  ② 出票人开户行的处理。出票人开户行收到交换提入的支票,按有关规定认真审查无误后,不予退票的,支票作借方凭证,办理转账。其会计分录为

  借:吸收存款——××存款(出票人户)
    贷:清算资金往来——同城票据清算

支票发生退票时,出票人开户行应在票据交换结束后 1 小时内用电话通知持票人开户行,同时编制特种转账借方、贷方传票各一张,以其中第一联作为转账借方传票记入"其他应收款"账户。其会计分录为

  借:其他应收款——托收票据退票户
    贷:清算资金往来——同城票据清算

待下场交换时,出票人开户行将支票提出交换,退还给持票人开户行,再以另一联特种账传票作为记账凭证,冲销"其他应收款"账户。编制会计分录为

  借:清算资金往来——同城票据清算
    贷:其他应收款——托收票据退票户

出票人开户行对于因出票人签发空头支票或签章与预留银行印鉴不符的支票,除办理退票外,同时还应按规定向出票人扣收罚金作为营业外收入。编制会计分录为

  借:吸收存款——××存款(出票人户)
    贷:营业外收入——结算罚金收入

(2) 出票人开户行受理出票人送交支票的处理。

① 出票人开户行的处理。出票人开户行接到出票人交来的支票和三联进账单时,按有关规定认真审查无误后,支票作借方凭证入账。编制的会计分录为

  借:吸收存款——××存款(出票人户)
    贷:清算资金往来——同城票据清算

第一联进账单加盖转讫章作回单交给出票人,第二联进账单加盖业务公章连同第三联进单按票据交换的规定及时提出交换。

② 收款人开户行的处理。收款人开户行收到交换提入的第二、三联进账单,经审查无误后,第二联进账单作贷方凭证,办理转账。其会计分录为

  借:清算资金往来——同城票据清算
    贷:吸收存款——××存款(收款人户)

第三联进账单加盖转讫章作收账通知交给收款人。如收款人不在本行开户或进账单上的账号、户名不符，应通过"其他应付款"科目核算，然后将第二、三联进账单通过票据交换退回出票人开户行。

【例 6-1】某商业银行收到在本行开户的水泥厂签发的转账支票，金额为 6500 元，系支付给装修公司(同城他行开户)的装修款。银行审核无误后，办理转账，提出交换。编制的会计分录为

借：吸收存款——单位活期存款(水泥厂户)　　　　　　　　　　　6 500
　　贷：清算资金往来——同城票据清算　　　　　　　　　　　　　6 500

【例 6-2】某商业银行收到在本行开户的水泥厂送交的转账支票及进账单，金额为 160 000 元，签发人系同城他行开户的第二建筑公司。审核无误后，提出交换。编制的会计分录为

借：清算资金往来——同城票据清算　　　　　　　　　　　　　160 000
　　贷：其他应付款　　　　　　　　　　　　　　　　　　　　160 000

退票时间过后，银行办理转账。编制的会计分录为

借：其他应付款　　　　　　　　　　　　　　　　　　　　　　160 000
　　贷：吸收存款——单位活期存款(水泥厂户)　　　　　　　　　160 000

【例 6-3】某商业银行收到在本行开户的化肥厂签发的转账支票，金额为 8670 元，经审核发现该支票印鉴不符，当即作出计收罚款的决定。编制的会计分录为

借：吸收存款——单位活期存款(化肥厂户)　　　　　　　　　　1 000
　　贷：营业外收入　　　　　　　　　　　　　　　　　　　　　1 000

(三)全国支票影像交换系统

长期以来，由于受到业务和技术条件的制约，我国支票基本只在同城范围内使用，不能适应区域经济发展和人们日益增长的多样化支付需要。2007 年 6 月 25 日，人民银行建成全国支票影像交换系统，实现了支票在全国范围的互通使用。企事业单位和个人持任何一家银行的支票均可在境内所有银行业金融机构通过支票影像交换系统进行支票影像信息交换，办理款项结算。

1. 支票影像交换系统的体系结构

支票影像交换系统是运用计算机影像技术将实物支票转换为支票影像信息(支票影像及其清算信息)，实现支票截留，通过计算机网络将支票影像信息传递到出票人开户银行提示付款的业务处理系统。支票影像业务的处理分为影像信息交换和业务回执处理两个阶段，即支票提出银行(持票人开户行)通过影像交换系统将支票影像信息发送至提入行(出票人开户行)提示付款；提入行通过小额支付系统向提出行发送回执完成付款，从而实现支票的全国通用。

全国支票影像交换系统为两级两层结构，由全国支票影像交换总中心和 32 个分中心组成(分中心包括 31 个省会城市和深圳市)。第一层为全国支票影像交换总中心(以下简称总中心)与支付系统国家处理中心(NPC)同位摆放，负责接收、转发跨分中心的支票影像信息；第二层为支票影像交换分中心与支付系统城市处理中心(CCPC)同位摆放，负责接收、转发同一分中心的支票影像信息，并向总中心发送、接收跨分中心的支票影像信息。

支票影像交换系统的参与者包括办理支票结算业务的金融机构和票据交换所。银行业金融机构可以采用分散接入模式或集中接入模式通过影像交换系统处理支票业务。在分散

接入模式下，银行业金融机构委托票据交换所提交和接收支票影像信息；在集中接入模式下，银行业金融机构与影像交换系统联网(即全国性银行省级机构和地方性银行法人机构通过影像交换系统前置机与当地 CIS 分中心连接)，通过省级机构或法人机构集中提交和接收支票影像信息。

2. 支票影像交换系统的业务处理流程

支票影像交换系统处理的支票业务分为区域业务和全国业务。区域业务是指支票的提出行和提入行均属同一分中心并由分中心转发的业务；全国业务是指支票的提出行和提入行分属不同分中心并由总中心负责转发的业务。

提出行(持票人开户行)或所在地票据交换所将采集的支票影像和电子清算信息提交支票影像交换系统，分中心接收支票影像和电子清算信息后，属于区域业务的，转发至提入行(出票人开户行)或所在地票据交换所；属于全国业务的，经总中心、提入分中心，转发至提入行或所在地票据交换所。

提入行(出票人开户行)在规定的回执返回期限内，根据小额支付系统组包规则，通过行内系统或小额支付系统，按照同一收款清算行组支票业务回执包(含付款确认回执和退票回执)送交小额支付系统处理。具体比照小额支付系统借记业务回执的手续进行处理。

3. 支票影像交换系统业务处理的有关规定

(1) 支票全国通用后，出票人签发的支票凭证不变，支票的提示付款期限仍为 10 天。
(2) 银行业金融机构出售支票时，应在支票票面记载付款银行的银行机构代码。
(3) 为防范支付风险，异地使用支票的单笔金额上限为 50 万元。对于超过规定限额的支付，收、付款人可约定采用其他支付方式。
(4) 支票影像业务处理遵循"先付后收、收妥抵用、全额清算、银行不垫款"的原则。
(5) 通过影像交换系统处理的支票影像信息具有与原实物支票同等的支付效力，出票人开户银行收到影像交换系统提交的支票影像信息，应视同实物支票提示付款。
(6) 提入行可以采用印鉴核验方式或支付密码核验方式对支票影像信息进行付款确认。采用印鉴核验方式的，可使用电子验印系统，付款确认以签章为主，支票影像其他要素为辅；采用支付密码核验方式的，应与出票人签订协议约定使用支付密码作为审核支付支票金额的依据。
(7) 提出行负责保管转换为支票影像信息的实物支票。提出行在规定时间内未收到支票业务回执且支票提示付款期届满的，可以将实物支票退还持票人。提出行将实物支票退还持票人的，应办理签收登记。

4. 支票影像交换系统处理支票的核算

(1) 提出行发起支票影像信息的处理。持票人开户银行收到持票人送来的支票和三联进账单时，应认真审查：支票票面是否记载银行机构代码；支票金额是否超过中国人民银行规定的影像支票业务的金额上限；支票是否是统一印制的凭证，支票是否真实，是否超过提示付款期限，是否为远期支票；支票填明的持票人是否在本行开户，持票人的名称是否为该持票人，与进账单上的名称是否一致；出票人的签章是否符合规定；支票的大小写金额是否一致，与进账单的金额是否相符等。经审查无误后，方可办理。

对拒绝受理的支票，持票人开户银行应制作一式二联拒绝受理通知书，加盖业务公章后一联连同支票和进账单一并退持票人，一联留存，定期归档。

凭证审查无误的，在第一联进账单上签章后作为回单退还给持票人，在第二联进账单上加盖"收妥后入账"戳记。

提出行采用集中接入直联方式的，对审核无误的支票按下列步骤进行处理：①在支票规定区域加盖票据交换专用章；②采集支票影像；③通过本行行内系统或专用外挂软件录入、复核支票电子清算信息，其中"票据号码"项仅录入实物支票号码后8位，收款人和付款人名称应与票面记载一致；④将电子清算信息与影像匹配无误后，登记支票业务登记簿，按规定格式生成支票影像业务报文，经数字签名后，发送影像交换系统。

提出行采用集中接入间联方式的，对审核无误的支票按下列步骤进行处理：①在支票规定区域加盖票据交换专用章；②采集支票影像；③通过本行行内系统或专用外挂软件录入、复核支票电子清算信息，其中"票据号码"项仅录入实物支票号码后8位，收款人和付款人名称应与票面记载一致；④将电子清算信息与影像匹配无误后，登记支票业务登记簿，按规定格式生成支票影像业务报文，经数字签名转存磁介质后，通过影像交换系统前置机客户端上传至前置机。

(2) 提出行分中心的处理。提出行分中心收到提出行前置机的支票影像业务的报文后，进行合法性检查并对数字签名进行验证。检查验证通过后，登记支票业务登记簿，对区域内支票，设置支票回执期限日期($T+N$)，将支票影像业务报文直接发送提入行前置机；对全国支票业务，将支票影像业务报文转发总中心。其中，T是指总中心转发全国业务或分中心转发区域业务的影像交换系统的日期；N是指支票业务回执返回的最长期限，遇节假日和小额支付系统停运日顺延。全国业务和区域业务的回执返回最长期限(N)由中国人民银行业务管理部门授权总中心统一设置。

检查验证未通过的，返回拒绝回执至提出行前置机。

(3) 总中心的处理。总中心收到提出行分中心的支票影像业务报文后，进行合法性检查并对数字签名进行验证。检查验证通过后，登记支票业务登记簿，设置支票回执期限日期($T+N$)，将支票影像业务报文转发提入行分中心。

检查验证未通过的，返回拒绝回执至提出行分中心。

(4) 提入行分中心的处理。提入行分中心收到总中心的支票影像业务报文后，对数字签名进行验证。验证通过后，登记支票业务登记簿，将支票影像业务报文转发提入行前置机；验证未通过的，错误信息写入支票影像业务报文并转发提入行前置机。

(5) 提入行接收核验支票的处理。直联方式下，提入行行内系统收到分中心发来的支票影像业务报文后进行解析处理，并登记提入支票业务登记簿。间联方式下，提入行前置机收到分中心发来的支票影像业务报文后，通过磁介质导入行内系统采用解析处理，并登记提入支票业务登记簿。

提入行对接收的支票影像业务报文采用印鉴核验方式或支付密码核验方式进行核验处理。

采用印鉴核验方式的，可使用电子验印系统，核验依据以签章为主，支票影像其他要素为辅。提入行收到支票影像业务报文后，检查支票印鉴与预留印鉴是否相符。检查通过后对下列信息进行审核：支票的大小写金额是否一致；支票必须记载的事项是否齐全；持票人是否在支票的背面作委托收款背书；电子清算信息与支票影像内容是否相符；出票人账号、户名是否相符；出票人账户是否有足够支付的款项。审核无误的，进行确认付款处理；审核有误的，进行拒绝付款(退票)处理。

采用支付密码核验方式的，应与出票人事先签订协议约定使用支付密码作为审核支付支票金额的依据。提入行收到支票影像业务报文后，检查支付密码是否正确。检查通过后，比照印鉴核验方式进行信息审核。

(6) 提入行发起回执的处理。支票核验通过后，提入行确认付款的，立即进行账务处理。其会计分录为

　　借：吸收存款——××存款——××户
　　　　贷：待清算支付款项

扣款成功后，提入行应在规定期限($T+N$)内，通过小额支付系统发起支票影像业务确认付款回执。提入行收到小额支付系统已清算通知时，进行账务处理，其会计分录为

　　借：待清算支付款项
　　　　贷：存放中央银行款项

未参加小额支付系统的提入行，由其代理行通过小额支付系统发送确认付款回执，并进行相应账务处理。

提入行对提入的支票拒绝付款的，应在规定期限($T+N$)内，通过小额支付系统发起支票影像业务拒绝付款回执。未参加小额支付系统的提入行，委托其代理行通过小额支付系统发送拒绝付款回执。

(7) 提出行收到小额支付系统支票业务回执的处理。提出行小额支付系统前置机收到城市处理中心(CCPC)发来的支票回执业务包，核验地方密押无误后向 CCPC 返回确认信息，若核押错误，则作拒绝处理。

对于采取直联方式接入小额支付系统的提出行，小额支付系统前置机(MBFE)将支票回执业务包直接发送至行内系统进行处理，打印来账清单；采取间联方式接入小额支付系统的，提出行根据接收到的支票回执业务包，使用中国人民银行规定格式的来账清单或统一印制的来账凭证打印支付信息，提交行内系统进行处理。

① 贷记持票人账户的处理。提出行行内系统对回执确认付款的，匹配并销记"提出支票业务登记簿"后，进行账务处理。其会计分录为

　　借：待清算支付款项
　　　　贷：吸收存款——××存款——××户

行内系统或小额支付系统前置机打印的来账清单或来账凭证作为贷记收款人账户的凭证，同时从专夹保管的支票和进账单中抽出已回执业务的进账单，第二联作来账凭证的附件，第三联加盖转讫章作收账通知交持票人。专夹保管的支票定期归档，留存备查。

提出行行内系统收到已清算通知后进行账务处理，其会计分录为

　　借：存放中央银行款项
　　　　贷：待清算支付款项

② 退票的处理。提出行对收到的拒绝付款的回执，匹配并销记"提出支票业务登记簿"后，经行内系统或小额支付系统前置机客户端打印退票理由书一式二联，一联加盖业务公章连同支票和进账单一并退还持票人，并办理签收手续，一联留存归档。

(8) 提出行逾期未收到小额支付系统业务回执的处理。提出行在规定时间内未收到支票业务回执的，应主动通过影像交换系统向提入行发出查询；支票提示付款期届满仍未收到支票业务回执的，提出行可将实物支票退还持票人并办理签收登记。

支票退还持票人后收到支票业务回执，回执确认付款的，按来账贷记收款人账户，并通知持票人交回退还的支票；回执拒绝付款的，打印退票理由书交持票人。

【小资料】

支票上必须记载的事项

支票上必须记载的事项包括：表明"支票"的字样；无条件支付的委托；确定的金额；付款人名称；出票日期；出票人签章。欠缺上列记载事项之一的，支票无效。

二、银行本票的核算

银行本票是银行签发的，承诺自己在见票时无条件支付确定的金额给收款人或者持票人的票据。银行本票由银行签发，保证兑付，具有现金的性质，使用灵活，既可以购物，又可以流通转让。

银行本票见票即付，适用范围广泛，单位和个人在同一票据交换区域需要支付各种款项，均可以使用银行本票。

(一)银行本票的基本规定

(1) 银行本票的出票人，为经中央银行当地分支行批准办理银行本票业务的银行机构。

(2) 银行本票可分为不定额本票(见表 6-3)和定额本票(见表 6-4)两种。不定额银行本票由各商业银行签发和兑付；定额银行本票的面额有 1000 元、5000 元、10 000 元和 50 000 元四种，由中央银行发行，各商业银行代办签发和兑付。

表 6-3 不定额银行本票

付款期限 ×个月	×× 银 行 本 票 2 出票日期 年 月 日	本票号码

收款人										
凭票 人民币 即付(大写)			千	百	十	万	千	百	十	元 角 分
转账	现金		科目(借)							
备注：		出票行签章	对方科目(贷)							
			付款日期 年 月 日							
			出纳： 复核： 经办：							

(使用清分机的，此区域供打印磁性字码)

(3) 银行本票的提示付款期限自出票日起最长不得超过 2 个月，持票人超过提示付款期的，代理付款人不予受理。银行本票的代理付款人是指代理出票银行审核支付银行本票款项的银行。

(4) 银行本票见票即付，但注明"现金"字样的银行本票，持票人只能到出票银行支取现金。注明"转账"字样的银行本票可以背书转让。

(5) 在银行开立账户的收款人或持票人向开户银行提示付款时，应在银行本票背面签章，签章须与预留银行印鉴相符。未在银行开立账户的收款人或持票人，凭填明"现金"字样的银行本票向付款人支取现金，应在银行本票背面签章，注明本人身份证件名称、号码及发证机关,并交验本人身份证件。

表6-4　定额银行本票

付款期		××银行		本票号码
贰个月		本　票　2		
		出票日期　　年　月　日		
		（大写）		
收款人				
凭票即付人民币：壹仟元整				
转账　　　现金　　　1000				
				出票行签章：

(6) 银行本票丧失,失票人可以在提示付款期满后 1 个月确认未被冒领时,凭法院出具的其享有票据权利的证明,向出票银行请求付款或退款。

(二)银行本票的核算

银行本票的会计处理分为出票、付款、结清三个阶段。

1. 银行本票出票的核算

申请人使用银行本票,应向银行填写"银行本票申请书",填明收款人名称、申请人名称、支付金额、申请日期等事项并签章。申请人和收款人均为个人需要支取现金的,应在"支付金额"栏先填写"现金"字样,后填写支付金额;申请人或收款人为单位的,不得申请签发现金银行本票。

申请书一式三联：第一联为存根,第二联为借方凭证,第三联为贷方凭证。交现金办理本票的,第二联注销。出票银行受理银行本票申请书,应认真审查其填写的内容是否齐全、清晰;申请书填明"现金"字样的,审查申请人和收款人是否均为个人等。经审核无误后,收妥款项签发银行本票。用于转账的,在银行本票上划去"现金"字样；申请人和收款人均为个人需要支取现金的,在银行本票上划去"转账"字样。本票上未划去"现金"或"转账"字样的,一律按转账办理。不定额银行本票用压数机压印出票面金额。出票银行在银行本票上签章后交给申请人。

申请人转账交存票款时,其会计分录为
　　借：吸收存款——××存款(申请人户)
　　　　贷：吸收存款——本票
申请人以现金交存票款时,其会计分录为
　　借：库存现金
　　　　贷：吸收存款——本票

2. 银行本票付款的核算

(1) 代理付款行兑付他行签发本票的核算。代理付款行接到在本行开立账户的持票人交来的本票和第二联进账单时,应认真审核本票是否真实、是否超过提示付款期、与进账单上的内容是否相符等有关内容无误后,第二联进账单作贷方凭证入账。编制的会计分录为
　　借：清算资金往来——同城票据清算

贷：吸收存款——××存款(持票人户)

第一联进账单加盖转讫章作收账通知交给持票人。本票加盖转讫章后，通过票据交换向出票行提出交换。

(2) 出票行兑付本行签发的银行本票的核算包括"转账"本票核算和"现金"本票核算两种。

① 出票行兑付本行签发的"转账"字样本票的核算。出票行受理本行签发的"转账"字样本票时，除了不通过票据交换外，审核等手续同上。经审核无误后，办理转账的会计分录为

借：吸收存款——本票
　　贷：吸收存款——××存款(持票人户)

② 出票行兑付本行签发的"现金"字样本票的核算。按规定，现金本票提示付款只能到出票行办理。出票行接到收款人交来的注明"现金"字样的本票时，抽出专夹保管的本票卡片和存根，经核对，确属本行签发，同时审核本票上填写申请人和收款人是否均为个人，查验收款人身份证件并留下复印件。审核无误后，以本票作借方凭证，本票卡片或存根联作附件，办理付款手续。编制的会计分录为

借：吸收存款——本票
　　贷：库存现金

出票行兑付本行签发的银行本票，其处理手续亦即结清银行本票。

3. 银行本票结清的核算

对于本行签发他行付款的银行本票，出票行在收到票据交换提入的本票时，应抽出专夹保管的本票卡片或存根进行核对。经核对相符确属本行出票的，以本票作借方凭证，本票卡片或存根联作附件办理转账。其会计分录为

借：吸收存款——本票
　　贷：清算资金往来——同城票据清算

4. 银行本票退款和超过提示付款期付款的处理

(1) 银行本票退款的处理。申请人因银行本票超过付款期限或其他原因要求退款时，应将本票提交出票行。申请人为单位的，应出具该单位证明；申请人为个人的，应出具本人的身份证明。按规定，出票行对在本行开立存款账户的申请人，其退款只能将本票款转入原申请人账户；对于现金本票和未在本行开户的申请人，才能退付现金。

申请人来行办理退款时，应根据本票金额填写一式两联进账单，连同本票及有关证明提交出票银行。如为个人申请现金本票退款的，免填进账单。银行受理后，认真按规定审核，并与原存本票卡片或存根核对无误后，在本票上注明"未用退回"字样，以进账单作贷方传票，本票作借方传票，本票卡片或存根联作附件，办理退款。

转账退付时，其会计分录为

借：吸收存款——本票
　　贷：吸收存款——××存款(申请人户)

退付现金时，会计分录为

借：吸收存款——本票
　　贷：库存现金

进账单第一联加盖银行业务公章后退交申请人，现金本票则由出纳将现款支付给申请人。

(2) 超过提示付款期付款的处理。持票人超过提示付款期不获付款的，在票据权利时效内请求付款时，应向出票行说明原因，并将本票交出票行。持票人为个人的，应交验本人的身份证件。出票行收到本票经与原存本票卡片或存根核对无误后，即在本票上注明"逾期付款"字样，办理付款手续。

持票人在本行开立账户的，应填制一式两联进账单，连同本票交出票行。如持票人以现金本票要求付款的，免填进账单。出票行审核无误后，以进账单作贷方传票，本票作借方传票，本票卡片或存根联作附件，办理付款。

转账付款时，其会计分录为

借：吸收存款——本票

贷：吸收存款——××存款(持票人户)

支付现金时，其会计分录为

借：吸收存款——本票

贷：库存现金

转账后，将进账单回单联加盖银行业务公章后退交持票人，支付现金的由出纳将现款交持票人。持票人未在本行开户的，应根据本票填写一式三联进账单，连同本票交出票行。出票行经核对无误后，办理付款。其会计分录为

借：吸收存款——本票

贷：清算资金往来——同城票据清算

转账后进账单第一联加盖转讫章后退交持票人，进账单第二联、第三联通过票据交换转交持票人开户行。持票人开户行收到票据交换转来的进账单，以进账单第二联作贷方传票，办理收账。其会计分录为

借：清算资金往来——同城票据清算

贷：吸收存款——××存款(持票人户)

收账后将进账单第三联加盖转讫章后，作为收账通知交持票人。

【小资料】

本票绝对记载事项与相对记载事项

本票绝对记载事项包括：表明"本票"的字样；无条件支付的委托；确定的金额；收款人名称；出票日期；出票人签章。本票上未记载前款规定事项之一的，本票无效。

本票的相对记载事项为付款地、出票地。如果这些事项不予记载，则应当依照《票据法》的规定执行，票据不因该事项未做记载而无效。

(1) 付款地：《票据法》规定，本票上记载付款地的，应当清楚、明确。如果本票上没有记载付款地，这并不意味着本票无效。票据法对没有记载付款地的本票规定了补救的途径，即本票上未记载付款地的，出票人的营业场所为付款地。

(2) 出票地：指出票行为完成的地点，也就是出票人签发本票的地点。出票地表明了出票人在什么地方签发了本票，是表明本票真实、有效的证据之一。所以，《票据法》规定，本票上记载出票地的，应当清楚、明确。如果本票上没有记载出票地，这并不意味着本票无效。《票据法》对没有记载出票地的本票规定了补救的途径，即本票上未记载出票地的，出票人的营业场所为出票地。

三、银行汇票的核算

银行汇票是出票银行签发的,由其见票时,按照实际结算金额无条件支付给收款人或者持票人的票据。签发行在签发银行汇票后,一般是交由汇票申请人自带到异地,由异地银行代理签发行审核无误后支付汇票款项。为此,异地代理签发行审核支付汇票款项的银行为代理付款行,而银行汇票的签发银行称为付款行。

银行汇票(见表 6-5)适用范围广,单位和个人需要在异地支付的各种款项均可使用银行汇票办理;银行汇票见票即付,使用灵活,代理付款行可直接兑付现金,也可转账,还可以办理转汇,余款自动退回,是目前使用最为广泛的票据结算工具。

表 6-5 银行汇票

付款期限 ×个月		×× 银行 银行汇票 2	汇票号码	
出票日期(大写)	年 月 日	代理付款行:	第 号 行号:	
收款人:			账号:	
出票 人民币金额(大写)				
实际结算 人民币金额(大写)		千 百 十 万 千 百 十 元 角 分		
申请人:			账号或住址:	
出票行:	行号:			
备注 凭票付款		多余金额 万 千 百 十 元 角 分	科目(借) 对方科目(贷) 兑付日期 年 月 日 复核: 记账:	
	出票行签章			

注:汇票号码前面加印省别代号

(一)银行汇票的基本规定

(1) 单位和个人的转账结算,均可使用银行汇票。银行汇票可用于转账,填明"现金"字样的银行汇票也可用于支取现金。

(2) 银行汇票的出票和付款,全国范围仅限于中国人民银行和各商业银行参加"全国联行往来"的银行机构办理。跨系统银行签发的转账银行汇票的付款,应通过同城票据交换将银行汇票和解讫通知提交同城有关银行审核支付后抵用,代理付款人不得受理未在本行开户的为单位的持票人直接提交的银行汇票。

(3) 银行汇票的提示付款期限自出票日起 1 个月,持票人超过付款期限提示付款的,代理付款行不予受理。

(4) 银行汇票的实际结算金额不得更改,否则银行汇票无效。

(5) 现金汇票的签发,申请人和收款人必须均为个人,银行不得为单位签发现金汇票。

(6) 银行汇票允许背书转让,但仅限于转账银行汇票。

(7) 银行汇票丧失，失票人可凭人民法院出具的其享有票据权利的证明，向出票银行请求付款或退款。填明"现金"字样及代理付款行的汇票丧失，失票人可到代理付款行或出票行申请挂失。

(8) 银行汇票实际结算金额低于出票金额的，多余金额由出票银行退回申请。

(二)银行汇票的核算

银行汇票的会计处理分为出票、付款、结清三个阶段。

1. 签发行签发汇票的处理

申请人需要使用银行汇票，应向出票银行填写"银行汇票申请书"，如表6-6所示。申请人和收款人均为个人，需要使用银行汇票向代理付款人支取现金的，申请人须在"银行汇票申请书"上填明代理付款人名称，在"汇票金额"栏先填写"现金"字样，然后填写汇票金额。申请人或者收款人为单位的，不得在"银行汇票申请书"上填明"现金"字样。

申请书一式三联：第一联为存根，第二联为借方凭证，第三联为贷方凭证。交现金办理汇票的，第二联注销。

出票行受理申请人提交的第二联、第三联申请书时，应认真审查其内容是否填写齐全、清晰，其签章是否为预留银行的签章；申请书填明"现金"字样的，申请人和收款人是否均为个人并交存现金。经审查无误后，转账交付的以申请书第二联作借方凭证，第三联作贷方凭证，办理转账。其会计分录为

借：吸收存款——××存款(申请人户)
　　贷：吸收存款——汇出汇款

现金交付的，以申请书第三联作贷方凭证，即代现金收入传票入账。其会计分录为

借：库存现金
　　贷：吸收存款——汇出汇款

表6-6　银行汇票申请书

××银行汇票申请书(借方传票)　2

委托日期			年		月		日			第		号	
申请人					收款人								
账号或住址					账号或住址								
用途					代理付款行								
汇票金额	人民币(大写)		千	百	十	万	千	百	十	元	角	分	
上列款项从我账户内支付　　　　申请人签章			科目(借)										
			对方科目(贷)										
			转账日期　　年　月　日										
			复核：　　　　记账：										

出票行在办理转账或收妥现金后，签发银行汇票。签发银行汇票必须记载下列事项：表明"银行汇票"的字样、无条件支付的承诺、出票金额、付款人名称、收款人名称、出票日期、出票人签章。欠缺记载上列事项之一的，银行汇票无效。银行汇票一式四联：第一联为汇出汇款卡片，第二联为银行汇票联，第三联为汇款解讫通知，第四联为多余款收

账通知。

填写的汇票经复核无误后,在第二联上加盖汇票专用章并由授权的经办人签名或盖章,签章必须清晰;在实际结算金额栏的小写金额上端用总行统一制作的压数机压印出票金额;对需要支取现金的汇票,应在"出票金额"栏大写金额前写明"现金"字样。然后将汇票和第三联汇款解讫通知一并交申请人带往兑付地,第一联加盖经办、复核名章,在逐笔登记"汇出汇款登记簿"并注明汇票号码后,连同第四联一并专夹保管。

2. 代理付款行兑付汇票的处理

(1) 持票人在代理付款行开立账户的核算。持票人向银行提示付款时,必须同时提交银行汇票联和解讫通知联,缺少任何一联,银行不予受理。代理付款行接到在本行开立账户的持票人直接交来的汇票联、解讫通知和二联进账单时,应认真审查汇票是否真实;是否超过提示付款期;汇票联和解讫通知联是否齐全;与进账单有关内容是否一致;使用密押的,密押是否正确;压数机压印的金额同大写出票金额是否一致;汇票多余金额结计是否正确等。内容无误后,第二联进账单作贷方凭证,办理转账。其会计分录为

借:联行往账
    贷:吸收存款——××存款(持票人户)

第一联进账单上加盖转讫章作收账通知交给持票人,填制联行借方报单与解讫通知一并寄出票行。

(2) 持票人未在代理付款行开立账户的核算。代理付款行接到未在本行开户的持票人(为个人)交来的汇票和解讫通知及两联进账单时,除按上述有关规定认真审查外,还必须认真审查持票人的身份证件,并将身份证复印件留存备查。对现金汇票持票人委托他人向代理付款行提示付款的,代理付款行必须查验持票人和被委托人的身份证件,在汇票背面作委托收款背书,以及是否注明持票人和被委托人身份证件名称、号码及发证机关,并要求提交持票人和被委托人身份证件复印件留存备查。审查无误后,以持票人姓名开立应解汇款账户,并在该分户账上填明汇票号码以备查考,第二联进账单作贷方凭证,办理转账。其会计分录为

借:联行往账
    贷:吸收存款——应解汇款(持票人户)

持票人需要一次或分次办理转账支付的,应由其填制支付凭证,并向银行交验本人身份证件。其会计分录为

借:吸收存款——应解汇款(持票人户)
    贷:××科目——××户

持票人需支取现金的,代理付款行经审查汇票上填写的申请人和收款人确为个人并按规定填明"现金"字样,以及填写的代理付款行名称确为本行的,可一次办理现金支付手续;未填明"现金"字样,需要支取现金的,由代理付款行按照现金管理规定审查支付,另填制一联现金付出传票,其会计分录为

借:吸收存款——应解汇款(持票人户)
    贷:库存现金

持票人需要转汇时,在办理解付后,可以委托兑付银行办理信、电汇结算或重新签发银行汇票。

3. 签发行结清汇票的处理

出票行接到代理付款行寄来的联行借方报单以及解讫通知后，抽出原专夹保管的汇票卡片，经核对确属本行出票，分情况进行处理。

(1) 汇票全额付款的，应在汇票卡片的"实际结算金额"栏填入全部金额，在多余款收账通知的"多余金额"栏填写"-0-"，汇票卡片作借方凭证，多余款收账通知作借方凭证的附件。其会计分录为

借：吸收存款——汇出汇款
　　贷：联行来账

同时销记"汇出汇款登记簿"。

(2) 汇票部分解付，意味着汇票有多余款项，应在汇票卡片和多余款收账通知上填写实际结算金额，并结出多余金额，汇票卡片作借方凭证。其会计分录为

借：吸收存款——汇出汇款
　　贷：联行来账
　　　　吸收存款——××存款(申请人户)

同时销记"汇出汇款登记簿"，在多余款收账通知上加盖转讫章，通知申请人。

如果申请人未在银行开立账户，多余金额应先转入"其他应付款"科目，同时销记汇出汇账，并通知申请人持申请书存根及本人身份证件来行办理领取手续。编制会计分录为

借：吸收存款——汇出汇款
　　贷：联行来账
　　　　其他应付款——申请人户

领取时，编制会计分录为

借：其他应付款——申请人户
　　贷：库存现金

【例 6-4】工商银行收到外省划来的联行借方报单及所附银行汇票解讫通知联，汇票金额为 30 000 元，实际结算金额为 29 450 元。经核对，确属本行签发的汇票，当即办理结清手续，将多余金额转入汇票申请人外贸公司账户。编制会计分录如下：

借：吸收存款——汇出汇款　　　　　　　　　　　　　　　　　　　30 000
　　贷：联行来账　　　　　　　　　　　　　　　　　　　　　　　29 450
　　　　吸收存款——单位活期存款(外贸公司户)　　　　　　　　　　550

4. 银行汇票退款和超过提示付款期付款的处理

(1) 退款的处理。申请人因银行汇票超过提示付款期或其他原因要求退款时，应将银行汇票联和解讫通知联同时提交出票银行办理，并按规定提交证明或身份证件。缺少解讫通知联要求退款的，出票银行应于银行汇票提示付款期满 1 个月后办理。

出票行经与原保管的汇票卡片核对无误，即在汇票和解讫通知的"实际结算金额"大写栏内注明"未用退回"字样，以汇票第一联作借方传票，汇票作附件，解讫通知作贷方传票(若退付现金，则作为借方凭证附件)，办理退款。

转账退付时，其会计分录为

借：吸收存款——汇出汇款
　　贷：吸收存款——××存款(申请人户)

退付现金时,其会计分录为

借:吸收存款——汇出汇款
　　贷:库存现金

同时销记"汇出汇款登记簿",在多余款收账通知的"多余金额"栏注明原汇票金额,加盖银行专用章后交申请人。

对于由于申请人缺少汇票解讫通知要求退款的,应当备函向出票行说明短缺原因,并交存汇票,出票行则按规定于提示付款期满1个月后比照退款手续办理退款。

(2) 超过提示付款期付款的处理。持票人超过提示付款期不获付款的,在票据权利时效内请求付款,应向出票银行说明原因,并交回汇票和解讫通知。持票人为个人的还应交验本人身份证件。出票人经与原保管的汇票卡片核对无误后,即在汇票和解讫通知的"备注"栏填写"逾期付款"字样,一律通过"吸收存款——应解汇款"科目核算,并分情况进行处理。

汇票为全额付款的,应在汇票卡片和多余款项收账通知联上注明实际金额,"余额"处注明"-0-",以汇票卡片作借方传票,解讫通知作贷方传票,多余款收账通知作贷方传票附件,办理转账。其会计分录为

借:吸收存款——汇出汇款
　　贷:吸收存款——应解汇款(持票人户)

同时销记"汇出汇款登记簿",由持票人填写银行汇票申请书或电(信)汇凭证,委托银行签发银行汇票或办理汇款。其会计分录为

借:吸收存款——应解汇款(持票人户)
　　贷:吸收存款——汇出汇款(或联行往账)

若持票人提交的是现金汇票,其处理与上述相同,只是持票人在填写汇票申请书和汇兑凭证时应注明"现金"字样。

若持票人交来的汇票有余款,则应将余款注明在汇票卡片和多余款收账通知联上,以汇票卡片作借方传票,解讫通知作贷方传票,另编一联特种转账贷方传票作余款的记账传票,办理转账。其会计分录为

借:吸收存款——汇出汇款
　　贷:吸收存款——应解汇款(持票人户)
　　　　吸收存款——××存款(申请人户)

销记"汇出汇款登记簿"后,将余款通知交申请人。

四、商业汇票的核算

商业汇票是出票人签发的,委托付款人在指定日期无条件支付确定的金额给收款人或者持票人的票据。商业汇票签发后,必须经过承兑。承兑就是承兑人同意按汇票载明事项到期付款而在票据上作文字记载或签章的票据行为。

商业汇票同城、异地均可使用。按承兑人的不同,商业汇票可分为商业承兑汇票和银行承兑汇票。商业承兑汇票是指由存款人签发,经付款人承兑,或者由付款人签发并承兑的汇票;银行承兑汇票是指由付款人或承兑申请人签发,并由承兑申请人向开户银行申请,经银行审查同意承兑的汇票。

(一)商业汇票的基本规定

(1) 在银行开立存款账户的法人以及其他组织之间,必须具有真实的交易关系或债权债务关系,才能使用商业汇票。禁止签发无商品交易的商业汇票,用以骗取银行或其他票据当事人的资金。

(2) 签发的商业汇票必须记载:表明"商业承兑汇票"或"银行承兑汇票"的字样、无条件支付的委托、确定的金额、付款人的名称、收款人的名称、出票日期、出票人签章。欠缺上列记载之一的,汇票无效。

(3) 商业汇票的付款期限最长不得超过6个月。定日付款的汇票,付款期限自出票日起计算;出票后定期付款的汇票,付款期限自出票日起按月计算;见票后定期付款的汇票,付款期限自承兑日或拒绝承兑日起按月计算。这三种情况都需在汇票上记载具体的到期日。

(4) 商业汇票的提示付款期限,是自汇票到期日起10日内。持票人应在提示付款期内委托开户银行收款或直接向付款人提示付款。对异地委托收款的,持票人可估算邮程,提前通过开户银行委托收款。超过提示付款期,开户银行不予受理,可在汇票的时效期(自汇票到期日起2年)内向付款人或承兑人作出说明请求付款。

(5) 银行承兑汇票在承兑行承兑时,应按票面金额向出票人收取万分之五的手续费。

(6) 银行承兑汇票的出票人于汇票到期日未能足额交存票款时,承兑银行除凭票向持票人无条件付款外,对出票人尚未支付的汇票金额每天按照逾期贷款规定的利率计收利息。

(7) 商业汇票允许贴现,并允许背书转让。

(二)商业承兑汇票的核算

商业承兑汇票(见表6-7),由收款人或付款人出票,由银行以外的付款人承兑。该票据一式三联:第一联卡片,由承兑人留存;第二联汇票,由持票人保管;第三联存根,由出票人存查。

表6-7 商业承兑汇票

商业承兑汇票 2

出票日期 年 月 日 汇票号码
(大写) 第 号

付款人	全 称		收款人	全 称	
	账 号			账 号	
	开户银行	行号		开户银行	行号
出票金额	人民币 (大写)	百 十 万 千 百 十 元 角 分			
汇票到期日			交易合同号码		
本款项予以承兑,到期无条件支付票款。 承兑人签章 承兑日期 年 月 日			本汇票请予以承兑,于到期日付款。 出票人签章		

商业汇票的票款结算一般采用委托收款结算方式。

1. 持票人委托开户行收取汇票款项

异地商业承兑汇票，持票人在提示付款期内，估算邮程(如承兑人在同城，收款人应于汇票到期日通过开户行委托收款)填制委托收款凭证，并在"委托收款凭据名称"栏注明"商业承兑汇票"及汇票号码，连同汇票一并交开户银行。

银行接到汇票和委托收款凭证后，按有关规定审核。审核无误后，在委托收款凭证各联加盖"商业承兑汇票"戳记，第一联委托收款凭证加盖业务公章作回单给持票人；第二联委托收款凭证登记"发出委托收款凭证登记簿"后，专夹保管；第三联加盖结算专用章连同第四联、第五联委托收款凭证和商业承兑汇票邮寄付款人开户行。

2. 付款人开户行收到汇票

商业承兑汇票的付款人开户银行收到通过委托收款寄来的商业承兑汇票及委托收款结算凭证，按有关规定审查无误后，将第三联、第四联委托收款结算凭证登记"收到委托收款凭证登记簿"后，专夹保管，将商业承兑汇票留存，第五联委托收款凭证交给付款人并签收。

付款人收到开户银行的付款通知，应在当日通知银行付款。付款人在接到通知日的次日起 3 日内(遇法定休假日顺延)未通知银行付款的，视同付款人承诺付款，银行应于付款人接到通知日的次日起第 4 日(法定休假日顺延)上午开始营业时，将票款划给持票人。付款人若提前收到由其承兑的商业汇票，并同意付款的，银行应于汇票到期日将票款划给持票人。

(1) 付款人账户有足够款项支付的处理。付款人开户银行划款时，以第三联委托收款凭证作借方凭证，汇票加盖转讫章作附件，销记"收到委托收款凭证登记簿"，第四联委托收款凭证加盖转讫章后，通过票据交换或随联行报单转交持票人开户行。其会计分录为

借：吸收存款——××存款(付款人户)
　　贷：联行往账(或其他科目)

(2) 付款人账户无款支付或不足支付的处理。付款人在接到银行付款通知次日起 3 日内没有任何异议，但其银行账户内无款支付或不足支付的，银行应在委托收款凭证和"收到委托收款凭证登记簿"上注明退回日期和"无款支付"字样，并填制三联"付款人未付款项通知书"(用异地结算通知书代替)，将第一联通知书和第三联委托收款凭证留存备查，将第二联、第三联通知书，第四联委托收款凭证连同汇票一起邮寄持票人开户行。如电报划款的，不另拍发电报。

同时，银行按规定向付款人收取汇票金额万分之五的罚金列为收益。其会计分录为

借：吸收存款——××存款(付款人户)
　　贷：营业外收入

(3) 付款人拒绝支付票款的处理。付款人对已承兑的商业汇票，如果存在合法抗辩事由，应自接到通知的次日起 3 日内向银行提交拒付理由书，连同委托收款凭证第五联一起交开户行。

银行收到付款人的拒绝付款理由书，经审核无误后，在委托收款凭证和"收到委托收款凭证登记簿"的"备注"栏注明"拒绝付款"字样，留存第一联拒绝付款证明以便备查，然后将有关拒付证明连同委托收款凭证及汇票一起邮寄至持票人开户行转交持票人。

3. 持票人开户行收到划回款项或退回凭证的处理

(1) 持票人开户行收款的处理。持票人开户行收到付款人开户行票据交换或寄来的联行报单和委托收款凭证第四联，与留存的委托收款第二联凭证进行核对，无误后注明转账日

期，办理转账。其会计分录为

借：联行来账(或其他科目)

贷：吸收存款——××存款(收款人户)

然后通知收款人，并销记"发出委托收款凭证登记簿"。

(2) 持票人开户行退回凭证。持票人开户行接到付款人开户行发来的"付款人未付票款通知书"或拒绝付款证明和汇票及委托收款凭证，抽出留存的第二联凭证核对无误后，在该凭证的"备注"栏及"发出委托收款凭证登记簿"上作相应记载后，将委托收款凭证、汇票及未付票款通知书或拒绝付款证明退给持票人，并由持票人签收。交易纠纷由持票人与付款人自行解决。

(三)银行承兑汇票的核算

1. 银行承兑汇票的签发与承兑

(1) 银行承兑汇票的签发。银行承兑汇票的出票人为在银行开立存款账户的法人以及其他组织，与承兑银行具有真实的委托付款关系，出票人资信状况良好，具有支付汇票金额的可靠资金来源。银行承兑汇票应由在承兑银行开立存款账户的存款人签发。签发银行承兑汇票必须记载"银行承兑汇票"字样、无条件支付的委托、确定的金额、收款人的名称、付款人的名称、出票人的日期和出票人的签章。这些内容缺一不可，否则票据无效。银行承兑汇票如表 6-8 所示。

表 6-8 银行承兑汇票

银行承兑汇票 2

出票日期　年　月　日　　　　汇票号码

（大写）　　　　　　　　　　　第　　号

持票人全称				收款人	全　称						
出票人账号					账　号						
付款行全称		行号			开户银行			行号			
出票金额	人民币(大写)				百	十	万	千	百	十	元	角	分
汇票到期日			本汇票已经承兑，到期由本行付款。		承兑协议编号						
本汇票请你行承兑，到期无条件支付票款。					科目(借)						
					对方科目(贷)						
			承兑行签章 年　月　日		转账　年　月　日						
	出票人签章 年　月　日		备注		复核：　　　　记账：						

(2) 承兑行汇票的承兑。银行承兑汇票签发完毕后，由出票人或持票人持票向汇票上记载的付款行(一般为出票人的开户行)申请承兑，银行信贷部门按照有关规定审查同意后，与出票人签署银行承兑协议，协议一联留存，另一联及其副本和第一联、第二联汇票一并交本行会计部门。

会计部门收到后按有关规定认真审核无误后，在第一联、第二联汇票上注明承兑协议编号,并在第二联汇票"承兑人签章"处加盖汇票专用章,并由授权的经办人签名或盖章。同时,按票面金额万分之五向出票人收取承兑手续费。承兑银行根据第一联汇票卡片填制银行承兑汇票表外科目收入凭证,登记"表外科目登记簿",并将第一联汇票卡片和承兑协议副本专夹保管。其会计分录为

借:吸收存款——××存款(承兑申请人户)
　　贷:手续费及佣金收入
收入:银行承兑汇票应付款

2. 持票人委托开户行收取汇票款项的处理

持票人在提示付款期内,委托开户行向承兑银行收取票款时,填制委托收款凭证,并在"委托收款凭据名称"栏注明"银行承兑汇票"及汇票号码,连同汇票一并交开户银行。

银行接到汇票和委托收款凭证后,按有关规定审核。审核无误后,在委托收款凭证各联加盖"银行承兑汇票"戳记,第一联委托收款凭证加盖业务公章作回单给持票人;第二联委托收款凭证登记"发出委托收款凭证登记簿"后,专夹保管;第三联加盖结算专用章连同第四联、第五联委托收款凭证和银行承兑汇票邮寄承兑行。

3. 承兑行到期准备汇票款项的处理

承兑行因留有汇票承兑协议,应每天查看汇票到期情况。对到期的汇票,应于到期日(法定休假日顺延),根据承兑申请人账户存款情况分别处理。

(1) 承兑申请人账户有足够的款项支付时,承兑银行填制两联特种转账借方传票、一联特种转账贷方传票,并在"转账原因"栏注明"根据××号汇票划转票款"。其会计分录为

借:吸收存款——××存款(承兑申请人户)
　　贷:吸收存款——应解汇款(承兑申请人户)

另一联特种转账借方传票加盖转讫章后,作支款通知交给出票人。

(2) 承兑申请人账户无款可付时,承兑银行应填制两联特种转账借方传票、一联特种转账贷方传票,在"转账原因"栏注明"××号汇票无款支付转做逾期贷款户",并按每日万分之五计收利息。编制会计分录为

借:贷款——逾期贷款(承兑申请人户)
　　贷:吸收存款——应解汇款(承兑申请人户)

一联特种转账借方凭证加盖转讫章后,作逾期贷款通知交给出票人。

(3) 承兑申请人账户无足够的款项支付时,承兑银行应填制四联特种转账借方传票、一联特种转账贷方传票,在"转账原因"栏注明"××号汇票划转部分票款"。其会计分录为

借:吸收存款——××存款(承兑申请人户)
　　贷款——逾期贷款(承兑申请人户)
　　贷:吸收存款——应解汇款(承兑申请人户)

两联特种转账借方凭证加盖转讫章后,作支款通知和逾期贷款通知交给出票人。

4. 承兑行支付汇票款项的处理

承兑银行接到持票人开户行寄来的委托收款凭证及汇票,抽出专夹保管的汇票卡片和承兑协议副本按有关规定认真审核无误后,应于汇票到期日或到期日之后的见票当日,按

照委托收款付款的手续处理。其会计分录为

借：吸收存款——应解汇款(承兑申请人户)
　　贷：联行往账(或其他科目)

另填制银行承兑汇票表外科目付款凭证，销记"表外科目登记簿"。

付出：银行承兑汇票应付款

将委托收款凭证第四联填注支付日期加盖转讫章后，通过票据交换或随联行报单转交持票人开户行。

5. 持票人开户行收取汇票款项的处理

持票人开户行收到承兑银行通过票据交换或寄来的联行报单和委托收款凭证第四联，与留存的委托收款第二联凭证进行核对，无误后注明转账日期，办理转账。其会计分录为

借：联行来账(或其他科目)
　　贷：吸收存款——××存款(收款人户)

然后通知收款人，并销记"发出委托收款凭证登记簿"。

第三节　结算方式的核算

结算方式是指单位或个人填写结算凭证，直接提交银行委托收款或付款的结算手段。《支付结算办法》所称的结算方式是指汇兑、托收承付和委托收款等不使用票据的结算方式。

一、汇兑的核算

汇兑是汇款人委托银行将款项汇给收款人的结算方式。汇兑结算适用范围广泛，便于汇款人向收款人主动付款，适用于单位、个体经济户和个人汇拨各种款项。

汇兑按凭证传递方式的不同，可分为信汇和电汇两种，由汇款人选择使用。

(一)汇兑的基本规定

(1) 汇款人和收款人均为个人，需要在汇入行支取现金的，应在信汇、电汇凭证的"汇款金额"大写栏先填写"现金"字样，后填写汇款金额。未填明"现金"字样而需要支取现金的，由汇入行按照国家现金管理的有关规定审查支付。

(2) 汇兑款项可以直接转入收款人账户，也可留行待取、分次支取、转汇。留行待取的，应在信汇凭证各联的"收款人账号或住址"栏注明"留行待取"字样；分次支取的，应以收款人的姓名开立"应解汇款"账户，该账户为临时存款账户，只付不收，付完清户，不计利息；转汇的，办理解付后，应委托汇入行重新办理汇兑结算，转汇的收款人和用途必须是原收款人和用途，汇入行应在汇兑凭证上加盖"转汇"戳记。汇款人确定不得转汇的，应在汇兑凭证的"备注"栏注明"不得转汇"字样。

(3) 汇款人对汇出行尚未汇出的款项可以申请撤销，对已经汇出的款项可以申请退汇。退汇应经汇入行核实，若确未支付，方可办理。汇入行对收款人拒收的汇款，以及自发出取款通知后两个月无法交付的汇款，应主动办理退汇。

(二)信汇的核算

1. 汇出行的业务处理

汇款人委托银行办理信汇时,应向银行填制一式四联的信汇凭证:第一联为回单,第二联为借方凭证,第三联为贷方凭证,第四联为收账通知或代取款收据。汇出行受理信汇凭证时,按有关规定认真审核无误后,第一联信汇凭证加盖转讫章退给汇款人。

汇款人转账交付的,以第二联信汇凭证作借方传票办理转账,其会计分录为

借:吸收存款——××存款(汇款人户)
　　贷:联行往账

现金交付的,点收现金无误后,填制一联特种转账贷方凭证、第二联信汇凭证作借方凭证办理转账,其会计分录为

借:库存现金
　　贷:吸收存款——应解汇款(汇款人户)

借:吸收存款——应解汇款(汇款人户)
　　贷:联行往账

转账后,编制联行报单,并在第三联信汇凭证上加盖结算专用章,与第四联收账通知寄给汇入行。

2. 汇入行的业务处理

汇入行收到汇出行邮寄来的联行报单与第三联、第四联信汇凭证,经核对相符后,分不同情况进行处理。

(1) 汇款直接收账。直接收账是指收款人在汇入行开有账户,可以直接将汇款转入其账户。转账时以第三联信汇凭证作贷方传票,另编转账借方传票,其会计分录为

借:联行来账
　　贷:吸收存款——××存款(收款人户)

第四联信汇凭证加盖转讫章作收账通知交给收款人。

(2) 汇款不直接收账。不直接收账是指收款人未在汇入行开有账户,一般属于个人收款或留行待取款项,应通过"应解汇款"科目核算。以第三联信汇凭证作贷方传票,另编转账借方传票,其会计分录为

借:联行来账
　　贷:吸收存款——应解汇款(收款人户)

然后登记"应解汇款登记簿",在信汇凭证上编列应解汇款序号,第四联信汇凭证留存保管,另以便条通知收款人来行办理取款手续。

收款人来行取款时,抽出第四联信汇凭证,按有关规定审核无误后,办理付款手续。需要支取现金且信汇凭证上填明"现金"字样的,应一次办理现金支付手续。另填现金付出传票,第四联信汇凭证作附件。其会计分录为

借:吸收存款——应解汇款(收款人户)
　　贷:库存现金

需要分次支付的,应凭第四联信汇凭证注销"应解汇款登记簿"中的该笔汇款,并另开立应解汇款分户账(丁种账页),银行审核收款人填制的支款凭证、签章及身份证件无误

后，办理分次支付手续。待最后结清时，将第四联信汇凭证作借方凭证附件。

需要转汇的，应重新办理汇款手续，并在第三联信汇凭证上加盖"转汇"戳记。其会计分录为

借：吸收存款——应解汇款(收款人户)
　　贷：联行往账

(三)电汇的核算

1. 汇出行汇出款项

汇款人委托银行办理电汇时，应向银行填制一式三联的电汇凭证，第一联电汇凭证加盖转讫章退给汇款人，第二联作借方凭证，其会计分录与信汇相同，并以第三联电汇凭证作资金汇划发报凭证。电汇凭证上填明"现金"字样的，应在电报的金额前加拍"现金"字样。

2. 汇入行付款

汇入行收到汇出行通过资金汇划系统汇来的款项，经审核无误后，应打印资金汇划贷方补充凭证，进行账务处理，其余手续与信汇相同。

(四)退汇的核算

退汇是指将汇款退回汇款人。退汇的原因主要有：汇款人因故退汇、汇入行拒收汇款以及超过两个月无法支付的汇款。退汇业务分为汇款人申请退汇和汇入行主动退汇两种情况。

1. 汇款人申请退汇

汇款人申请退汇，只限于不直接收账的汇款。汇款人因故要求退汇时，应填交"退汇通知书"连同有关证件，或备函、本人身份证，连同原汇兑凭证回单联交汇出行。

汇出行收到后，先以电报或电话方式通知汇入行，经汇入行证实汇款确未被支付方可受理。汇出行受理退汇后，应填制四联"退汇通知书"，并在第一联通知书上批注"×月×日申请退汇，待款项退回后再办理退款手续"字样后，加盖业务公章退交汇款人；第二联、第三联寄交汇入行；第四联与公函、回单一起保管。

如汇款人要求以电报通知退汇时，只填两联退汇通知书，一联为回单，一联备查，另以电报通知汇入行。汇入行收到第二联、第三联退汇通知书或通知退汇的电报后，应先查明款项是否已解付。对已转入"应解汇款"科目尚未解付的汇款，办理时应与收款人联系索回便条，并以第二联退汇通知书代转账借方传票办理转账。其会计分录为

借：吸收存款——应解汇款(收款人户)
　　贷：联行往账

转账后，通过资金汇划系统向汇出行划款，并将第三联退汇通知书寄送原汇出行。汇出行收到汇入行通过资金汇划系统划来的退汇款和收到的第三联退汇通知书，与原留存的第四联退汇通知书进行核对，以第三联通知书和资金汇划补充凭证办理转账。其会计分录为

借：联行来账
　　贷：吸收存款——××存款(原汇款人户)

转账后，在原汇款凭证上注明"汇款已于×月×日退汇"字样，并在汇款通知书第四

联上注明"汇款退回,已代进账"字样,加盖业务公章后,作为收账通知交原汇款人。

2. 汇入行主动退汇

汇入行对于收款人拒绝接受的汇款,应立即办理退汇。汇入行对于向收款人发出取款通知,经过两个月无法交付的汇款,应主动办理退汇。退汇时,由汇入行填写转账传票,通过资金汇划系统办理退汇手续。其会计分录同上,不再详述。

二、托收承付的核算

托收承付是收款人根据购销合同发货后,委托银行向异地付款人收取款项,付款人验单或验货后,向银行承认付款的结算方式。托收承付按款项划回方式的不同,分为邮划和电划;按承付货款的方式不同,分为验单付款和验货付款,由收付款双方协商选用。

(一)托收承付的基本规定

(1) 使用托收承付结算方式的收付款单位,必须是国有企业、供销合作社,以及经营管理较好并经开户银行审查同意的城乡集体所有制工业企业。

(2) 办理托收承付结算的款项,必须是商品交易,以及因商品交易而产生的劳务供应的款项。代销、寄销、赊销商品的款项,不得办理托收承付结算。

(3) 收付双方使用托收承付结算必须签有符合《合同法》的购销合同,并在合同上订明使用托收承付结算方式。

(4) 托收承付结算每笔金额起点为 10 000 元。新华书店系统每笔金额起点为 1000 元。

(5) 收款人办理托收,必须具有商品确已发运的证件,没有发运证件的,应按规定凭其他有关证件办理托收。

(二)托收承付的业务处理

1. 收款人开户行受理托收承付

收款人发货后,向其开户银行办理托收,应填制一式五联的邮划或电划托收承付凭证,第一联为回单,第二联为贷方凭证,第三联为借方凭证,第四联为收账通知(电划第四联为发电依据),第五联为承付通知。收款人在第二联托收凭证上加盖单位印章后,将托收凭证和有关单证提交开户银行。

收款人开户行收到上述凭证后,应按规定认真进行审查:托收的款项是否符合托收承付结算规定的范围、条件、金额起点以及其他有关规定;有无商品确已发运的证件,无证件的,是否符合托收承付结算办法规定的其他特殊条件;托收凭证各栏是否填写齐全、正确;托收凭证记载的附件张数与所附单证的张数是否相符;托收凭证第二联是否加盖收款人印章等。必要时还要查验交易双方签订的购销合同。银行审查的时间最长不得超过次日。经审查无误后,将第一联凭证加盖业务公章后退给收款人。第二联托收凭证由银行专夹保管,并登记"发出托收结算凭证登记簿"。然后在第三联托收凭证上加盖结算专用章,连同第四联、第五联凭证及交易单证一起寄交付款人开户行。

2. 付款人开户行通知付款

付款人开户行接到收款人开户行寄来的第三联、第四联、第五联托收凭证及交易单证时,应严格审查无误后,在凭证上填注收到日期和承付期。然后根据第三联、第四联托收凭证登记"定期代收结算凭证登记簿"后，专夹保管，第五联托收凭证加盖业务公章后，连同交易单证一并及时送交付款人。

付款人承付货款分为验单付款和验货付款两种。验单付款的承付期为3天，从付款人开户行发出承付通知的次日算起(承付期内遇法定休假日顺延)；验货付款的承付期为10天，从运输部门向付款人发出提货通知的次日算起，对收付双方在合同中明确规定，并在托收凭证上注明验货付款期限的，银行从其规定。

付款人收到提货通知后，应立即向银行交验提货通知。付款人在银行发出承付通知后(次日算起)的10天内，如未收到提货通知，应在第10天将货物尚未到达的情况通知银行，如不通知，银行即视作已经验货，于10天期满的次日上午银行开始营业时，将款项划给收款人。在第10天，付款人通知银行货物未到，而以后收到提货通知没有及时送交银行的，银行仍按10天期满的次日作为划款日期，并按超过的天数计扣逾期付款赔偿金。在承付期内，付款人应认真审查凭证或检验货物，并积极筹措资金，如有异议或其他要求，应在承付期内通知银行，否则银行视为同意付款。

3. 付款人开户行付款

(1) 全额付款的处理。付款人在承付期内没有任何异议，并且其在承付期满日营业终了前银行存款账户上有足够金额，银行便视作同意全额付款，开户行便于承付期满日次日(遇法定假日顺延)上午开始营业时主动将款项从付款人账户内划出，按收款人指定的划款方式划给收款人，并以第三联托收凭证作借方传票办理转账。其会计分录为

借：吸收存款——××存款(付款人户)
　　贷：联行往账

转账后销记"定期代收结算凭证登记簿"，并以第四联托收凭证作附件随联行报单寄收款人开户行。

(2) 提前承付的处理。付款人在承付期满前通知银行提前付款，银行划款的手续同全额付款，但应在托收凭证和登记簿"备注"栏分别注明"提前承付"字样。

(3) 多承付的处理。付款人因商品的价格、数量或金额变动的原因，要求对本笔托收多承付的款项一并划回时，付款人应填四联"多承付理由书"(可以托收承付拒绝付款理由书改用)提交开户行，银行审查后，在托收凭证和登记簿"备注"栏注明多承付的金额，以第二联多承付理由书代借方凭证，第三联托收凭证作附件办理转账。其会计分录为

借：吸收存款——××存款(付款人户)
　　贷：联行往账

然后将第一联多承付理由书加盖转讫章作支款通知交给付款人，第三联、第四联多承付理由书寄收款人开户行。

(4) 逾期付款的处理。付款人在承付期满日银行营业终了时，如无足够资金支付货款，其不足部分，即为逾期付款。付款人开户银行对逾期支付的款项，应当根据逾期付款金额和逾期天数，每天按万分之五计算逾期付款赔偿金。

付款人在承付期满日营业终了前，账户无款支付的，付款人开户行应在托收凭证和登记簿"备注"栏分别注明"逾期付款"字样，并填制三联"托收承付结算到期未收通知书"，将第一联、第二联通知书寄收款人开户行，第三联通知书与第三联、第四联托收凭证一并保管。等到付款人账户有款可以一次或分次扣款时，比照下面"部分付款"的有关手续办理，将逾期付款的款项和赔偿金一并划给收款人。赔偿金的计算公式如下：

赔偿金金额=逾期支付金额×逾期天数×赔偿金率

逾期付款天数从承付期满日算起。承付期满日银行营业终了时,付款人如无足够资金支付,其不足部分,应当算作逾期一天;在承付期满的次日(如遇法定假日顺延但以后遇法定假日照算逾期天数)银行营业终了时,仍无足够资金支付的,其不足部分,应当算作逾期两天,以此类推。

托收款项逾期如遇跨月时,应在月末单独计算赔偿金,于次月3日内划给收款人。在月内有部分付款的,其赔偿金从当月1日起计算并随同部分支付的款项划给收款人,对尚未支付的款项,月末再计算赔偿金,于次月3日内划给收款人。赔偿金的扣付列为企业销货收入扣款顺序的首位,如付款人账户余额不足以全额支付时,应排列在工资之前,并对该账户采取"只收不付"的控制办法,待一次足额扣付赔偿金后,才准予办理其他款项的支付。

【例6-5】武汉××技术有限公司付款的托收承付款项,金额为400 000元,11月6日承付期满。11月7日上午开业划款时,由于付款人存款账户余额不足,只能支付150 000元,逾期至11月23日开业时支付150 000元,其余款于12月15日上午开业时全部扣清。

应计收的赔偿金如下。

11月23日计算赔偿金=150 000×17×0.5‰=1275(元)

11月末计算赔偿金=100 000×25×0.5‰=1250(元)

12月15日计算赔偿金=100 000×14×0.5‰=700(元)

每月单独扣付赔偿金时,付款人开户行应填制特种转账借方传票两联,并注明原托收号码及金额,在"转账原因"栏注明付款的金额及相应扣付赔偿金的金额。以一联特种转账借方传票作借方凭证,其会计分录如下。

借:吸收存款——××存款(付款人户)
　　贷:联行往账

付款人开户行对逾期未付的托收凭证,负责进行扣款的期限为3个月(从承付期满日算起)。期满时,付款人仍无足够资金支付尚未付清的欠款,银行应于次日通知付款人将有关交易单证(单证已作账务处理或已部分支付的,可以填制应付款项证明单)在两天内退回银行(到期日遇法定假日顺延);付款人逾期不退回单证的,银行于发出通知的第3天起,按照尚未付清欠款金额,每天处以万分之五但不低于50元的罚款,并暂停其向外办理结算业务,直至退回单证时止。付款人开户行收到付款人退回的单证,经审核无误后,在托收凭证和登记簿"备注"栏注明单证退回日期和"无法支付"字样,并填制三联"应付款项证明单",将一联证明单和第三联托收凭证一并留存备查,将两联证明单连同第四联、第五联托收凭证及有关单证一并寄收款人开户行。

付款人开户行在退回托收凭证和单证时,需将应付的赔偿金一并划给收款人。付款人逾期不退回单证的,开户行按前述规定予以罚款作为银行营业外收入处理。

(5) 部分付款的处理。付款人在承付期满日开户行营业终了前,账户只能部分支付的,付款人开户行应在托收凭证上注明当天可以扣收的金额;同时,填制两联特种转账借方凭证,并注明原托收号码及金额,以一联特种转账借方凭证作借方传票。其会计分录为

借:吸收存款——××存款(付款人户) (部分支付金额)
　　贷:联行往账(部分支付金额)

转账后,另一联特种转账借方凭证加盖转讫章作支款通知交给付款人,并在登记簿"备

注"栏分别注明已承付和未承付金额,并批注"部分付款"字样。第三联、第四联托收凭证按付款人及先后日期单独保管。待付款人账户有款时,再及时将未承付部分款项一次或分次划转收款人开户行,同时逐次扣收逾期付款赔偿金,其处理手续同逾期付款。

(6) 全部拒绝付款的处理。付款人在承付期内提出全部拒付的,应填制四联全部拒付理由书,连同有关的拒付证明、第五联托收凭证及所附单证送交开户行。银行严格审核,不同意拒付的,实行强制扣款,对无理拒付而增加银行审查时间的,银行应按规定扣收赔偿金。对符合规定同意拒付的,经银行主管部门审批后,在托收凭证和登记簿"备注"栏注明"全部拒付"字样,然后将第一联拒付理由书加盖业务公章退给付款人,将第二联拒付理由书连同第三联托收凭证留存备查,其余所有单证一并寄给收款人开户行。

(7) 部分拒绝付款的处理。付款人在承付期内提出部分拒绝付款,经银行审查同意办理的,依照全部拒付审查手续办理,并在托收凭证和登记簿"备注"栏注明"部分拒付"字样及部分拒付的金额;对同意承付部分,以第二联拒付理由书代借方凭证(第三联托收凭证作附件)。其会计分录为

借:吸收存款——××存款(付款人户) (同意承付金额)
　　贷:联行往账(同意承付金额)

然后将第一联拒付理由书加盖转讫章交付款人,其余单证,如第三联、第四联部分拒付理由书连同拒付部分的商品清单和有关证明邮寄收款人开户行。

4. 收款人开户行收款

(1) 全额划回的处理。收款人开户行收到付款人开户行寄来的联行报单及第四联托收凭证后,与留存的第二联托收凭证核对无误后,在第二联托收凭证上注明转账日期,办理转账。其会计分录为

借:联行来账
　　贷:吸收存款——××存款(收款人户)

在另一联资金汇划贷方补充凭证上加盖转讫章作收账通知交收款人,并销记登记簿。

(2) 多承付款划回的处理。收款人开户行收到付款人开户行划来多承付款项及第三联、第四联多承付理由书后,在第二联托收凭证和登记簿"备注"栏注明多承付金额,为收款人及时入账,并将一联多承付理由书交收款人,其余手续与全额划回相同。

(3) 部分划回的处理。银行收到付款人开户行部分划回的款项,在第二联托收凭证和登记簿上注明部分划回的金额,为收款人及时入账。其余手续与全额划回相同。

(4) 逾期划回、单独划回赔偿金及无款支付退回凭证的处理。收款人开户行收到第一联、第二联到期未收通知书后,应在第二联托收凭证上注明"逾期付款"字样及日期,然后将第二联通知书交收款人,第一联通知书、第二联托收凭证一并保管。待接到一次、分次划款或单独划回的赔偿金时,比照部分划回的有关手续处理。

收款人开户行在逾期付款期满后接到第四联、第五联托收凭证(部分无款支付是第四联托收凭证)及两联无款支付通知书和有关单证,核对无误后,抽出第二联托收凭证注明"无款支付"字样,销记登记簿,然后将其余托收凭证及无款支付通知书及有关单证退交收款人。

(5) 拒绝付款的处理。收款人开户行收到付款人开户行寄来的托收凭证、拒付理由书、拒付证明及有关单证后,抽出第二联托收凭证,在"备注"栏注明"全部拒付"或"部分

拒付××元"字样，并销记登记簿，同时将托收凭证、拒付理由书及有关单证退回收款人。部分拒付的，对划回款项还要办理收款入账手续。

三、委托收款的核算

委托收款是指收款人委托银行向付款人收取款项的结算方式。委托收款不受金额起点的限制，同城、异地均可使用。异地委托收款结算的款项划回方式有邮划和电划两种，由收款人选用。

(一)委托收款的基本规定

(1) 委托收款适用于单位和个人凭已承兑的商业汇票、债券、存单等付款人的债务证明而委托银行收取款项，以及同城公用事业费的收取。

(2) 在同城范围内，公用事业费采用委托收款结算的，收付双方必须事先签订经济合同，由付款人向开户银行授权，经开户银行同意，并报当地人民银行批准才能办理，因此，称为同城特约委托收款。

(二)委托收款的业务处理

1. 收款人开户行受理委托收款

收款人办理委托收款，应向银行提交委托收款凭证和有关债务证明，填制邮划(电划)委托收款凭证一式五联：第一联为回单，第二联为贷方凭证，第三联为借方凭证，第四联为收账通知(电划时为发电依据)，第五联为付款通知。收款人在第二联凭证上签章后，将有关委托收款凭证和债务证明提交开户银行。

收款人开户行收到上述凭证后，按有关规定认真审核无误后，第一联凭证加盖业务公章退给收款人，第二联凭证专夹保管并登记"发出委托收款凭证登记簿"，第三联凭证加盖结算专用章，连同第四联、第五联凭证及有关债务证明，一并寄交付款人开户行。

2. 付款人开户行通知付款

付款人开户行收到收款人开户行寄来的第三联、第四联、第五联委托收款凭证及有关债务证明，审查无误后办理付款。其中以银行为付款人的，付款人开户行应当在当日主动将款项划给收款人；以单位为付款人的，付款人开户行应及时通知付款人，并将有关债务证明交给付款人并签收。

3. 付款人开户行付款

付款人应于接到通知当日书面通知银行付款，若付款人在接到通知的次日起 3 日内未通知银行付款的，视同付款人同意付款，银行应于付款人接到通知日的次日起第 4 日上午开始营业时将款项划给收款人；若付款人提前收到由其付款的债务证明，并同意付款的，则银行应于债务证明的到期日付款。

付款人开户行应在凭证上填注收到日期，根据第三联、第四联凭证逐笔登记"收到委托收款凭证登记簿"后，专夹保管，并分情况进行处理。

(1) 付款人为银行的，以第三联委托收款凭证作借方凭证，有关债务证明作其附件。其会计分录为

借：××科目
　　贷：联行往账

转账后，银行销记"收到委托收款凭证登记簿"，并以第四联委托收款凭证通过票据交换或寄收款人开户行。电划时，凭第四联委托收款凭证向收款人开户行拍发电报。

(2) 付款人为单位的，银行将第五联委托收款凭证加盖业务公章，连同有关债务证明及时交给付款人，并由其签收。付款人应于接到通知的次日起 3 天内(期内遇法定假日顺延)通知银行付款，付款期内未提出异议的，视同同意付款。银行应于付款期满目的次日上午开始营业时将款项划给收款人，第三联凭证作借方凭证。其会计分录为

借：吸收存款——××存款(付款人户)
　　贷：联行往账

其余手续同付款人为银行的处理。

此外，银行在办理划款时，付款人账户不足以支付全部款项的，应通过收款人开户行向收款人发出未付款项通知书，连同有关债务证明一起交收款人。银行在委托收款凭证和"收到委托收款凭证登记簿"上注明退回日期和"无款支付"字样，并填制三联付款人未付款项通知书(用异地结算通知书代)，将一联通知书和第三联委托收款凭证留存备查，将第二联、第三联通知书连同第四联委托收款凭证邮寄收款人开户行，留存债务证明的，其债务证明一并邮寄收款人开户行。

4. 付款人开户行拒绝付款

付款人办理拒绝付款的，应在接到付款通知的次日起 3 天内填制四联拒绝付款理由书，连同债务证明及第五联委托收款凭证一并交给开户银行，银行审核无误后，在委托收款凭证和"收到委托收款凭证登记簿"上注明"拒绝付款"字样，然后将第一联拒付理由书加盖业务公章退还付款人，第二联拒付理由书连同第三联委托收款凭证一并留存备查，第三联、第四联拒付理由书连同债务证明和第四联、第五联委托收款凭证一并寄收款人开户行。

5. 收款人开户行收款或收到退回的凭证

收款人开户行收到付款人开户行通过票据交换或寄来的第四联委托收款凭证和联行报单，应与留存的第二联委托收款凭证核对无误后，办理转账。其会计分录为

借：联行来账
　　贷：吸收存款——××存款(收款人户)

转账后，通知收款人，并销记"发出委托收款凭证登记簿"。

若收到因无款支付而退回的委托收款凭证及有关单据时，应抽出第二联委托收款凭证，并在该联凭证"备注"栏注明"无款支付"字样，销记"发出委托收款凭证登记簿"，然后将第四联委托收款凭证、一联未付款项通知书及债务凭证退给收款人。收款人在未付款项通知书上签字后，收款人开户行将一联未付款项通知书及第二联委托收款凭证一并保管备查。

若收款人开户行收到第四联、第五联委托收款凭证及有关债务证明和第三联、第四联拒付理由书，应抽出第二联委托收款凭证核对无误后，在该委托收款凭证上注明"拒绝付款"字样，销记"发出委托收款凭证登记簿"。然后将第四联、第五联委托收款凭证、有关债务证明和第三联、第四联拒付理由书一并退给收款人。收款人在第三联拒付理由书上签字后，收款人开户行将第三联拒付理由书连同第二联委托收款凭证一并保管备查。

四、国内信用证的核算

(一)国内信用证的概念

信用证是指开证银行按照申请人(购货方)的申请开出的,凭符合信用证条款的单据支付的付款承诺。

(二)相关规定

(1) 经中国人民银行批准经营结算业务的商业银行总行以及经商业银行总行批准开办信用证结算业务的分支机构,可以办理信用证结算业务。

(2) 信用证结算方式只适用于国内企业之间商品交易产生的货款结算,并且只能用于转款结算,不得支取现金。

(3) 信用证为不可撤销、不可转让的跟单信用证。

(4) 受益人收取信用证款项,采用委托收款和申请议付两种方式。

(5) 在信用证结算中,各有关当事人处理的只是单据,而不是与单据有关的货物及劳务。

(6) 信用证与作为其依据的购销合同相互独立,银行在处理信用证业务时,不受购销合同的约束。

(三)国内信用证的种类

(1) 不可撤销、不可转让的即期付款的信用证。
(2) 不可撤销、不可转让的延期付款的信用证。
(3) 不可撤销、不可转让的即期付款的可议付信用证。

不可撤销,是指信用证开具后在有效期内,非经信用证各有关当事人(即开证银行、开证申请人和受益人)的同意,开证银行不得修改或者撤销。

不可转让,是指受益人不能将信用证的权利转让给他人。

即期付款是指开证行收到信用证项下的合格单据后,即期履行付款责任。

延期付款是指开证行收到合格单据后,依据信用证规定的延付期限从运输单据显示的装运日后或货物收据签发日后起算(不含装运日或签发日),确定在未来某一日承担付款责任。

可议付信用证是指若延期付款信用证开证行指定受益人开户行为议付行向受益人议付货款的,则为可议付信用证。

(四)办理流程

(1) 开证申请。开证申请人使用信用证时,应委托其开户银行办理开证业务。开证申请人申请办理开证业务时,应当填具开证申请书、信用证申请人承诺书并提交有关购销合同。

(2) 受理开证。开证行根据申请人提交的开证申请书、信用证申请人承诺书及购销合同决定是否受理开证业务。

(3) 通知行收到信用证,应认真审核。审核无误的,应填制信用证通知书,连同信用证一起交付受益人。

(4) 若受益人向开户行交单并申请议付的,议付行审查单证无误后付款。

(5) 议付行或受益人开户行向开证行交付单据,索要贷款。

(6) 若为即期付款信用证,则开证行审查单证无误后付款;若为延期付款或议付信用证,则开证行先向受益人开户行(或议付行)发送到期付款确认书,于到期日再付款。

(7) 开证行向开证申请人交付单据,并发送付款通知。

(8) 受益人开户行为受益人收款入账,并向其发出收账通知(或议付行办理转账)。

(9) 买方凭收到的单据向承运人提货。

(五)国内信用证业务的核算

1. 开证行开立信用证的业务处理

申请人申请开立信用证,应填制一式三联开证申请书并按规定签章后,连同有关购销合同交其开户行。开证行收到后,第一联申请书加盖业务公章后交申请人;第二联开证依据,会计部门留存;第三联开证存查,信贷部门留存。开证行审核无误后,同意开证的,应根据申请人的资信情况,确定向其收取保证金的比例,或同时要求申请人提供抵押、质押或保函等其他担保。开证行收到申请人交纳的保证金时,其会计分录为

借:吸收存款——单位活期存款——××申请人
　　贷:存入保证金——信用证保证金——××申请人

开证行开立信用证可采用信开和电开两种方式。开证行开立信开信用证的,应由其加盖信用证专用章和经办人名章并加编密押,以邮寄方式送达通知行;开证行开立电开信用证的,应由其加编密押,以电子方式将信用证文本信息发送通知行。现在银行业务中一般采用电开信用证方式,以下业务处理均为电开信用证。

开证行缮制一式两联信用证,加编密押并核对无误后,以电子方式向通知行发送信用证信息。第一联信用证副本留存,第二联开证通知加盖业务公章交申请人。开证行开立信用证后,根据第一联信用证作表外科目核算,并向申请人收取开证手续费(开证金额的0.15%但不低于100元)及电子汇划费。其会计分录为

借:吸收存款——单位活期存款——××申请人
　　贷:手续费及佣金收入——国内信用证通知手续费收入
收:开出国内信用证——××申请人

2. 通知行核验信用证的处理

通知行收到开证行发来的信用证信息,核押无误后,系统自动打印信用证正本(其复印联为信用证副本),打印成功后,系统自动按每笔50元收取通知手续费。其会计分录为

借:吸收存款——单位活期存款——××受益人
　　贷:手续费及佣金收入——国内信用证通知手续费收入

通知行核验信用证无误后,缮制一式两联信用证通知书。第一联加盖业务公章连同信用证正本交受益人;第二联连同信用证副本留存,专夹保管。

3. 受益人开户行对来单的处理

(1) 议付来单的处理。受益人向开户行申请议付的,应填制一式两联信用证议付、委托收款申请书和一式五联议付凭证。受益人在第一联信用证议付、委托收款申请书和第一联议付凭证上加盖预留银行签章后连同信用证通知书、信用证正本及单据一并提交议付行。

议付行经审查,若单证相符同意议付的,按规定计算议付利息、实付议付金额,打印记账凭证,办理转账,第一联、第二联、第三联议付凭证作记账凭证附件。其会计分录为

借：议付信用证款项
   贷：吸收存款——单位活期存款——××受益人
       利息收入

同时，按议付单据金额的 0.1%向受益人收取议付手续费，其会计分录为

借：吸收存款——单位活期存款——××受益人
   贷：手续费及佣金收入——国内信用证通知手续费收入

议付行办理转账后，第五联议付凭证和第一联信用证议付、委托收款申请书专夹保管；第二联信用证议付、委托收款申请书、第四联议付凭证连同信用证通知书和信用证正本一并退受益人。

同时，议付行填制一式两联寄单通知书和一式五联委托收款凭证。第一联寄单通知书和第三联、第四联、第五联委托收款凭证及有关单据一并寄开证行办理收款；第二联寄单通知书和第一联、第二联委托收款凭证议付行留存，并按照前述发出委托收款的手续处理。

议付行经审查，若单证不符的，洽受益人修改后相符，同意议付的，比照前述手续处理；洽受益人修改后仍不符，拒绝议付的，制作一式两联拒绝议付、不符点通知书，一联留存，另一联加盖业务公章连同有关单证退受益人。

(2) 委托收款来单的处理。受益人委托开户行向开证行提交单证的，应填制委托收款凭证和信用证议付、委托收款申请书，连同信用证正本及有关单据提交开户行。开户行审查无误后，第一联信用证议付、委托收款申请书随委托收款凭证，连同有关单证一并寄开证行，并按照前述发出委托收款的手续处理。

4．开证行对来单的处理

开证行收到议付行寄来的委托收款凭证、单据及寄单通知书或受益人开户行寄来的委托收款凭证、信用证正本、单据及信用证议付、委托收款申请书，经审查单证相符的，分不同情况进行处理。

(1) 即期信用证付款的处理。开证行应从开证申请人存款账户中支付，不足部分从其保证金账户中支付，若保证金账户仍不足支付的，则对开证申请人作逾期贷款处理，并根据请款选择行内汇划、大额支付或小额支付等渠道办理划款。其会计分录为

借：吸收存款——单位活期存款——××申请人
   存入保证金——信用保证金——××申请人
   贷款——逾期贷款——信用证垫款(××申请人)
   贷：待清算辖内往来——××行

对申请人提供抵押、质押的，开证行按规定处理抵押物和质押物；提供保函的，向担保人收取款项。

开证行办妥付款手续后，填制一式两联信用证来单通知书，第一联加盖业务公章连同有关单据交开证申请人，第二联留存，并进行表外科目核算。其会计分录为

付：开出国内信用证——××申请人

有抵押物、质押物或保函的，应予以退还。

(2) 延期信用证付款的处理。开证行应在规定的时间内向受益人开户行(含议付行)发电，未议付的由其转告受益人，确认到期付款。开证行到期日付款比照上述即期信用证付款的手续进行处理。

开证行收到来单后，经审查单证不符的，应制作一式两联拒绝议付、不符点通知书，

一联留存，另一联加盖业务公章，凭以在规定时间内向受益人开户银行(含议付行)发送电子信息，告知单证不符，拒绝付款。受益人开户行为议付的，由该行转告受益人。同时，开证行保留单据并通知开证申请人，若开证申请人同意付款，则开证行按前述单证相符时付款的手续进行处理；若开证申请人不同意付款，则开证行将单据退议付行或将信用证正本和单据退交受益人。

5. 受益人开户行(含议付行)收到划来款项的处理

受益人开户行(含议付行)收到开证行通过行内系统、大小额支付系统等渠道划来的款项后，按照委托收款划回的手续处理。其会计分录为

借：待清算辖内往来——××行
　　贷：议付信用证款项
或　　　吸收存款——单位活期存款——××受益人

属于受益人通过其开户行委托收款的，开户行应在委托收款收账通知联加盖转讫章通知受益人。

6. 信用证注销的处理

开证行在信用证有效期内未收到任何单据，在信用证有效期满 1 个月后，应解除开证申请人的信用证担保(即退还保证金、抵押物、质押物或保函)，并注销信用证。

开证行收到开证申请人提出对未逾有效期信用证的注销申请和信用证正本时，应审查开证申请人与受益人同意注销的证明，无误后，解除开证申请人的信用证担保，并注销信用证。

第四节　银行卡的核算

一、银行卡的概念和分类

(一)银行卡的概念

银行卡是指商业银行经批准向社会发行的具有消费信用、转账结算、存取现金等全部或部分功能的信用支付工具。

(二)银行卡的种类

银行卡包括信用卡和借记卡两类，信用卡可以透支，借记卡不能透支。信用卡按是否向发卡银行交存备用金分为贷记卡、准贷记卡两类。贷记卡是指发卡银行给予持卡人一定的信用额度，持卡人可在信用额度内先消费、后还款的信用卡；准贷记卡是持卡人须先按发卡银行要求交存一定金额的备用金，当备用金账户余额不足支付时，可在发卡银行规定的信用额度内透支的信用卡。

借记卡按功能分为转账卡(含储蓄卡)、专用卡、储值卡。借记卡不具备透支功能。转账卡是实时扣账的借记卡，具有转账结算、存取现金和消费功能；专用卡是具有专门用途(指在百货、餐饮和娱乐行业以外的用途)、在特定区域使用的借记卡，具有转账结算、存取现金功能；储值卡是发卡银行根据持卡人要求将其资金转至卡内存储，交易时直接从卡内扣

款的预付钱包式借记卡。

另外,银行卡按币种不同可分为人民币卡和外币卡;按发行对象不同分为单位卡和个人卡;按信息载体不同分为磁条卡和芯片(IC)卡。

发卡行对准贷记卡和借记卡(不包括储值卡)账户内的存款,按照我国央行规定的同期同档次存款利率及计息办法计付利息;发卡银行对贷记卡账户内的存款、储值卡(含 IC 卡的电子钱包)内的币值不计付利息。

二、信用卡的概念

信用卡是指商业银行向个人和单位发行的,凭以向特约单位购物、消费和向银行存取现金,且具有消费信用的特制载体卡片。信用卡应载明如下信息:卡名、卡号、持卡人姓名、有效期、信用额度等。信用卡广泛运用于支付结算,具有"电子货币"功能。

信用卡按使用对象分为单位卡和个人卡;按信誉等级分为金卡和普通卡;根据结算方式不同可分为贷记卡和借记卡;按持卡人在同一结算账户中的地位可分为主卡和附属卡。

三、信用卡的基本规定

(1) 商业银行(包括外资银行、合资银行)、非银行金融机构未经中央银行批准不得发行信用卡。非金融机构、境外金融机构的驻华代表机构不得发行信用卡和代理收单结算业务。

(2) 凡在中国境内金融机构开立基本存款账户的单位可申领单位卡。凡具有完全民事行为能力的公民可申领个人卡。

(3) 单位卡账户的资金一律从其基本存款账户转账存入,不得交存现金,不得将销货收入的款项存入其账户。单位卡一律不得支取现金,不得用于 10 万元以上商品交易、劳务供应款项的结算。

(4) 个人卡账户的资金以其持有的现金存入或以其工资性款项及属于个人的劳动报酬收入转账存入。严禁将单位的款项存入个人卡账户。

(5) 信用卡只限于合法持卡人本人使用,持卡人不得出租或转借信用卡。

(6) 金卡最高透支额不得超过 1 万元,普通卡最高透支额不得超过 5000 元。透支期限最长为 60 天。信用卡透支利息,自签单日或银行记账日起 15 日内按日息万分之五计算;超过 15 日按日息万分之十计算;超过 30 日或透支金额超过规定限额的,按日息万分之十五计算。透支计息不分段,按最后期限或者最高透支额的最高利率档次计息。

(7) 持卡人使用信用卡不得发生恶意透支。恶意透支是指持卡人超过规定限额或规定期限,并且经发卡银行催收无效的透支行为。

(8) 信用卡丧失,持卡人应立即持本人身份证件或其他有效证明,并按规定提供有关情况,向发卡银行或代办银行申请挂失。发卡银行或代办银行审核后办理挂失手续。

四、信用卡发行的核算

(一)单位信用卡的发行

单位申领信用卡,应按规定填写"信用卡申请表",连同有关资料一并交发卡银行。发卡行审核同意后,应及时通知申请人前来办理领卡手续,并按规定向其收取备用金和手续费，申请人从其基本存款账户支付以上款项。

1. 申请人已在发卡行开立基本存款账户

申请人接到办卡通知，其在发卡行开户的，应填制转账支票及三联进账单交给银行。发卡行经办人员审查无误后，支票作借方凭证，第二联进账单作贷方凭证，并另填制一联特种转账贷方凭证作收取手续费贷方凭证。其会计分录为

借：吸收存款——活期存款(××单位户)
　　贷：吸收存款——银行卡存款(××单位户)
　　　　手续费及佣金收入

发卡行经办人员将第二联进账单加盖转讫章作回单交给申请人。

2. 申请人未在发卡行开立基本存款账户

申请人未在发卡行开户的，应填制转账支票及两联进账单交银行。发卡行审查无误后，填制一联收取手续费的特种转账贷方凭证，转账后，将支票通过票据交换交申请人基本存款账户的开户行。其会计分录为

借：清算资金往来——信用卡清算
　　贷：吸收存款——银行卡存款(××单位户)
　　　　手续费及佣金收入

(二)个人信用卡的发行

个人申领信用卡，申领手续同单位卡。申请人交存现金的，银行收妥后，填制现金收入传票，发给其信用卡。其会计分录为

借：库存现金
　　贷：吸收存款——银行卡存款(××户)
　　　　手续费及佣金收入

申请人转账办卡的，应填制转账支票及进账单交给银行。发卡行经办人员审查无误后，支票作借方凭证，第二联进账单作贷方凭证，并另填制一联特种转账贷方凭证作收取手续费贷方凭证。其处理手续与单位卡在发卡行开户手续相同。

银行收妥款项后即可办理信用卡发卡手续，在发卡清单上记载领卡人身份证号码，登记"信用卡账户开销户登记簿"。

五、信用卡存取现金的核算

单位卡一律不能存取现金，这里只介绍个人卡存取现金的处理。持卡人凭信用卡存取现金时，银行应认真审查信用卡的真伪及有效期限；核对信用卡号码是否为已付卡的号码；核对当面签字与预留签字是否一致。审查无误后，办理存取款手续。

(一)同城存取现金的核算

1. 存入现金的核算

持卡人凭信用卡存入现金时，银行经审查无误后，压制一式四联的存款单，第一联为回单，第二联为贷方凭证，第三联为贷方凭证附件，第四联为存根。

(1) 持卡人在发卡行直接存入现金的，由持卡人在存款单上签名，并应核对其签名与

信用卡签名是否相符；如为持卡人的代理人交存现金的，应由代理人签名，审核无误后办理收款手续。其会计分录为

借：库存现金
　　贷：吸收存款——应解汇款(××户)
借：吸收存款——应解汇款(××户)
　　贷：吸收存款——银行卡存款(××户)

第一联存款单交持卡人，第四联存款单留存。

(2) 持卡人如在非发卡行存入现金，则收存行收存现金后，其会计分录为

借：库存现金
　　贷：吸收存款——应解汇款(××户)

记账后，应将第二联存款单通过票据交换交给发卡行。其会计分录为

借：吸收存款——应解汇款(××户)
　　贷：清算资金往来——信用卡清算

发卡行收到划来款项，其会计分录为

借：清算资金往来——信用卡清算
　　贷：吸收存款——银行卡存款(××户)

2. 支取现金的核算

持卡人凭信用卡支取现金，需填制取现单并应提交身份证件，银行应审查：信用卡的真伪及有效期；持卡人身份证件的照片或卡片上的照片是否与其本人相符；该信用卡是否为止付卡。审查无误后，在取现单上办理压卡取现金额、身份证件号码等，由持卡人签名并核对其签名与信用卡签名是否一致，与身份证的姓名是否相同。持卡人取现超过规定限额的应办理授权，并将授权号填入取现单。取现单一式四联，各联分别为回单、借方传票、贷方传票附件和存根。

凭信用卡支取现金的会计分录与凭信用卡存入现金的会计分录相反，这里不再详述。

(二)异地存取现金的核算

持卡人持异地发卡行发行的信用卡存入和支取现金时，经办行应按规定标准收取手续费，并将手续费额填在存款单和取现单上。

经办行对持卡人持异地发卡行发行的信用卡支取现金的，以取现单代传票，并另行填制传票收取手续费。在支付现金并收取手续费后，其会计分录为

借：联行往账
　　贷：吸收存款——应解汇款(××户)
借：吸收存款——应解汇款(××户)
　　贷：库存现金
　　　　手续费及佣金收入

取现单的有关联随划款报单寄发卡行。发卡行收到划款报单后，转账的会计分录为

借：吸收存款——银行卡存款(××户)
　　贷：联行来账

如为异地存入现金，各行的会计分录相反。

六、凭信用卡直接消费的核算

持卡人凭信用卡在同城或异地直接消费时,需填制签购单,由特约单位填制进账单及汇计单与签购单一并送存银行,经办行应向特约单位收取手续费。

银行对特约单位提交的凭证应认真审查:签购单及其压印的内容是否为本行可受理的信用卡;签购单上有无持卡人签名、身份证件号码、特约单位名称和编号;签购单的小写金额是否与大写金额相符;签购单上压印的信用卡有效期限是否在有效期内;超过规定交易限额的,有无授权号;汇计单和签购单的内容是否一致,汇计单、签购单和进账单的结计金额是否正确;手续费计算是否正确。审查无误后处理账务。

汇计单一式三联,第一联为交费收据,第二联为贷方凭证附件,第三联为存根。签购单一式四联,第一联为回单,第二联为借方凭证,第三联为贷方凭证附件,第四联为存根。

(一)收款人、持卡人在同一行处开户

第一联进账单作收账通知与第一联汇计单作交费依据,退交特约单位;第二联进账单作特约单位存款账户的转账贷方传票,第三联签购单作附件;填制一联手续费收入科目特种转账贷方传票,第二联汇计单作附件;第二联签购单作借方传票;汇计单第三联、签购单第四联留存。其会计分录为

借:吸收存款——银行卡存款(××户)
　　贷:吸收存款——××存款(特约单位户)
　　　　手续费及佣金收入

(二)收款人、持卡人在同城不同行处开户

收款人开户行以第二联进账单作为贷方凭证,第三联签购单作附件;填制一联手续费收入的特种转账贷方传票,第二联汇计单作附件;将第二联签购单加盖业务公章后连同汇计单的第三联向持卡人开户行提出交换。其会计分录为

借:清算资金往来——信用卡清算
　　贷:吸收存款——××存款(特约单位户)
　　　　手续费及佣金收入

持卡人开户行的会计分录为

借:吸收存款——银行卡存款(××户)
　　贷:清算资金往来——信用卡清算

(三)收款人、持卡人不在同城开户

1. 持卡人开户行为异地同一系统银行

收款人、持卡人在不同城市同一系统银行开户,收款人开户行以第二联进账单作为贷方凭证,第三联签购单作附件;填制一联手续费收入的特种转账贷方传票,第二联汇计单作附件;将第二联签购单加盖业务公章、汇计单的第三联连同联行借方报单寄往持卡人开户行。其会计分录为

借:联行往账
　　贷:吸收存款——××存款(特约单位户)

手续费及佣金收入

持卡人开户行收到联行寄来的报单及签购单、汇计单，应认真审核，审核无误后，以第二联签购单作为借方凭证，办理转账。其会计分录为

借：吸收存款——银行卡存款(××户)
　　贷：联行来账

2. 持卡人开户行为异地跨系统银行

持卡人开户行为异地跨系统银行，收款人开户行应向其所在地的跨系统发卡行的通汇行提出票据交换，由通汇行转入持卡人开户行。其会计分录为

借：清算资金往来——信用卡清算
　　贷：吸收存款——××存款(特约单位户)
　　　　手续费及佣金收入

通汇行接到交换来的签购单、汇计单随联行报单寄往持卡人开户行。其会计分录为

借：联行往账
　　贷：清算资金往来——信用卡清算

持卡人开户行收到联行寄来的联行报单及签购单、汇计单，应认真审核，审核无误后，以第二联签购单作为借方凭证，办理转账。其会计分录为

借：吸收存款——银行卡存款(××人户)
　　贷：联行来账

七、贷记卡使用额度及准贷记卡透支本金的处理

(一)贷记卡使用额度的处理

1. 持卡人使用额度的处理

借：贷款——其他贷款——贷记卡实际使用额度(××持卡人)
　　贷：××科目

2. 还款的处理

持卡人还款时，发卡行按各种费用、利息、取现金额、消费额的顺序扣款。扣除各种费用、利息后的剩余款项，分以下情况进行处理。

(1) 剩余款项小于或等于实际使用额度时

借：××科目
　　贷：贷款——其他贷款——贷记卡实际使用额度(××持卡人)

(2) 剩余款项大于实际使用额度时

借：××科目
　　贷：贷款——其他贷款——贷记卡实际使用额度(××持卡人)
　　　　吸收存款——信用卡存款——单位(个人)贷记卡存款(××持卡人)

3. 收取滞纳金、超限费的处理

此时打印业务收费凭证，收费凭证回单交持卡人。

借：库存现金或其他科目

　　　　贷：营业外收入——罚款收入

(二)准贷记卡透支的处理

1. 透支处理

(1) 如果信用卡存款账户为贷方余额，则透支时会计分录为

借：吸收存款——信用卡存款——单位(个人)卡存款(××持卡人)

　　贷款——其他贷款——信用卡透支(××持卡人)

　　贷：库存现金或其他科目

(2) 如果信用卡存款账户为借方余额，或其余额为零，则透支时会计分录为

借：贷款——其他贷款——信用卡透支(××持卡人)

　　贷：库存现金或其他科目

2. 偿还透支的处理

此时，发卡行扣除应收利息、催收贷款利息和当期利息后，剩余款项偿还透支本金。

借：库存现金或其他科目

　　贷：贷款——其他贷款——信用卡透支(××持卡人)

　　　　吸收存款——信用卡存款——单位(个人)卡存款(××持卡人)

储蓄卡等借记卡可视为存款卡，其核算可参照存款业务和信用卡业务的有关规定处理，这里不再赘述。

本章小结

在市场经济条件下，货币结算可分为现金结算和转账结算两种。现金结算是收、付款双方直接以现金进行清算，是货币作为流通手段的表现；而转账结算则是通过银行将款项从付款单位账户划转到收款单位账户的货币收付行为，表现为各存款账户之间的资金转移。

国内转账结算办法体系，主要有"三票、三式、一卡、一证"。"三票"是指支票、汇票和银行本票三种票据，其中汇票又分为银行汇票和商业汇票；"三式"是指汇兑、托收承付和委托收款三种结算方式；"一卡"是指银行卡；"一证"是指国内信用证。

复习思考题

一、基本概念

支票　银行本票　银行汇票　商业汇票　银行卡　汇兑　委托收款　托收承付　国内信用证　商业承兑汇票　银行承兑汇票

二、判断题

1. 托收承付验单付款的承付期为 10 天。　　　　　　　　　　　　　　　　(　　)

2. 在同城范围内，收款人收取公用事业费，经收付双方签订经济合同，并由付款人向开户银行授权，经开户银行同意，报经人民银行批准的可以使用的结算方式是委托收款。

(　　)

3. 在银行开立存款账户的法人以及其他组织之间，必须具有真实的交易关系或债权债务关系，才能使用银行汇票。（ ）
4. 银行本票的提示付款期限自出票日起最长不得超过1个月。（ ）
5. 根据购销合同由收款人发货后委托银行向异地付款人收取款项，由付款人向银行承认付款的结算方式是托收承付。（ ）

三、简答题

1. 什么是支付结算？支付结算的原则是什么？
2. 支付结算的核算程序包括哪些内容？
3. 异地支付结算包括哪几种？同城支付结算包括哪几种？同城异地均可使用的结算方式又包括哪几种？
4. 银行汇票与银行承兑汇票有什么区别？
5. 托收承付与委托收款有什么异同点？

四、业务题

1. 练习支票业务的核算，编制相关会计分录。

(1) ××百货商店提交进账单金额14 750元，化工厂签发的转账支票金额6270元，纺织厂签发的转账支票金额800元，印刷厂签发的转账支票金额7680元(以上单位均在本行开户)，经审查无误，办理转账。

(2) 收到在本行开户的化肥厂提交的该单位签发的转账支票，需向同城异系统开户的××公司支付金额75 600元，经审查无误，办理转账。

(3) 收到纺织厂(在本行开户)提交进账单及百货公司(在异地同系统开户)签发的转账支票，金额6150元，审查无误，经票据交换后，按正常手续入账。

2. 练习银行本票的核算，编制相关会计分录。

(1) 收到百货商店(在本行开户)申请书一份，要求从其存款中换取10 000元的银行本票，银行审查后予以办理。

(2) 接到××商场(在本行开户)送来的一张银行本票和进账单有关联，金额为5000元，系本行签发的，审核无误，办理兑付手续，作出会计分录。

(3) 个体户陈某向本行提交银行本票一张，金额1200元，上填"现金"字样，系同城他行签发的，经审核符合支付手续，办理兑付。

(4) 纺织厂(在本行开户)提交一张过期银行本票和进账单，要求退款，金额5000元，经审核无误，予以办理。

(5) 经票据交换提入本行签发的银行本票86 000元，审查无误，办理转账。

3. 练习银行汇票的核算，编制相关会计分录。

(1) ××百货商场提交银行汇票委托书一份，金额3500元，系支付异省某市东方大厦的货款，审核无误，予以办理。

(2) 收到机械制造厂交来汇票联及解讫通知联和进账单，系异地同系统银行开户单位的制药厂购买该公司机械配件款52 500元，款项如数收入该厂账户并通知对方行。

(3) 收款人王某提交本行解付的银行汇票一份，金额20 000元。经审核，汇票符合规定，并在有关栏目内注明"现金"字样，当即办理支款手续，作出会计分录。

(4) 收到异地划来的借方报单及所附的银行汇票解讫通知联，汇票金额 50 000 元，实际结算金额 46 800 元，经核对确系本行签发汇票，当即办理结清手续，将多余金额转入签发单位工业品公司账户，作出会计分录。

4. 练习商业汇票的核算，并编制相关会计分录。

(1) 本行开户的家用电器公司承兑的商业汇票本日到期，金额 14 500 元；收到异省收款单位××空调有限公司开户行寄来的有关凭证，经审核无误，办理划款手续。

(2) 2 月 5 日，县机械厂开出收款单位为乙县机床厂的 5 月 15 日到期的商业汇票一张，金额 150 000 元，当日向开户行申请承兑，经银行审查同意承兑，并按规定比例收取手续费。

(3) 机械厂在汇票到期日(5 月 15 日)营业开始账户上的余额只有 100 000 元，不足部分由承兑银行垫付。

(4) 5 月 16 日收到乙县支行的委托收款凭证及所附的银行承兑汇票，审核无误，办理款项划转。

(5) 5 月 20 日机械厂存款账户余额足够归还银行垫付的银行承兑汇票款，银行主动办理扣收，并按每日万分之五计收罚息。

5. 练习汇兑业务的核算，编制相关会计分录。

(1) 开户单位玻璃厂提交一式四联的信汇凭证，向异地同系统银行开户单位纤维厂汇原料款 56 000 元，审查无误，当即受理。

(2) 王某提交一式三联的电汇凭证连同现金 2000 元，向异地李某汇款。审查无误，当即受理，作出会计分录。

(3) 收到异地支行填发的全国联行邮划贷方报单及第三联、第四联信汇凭证，金额 18 000 元。收款人是在本行开户的纺织厂，审查无误受理。

(4) 收到异地支行拍发的划款电报，金额 3000 元，注明"现金"字样；收款人刘某，经通知于当日来行取现，审查无误，当即受理。

(5) 收到异地支行拍发的电报，收款人赵某，注明"现金"字样，用途为采购款，金额 5600 元，留行待取，审查无误，办理转账。当日赵某持一式四联信汇凭证及本人身份证件，来行要求转汇异省某市，审查无误，当即受理。

6. 练习委托收款的核算，编制相关会计分录。

(1) ××贸易公司(本行开户)与异地××百货商场签订合同，将一批货物发运××百货商场，取得发运证明，货款 2460 元，代垫运费 28.80 元，包装费 32.20 元。

(2) ××贸易公司持发货清单及费用单据来行办理委托收款，审核无误，当即进行处理，寄发凭证给异地支行。

(3) 异地支行收到有关凭证单据后，随即进行处理，通知××百货商场付款。并在付款期满后，将委托收款金额全部划转××贸易公司开户行。作出付款的会计分录。

(4) ××贸易公司开户行收到异地支行划转的委托收款凭证及报单，当时将款项收入××贸易公司账户，作出会计分录。

7. 练习托收承付的核算，编制相关会计分录。

(1) 承付期满，本行开户的付款单位化肥厂向异地化工厂支付货款 160 000 元，当即办理转账。

(2) 收到异地拍发的划款电报，金额 156 000 元，是在本行开户的造纸厂的托收款项，审查无误，办理转账。

(3) 根据玻璃厂的要求，将昨天收到的异地化工厂的托收承付结算凭证，金额 180 000 元，提前承付，审查无误，当即办理转账。

(4) 承付期内，尼龙厂提交一式四联的部分拒付理由书，拒付异地机械厂货款 56 000 元，同时承付 68 000 元，审查无误，办理转账。

(5) 付款期内，纺织厂提交多付款理由书，要求对异地机械厂的托收款金额 220 000 元，多付 30 000 元，当即办理转账。

第七章 系统内联行往来业务核算

【学习要点及目标】

- 了解联行往来的意义、管理体制、基本做法。
- 了解电子联行条件下办理联行往来业务的账务处理,包括汇划款项业务的核算、汇差资金清算的核算。
- 熟悉手工条件下办理联行往来业务的账务处理,包括汇划款项业务的核算、汇差资金清算的核算。
- 掌握中央银行现代化支付系统的核算。

【核心概念】

联行　资金汇划清算系统　现代化支付系统　联行往来

【引导案例】

中央银行会计和国库核算系统切换

中央银行会计集中核算系统(ABS系统)和国家金库会计核算系统(TBS系统)直接关系着国家财政支付和金融运行稳定,是人民银行的两大核心业务系统。2012年5月6日,人民银行ABS、TBS应急切换演练在全国范围开展。上午9时,总行ABS、TBS系统应急切换演练指挥中心向所有参演单位发出演练开始指令,全国地市以上ABS节点341个,县以上TBS节点1913个立即开展切换演练。下午6时,所有参演单位向总行报告完成应急切换演练并顺利回切主机。

这次系统切换,可以促进建立健全应急体系,加强应急管理,提高预防和处置突发事件的能力和水平,对重要系统和设备进行检测并做好记录,及时消除隐患,确保网络、信息安全。

(资料来源:李晓梅. 金融企业会计[M]. 4版. 北京:首都经济贸易大学出版社,2015)

【案例导学】

系统内往来是指同一银行系统内各行处之间由于办理支付结算、资金调拨等业务,相互代收、代付而发生的资金账务往来,包括商业银行系统内往来和中国人民银行系统内往来。系统内往来是银行不同行处之间资金账务往来的基础,各商业银行之间的跨系统往来往往需要借助于系统内往来实现。我国目前已经运行了现代化的电子系统来实现系统内往来业务。中央银行和各商业银行分别建立了各自的联行系统,凡是参加全国联行往来的行处,须有经总行核准颁发的全国联行行号和联行专用章,并按总行制定的全国联行往来制度办理,由总行负责监督结清。我国全国联行往来的基本做法主要包括直接往来、分别核算、集中监督、分散核对、年度结清、汇差资金划拨等内容。

第一节 商业银行系统内往来业务的核算

一、商业银行系统内往来业务概述

单位、个人在社会经济活动中所发生的商品交易、劳务供应和资金调拨等经济往来款项,绝大部分都需要通过商业银行办理转账结算来实现收付款双方之间的货币给付与资金清算。商业银行在办理转账结算业务时,除收付款双方在同一行处开户可由同一行处办理外,其余都要在两个不同的行处之间进行。若这两个行处属于同一个银行系统(即共同隶属于一个总行),则它们之间的资金账务往来称为系统内往来。

(一)商业银行系统内往来业务的含义和意义

商业银行系统内往来业务又称联行往来业务。同一商业银行系统内各行、处之间彼此互称联行。联行之间因支付结算业务、内部资金调拨而引起的资金账务往来业务称为联行往来业务。与联行相对,人们习惯上把不同系统的金融机构称为同业。

目前,我国有中国人民银行、中国工商银行、中国农业银行、中国建设银行、中国银行、交通银行六大联行系统。现行联行管理模式是各家银行自成系统,包括各联行系统内资金往来与清算、联行系统的建设、联行往来操作程序及其联行往来核算方法等,均由各系统自行制定执行。各联行系统内的分支机构应由总行批准,统一编制系统内联行行号,纳入联行往来业务网络管理体系,才可具备联行资格。其他银行因尚未形成各自的分支机构网络而不能构成联行系统的,其联行业务委托上述银行代理。

传统的联行往来体系与商业银行的组织管理体系相适应,采用"统一领导,分级负责"的管理制度,包括全国联行往来、分行辖内往来和支行辖内往来三级,分别由各总行、分行、支行进行管理。随着计算机网络技术和现代通信技术的发展,各银行联行往来的核算系统不断更新,电子联行往来得到普及,其资金汇划速度不断提高,使传统的三级管理体制转向了总行集中处理方式。本节主要讲解以电子联行往来为基础的系统内资金汇划业务的核算。

(二)系统内往来的组织体制

银行系统内资金往来业务的处理以银行的组织体系为基础,根据"统一领导,分级管理"的原则,实行业务分级处理、分级负责、分行管理。根据处理业务所涉及的行、处范围,系统内银行资金往来体制可分为以下三个部分。

1. 全国联行往来

全国联行往来是同一银行经营管理的各级行、处在全国范围跨省、自治区、直辖市、计划单列市行、处之间进行资金账务往来。按照规定,参加全国联行往来业务的行、处经由总行批准,执行由总行颁发的全国联行行号、联行专用章及联行制度,并由各银行总行负责监督管理及清算。

2. 分行辖内往来

分行辖内往来是同一省、自治区、直辖市内各行、处之间的资金账务往来。因此,分行辖内往来由各银行省、自治区、直辖市的一级分行进行管理。经由各一级分行批准的参加分行辖内资金往来业务的行、处，使用本级联行行号和联行专用章，必须执行各分行制定的分行辖内往来制度，并由各一级分行监督管理。

3. 支行辖内往来

支行辖内往来是同一市、县内各行、处之间的资金账务往来。因此，支行辖内往来由各支行负责管理，进行支行辖内往来业务的行、处执行由分行批准的各支行制定的支行辖内往来制度，使用辖内联行行号和联行专用章。

二、系统内资金汇划与清算的核算

(一)业务范围与处理流程

1. 业务范围

资金汇划清算系统承担汇兑、托收承付、委托收款(含商业汇票、国内信用证、储蓄委托收款等)、银行汇票、银行卡、储蓄旅行支票、内部资金划拨、其他经总行批准的款项汇划及其资金清算，对储蓄、银行卡异地通存通兑业务的资金清算，同时办理有关的查询、查复业务。

2. 业务处理流程

资金汇划清算系统由汇划业务经办行(简称经办行)、清算行、省区分行及总行清算中心组成，各行间通过计算机网络连接。

(1) 经办行就是办理结算和资金汇划业务的行处。汇划业务的发生行为发报经办行，汇划业务的接收行为收报经办行。

(2) 清算行就是在总行清算中心开立备付金存款账户的行，各直辖市分行和二级分行(包括省区分行营业部)均为清算行，清算行负责办理辖属行处汇划款项的清算。

(3) 省区分行也在总行清算中心开立备付金户，但不用于汇划款项的清算，只用于办理系统内资金调拨和内部资金利息的汇划。

(4) 总行清算中心主要是办理系统内各经办行之间的资金汇划、各清算行之间的资金清算及资金拆借、账户对账等账务的核算与管理。

资金汇划清算系统的基本操作程序是：各发报经办行根据发生的结算等资金汇划业务录入数据，全部及时发送至发报清算行；发报清算行将辖属各发报经办行的资金汇划信息传输给总行清算中心；总行清算中心将发报清算行传输来的汇划数据及时传输给收报清算行；收报清算行当天或次日将汇划数据传输给收报经办行，从而实现资金汇划业务。其中，清算行处于信息中转的地位，既要向总行清算中心传输发报经办行的汇划信息，又要向收报经办行传输总行清算中心发来的汇划业务信息，资金汇划的出口、入口均反映在清算行，使其可以控制辖属经办行的资金汇划与清算。资金汇划流程如图7-1所示。

(二)系统内电子汇划与资金清算的基本做法

资金汇划清算系统的基本做法是：实存资金，同步清算，头寸控制，集中监督。

(1) 实存资金，是指以清算行为单位在总行清算中心开立备付金存款账户，用于汇划款项时资金清算。

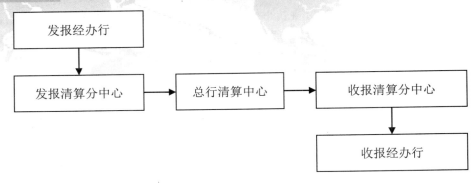

图 7-1　系统内异地电子汇划业务流程图

(2) 同步清算,是指当发报经办行通过其清算行经总行清算中心将款项汇划给收报经办行的同时,总行清算中心每天根据各行汇出、汇入资金情况,从各该清算行备付金账户付出资金或存入资金,从而实现各清算行之间的资金清算。

(3) 头寸控制,是指各清算行在总行清算中心开立的备付金存款账户,保证足额存款,总行清算中心对各行汇划资金实行集中清算。清算行备付金存款不足,二级分行可向管辖省区分行借款,省区分行和直辖市分行、直属分行头寸不足可向总行借款。

(4) 集中监督,是指在资金汇划清算系统中,总行清算中心对汇划往来数据发送、资金清算、备付金存款账户资信情况和行际间查询、查复情况进行管理和监督。

(三)系统内电子汇划业务的会计科目

由于各银行业金融机构行内支付系统各自独立设计,虽然基本做法类似,但使用的备付金存款会计科目不尽相同。有些商业银行系统使用往来类科目,如"清算资金往来"或"电子汇划往来"等资产负债共同类科目,作为清算备付金之前的过渡科目。

1. "系统内上存款项"科目

"系统内上存款项"科目用于核算和反映各清算分中心存放在上级管辖行的清算(调拨)备付金。该科目为省(区)分行、直辖市分行、总行直属分行、二级分行使用,属于资产类科目。

2. "系统内款项存放"科目

"系统内款项存放"科目用于核算和反映总行、省(区)分行由下级行存放的清算(调拨)备付金存款。该科目为总行、各省(区)分行使用,属于负债类科目。

3. "辖内款项存放"科目

"辖内款项存放"科目用于核算和反映各分行由下级行或网点上存的备付金存款,该科目属于负债类科目。

4. "辖内上存款项"科目

"辖内上存款项"科目用于核算和反映辖内各支行或网点存放在上级行的备付金存款,该科目为资产类科目。

(四)系统内电子汇划业务的会计核算

1. 发报经办行

发报经办行受理客户汇兑、托收承付、委托收款(划款)业务,属于发出贷记业务。发报经办行对发出贷记业务的有关凭证审核无误后,办理转账手续,向发报清算行传输信息。其会计分录为

借:吸收存款——付款人户(或其他有关科目)
  贷:辖内上存款项(或其他科目)

发报经办行受理客户银行汇票代理兑付等业务,属于发出借记业务,其会计分录与发出贷记业务相反。

发报经办行对客户提交的支付凭证进行账务处理后,作为电子汇划借方或贷方报单的附件。

2. 发报清算分中心

发报清算分中心的主要任务是将各发报经办行传输来的全国汇划业务实时上传至总行清算中心。对于辖属经办行传输来的辖内汇划款项业务,应及时转发给收报经办行。

(1) 系统内异地汇划业务。对于异地汇划业务,发报清算分中心的计算机自动进行账务处理,更新在总行开立的备付金存款账户余额,并将汇划信息传输至总行清算中心,然后转发收报清算分中心。收到发报经办行贷记支付业务的会计分录为

借:辖内款项存放——发报经办行户
  贷:系统内上存款项——上存总行备付金户

对于借记支付业务,会计分录相反。

(2) 系统内辖属经办行之间的资金汇划业务。此时,发报清算分中心同时承担了收报清算分中心的责任,应将汇划款项转发辖属的收报经办行。贷记支付业务的会计分录为

借:辖内款项存放——发报经办行户
  贷:辖内款项存放——收报经办行户

对于借记支付业务,会计分录相反。

3. 总行清算中心

总行清算中心收到各发报清算分中心传来的汇划业务数据,经计算机系统自动登记后,将款项传送至各收报清算分中心。每日营业终了,总行清算中心更新各清算分中心在总行开立的备付金存款账户余额。贷记支付业务的会计分录为

借:系统内款项存放——发报清算分中心户
  贷:系统内款项存放——收报清算分中心户

对于借记支付业务,会计分录相反。

在日终处理结束后,计算机生成总行清算中心的电子汇划往来汇总报单、电子汇划日报表和相应对账信息,下发分中心及经办行对账。

4. 收报清算分中心

收报清算分中心收到总行清算中心传来的汇划业务数据,计算机系统自动检测收报经办行是否为辖属行处,核押无误后自动进行账务处理。接收电子汇划贷记支付业务信息的会计分录为

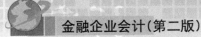

借：系统内上存款项——上存总行备付金户
  贷：辖内款项存放——收报经办行户

接收借记支付业务信息的会计分录相反。

在日终处理结束后，由计算机生成各清算分中心的汇总报单、日报表及各类对账单，打印核对无误后，结束当日汇划业务。

收报清算分中心对于实时业务即时处理并传至收报经办行，批量业务处理后次日传至收报经办行。处理方式有集中式和分散式两种。

在集中式处理方式下，清算分中心作为业务处理中心，负责辖内汇划收报的集中处理及汇出汇款、应解汇款等内部账务的集中管理。收到总行清算中心传来的实时电子汇划数据后，即时代辖属经办行记账；收到总行清算中心传来的批量电子汇划数据后，日终进行挂账处理，次日待经办行确认后记账。

在分散式处理方式下，收报清算分中心收到总行清算中心传来的电子汇划数据后，均传至收报经办行处理。实时的电子汇划数据要即时传至收报经办行记账。批量电子汇划数据由收报清算分中心挂账，次日待收报经办行确认后传至收报经办行记账。

5. 收报经办行

收报经办行接收到收报清算分中心传来的批量、实时汇划业务信息后，打印报单，并自动进行账务处理。贷记支付业务的会计分录为

借：辖内上存款项
  贷：吸收存款——收款人户(或其他有关科目)

借记支付业务的会计分录相反。

(五)系统内电子汇划清算的会计核算

各清算分中心在总行清算中心开立备付金账户，在"系统内上存款项"科目核算，然后通过中国人民银行将款项汇入总行清算中心，具体手续是：根据资金营运部门的资金调拨单，填制中国人民银行电(信)汇凭证，通过中国人民银行汇入总行清算中心。其会计分录为

借：其他应收款——待处理汇划款项户
  贷：存放中央银行款项——准备金存款户

待总行清算中心收到后，由系统自动作账务处理。其会计分录为

借：系统内上存款项——上存总行备付金存款户
  贷：其他应收款——待处理汇划款项户

总行清算中心收到各清算行和省(区)分行上存的备付金后，应于当日通知有关清算行并进行账务处理，通过"系统内款项存放"科目核算。其会计分录为

借：存放中央银行款项——准备金存款户
  贷：系统内款项存放——××分行备付金存款户

二级分行在管辖省(区)分行开立备付金账户，也就是通过中国人民银行汇入省(区)分行的，其处理手续同上。

支行在管辖省(区)分行开立备付金存款账户，通过"辖内上存款项"和"辖内款项存放"科目核算，具体处理手续同上。通过中国人民银行汇入省(区)分支行的会计分录为

借：其他应收款——待处理汇划款项户
　　　贷：存放中央银行款项——准备金存款户

待省(区)分行收到后，由系统自动进行账务处理。其会计分录为

借：辖内上存款项——上存分行备付金存款户
　　　贷：其他应收款——待处理汇划款项户

省(区)分行收到各支行上存的备付金后，当日通知有关支行并进行账务处理。其会计分录为

借：存放中央银行款项——准备金存款户
　　　贷：辖内款项存放——××支行备付金存款户

各行在上级行出现头寸不足时，应通过中国人民银行及时补足备付金存款。

第二节　现代化支付系统的核算

一、我国现代化支付系统概述

中国现代化支付系统是中国人民银行按照我国支付清算的需要，利用现代计算机技术和通信网络开发建设的，能够高效、安全处理各银行办理的异地、同城各种支付业务及其资金清算和货币市场交易的资金清算的应用系统。它是各银行和货币市场的公共支付清算平台，是中国人民银行发挥其金融服务职能的重要核心支持系统。中国人民银行通过建设现代化支付系统，逐步形成了一个以中国现代化支付系统为核心，以商业银行行内系统为基础，各地同城票据交换所并存，支撑多种支付工具的应用和满足社会各种经济活动支付需要的支付清算体系。

(一)现代化支付系统的应用系统

中国现代化支付系统由两个业务应用系统和两个辅助支持系统组成。两个业务应用系统是大额实时支付系统和小额批量支付系统，两个辅助支持系统是清算账户管理系统和支付管理信息系统。

大额实时支付系统采取逐笔实时方式处理支付业务，全额清算资金。该系统处理同城和异地、商业银行跨行之间和行内的各种大额贷记及紧急的小额贷记支付业务，处理中国人民银行系统的各种贷记支付业务，处理债券交易的即时转账业务。

小额批量支付系统采取批量发送支付指令，轧差净额清算资金。该系统处理同城和异地纸凭证截留(除支票)的商业银行跨行之间的定期借记支付业务，中央银行会计和国库部门办理的借记支付业务，以及每笔金额在规定起点以下的各种小额贷记支付业务等。

为了集中存储和管理清算账户，处理大额实时支付业务和小额批量支付业务的资金清算，以及中央银行办理现金存取、再贷款和再贴现等单边业务，支付系统设计了清算账户管理系统，以此作为支付系统的辅助支持系统。同时，为保障支付系统的正常运行的时序控制，便于对支付信息和系统基础数据的管理、存储和统计监测，支付系统还设计了支付管理信息系统，也作为支付系统的辅助支持系统。

(二)现代化支付系统的参与机构

凡办理支付结算业务的银行、城市信用社、农村信用社以及其他特许机构,经中国人民银行批准,都可以作为现代化支付系统的参与者,通过该系统进行款项划拨与清算。现代化支付系统的参与者分为直接参与者、间接参与者和特许参与者。

直接参与者是指直接与支付系统城市处理中心连接并在中国人民银行开设清算账户的银行机构,以及人民银行地市级以上中心支行。

间接参与者是指未在人民银行开设清算账户而委托直接参与者办理资金清算的银行和非银行金融机构,以及人民银行县支行。

特许参与者是指经人民银行批准通过现代化支付系统办理特定业务的机构,如中央国债登记结算有限责任公司、中国银联股份有限公司等。

(三)现代化支付系统的体系结构

中国现代化支付系统建有两级处理中心,即国家处理中心(NPC)和全国 32 个(包括 31 个省会城市和深圳市)城市处理中心(CCPC)。NPC 分别与各 CCPC 连接。

各政策性银行、商业银行可利用行内系统通过作为直接参与者的省会城市的分支行与所在地的支付系统 CCPC 连接,也可由其总行与所在地的支付系统 CCPC 连接。同时,为解决中小金融机构结算和通汇难的问题,允许农村信用合作社自建通汇系统,比照商业银行与支付系统的连接方式处理;城市商业银行银行汇票业务的处理,由其按照支付系统的要求自行开发城市商业银行汇票处理中心,依托支付系统办理其银行汇票资金的移存和兑付的资金清算。

公开市场操作系统、债券发行系统、中央债券簿记系统作为特许参与者在物理上通过一个接口与支付系统 NPC 连接,处理其交易的人民币资金清算;外汇交易中心作为特许参与者与支付系统上海 CCPC 连接,处理外汇交易的人民币资金清算。

中央银行将其县支行的会计核算集中到地市中心支行,由地市中心支行的会计集中核算系统(ABS)作为直接参与者与支付系统 CCPC 远程接入;地市级及以上国家金库会计核算系统(TBS)作为直接参与者可以直接接入 CCPC,通过支付系统办理国库业务资金的汇划。

二、大额实时支付系统的核算

(一)大额实时支付系统的业务流程

大额实时支付系统由发起行、发起清算行、发报中心、国家处理中心、收报中心、接收清算行、接收行构成。该系统的信息传递从发起行发起,经发起清算行、发报中心、国家处理中心、收报中心、接收清算行,传至接收行止,其流程如图 7-2 所示。

发起行(发报行)是向发起清算行提交支付业务的参与者。

发起清算行(清算账户行)是向支付系统提交支付信息并在中国人民银行开设清算账户的直接参与者或特许参与者。发起清算行也可作为发起行向支付系统发起支付业务。

发报中心(城市处理中心,中国人民银行机构)是向国家处理中心转发发起清算行支付信息的城市处理中心。

国家处理中心(中国人民银行机构)是接收、转发支付信息,并进行资金清算处理的机构。

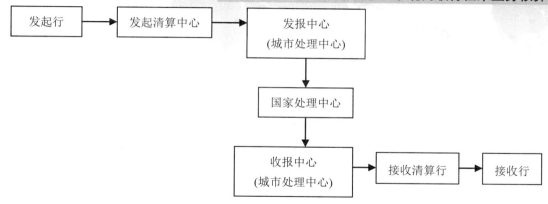

图 7-2　大额实时支付系统的业务流程

收报中心(城市处理中心,中国人民银行机构)是向接收清算行转发国家处理中心支付信息的城市处理中心。

接收清算行(清算账户行)是向接收行转发支付信息并在中国人民银行开设清算账户的直接参与者。

接收行(收报行)是从接收清算行接收支付信息的参与者。接收清算行也可作为接收行接收支付信息。

(二)大额实时支付系统的业务范围

大额实时支付系统主要处理同城和异地的金额在规定起点以上的大额贷记支付业务和紧急的小额贷记支付业务。贷记支付业务是指付款人委托其开户银行主动将款项划给收款人的业务。目前,大额实时支付系统贷记支付业务的金额起点为两万元,业务范围包括一般大额支付业务、即时转账业务和城市商业银行的银行汇票业务。

1. 一般大额支付业务

一般大额支付业务是由发起行发起,逐笔实时发往国家处理中心,在国家处理中心清算资金后,实时转发接收行的业务,主要包括汇兑、委托收款划回、托收承付划回、中央银行和国库部门办理的资金汇划等。

2. 即时转账业务

即时转账业务是由与国家处理中心直接连接的特许参与者(第三方)发起,通过国家处理中心实时清算资金后,通知被借记行和被贷记行的业务。目前,即时转账业务主要由中央债券综合业务系统发起。

3. 城市商业银行的汇票业务

城市商业银行的汇票业务是支付系统为支持中小金融机构结算和通汇而专门设计的,支持城市商业银行汇票资金移存和兑付的资金清算业务。

本章主要介绍一般大额支付业务的会计核算。

由于同一城市的同一商业银行分支机构只能在中国人民银行开设一个清算账户,所以清算账户行辖属机构之间的支付业务不能使用本支付系统。由于大额支付系统需要收费,一般商业银行对于非资金调拨的系统内往来业务也不通过大额支付系统处理。

(三) 大额实时支付系统的科目设置

1. 清算账户行(商业银行机构)的会计科目

(1) "大额支付系统往账待清算"科目。本科目核算清算账户行发出的支付业务以及代理下属机构发出的支付业务。清算账户行受理贷记支付业务时，贷记本科目；日终收到中国人民银行清算资金对账报文，其中所列往账总金额在借方时，借记本科目，贷记"存放中央银行款项"科目；往账总金额在贷方时，贷记本科目，借记"存放中央银行款项"科目。本科目余额通常在贷方，表示未发出款项。

(2) "大额支付系统来账待清算"科目。本科目核算清算开户行接收的支付业务以及代理下属机构接收的支付业务。清算账户行受理汇入贷记业务时，借记本科目；日终收到中国人民银行对账报文，其中所列来账总金额在贷方时，贷记本科目，借记"存放中央银行款项"科目；来账总金额在借方时，借记本科目，贷记"存放中央银行款项"科目。本科目余额通常在借方，表示未转账或未转发款项。

(3) "支付系统应付结算款项"科目。本科目核算各网点接收的来账中收款人账号、户名与本网点实际账号、户名不符的来账，由系统中等待手工解付的款项自动转入本科目，再由经办人员检查确认后手工处理。

(4) "支付系统手续费暂收款项"科目。本科目核算各网点办理支付业务的结算收费及划缴。当收取手续费时，借记"库存现金"或有关存款科目，贷记本科目；当划缴手续费时，借记本科目，贷记"库存现金"或"存放中央银行款项"等科目。

2. 城市处理中心和国家处理中心(中国人民银行机构)的会计科目

(1) 存款类科目。

城市处理中心和国家处理中心按参与大额实时支付系统的金融机构类别，分别设置"工商银行准备金存款""农业银行准备金存款""中国银行准备金存款""建设银行准备金存款""交通银行准备金存款""政策性银行准备金存款""其他商业银行准备金存款""城市信用社准备金存款""农村信用社准备金存款""其他金融机构准备金存款""外资银行准备金存款""外资其他金融机构准备金存款""其他存款"等存款科目。各准备金存款科目核算各金融机构存放中国人民银行的法定准备金和超额准备金。"其他存款"科目核算特许参与者用于清算的资金和支付业务收费的归集、划拨等。

此类科目的贷方核算各银行业金融机构在中国人民银行准备金存款的增加金额，借方核算各银行业金融机构在中国人民银行准备金存款的减少金额，余额通常在贷方。此类科目需按直接参与者(不包括中国人民银行机构)、特许参与者分设清算账户。

(2) 清算类科目。

① "大额支付往来"科目。本科目核算支付系统发起清算行和接收清算行通过大额支付系统办理的支付结算往来款项，余额轧差反映。年终，本科目余额全额转入"支付清算资金往来"科目，余额为零。

② "支付清算资金往来"科目。本科目核算支付系统发起清算行和接收清算行通过大额支付系统办理的支付结算汇差款项。年终，"大额支付往来"科目余额对清后，结转至本科目，余额轧差反映。

③ "汇总平衡"科目(国家处理中心专用)。本科目是为平衡国家处理中心代理中国人民银行各行(库)账务处理而设置的。该科目用于核算三类业务：发起行或接收行为中国人民

银行的不通过清算账户核算的支付清算业务，如国库资金汇划业务、中国人民银行会计营业部门自身汇划业务等；中国人民银行会计营业部门发起的只涉及一个清算账户的单边业务，如现金存取、缴存款、再贷款业务等；同城票据交换轧差净额的清算等业务。

(四)大额实时支付系统的会计核算

1. 发起行和发起清算行的核算

发起行按规定受理并审核有关支付业务凭证后，即可办理发送往账业务。发送往账业务涉及的业务类型通常包括汇兑、委托收款、托收承付、同业拆借、退汇、电子联行、国库资金汇划等。发送往账业务的商业银行可能是清算账户行，也可能是非清算账户行。

(1) 发起行为清算账户行(直接参与者)发出贷记业务。在支付结算业务中，贷记业务通常是本行客户付出款项给他行的开户单位。此类业务发起行的会计分录为

借：吸收存款——付款人户
　　贷：大额支付系统往账待清算

复核经办人员根据原始发报依据对报文复核无误后加编密押，若金额超出授权金额则等待授权，不需授权则联动发报交易，系统自动记账，打印"电子汇划贷方报单"。对于清算账户行本身的支付业务，在做复核发报或授权时，报文就已向大额支付系统发出。

(2) 发起行为非清算账户行(间接参与者)发出贷记业务。此时，发起行需要先通过商业银行的行内支付系统将款项转到发起清算行(清算账户行)，再由清算账户行通过大额支付系统转账。发起行向发起清算行发出贷记业务时，会计分录为

借：吸收存款——付款人户
　　贷：辖内上存款项(或其他科目)

复核经办人员根据原始发报依据对报文复核无误后加编密押，若金额超出授权金额则等待授权，不需授权则联动发报交易，系统自动记账，打印贷方报单。

发起清算行对于来自发起行的支付报文，由系统自动核押、接收。发起清算行对于发起行发来的贷记业务，将其转发大额支付系统，由系统自动记账。会计分录为

借：辖内款项存放(或其他科目)
　　贷：大额支付系统往账待清算

(3) 凭证及日终处理。发起行办理支付业务时，客户所提交的"电汇凭证""托收凭证"等均为发报依据，应作为电子汇划贷方报单的附件，而清算账户行的电子汇划往账报单则作为已发报凭证。

发起清算行对于所有已发出的支付业务，只有收到国家处理中心返回的"已清算"结果，才表示该笔业务发送成功。发起清算行业务系统接收中国人民银行前置机的"大额支付业务核对报文"，自动核对并销记"支付系统往来报单登记簿"，自动进行资金清算的账务处理。其会计分录为

借：大额支付系统往账待清算(往账总金额)
　　贷：存放中央银行款项(往账总金额)

根据大额支付系统"委托日期必须为当日"的要求，所有往账支付业务应当全部在当日营业终了之前发出。系统在营业时间结束后，将不再允许进行录入、发报的处理。因此，在营业终了前15分钟，应停止向系统内录入往账支付的业务。对于此后客户申请办理的汇兑等支付业务，应向客户说明该笔汇款将于下一个工作日发出，并在原始凭证上加盖"轧

次日"戳记。

2. 发报中心(城市处理中心)的核算

发报中心收到发起清算行发来的支付信息，确认无误后，逐笔加编全国密押，实时发送国家处理中心。

3. 国家处理中心的核算

国家处理中心收到发报中心发来的支付报文，经逐笔确认无误后，对于发起清算行、接收清算行均为商业银行的，其会计分录为

借：××银行准备金存款——××发起清算行户
　　贷：大额支付往来——人民银行××行(发报中心)户
借：大额支付往来——人民银行××行(收报中心)户
　　贷：××银行准备金存款——××接收清算行户

对于发起清算行和接收清算行中有一方为中国人民银行或双方均为中国人民银行机构的账务处理，这里不作介绍。

4. 收报中心(城市处理中心)的核算

收报中心接收国家处理中心发来的支付信息，经确认无误后，逐笔加编地方密押，实时发送接收清算行。

5. 接收清算行和接收行的核算

接收清算行的电子汇划系统接收大额支付系统前置机传送来的支付报文，系统进行自动清分，若收款人账号含有网点号，则直接将报文清分至收款人开户行；若账号为非标准账号，则以报文接收行行号为清分条件，将报文清分至接收行。支付报文通过电子汇划系统进行转发并记账，接收行收到账号、户名相符的支付报文，系统将自动登记客户分户账。

(1) 接收行为清算账户行，接收到贷记业务信息后，转至银行行内业务处理系统。其会计分录为

借：大额支付系统来账待清算
　　贷：吸收存款——收款人户

(2) 接收行为非清算账户行，需通过接收清算行借助行内支付系统电子汇划将款项划至接收行。接收清算行受理贷记业务，通过电子汇划将款项转至接收行时，其会计分录为

借：大额支付系统来账待清算
　　贷：辖内款项存放(或其他科目)

接收行根据支付报文，将贷记支付款项转至客户账户。其会计分录为

借：辖内上存款项(或其他科目)
　　贷：吸收存款——收款人户

(3) 对于账号、户名不相符的支付报文，或收款账户为内部账户的情况，汇入款项应先转入"支付系统应付结算款项"科目，然后经人工处理入账。其会计分录为

借：大额支付系统来账待清算(或电子汇划待转账)
　　贷：支付系统应付结算款项

经检查核实后，接收行办理人工转账。其会计分录为

借：支付系统应付结算款项
　　贷：吸收存款——收款人户

(4) 接收清算行的资金清算。接收清算行业务系统接收中国人民银行前置机的"大额支付业务核对报文"，自动核对并销记"支付系统往来报单登记簿"，自动进行资金清算的账务处理。其会计分录为

借：存放中央银行款项(来账总金额)
　　贷：大额支付系统来账待清算(来账总金额)

6. 大额支付系统结算收费的核算

凡通过大额支付系统办理转账支付业务的发起行，均需按规定的标准和实际发生的业务笔数，向中国人民银行缴付汇划费用。中国人民银行根据规定设置了不同业务类型和分时段按金额收费的标准，于每月月末前一天对上月月末至当日的业务进行计费，并在月末扣收。

(1) 发起行收取手续费。发起行在经办大额款项汇划业务时，即向客户扣收手续费。其会计分录为

借：吸收存款——付款人户(或库存现金)
　　贷：大额支付手续费暂收款项

(2) 中国人民银行向各清算账户行划收手续费，各清算账户行的会计分录为

借：大额支付手续费暂收款项(本行为发起行时收取的手续费)
　　贷：存放中央银行款项

(3) 各发起清算行向各发起行(非清算账户行)划收手续费后缴付中国人民银行。其会计分录为

借：辖内款项存放(或其他科目)
　　贷：存放中央银行款项

(4) 各发起行向其发起清算行结清暂收手续费时，其会计分录为

借：大额支付手续费暂收款项
　　贷：辖内上存款项(或其他科目)

7. 国家处理中心年终账务结转

(1) "大额支付往来"科目的结转。在各年度最后一个工作日，国家处理中心完成日终试算平衡，并将日终账务信息下载后，立即将"大额支付往来"科目余额以"人民银行××行((库)"为单位，结转到"支付清算资金往来"科目。如果"大额支付往来"科目为借方余额，会计分录为

借：支付清算资金往来——人民银行××行(库)户
　　贷：大额支付往来——人民银行××行(库)户

如果"大额支付往来"科目为贷方余额，会计分录相反。

国家处理中心将各行(库)"支付清算资金往来"账户的余额保留，纳入下一年度每一营业日的账务平衡。

中国人民银行会计营业部门和国库部门接收国家处理中心日终下载的账务信息，进行自身试算平衡后办理年度账务结转，将"大额支付往来"科目余额结转至"支付清算资金往来"科目。

(2) 汇总平衡科目的结转。年终总的试算平衡结束后，国家处理中心以"人民银行××行(库)"为单位，将汇总平衡科目借方或贷方余额结转为下年度的期初余额。

(3) 清算账户的结转。年终总的试算平衡结束后，国家处理中心分别将每一个清算账户的借方或贷方余额结转为下一年度的期初余额。

(4) "支付清算资金往来"科目余额的核对。国家处理中心账务结转后，将"支付清算资金往来"账户余额下载至中国人民银行会计营业部门和国库部门。各中国人民银行(库)收到下载的"支付清算资金往来"账户余额，与自身结转存档的"支付清算资金往来"科目的余额进行核对。核对不符的，以国家处理中心下载的余额进行账务调整，纳入"暂收(付)款项"科目核算，在查明原因后，进行相应的处理。

【例7-1】 8月5日，工商银行大连A支行(间接参与者)收到开户单位某海鲜加工厂提交的电汇凭证，要求向农业银行青岛B支行(间接参与者)开户单位某公司汇出货款80 000元。工商银行大连A支行审核无误后，将支付信息经行内系统发往其所属的工商银行大连分行(直接参与者)，工商银行大连分行收到后通过大额支付系统汇出资金。农业银行青岛B支行收到其所属的农业银行青岛分行(直接参与者)通过行内系统发来的支付信息，确认无误后，将货款收入开户单位某公司账户。

工商银行大连A支行、工商银行大连分行、国家处理中心、农业银行青岛B支行及农业银行青岛分行的账务处理如下。

(1) 工商银行大连A支行的会计分录为

借：吸收存款——活期存款——某海鲜加工厂户　　　　　　　　80 000
　　贷：待清算辖内往来——工商银行大连A支行　　　　　　　　80 000

(2) 工商银行大连分行的会计分录为

借：待清算辖内往来——工商银行大连A支行户　　　　　　　　80 000
　　贷：存放中央银行款项——准备金存款户　　　　　　　　　　80 000

(3) 国家处理中心的会计分录为

借：工商银行准备金存款——工商银行大连分行户　　　　　　　80 000
　　贷：大额支付往来——人民银行大连中心支行户　　　　　　　80 000
借：大额支付往来——人民银行青岛营业管理部户　　　　　　　80 000
　　贷：农业银行准备金存款——农业银行青岛分行户　　　　　　80 000

(4) 农业银行青岛分行的会计分录为

借：存放中央银行款项——准备金存款户　　　　　　　　　　　80 000
　　贷：待清算辖内往来——农业银行青岛B支行户　　　　　　　80 000

(5) 农业银行青岛B支行的会计分录为

借：待清算辖内往来——农业银行青岛分行户　　　　　　　　　80 000
　　贷：吸收存款——活期存款——某公司户　　　　　　　　　　80 000

三、小额批量支付系统的核算

小额批量支付系统主要处理跨行同城、异地纸质凭证截留的借记支付以及金额在规定起点以下的小额贷记支付业务。实行7×24小时不间断运行，采取批量发送支付指令，轧差净额清算资金。该系统可以支撑各种支付工具的应用，为银行业金融机构提供低成本、大业务量的支付清算服务，满足社会各种支付活动的需要。小额支付系统与大额支付系统逻辑上作为相对独立的两个应用系统，物理上共享主机资源、通信资源、存储资源和基础数据资源。2006年6月，小额支付系统已在全国范围内顺利推广。

(一)小额批量支付系统与大额实时支付系统的关系

1. 联系

两者均属于中国人民银行现代化支付系统的应用系统，它们的运作原理相同、参与者相同、使用的清算账户管理系统相同，并且共享在中国人民银行清算账户的清算资金。

2. 区别

(1) 清算的金额起点不同。目前，大额实时支付系统规定的金额起点为2万元以上，小额批量支付系统为2万元以下。

(2) 业务范围不同。大额实时支付系统处理的是大额贷记支付业务和紧急的小额贷记支付业务；小额批量支付系统则处理银行业金融机构行内直接参与者之间的支付业务以及跨行普通、定期和实时的贷记业务及借记业务。

(3) 处理模式不同。大额实时支付系统实时处理支付指令，全额清算资金；小额批量支付系统一般批量发送支付指令，轧差净额清算资金。

(二)小额批量支付系统的业务流程

小额批量支付系统主要处理跨行同城、异地纸凭证截留的借记支付业务以及金额在规定起点以下的小额贷记支付业务。其中，同城业务是指同一城市处理中心的参与者相互间发生的支付业务；异地业务是指不同城市处理中心的参与者相互间发生的支付业务。

小额批量支付系统处理的贷记支付业务，其中同城业务的信息从付款行发起，经付款清算行、城市处理中心、收款清算行，至收款行止；异地业务的信息从付款行发起，经付款清算行、付款行城市处理中心、国家处理中心、收款行城市处理中心、收款清算行，至收款行止。小额批量支付系统处理的借记支付业务，其中同城业务的信息从收款行发起，经收款清算行、城市处理中心、付款清算行、付款行后，付款行按规定时限发出回执信息原路径返回至收款行止；异地业务的信息从收款行发起，经收款清算行、收款行城市处理中心、国家处理中心、付款行城市处理中心、付款清算行、付款行后，付款行按规定时限发出回执信息原路径返回至收款行止。支付业务信息在小额批量支付系统中以批量包的形式传输和处理。其具体流程如下。

(1) 发起行收到发起人提交的支付信息，经确认无误后，对当日发送的小额贷记和事先授权借记支付分别借记、贷记发起人账户；对定期借记支付记入定期借记登记簿，待生效日未被退回时，销记登记簿中相应的支付指令并通知发起人。同时，发起行应立即将支付信息按规定的格式、标准转换为电子支付指令，发往其所属的直接参与者(发起清算行)前置机，将纸凭证截留保存。

(2) 发起清算行前置机收到支付指令，逐笔加编地方密押，将支付指令按小额贷记、事先授权借记和定期借记分类批量发送发报中心。

(3) 发报中心收到支付指令，对其中的定期借记支付指令登记定期借记登记簿，同时将收到的支付指令区分本城市处理中心覆盖的业务和非本城市处理中心覆盖的业务。对非本城市处理中心覆盖的业务，逐笔加编全国密押，按规定的时间批量发送国家处理中心。对本城市处理中心覆盖的业务，应在规定的时点轧差后，将支付信息分发接收清算行，轧差结果即时自动发送国家处理中心。

(4) 国家处理中心收到发报中心发来的支付指令，按接收清算行进行清分，将小额支付明细信息批量发送收报中心。同时，以直接参与者为单位进行轧差，通过清算账户管理系统进行清算。

(5) 收报中心收到国家处理中心发来的支付指令，对其中的定期借记支付指令登记"定期借记登记簿"，同时，将收到的支付指令逐笔加编地方密押发送接收清算行前置机。

(6) 接收清算行前置机收到支付指令，确认无误后将支付指令发送接收行。

(7) 接收行收到小额贷记、事先授权借记、定期借记支付指令，确认无误后分别贷记、借记接收人账户，并通知接收人。

(三) 小额批量支付系统的业务范围

1. 普通贷记业务

普通贷记业务是指付款行向收款行主动发起的付款业务，包括汇兑、委托收款(划回)、托收承付(划回)、国库贷记汇划业务、网银贷记支付业务、中国人民银行规定的其他普通贷记支付业务。

2. 定期贷记业务

定期贷记业务是指付款行依据当事各方事先签订的协议，定期向指定收款行发起的批量付款业务，包括代付工资业务、代付保险金及养老金业务、中国人民银行规定的其他定期贷记支付业务。

3. 实时贷记业务

实时贷记业务是指付款行接受付款人委托发起的，将确定款项实时贷记指定收款人账户的业务，包括个人储蓄通存业务、中国人民银行规定的其他实时贷记支付业务。

4. 普通借记业务

普通借记业务是指收款行向付款行主动发起的收款业务，包括中国人民银行机构间的借记业务、国库借记汇划业务、中国人民银行规定的其他普通借记支付业务。

5. 定期借记业务

定期借记业务是指收款行依据当事各方事先签订的协议，定期向指定付款行发起的批量收款业务，包括代收水、电、煤气等公用事业费业务；国库批量扣税业务；中国人民银行规定的其他定期借记支付业务。

6. 实时借记业务

实时借记业务是指收款行接受收款人委托发起的，将确定款项实时借记指定付款人账户的业务，包括个人储蓄通兑业务、对公通兑业务、国库实时扣税业务、中国人民银行规定的其他实时借记支付业务。

7. 中国人民银行规定的其他支付业务

银行业金融机构行内直接参与者之间的支付业务可以通过小额支付系统办理。

(四)小额批量支付系统的科目设置

1. 清算账户行的会计科目

在中国人民银行发布的《小额支付系统业务处理手续(试行)》中,清算账户行使用的科目为"待清算支付款项"科目,未区分往账和来账。与中国人民银行清算时,直接将该科目余额与"存放中央银行款项"科目对转。各商业银行可按需要设置相应的账户。

(1) "小额支付系统往账待清算"科目。清算账户行向支付系统发出或代理下属机构发出贷记支付业务或借记支付业务回执,记入本科目贷方。日终收到中国人民银行资金清算对账报文时,将贷方发生额从借方转出,清算后本科目无余额。

(2) "小额支付系统来账待清算"科目。清算账户行接收或代理下属机构接收支付系统发来的贷记支付业务或借记支付业务回执,记入本科目借方。日终收到中国人民银行资金清算对账报文时,将借方发生额从贷方转出,清算后本科目无余额。

(3) "小额支付系统待发报"科目。清算账户行辖属机构已复核或授权的小额贷记支付业务或借记业务回执在等待组包发出时,记入本科目贷方;等待发出的支付业务组包发出时,记入本科目借方,发出后本科目无余额。

2. 国家处理中心和城市处理中心的会计科目

在中国人民银行所设国家处理中心和城市处理中心核算小额批量支付业务的会计科目中,存款类科目与大额实时支付系统所使用的科目相同;在联行类科目中,"支付清算资金往来"科目和"汇总平衡"科目与大额实时支付系统相同。另设置"小额支付往来"科目,核算支付系统清算账户行通过小额批量支付系统办理的支付结算往来款项,余额轧差反映。年终,该科目余额全额转入"支付清算资金往来"科目,结转后余额为零。

(五)小额批量支付业务的会计核算

1. 贷记业务的核算

(1) 发出贷记业务。

① 付款发起行为非清算账户行,经办柜员审核客户提交的有关贷记凭证后,需要通过商业银行行内电子汇划系统发往付款清算行。其会计分录为

借:吸收存款——付款人户
　　贷:辖内上存款项(或其他科目)

复核柜员根据客户提交的贷记凭证对报文进行复核,若交易金额未超过授权金额,则系统自动记账,打印贷方报单。

付款清算行收到款项后,转账的会计分录为

借:辖内款项存放(或其他科目)
　　贷:小额支付系统待发报

② 付款发起行本身就是清算账户行时,其会计分录为

借:吸收存款——付款人户
　　贷:小额支付系统待发报

③ 清算账户行组包发报时,应在规定的时间内自动进行组包,并将其发至中国人民银行小额批量支付系统前置机。对于加急的小额支付业务报文,可由清算账户行人工进行组

包发出。发出贷记业务时,其会计分录为

借:小额支付系统待发报
　　贷:小额支付系统往账待清算

对于所有已发出的非实时贷记业务报文,收到轧差节点返回的"已轧差"通知,表示该笔业务处理完成。

(2) 接收贷记业务。

① 收款清算行接收辖属收款行的贷记业务,其会计分录为

借:小额支付系统来账待清算
　　贷:辖内款项存放(或其他科目)

通过商业银行行内电子汇划系统发至收款行,收款行的会计分录为

借:辖内上存款项(或其他科目)
　　贷:吸收存款——收款人户(或其他有关科目)

② 收款清算行受理自身为收款行的贷记业务,其会计分录为

借:小额支付系统来账待清算
　　贷:吸收存款——收款人户(或其他有关科目)

2. 借记业务的核算

(1) 收款行发出借记业务。

收款行柜员受理客户提交的有关借记凭证,经审核无误后,打印借记业务凭证,交复核柜员对报文进行复核,并将借记业务凭证专夹保管,待接收到回执后处理。无论收款行是否是清算账户行,发出借记阶段均无须进行账务处理。收款清算行发出借记业务包时也不产生账务,对于所有已发出的借记业务报文,收到接收行(付款行)的"成功"或"拒付"回执并进行账务处理后,该笔业务才处理完成。

(2) 付款行接收借记业务。

付款行在接收来账报文时,使用来账业务借方专用凭证进行批量打印。对于接收到符合自动处理条件的借记业务报文,系统自动进行处理;对于接收到不符合自动入账条件的借记业务报文,由柜员进行人工处理。

付款行对于符合扣账条件的借记业务报文,在记账同时产生"成功"回执报文。付款行为非清算账户行时,其会计分录为

借:吸收存款——付款人户(或其他有关科目)
　　贷:辖内上存款项(或其他科目)

付款行为清算账户行时,其会计分录为

借:吸收存款——付款人户(或其他有关科目)
　　贷:小额支付系统往账待清算

付款清算行受理辖属付款行的借记业务,在借记商业银行行内电子汇划科目的同时,贷记"小额支付系统往账待清算"科目。

对不符合扣账条件的借记业务报文,产生"拒付"回执报文,无须进行账务处理。

(3) 收款行接收借记业务回执。收款行接收借记业务回执并进行下列账务处理后,其发出的借记业务才能完成,相应的账务处理应区分两种情况进行。

① 收款行为非清算账户行，其会计分录为
借：小额支付系统来账待清算
　　贷：辖内款项存放(或其他科目)
通过行内电子汇划系统发至收款行，收款行的会计分录为
借：辖内上存款项(或其他科目)
　　贷：吸收存款——收款人户(或其他有关科目)
② 收款行本身就是清算账户行，其会计分录为
借：小额支付系统来账待清算
　　贷：吸收存款——收款人户(或其他有关科目)

3. 日终轧差和清算资金的核算

(1) 清算账户行的处理。

清算账户行业务系统接收前置机"小额业务包汇总核对报文"，按照中国人民银行小额批量支付系统对账报文，系统自动对轧差日期、场次、节点相同的往来业务进行轧差。当往账金额大于来账金额时，其会计分录为
借：小额支付系统往账待清算
　　贷：小额支付系统来账待清算
　　　　存放中央银行款项
当来账金额大于往账金额时，其会计分录为
借：小额支付系统往账待清算
　　　存放中央银行款项
　　贷：小额支付系统来账待清算

小额批量支付系统的资金清算既包括清算账户行与中国人民银行(城市处理中心)的清算，也包括清算账户行与非清算账户行(收款行和付款行)的清算。在法定工作日，清算账户行与中国人民银行按清算场次对当日的往来账分别清算；清算账户行与非清算账户行之间则通过行内电子汇划系统进行清算。

(2) 城市处理中心轧差。

① 同城业务。城市处理中心在日常受理小额支付业务时，对同城业务检查、核押无误，轧差后将业务包转发相应的清算账户行。轧差公式为

某清算行提交清算的贷方净额(+)(或借方净额(−))=同城贷记来账金额+他行返回同城借记回执成功交易金额−同城贷记往账金额−发出同城借记回执成功交易金额

② 异地业务。对异地往账业务检查、核押无误，加编全国密押后转发国家处理中心；对异地来账业务核验全国密押无误后，加编地方密押转相应的接收清算行。

城市处理中心在规定提交时点对每场轧差净额进行试算平衡检验，检验无误后自动提交清算。

(3) 国家处理中心轧差。

国家处理中心对付款清算行和收款清算行双边实时轧差，轧差公式为

某清算行提交清算的贷方净额(+)(或借方净额(−))=异地贷记来账金额+他行返回异地借记回执成功交易金额−异地贷记往账金额−发出异地借记回执成功交易金额

国家处理中心在规定提交时点对每场轧差净额进行试算平衡检验，检验无误后自动提

交清算。

国家处理中心收到同城和异地轧差净额清算报文，经试算平衡检查无误后，自动完成相关账务处理。对于各清算行的轧差净额，可分两种情况核算。

① 属于清算行贷方差额的，其会计分录为

借：小额支付往来——人民银行××行(库)户
　　贷：××银行准备金存款——××行户

② 属于清算行借方差额的，其会计分录为

借：××银行准备金存款——××行户
　　贷：小额支付往来——人民银行××行(库)户

4. 国家处理中心年终账务结转

(1) 小额支付往来科目的结转。

年度最后一个工作日，国家处理中心完成日终试算平衡，将"小额支付往来"科目余额以"人民银行××行(库)"为单位一并转入"支付清算资金往来"科目。若"小额支付往来"科目为借方余额，其会计分录为

借：支付清算资金往来
　　贷：小额支付往来——人民银行××行(库)户

若为贷方余额，分录相反。

(2) 其他科目结转。

汇总平衡科目的结转、清算账户的结转以及支付清算资金往来科目余额的核对与大额支付系统的处理方式相同，在此不再赘述。

【例7-2】3月15日，工商银行广州分行(直接参与者)收到开户单位某服装厂提交的电汇凭证，要求向建设银行杭州分行(直接参与者)开户单位某丝绸厂汇出货款20 000元。

工商银行广州分行审核无误办理转账后，行内系统按收款清算行组包，通过小额支付系统汇出资金。建设银行杭州分行收到业务包，经确认无误，由行内系统拆包，将货款收入开户单位某丝绸厂账户。工商银行广州分行和建设银行杭州分行均收到了小额支付系统发来的已清算通知。

① 工商银行广州分行的账务处理如下所述。

发起业务时的会计分录为

借：吸收存款——活期存款——某服装厂户　　　　　　　　　　　　20 000
　　贷：待清算支付款项　　　　　　　　　　　　　　　　　　　　　20 000

收到已清算通知时的会计分录为

借：待清算支付款项　　　　　　　　　　　　　　　　　　　　　　　20 000
　　贷：存放中央银行款项——准备金存款户　　　　　　　　　　　　20 000

② 建设银行杭州分行的账务处理如下所述。

接收业务时的会计分录为

借：待清算支付款项　　　　　　　　　　　　　　　　　　　　　　　20 000
　　贷：吸收存款——活期存款——某丝绸厂户　　　　　　　　　　　20 000

收到已清算通知时的会计分录为

借：存放中央银行款项——准备金存款户　　　　　　　　　　　　　　20 000
　　贷：待清算支付款项　　　　　　　　　　　　　　　　　　　　　20 000

**本章小结**

系统内往来是银行不同行处之间资金账务往来的基础，各商业银行之间的跨系统往来往往需要借助于系统内往来实现。由于各分支行处均为独立核算单位，因系统内往来而导致的相互资金存欠必须及时清算。系统内资金清算通过各级行处在上级管辖行开立的备付金存款账户办理。

商业银行系统内往来与资金清算通常使用各行自己开发的系统内资金汇划清算系统，未建立系统内资金汇划清算系统的商业银行及非银行金融机构的资金划拨，通过中国人民银行的现代化支付系统或由建有系统内资金汇划清算系统的商业银行转汇办理。

现代化支付系统主要由大额实时支付系统和小额批量支付系统两个业务应用系统组成。目前，我国已建成以现代化支付系统为核心，以商业银行行内系统为基础，各地同城票据交换所并存，支撑多种支付工具的应用和满足社会各种经济活动支付需要的支付清算体系。

**复习思考题**

一、基本概念

联行　资金汇划清算系统　现代化支付系统　联行往来　大额实时支付系统　小额批量支付系统

二、判断题

1. 商业银行同业拆入的资金不可以用来发放贷款、归还其他行的拆借款等。（　）
2. 发报行对于划拨信汇、电汇、委托收款和托收承付款项，应填发借方报单；对于划拨银行汇票款，应填发贷方报单。（　）
3. 小额批量支付系统与大额实时支付系统同属于中国人民银行现代化支付系统。（　）

三、简答题

1. 系统内往来和系统内资金清算的含义是什么？
2. 简述资金汇划清算系统的业务范围与处理流程。
3. 什么是划收款(贷报)业务和划付款(借报)业务？分别列举2～3种具体业务予以说明。
4. 大、小额支付系统的参与者分为哪几种？分别描述其含义。
5. 大、小额支付系统的业务种类和处理方式有何不同？

四、业务题

1. 建设银行北京万寿路支行的开户单位甲公司欲支付 30 万元货款给在建设银行石家庄新华路支行开户的乙公司，款项通过系统内电子联行汇划。编制发报行、收报行有关会计分录。
2. 工商银行保定高新支行收到工商银行昆明市分行营业部寄来的贷方报单一份，金额

100 000元，收款单位为本行开户的丙公司，审查无误后，予以入账。分别编制工商银行保定市高新支行通过资金汇划清算系统处理的会计分录。

3. 中国工商银行北京市德胜门支行开户单位丁公司为付款单位，收款单位是在中国工商银行南京鼓楼支行开户的戊公司，金额为100 000元，业务数据经过复核，发送至中国工商银行北京市分行，款项当日划出。分别编制工商银行北京市德胜门支行和中国工商银行北京市分行的会计分录。

4. 3月19日，工商银行北京分行收到农业银行重庆分行寄来的委托收款凭证和商业承兑汇票，金额为8000元，向本行开户单位某箱包厂收取货款，经该公司同意办理转账后，行内系统按收款清算行组包，通过小额支付系统汇出资金。农业银行重庆分行收到业务包，经确认无误，由行内系统拆包，将划回的货款收入开户单位某皮革厂账户。工商银行北京分行和农业银行重庆分行均收到了小额支付系统发来的已清算通知。

要求：
（1）根据上述资料，编制工商银行北京分行和农业银行重庆分行的会计分录。
（2）若工商银行北京分行收到小额支付系统发来的已拒绝通知，编制有关会计分录。

5. 11月3日，小额支付系统NPC的一场轧差净额为：招商银行广州分行借方差额600 000元，人民银行杭州中心支行借方差额100 000元，中国银行重庆分行贷方差额200 000元，工商银行天津分行贷方差额500 000元。NPC进行试算平衡检查无误，生成轧差净额清算报文，自动提交清算。

要求：根据上述资料，编制NPC进行账务处理的会计分录。

第八章　跨系统银行间往来业务核算

【学习要点及目标】

- 理解金融机构往来的概念。
- 明确金融机构往来的核算要求。
- 掌握商业银行与中央银行往来及同业拆借业务的核算方法。

【核心概念】

跨系统银行间往来　中央银行　商业银行　再贴现　再贷款　同城票据清算　同业拆借　缴存存款　金融机构往来

【引导案例】

我国银行系统"黑色"的一天

2013年6月20日是疯狂的一天,足以载入中国银行间市场史册。当日,银行间隔夜回购利率最高达到史无前例的30%,7天回购利率最高达到28%。在近年来很长时间里,这两项利率往往不到3%。时值盛夏,在全国各地笼罩在高温之际,银行间市场同样"高烧"不退。从5月中旬以来,中国银行间市场资金利率逐步走高;进入6月份,资金面呈现高度紧张状态,连日来资金利率不断创下新高。在银行间同业拆借市场,同样是"哀鸿遍野"。6月20日上午11点半公布的上海银行间同业拆放利率数据显示,隔夜同业拆放利率暴涨578.40个基点,升至13.4440%的历史新高;7天利率上涨292.90个基点至11.0040%;1个月利率上涨178.40个基点至9.3990%。这场"大钱荒"持续了足足一个月,然而出乎意料的是,央行并没有施以援手,央票发行与正回购操作照做不误,逆回购与短期流动性调节工具(SLO)依然停留在传说阶段,打破了市场关于央行节前"放水"的惯性期待。6月19日,国务院总理李克强主持召开国务院常务会议,会议要求"引导信贷资金支持实体经济,把稳健的货币政策坚持住、发挥好,合理保持货币总量"。

(资料来源:http://finance.ifeng.com/a/20130621/10010600_0.shtml 整理)

【案例导学】

我国的金融机构是以中央银行为核心、商业银行为主体,其他金融机构并存的金融机构体系。在我国多元化金融机构体制下,金融机构往来既是必然的,也是必要的。金融企业在处理资金收付业务时,若收、付款方在不同的金融机构开立账户,其资金收付会涉及两个或两个以上的金融机构,这就不可避免地要引起金融机构之间的资金账务往来。

我国中央银行作为"国家的银行""发行的银行"和"银行的银行",要对金融企业的业务、经营风险等进行全面监管,并对金融企业进行宏观调控,同时,中央银行也为金融企业提供服务。可见,金融机构往来是现行金融机构体制和中央银行履行金融监管职能所必然产生的资金账务往来,它既是中央银行加强金融监管的重要手段,又是实现金融企业之间资金划拨和清算相互间资金存欠的工具。

金融机构往来，通过中央银行办理资金划拨并进行相应的核算和监督，既有利于中央银行对各金融企业的资金投向和信贷规模进行调节与控制，同时也有利于发挥各金融企业的职能作用，提高信贷资金的使用效益，调动各金融企业自主经营的积极性。

第一节　金融机构往来业务概述

一、金融机构往来的概念

金融机构往来是指不同系统银行之间的账务往来。具体来说，金融机构往来是商业银行与商业银行之间、商业银行和中央银行之间、商业银行与非银行金融机构之间，由于办理资金划拨、结转，与非银行金融机构之间由于办理资金划拨、缴存存款和办理结算等业务而引起的资金业务往来。

二、金融机构往来的核算内容

金融机构往来核算的内容有：商业银行之间的往来，包括同城票据交换及清算、异地跨系统汇划款项相互转汇、同业拆借等；商业银行和中央银行的往来，包括商业银行向中央银行送存或提取现金、缴存存款准备金、向中央银行借款、办理再贴现及通过中央银行汇划款项等。

金融机构往来核算具体包括如下内容。
(1) 各银行按国家规定存入中央银行的准备金。
(2) 中央银行对各商业银行的贷款。
(3) 各银行在结算过程中相互占用的资金。
(4) 拆借、金融机构之间的相互借贷行为。
(5) 再贴现。

三、金融机构往来的核算要求

1. 必须有利于加速各单位的资金周转

金融机构往来与金融机构的业务密切相关，金融机构往来必须有利于金融机构业务的处理，以加速社会各单位的资金周转。为此，各金融机构必须严格执行全国统一的基本制度和各系统内的会计制度，保证会计核算的统一性、衔接性；要树立全面观念、操作上密切配合，保证双方账务定时、定点地按一定程序迅速传递，并及时予以转账。如有差错或不符，要及时查明情况，为对方提供便利。

2. 必须有利于中央银行对各金融企业的资金控制

为了加强信贷资金管理，中央银行对金融企业的存款账户应严格控制。金融企业到中央银行取款不得透支，发放贷款必须符合资产负债比例管理的规定。金融企业之间的同业拆借，应恪守信用，通过双方在中央银行的账户办理转账，不得支取现金。中央银行与各金融企业之间的往来以及各金融企业之间的往来都是在及时划分各方资金的基础上进行的，相互往来的资金存欠必须及时清偿，要求各金融企业必须在中央银行保留足够的准备金存款，便于清算使用。如果在清算前资金不足，要采取措施及时调入资金，以防止相互拖欠。

3. 必须有利于金融企业资金的使用和账务处理

各金融企业在办理资金清算时，必须按规定处理，对各种凭证的填写做到字迹清楚、内容完整、印章齐全。对凭证的传递要及时、迅速，便于中央银行正确无误地进行清算及账务处理，保证各金融企业的资金正常使用及账务处理。

第二节　商业银行与中央银行往来的核算

中央银行往来是指中央银行与各商业银行之间由于缴存存款、融通资金、汇划款项、领缴现金或通过中央银行存款账户进行资金清算等业务而引起的资金账务往来，其内容包括：向中央银行存取现金、向中央银行缴存存款、向中央银行借款、向中央银行贴现、通过中央银行办理款项转汇等。

一、设置会计科目

1. 存放中央银行款项

"存放中央银行款项"是资产类科目，用以核算商业银行缴存中央银行的法定准备金存款和超额准备金存款，下设三个明细科目：法定准备金户、财政性存款户(缴存中央银行财政性存款)、备付金户。借方记存款增加及收入的利息，贷方记存款减少及支付的利息，期末余额在借方，属于金融企业的现金资产。

2. 向中央银行借款

"向中央银行借款"是负债类科目，取得借款记入贷方，到期归还记入借方，期末余额在贷方。

3. 缴存中央银行财政性存款

"缴存中央银行财政性存款"是资产类科目，用以核算商业银行向中央银行缴存的财政性存款。借方记向中央银行缴存的资金，贷方记由中央银行退回的资金，余额在借方，表示向中央银行缴存财政性存款的结余数。

4. 缴存中央银行一般性存款

"缴存中央银行一般性存款"是资产类科目，用以核算商业银行向中央银行缴存的一般性存款。借方记向中央银行缴存的资金，贷方记由中央银行退回的资金，余额在借方，表示向中央银行缴存一般性存款的结余数。

【小资料】

中国人民银行

中国人民银行(简称央行或人行)是中华人民共和国的中央银行，中华人民共和国国务院组成部门之一，于1948年12月1日在河北省石家庄市宣布成立。华北人民政府当天发出布告，由中国人民银行发行的人民币在华北、华东、西北三区统一流通，所有公私款项收付及一切交易，均以人民币为本位货币。

1949年2月，中国人民银行由石家庄市迁入北平。1949年9月，中国人民政治协商会议通过《中华人民共和国中央人民政府组织法》，把中国人民银行纳入政务院的直属单位系列，接受财政经济委员会指导，与财政部保持密切联系，赋予其国家银行职能，承担发行国家货币、经理国家金库、管理国家金融、稳定金融市场、支持经济恢复和国家重建的任务。1996年9月9日中国人民银行加入国际清算银行。

二、向中央银行缴存和支取现金的核算

金融企业向中央银行支取和缴存现金必然会引起中央银行的货币发行或货币回笼。在我国，中央银行是全国唯一管理货币发行的机关，按照国家批准的发行计划组织货币发行与回笼，所以发行库设在中央银行的各级机构。商业银行只设立业务库，业务库库存现金核定有库存限额，库存现金不足限额时，向中央银行提取，中央银行从发行库出库，作为货币发行；商业银行业务库库存现金超过限额应缴存中央银行，中央银行交入发行库，作为货币回笼。同时，商业银行的业务库是与整个社会的现金流量息息相关的。全社会的现金通过存户的存取实现向中央银行发行库的存入和支取，从而增加或减少社会现金流通量。货币发行和回笼过程如图8-1所示。

图8-1 货币发行和货币回笼过程

(一)金融企业向中央银行缴存现金的核算

金融企业向中央银行缴存现金时，由管库员填制中央银行"现金缴款单"一式三联和"现金出库票"一式两联，经出纳负责人和主管领导审查签字后，据以办理出库手续。管库员将现金和两联"现金缴款单"一并点交缴款人。缴款人持单押款到中央银行发行库，办理现金缴存手续。

现金缴存后，缴款员将中央银行签章退回的"现金缴款单"回单联交管库员。管库员审查无误后，一联出库票凭以登记"库存现金登记簿"，另一联连同"现金缴款单"回单联交出纳员。出纳员凭以登记"现金付出日记簿"后，"现金缴款单"回单联交会计部门作借方凭证，"现金付出日记簿"和一联出库票作贷方记账凭证的附件。其会计分录为

借：存放中央银行款项——准备金存款户
　　贷：库存现金

(二)金融企业向中央银行支取现金的核算

金融企业向当地中央银行发行库提取现金时，应签发中央银行"现金支票"，经出纳负责人、主管领导审批签字以及会计主管审核后，加盖预留印鉴，交提款人到中央银行发行库提取现金。

取回现金后，应立即交管库员办理现金入库手续。管库员点清总数，与凭证核对无误

后填"现金入库票"一式两联,一联留存凭以登记"库存现金登记簿",一联交出纳人员。出纳人员根据"现金支票"存根联和入库票,登记"现金收入日记簿"。"现金支票"存根用来登记记账凭证,其会计分录为

借:库存现金
　　贷:存放中央银行款项——准备金存款户

三、向中央银行缴存存款的核算

缴存存款是指金融企业将吸收的存款按规定的比例缴存中央银行,作为存款准备金。缴存存款是中央银行对商业银行贷款进行宏观控制的手段,也是集中一部分信贷资金,增强中央银行实力的重要措施。

金融企业缴存的存款包括财政性存款和一般性存款(法定存款准备金)。财政性存款是指国家金库款,地方财政存款,中央经费限额支出,部队、机关团体存款,财政部发行的各项国库券款及各项债券款项等。一般性存款是指除财政性存款以外的各项存款,包括企业存款、储蓄存款、信托存款等。根据国务院规定,财政性存款应全额上缴当地中央银行;一般性存款则按一定的比例缴存。

(一)缴存(调整)一般性存款准备金的处理

1. 缴存一般性存款准备金的有关规定

一般性存款准备金由各金融企业法人在法人所在地中央银行开立一个账户,统一缴存与考核。各金融企业在每日营业终了,自下而上逐级编制全行一般存款余额表,由法人统一汇总后报送法定存款准备金账户的开户中央银行,中央银行于每日营业终了按一般存款余额的6%考核法定存款准备金。

各金融企业按规定统一存入中央银行的准备金存款若低于一般存款余额的6%,各金融企业的分支机构在中央银行的准备金存款账户发生透支,金融企业不按时报送一般存款余额表的,均应按有关规定进行处罚。

2. 一般性存款准备金的核算

一般性存款准备金的缴存采取自上而下的方法,如图8-2所示。

图8-2　一般性存款准备金的缴存

(1)第一次缴存一般性存款。由商业银行基层行直接填制汇款凭证,并委托当地中央银行由本行的超额准备金存款账户汇入总行所在地的中央银行准备金账户,其会计分录为

借:存放系统内款项
　　贷:存放中央银行款项

待总行将各基层缴存存款汇总后统一汇缴中央银行,其会计分录为

借:缴存中央银行一般性存款
　　贷:存放中央银行款项

调减时会计分录相反。

(2) 由商业银行基层行直接通过本行联合办理上划给总行，其会计分录为

借：存放系统内款项——××分行户
　　贷：清算资金往来(或联行往账等)

如本次为调减退回，会计分录相反。

总行收到中央银行的收账通知时，可办理转账，其会计分录为

借：存放中央银行款项
　　贷：系统内存放款项

总行收到商业银行基层行的调增(减)缴存存款的联行报单时可办理转账，其会计分录为

借：清算资金往来(或联行来账等)
　　贷：系统内存放款项

(二)缴存(调整)财政性存款的处理

金融企业的各分支机构吸收的中央预算收入、地方金库款和代理发行国债等存款都属于财政性存款，它是中央银行的资金来源，应全部划缴中央银行。财政性存款一般按旬调整，旬后5日内办理。

金融企业在初次缴存财政性存款后，即应按规定时间，根据财政性存款的增减变化，定期办理调整手续。存款增加即调增补缴，存款减少则调减退回。

1. 调整缴存财政性存款的核算

调整缴存财政性存款时，金融企业应填制财政性存款科目余额表，然后填制调整财政性存款划拨凭证一式四联，据以计算调整数额，办理调整手续。

金融企业以划拨凭证第一联、第二联分别代转账贷方传票和转账借方传票，办理转账。如为调增补缴，其会计分录为

借：缴存中央银行财政性存款
　　贷：存放中央银行款项

如为调减退回，其会计分录相反。

转账后，将各科目余额表一份留存，另一份随第三联、第四联划拨凭证送交中央银行审核转账。

2. 欠缴财政性存款的核算

如果金融企业经计算为调增补缴，但准备金存款账户余额不足支付，其不足部分即为欠缴。以后调入资金，由中央银行一次性扣收。

发生欠缴时，也应填制各科目余额表，对欠缴部分填制欠缴凭证一式四联，第一联、第二联留存，第三联、第四联送交中央银行。另填制表外科目收入传票，其会计分录为

收入：待清算凭证

中央银行待金融企业准备金存款账户有足够资金时，应立即将欠缴存款收回。

金融企业收到中央银行扣收欠缴存款的特种转账传票后，应以原来保存的欠缴凭证第一联、第二联作转账贷、借方传票办理转账。其会计分录为

借：缴存中央银行财政性存款
　　贷：存放中央银行存款

填制表外科目付出传票,其会计分录为

付出:待清算凭证

同时,根据中央银行送来的两联罚款的特种转账传票办理转账,其会计分录为

借:利润分配——罚款净收入户
　　贷:存放中央银行存款

(三)调整缴存存款及欠缴存款

商业银行各级行处第一次缴存存款后,应按规定时间根据吸收的各类存款余额变动情况向中央银行调整存款。无论调增补缴还是调减退回,其核算手续与第一次缴存时基本相同。商业银行在规定的缴存存款时间内调整应缴存款时,如果在中央银行开立的存款账户扣除必要的周转金后余额不足,不能足额缴存,必须在规定的时间内及时筹集资金,办理缴存手续,否则即构成欠缴存款。对于欠缴金额,中央银行每日按规定比例扣收罚款,随同欠缴存款一并收取。对于欠缴的财政性存款,每天处以 0.3‰ 的罚款;对于欠缴的一般性存款,每天处以 0.6‰ 的罚款。商业银行对于欠缴存款的罚款计入营业外支出。

【例 8-1】中国工商银行某市中区办事处 10 月末各项存款调整后,累计已缴财政性存款 4 320 000 元,11 月 10 日该办事处财政性存款余额为 5 320 000 元。

应缴财政性存款=5 320 000-4 320 000=1 000 000(元)

商业银行会计分录为

借:缴存中央银行财政性存款　　　　　　　　　　　　　　　　1 000 000
　　贷:存放中央银行存款　　　　　　　　　　　　　　　　　　　1 000 000

四、向中央银行借款的核算

金融企业资金不足时,可以向中央银行申请借款。金融企业向中央银行借款,对中央银行来说是对金融企业的贷款(亦称再贷款),这是解决金融企业临时资金不足,发挥中央银行宏观调控作用的工具。

(一)再贷款的种类

目前中央银行对商业银行发放的贷款,按期限划分,主要分为年度性贷款、季节性贷款和日拆性贷款。

1. 年度性贷款

年度性贷款是商业银行因经济合理增长,引起年度性信贷资金不足,向中央银行申请取得的贷款。年度性贷款的期限一般为 1 年,最长不超过 2 年。

2. 季节性贷款

季节性贷款是商业银行因信贷资金先支后收或存款季节性下降、贷款季节性上升等原因引起暂时资金不足,向中央银行申请取得的贷款。季节性贷款的期限一般为 2 个月,最长不超过 4 个月。

3. 日拆性贷款

日拆性贷款是商业银行因汇划款项未达和清算资金不足等原因发生临时性资金短缺,

向中央银行申请取得的贷款。日拆性贷款的期限一般为 7～10 天，最长不超过 20 天。

(二)再贷款业务的核算

1. 再贷款发放的处理

金融企业向中央银行申请借款时，首先要提交借款申请书，经中央银行计划部门审核批准后办理借款手续。借款时，填写一式五联借款凭证，加盖印鉴后，提交中央银行。

金融企业取得贷款后，以中央银行退回的第三联借款凭证代转账借方传票，并另编制转账贷方传票进行转账。其会计分录为

借：存放中央银行款项——准备金存款户
　　贷：向中央银行借款——××借款户

2. 再贷款到期收回的处理

金融企业在贷款到期时，应主动填制一式四联还款凭证，加盖预留印鉴后提交中央银行办理贷款归还手续。当收到中央银行退回的还款凭证第四联，代转账贷方传票，另编转账借方传票办理转账。其会计分录为

借：向中央银行借款——××借款户
　　利息支出——与央行往来利息支出户
　　贷：存放中央银行款项——准备金存款户

【例 8-2】中国建设银行某市分行向央行借款 500 万元，期限 15 天，利率为 12%；到期归还了 200 万元，不足归还部分逾期 20 天，利率为 0.6%。

(1) 建行取得借款 500 万元
借：存放中央银行款项　　　　　　　　　　　　　　5 000 000
　　贷：向中央银行借款　　　　　　　　　　　　　　　　5 000 000

(2) 建行到期归还借款 200 万元
借：向中央银行借款　　　　　　　　　　　　　　　2 000 000
　　贷：存放中央银行款项　　　　　　　　　　　　　　　2 000 000

(3) 建行归还逾期借款 300 万元及利息
借：向中央银行借款　　　　　　　　　　　　　　　3 000 000
　　利息支出　　　　　　　　　　　　　　　　　　　　1 000
　　贷：存放中央银行款项　　　　　　　　　　　　　　　3 001 000

五、向中央银行贴现的核算

向中央银行贴现是指金融企业将已贴现尚未到期的商业汇票转让给中央银行，中央银行从汇票面额中扣除从再贴现之日起到票据到期日止的利息后，以其差额向金融企业融通资金的业务。

再贴现业务是中央银行为了支持金融企业发展贴现业务而对金融企业开办的融资业务。中央银行办理再贴现的对象是在中央银行开立账户的商业银行。再贴现的金额为再贴现票据面额扣除再贴现利息后的差额；期限从再贴现之日起至汇票到期之日止，按实际天数计算。

(一)办理再贴现的处理

金融企业持未到期的商业汇票向中央银行申请再贴现时,应填制再贴现凭证一式五联,连同汇票一并交中央银行。经中央银行审核无误后,退回第四联再贴现凭证,商业银行据此办理转账,其会计分录为

借:存放中央银行款项——准备金存款户
  利息支出——与央行往来利息支出户
 贷:向中央银行借款——再贴现借款户

(二)再贴现到期收回的处理

再贴现汇票到期,再贴现中央银行作为持票人直接向付款人收取票款。

如果再贴现中央银行收到付款人开户银行或承兑银行退回的委托收款凭证、汇票和拒付理由书或付款人未付款项通知书后,应追索票款,从申请再贴现的金融企业账户收取,并将汇票和拒付理由书或付款人未付款项通知书交给申请再贴现的金融企业。金融企业收到有关单证后办理转账,会计分录为

借:××银行准备金存款户
 贷:再贴现——××行再贴现户

转账后,金融企业再向贴现申请人追索票款。

【例 8-3】汇通银行大庆支行向中央银行提交银行承兑汇票一份,申请再贴现。面值 25 万元,贴现期 60 天,再贴现率为 8.1‰。中央银行同意办理再贴现。

再贴现息=250 000×8.1‰×60÷30=4050(元)
再贴现额=250 000-4050=245 950(元)

借:存放中央银行款项   245 950
  利息支出   4 050
 贷:向中央银行借款   250 000

第三节 商业银行往来的核算

商业银行同业往来,是指商业银行有关跨系统行处之间,由于办理结算、资金拆借及代理业务等发生的资金账务往来,包括同城票据清算、异地跨系统汇划款转汇和各商业银行之间的资金拆借等往来。

一、同城票据交换核算

同城票据交换,就是指同城有关行处之间将相互代收、代付款的凭证票据按规定的时间场次集中在某一场所进行交换,并轧计往来行间应收、应付款差额,由主办清算行以转账方式进行清算。

(一)同城票据交换的作用及组织

1. 同城票据交换(清算)的作用

在同一城市和毗邻地区范围内由中央银行(或委托银行)统一组织各商业银行进行票据

交换清算的意义在于以下两方面。

(1) 可以加速有关银行间的凭证传递，加速资金周转，提高结算效率。

(2) 可以简化各商业银行间的往来核算手续，及时清算银行间的往来占款，有利于各行处的业务经营。

2. 同城票据交换的组织

同城有关商业银行间进行的票据交换清算，一般由中央银行通过设立票据交换所统一组织；当地没有中央银行机构的，一般由中央银行委托当地某商业银行组织。

参加票据交换清算的行处一般是同城内的有关商业银行，但交通方便的地区，也可吸收毗邻市县的有关行处参加本市的票据交换。

进行票据交换的具体场次和时间，须根据各地的具体情况而定。一般在大中城市，每天进行两次，在中小城市每天进行一次。

(二)同城票据清算的基本规定

1. 对参加交换的行处，核定交换号码

参加票据交换的银行营业机构，必须向中央银行交换清算的部门申请交换号码，经审查同意后，核发该行交换号码，并通报全市各参加交换的银行，自那一天起参加交换。

2. 确定交换场次和时间

每个地方票据交换的时间不是完全一致，由当地人民银行确定。一般上午9点至10点一场；下午2点至3点一场。

3. 票据交换分"提出行""提入行"两个系统

一般参加交换的行处，既是"提出行"，又是"提入行"。提出行提出交换的票据凭证主要有以下几种。

(1) 作为收款行向付款行提出的凭证：支票、银行汇票、本票及商业汇票等。

(2) 作为付款行向收款行提出的凭证：进账单、贷记凭证等。"提入行"通过交换提回应属于本行受理的上述票据和凭证。

(3) 提出交换的票据，分借方票据(代付/应收票据)和贷方票据(代收/应付票据)两种。提出的借方票据和提入的贷方票据是指付款单位在他行开户，收款单位在本行开户的票据；提出的贷方票据和提入的借方票据是指收款单位在他行开户，付款单位在本行开户的票据。

4. 同城票据交换的具体做法

(1) 严格统一交换票据(凭证)格式，用打码机处理提出票据。

由于特制统一的交换票据(凭证)仍是签发人手写，为此须经打码机处理后才能提出交换。

打码机在每张票据、凭证末端用磁性油墨打印一行数码，这行数码根据票据和凭证填写的有关要素打印，其中包括票据号码、交换行号、单位账号、借(贷)方代码及金额五项内容(前三项内容当支票发售时已予打上)，以供计算机输入打制提出交换的逐笔清单。为了便于分批处理提出交换票据(凭证)，在每批(不超过100张)打码机处理后，另打制一个"批控卡"以控制分批金额。

(2) 填制"交换提出报告单"连同票据凭证提出交换。提出行根据"批控卡"的借方(贷方)总额填入"交换提出报告单"，结计合计总数，并与打码机的总数核对相符，连同本场交换提出的全部票据和贷记凭证以及逐笔清单，一并装袋送交换场。

(3) 交换所清分、打印及提回交换凭证。交换场工作人员在柜面与提出交换行送达的票据、凭证办理交接手续，按规定必须在每场交换规定时间前送达办妥。然后将交换票据、凭证送交机房，由工作人员陆续录入计算机运行，自动按提回行进行清分、读数，打出明细清单，直至最后把提回票据(凭证)输进各提回行的箱夹，整个交换工作即告完成。

(4) 根据提出、提回票据(凭证)的借(贷)方总金额轧计，打制"交换差额报告单"送提入行营业部门办理转账。

(5) 提入行将票据及凭证处理入账。提入行提回的票据及凭证通过终端机输入，记入各单位账户，有关票据的审核、验印手续按转账支付核算办理。这批票据、凭证的输入总金额应与提回清单的总金额相符，如有差异应逐一查对处理。

5. 同城票据交换的账务处理

理论上，提出、提入的票据(凭证)每笔资金清算都要通过中央银行办理，即逐笔与"存放中央银行款项"对转，而实务上却是汇总轧差的一套分录，为使各行处与中央银行账务一致，不能直接使用"存放中央银行款项"科目，而需通过相应的过渡科目列账，最终从过渡科目与其交换差额通过"存放中央银行款项"一笔进行核算。

(三)票据交换和差额的会计分录

(1) 提出贷方凭证，业务人员通过计算机系统进行数据录入，复核无误后分情况进行账务处理，有关会计分录为

借：××科目——各付款人户
　　贷：清算资金往来——同城票据清算

(2) 提出借方凭证，业务人员使用计算机系统进行数据录入，复核无误后分情况进行账务处理，对即时抵用的票据(如本票)应当及时将资金划入客户账，有关会计分录为

借：清算资金往来——同城票据清算
　　贷：××科目——各收款人户

对需收妥抵用的票据(如支票)，应暂将资金划入一个过渡性科目，待退票时间截止后再将资金划入客户账，有关会计分录为

借：清算资金往来——同城票据清算
　　贷：其他应付款——提出交换专户

过了规定退票时间后，其会计分录为

借：其他应付款——提出交换专户
　　贷：××科目——收款人户

(3) 将需提出的票据，通过计算机系统打印出同城提出交换计数单、同城提出交换清单和清算表。交换复核人员经核对确认后，在提出凭证、计数单、交换清单、交换清算表上分别加盖当地中央银行规定的交换业务公章，按规定办理交接手续，交由交换员提出。

二、异地跨系统汇划款项转汇业务核算

跨系统转汇是指由于客户办理异地结算业务而引起的跨系统商业银行之间相互汇划款

项的业务。跨系统转汇至少要涉及两家银行系统,至少三家行处参与,同时中央银行必须介入两个银行系统的横向清算。

目前在我国,异地跨系统银行之间还未建立直接的往来关系。在异地结算业务中,如果收付款双方不在同一系统的商业银行开户,其资金划转只能通过异地跨系统转汇。转汇的目的是把异地跨系统银行间的往来转化为同城跨系统银行的往来及异地同系统银行的往来。同城不同银行系统之间的汇划往来与清算为横向往来,简称为"横";异地同系统银行的汇划与清算为纵向往来,简称"直"。往来转化后,对同城跨系统银行的往来通过同城票据交换处理或直接处理;对异地同系统银行的往来则按联行往来处理。

异地跨系统转汇,根据各地商业银行机构的设置情况可以有以下几种处理方法。

1. 汇出行所在地为双设机构地区

汇出行所在地为双设机构地区的,采用"先横后直"的转汇方式。该种方式适用于汇出行所在地为双设机构的地区,即该地区既有汇出行,又有中央银行或与汇入行相同系统的银行机构。当跨系统汇划款项业务发生时,汇出行将汇划款项凭证提交跨系统转汇行办理转汇,由转汇行通过本系统联行将款项划往汇入行。例如,甲地建设银行的款项汇往乙地工商银行,汇划路线如图 8-3 所示。

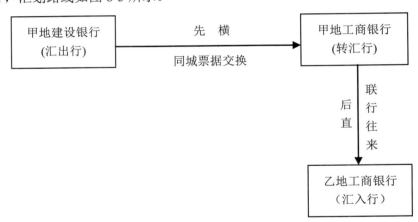

图 8-3 "先横后直"跨系统转汇流程

(1) 汇出行将客户提交的汇款凭证,通过同城票据交换交到同城跨系统转汇行办理汇款。其会计分录为

借:吸收存款——活期存款——汇款人户
　　贷:清算资金往来——同城票据清算

(2) 转汇行通过本系统联行将款项划往异地汇入行,其会计分录为

借:清算资金往来——同城票据清算
　　贷:联行往账(或清算资金往来等有关科目)

(3) 汇入行收到本系统划来的联行报单及有关结算凭证,为收款人入账。其会计分录为

借:联行来账(或清算资金往来等有关科目)
　　贷:吸收存款——活期存款——汇款人户

【例 8-4】汇通银行哈尔滨支行开户单位甲公司要求电汇 300 000 元至广东乙公司,该公司在中国银行广东省支行开有账户。汇通银行哈尔滨支行拟通过同城交换,委托中国银行哈尔滨分行营业部转汇。

(1) 汇通银行哈尔滨支行的会计分录为
借：吸收存款——活期存款——甲公司　　　　　　　　300 000
　　贷：清算资金往来——同城票据清算　　　　　　　　　　300 000
(2) 中国银行哈尔滨分行的会计分录为
借：清算资金往来——同城票据清算　　　　　　　　300 000
　　贷：联行往账　　　　　　　　　　　　　　　　　　　　300 000
(3) 中国银行广东省支行的会计分录为
借：联行来账　　　　　　　　　　　　　　　　　　300 000
　　贷：吸收银行存款——活期存款——广东乙公司　　　　　300 000

2. 汇出行所在地为单设机构地区，汇入行所在地为双设机构地区

汇出行所在地为单设机构地区、汇入行所在地为双设机构地区的采取"先直后横"的转汇方式。该种方式适用于汇出行所在地为单设机构地区，而汇入行所在地为双设机构地区。当业务发生时，汇出行先将汇划款项通过本系统联行划转汇入行所在地的系统内转汇行，由转汇行转划给汇入行。例如，甲地建设银行资金汇往乙地工商银行，汇划路线如图8-4所示。

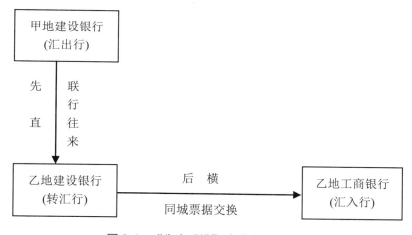

图8-4　"先直后横"跨系统转汇流程

(1) 汇出行根据客户提交的汇款凭证填制联行报单，将款项划转异地本系统的转汇行，其会计分录为
　　借：吸收存款——活期存款——汇款人户
　　　　贷：清算资金往来(或联行往账等有关科目)
(2) 转汇行通过本系统汇出行划来的联行报单及结算凭证，经审核无误，通过同城票据交换送交汇入行，其会计分录为
　　借：清算资金往来(或联行来账等有关科目)
　　　　贷：清算资金往来——同城票据清算
(3) 汇入行收到转汇行划转的款项，为收款人入账，其会计分录为
　　借：清算资金往来——同城票据清算
　　　　贷：吸收存款——活期存款——汇款人户

3. 汇出行、汇入行所在地均为单设机构地区

汇出行、汇入行所在地均为单设机构地区的，采取"先直后横再直"的转汇方式。这种方式适用于汇出行和汇入行所在地均为单设机构地区的情况，即该地区只有汇出行和汇入行一家银行系统，未设有其他系统的银行机构。当业务发生时，汇出行先通过本系统联行将款项划转双设机构地区的系统内银行(代转汇行)，由其通过同城票据交换划转跨系统银行(转汇行)，再由跨系统银行通过本系统联行划转汇入行。例如，甲地建设银行的资金汇往乙地工商银行，汇划路线如图 8-5 所示。

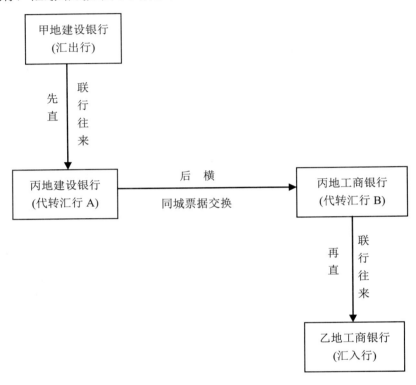

图 8-5 "先直后横再直"跨系统转汇流程

(1) 甲地汇出行的会计分录为

借：吸收存款——活期存款——汇款人户
  贷：清算资金往来(或联行往账等有关科目)

(2) 丙地代转汇行 A 的会计分录为

借：清算资金往来(或联行来账等有关科目)
  贷：清算资金往来——同城票据清算

(3) 丙地转汇行 B 的会计分录为

借：清算资金往来——同城票据清算
  贷：清算资金往来(或联行来账等有关科目)

(4) 乙地汇入行的会计分录为

借：清算资金往来(或联行来账等有关账户)
  贷：吸收存款——活期存款——汇款人户

【例 8-5】汇通银行哈尔滨支行开户单位 A 公司要求汇款 800 000 元至在农业银行丹阳

支行开户的 B 公司，汇通银行哈尔滨支行拟通过本系统联行划转。
(1) 汇通银行哈尔滨支行的会计分录为
借：吸收存款——活期存款——A 公司　　　　　　　　800 000
　　贷：清算资金往来——同城票据清算　　　　　　　　　　800 000
(2) 汇通银行丹阳支行的会计分录为
借：清算资金往来　　　　　　　　　　　　　　　　　800 000
　　贷：清算资金往来——同城票据清算　　　　　　　　　　800 000
(3) 农业银行丹阳支行的会计分录为
借：清算资金往来　　　　　　　　　　　　　　　　　800 000
　　贷：吸收存款——活期存款——B 公司　　　　　　　　　800 000

三、同业拆借业务核算

同业拆借是指商业银行之间临时融通资金的一种短期信贷行为，是解决因转汇或票据交换等业务而产生的资金不足的一种有效方法。其特点是：拆借时间短，定期归还；拆借资金均要通过双方在中央银行的存款账户办理转账。跨地区拆借资金须报管辖行批准，跨省拆借应报总行审批。

同业拆借的业务过程包括两大环节，一是拆出行拆放款项，二是到期日拆入行还本付息，其大致业务流程分别如图 8-6 和图 8-7 所示。

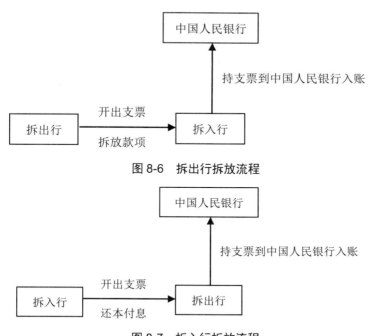

图 8-6　拆出行拆放流程

图 8-7　拆入行拆放流程

(一)同业拆借的会计科目设置

1. 拆出资金

"拆出资金"科目属于资产类科目，用以核算商业银行拆借给境内、境外其他金融机构的款项。拆出行拆出资金时，记入借方；拆出行收回资金时，记入贷方；余额在借方，表明本行对其他金融机构拆出资金的实有数额。该账户按拆入行设置明细分类账户。银行在系统内拆借的款项，单独设置"系统内拆出资金"科目核算，不在本科目核算。

2. 拆入资金

"拆入资金"科目属于负债类科目，用以核算商业银行拆借给境内、境外其他金融机构拆入的款项。拆入资金时，记入贷方；归还拆借资金时，记入借方；余额在贷方，表明本行向其他金融机构拆入资金的实有数额。该账户按拆入资金的金融机构分"本金""利息调整"科目进行明细核算。银行在系统内拆入的款项，单独设置"系统内拆入资金"科目核算，不在本科目核算。

【小资料】

拆入资金与拆出资金

商业银行拆出资金仅限于交足存款准备金和归还中央银行到期贷款之后的闲置资金；而拆入资金仅用于弥补票据清算、联行汇差头寸不足和解决临时性周转资金的需要，且不得将拆借资金用于弥补信贷收支缺口、扩大贷款规模和直接投资。

为把商业银行的拆借资金风险控制在银行自身可以承受的范围之内，防止短借长用，或把拆借资金用于放款而带来的风险，中央银行规定：商业银行拆出资金余额与各项存款余额之间的比例不能超过 4%；拆入资金余额与各项存款(扣除存款准备金÷联行存款)余额之间的比例不得超过8%。参加同业拆借的双方必须签订拆借合同，合同内容应包括拆借金额、期限、利率、资金用途和双方的权利义务等。

(二)同业拆借的账务处理(以同城拆借为例)

1. 拆出资金的核算

(1) 拆出行的核算。拆出行经计划部门批准，与拆入行签订拆借合同后，应签发其在中央银行存款账户的转账支款凭证(一般以转账支票代替)，办理转账手续。其会计分录为

　　借：拆出资金——××拆入行
　　　　贷：存放中央银行款项

转账后，将转账支票连同进账单一起交拆入行或开户行(即中央银行)。

(2) 中央银行的核算。中央银行收到拆出行签发的转账支票和进账单，应据以办理转账。其会计分录为

　　借：××银行存款(拆出行)
　　　　贷：××银行存款(拆入行)

(3) 拆入行的核算。拆入行收到进账单回单联，应据以办理转账。其会计分录为

　　借：存放中央银行款项
　　　　贷：拆入资金——拆出行——本金

资产负债表日，按实际利率计算确定拆入资金的利息费用，记入"利息支出"科目，按照合同约定的名义利率计算确定的应付利息记入"应付利息"科目，其差额借记或贷记"拆入资金——利息调整"。其会计分录为

　　借：利息支出
　　　　贷：应付利息

拆入资金——利息调整(或记借方)

2. 拆借资金归还的核算

(1) 拆入行的核算。拆入行应根据借款本息填制进账单和转账支票送往中央银行,并办理转账,其会计分录为

借：拆入资金——××拆出行——本金
　　拆入资金——利息调整(或记贷方)
　　利息支出(差额)(或记贷方)
　　贷：存放中央银行款项

转账后,将支票和进账单一起交中央银行。

(2) 中央银行的核算。中央银行收到拆入行签发的转账支票和进账单,应据以办理转账。其会计分录为

借：××银行存款(拆入行)
　　贷：××银行存款(拆出行)

转账后,将进账单第一联盖转讫章交拆出行。

(3) 拆出行的核算。拆出行收到进账单回单联,应据以办理转账。其会计分录为

借：存放中央银行存款
　　贷：拆出资金——××拆入行
　　　　利息收入

【例 8-6】汇通银行哈尔滨支行向同城建设银行哈尔滨支行拆借资金 500 000 元,以解决季节性资金需要,通过中央银行办理拆借。

(1) 建设银行哈尔滨支行拆出资金的会计分录为

借：拆出资金——汇通银行哈尔滨支行　　　　　　　500 000
　　贷：存放中央银行款项　　　　　　　　　　　　　　　500 000

(2) 中央银行的会计分录为

借：建设银行哈尔滨支行存款　　　　　　　　　　　500 000
　　贷：汇通银行哈尔滨支行存款　　　　　　　　　　　　500 000

(3) 汇通银行哈尔滨支行拆入资金的会计分录为

借：存放中央银行款项　　　　　　　　　　　　　　500 000
　　贷：拆入资金——建设银行哈尔滨支行　　　　　　　500 000

【例 8-7】接例 8-6。拆借资金到期,将拆入资金 500 000 元及利息 10 000 元一并签发中央银行转账支票,归还建设银行哈尔滨支行。

(1) 汇通银行哈尔滨支行的会计分录为

借：拆入资金——建设银行哈尔滨支行　　　　　　　500 000
　　利息支出　　　　　　　　　　　　　　　　　　 10 000
　　贷：存放中央银行款项　　　　　　　　　　　　　　　510 000

(2) 中央银行的会计分录为

借：汇通银行哈尔滨支行存款　　　　　　　　　　　510 000
　　贷：建设银行哈尔滨支行存款　　　　　　　　　　　　510 000

(3) 建设银行哈尔滨支行的会计分录为

借：存放中央银行存款　　　　　　　　　　　　　　510 000
　　贷：拆出资金——汇通银行哈尔滨支行　　　　　　　　500 000
　　　　利息收入　　　　　　　　　　　　　　　　　　　10 000

本章小结

中国人民银行往来是指中央银行与各商业银行之间由于缴存存款、融通资金、汇划款项、领缴现金或通过中央银行存款账户进行资金清算等业务而引起的资金账务往来，其内容包括：向中央银行存取现金、向中央银行缴存存款准备金、向中央银行借款、向中央银行贴现、通过中央银行汇划款项等。

商业银行同业往来，是指商业银行有关跨系统行处之间由于办理结算、资金拆借及代理业务等发生的资金账务往来，包括同城票据交换及清算、异地跨系统汇划款项相互转汇和同业拆借等。

同城票据交换，就是指同城有关行处之间将相互代收、代付款的凭证票据按规定的时间场次集中在某一场所进行交换，并轧计往来行间应收、应付款差额，由主办清算行以转账方式进行清算。

跨系统转汇是指由于客户办理异地结算业务而引起的跨系统商业银行之间相互汇划款项的业务。跨系统转汇至少要涉及两家银行系统，至少三家行处参与，同时中央银行必须介入两个银行系统的横向清算。各地商业银行机构的跨系统转汇分为先横后直、先直后横、先直后横再直三种处理方法。

一、基本概念

金融机构往来　　中央银行　　商业银行　　再贴现　　向中央银行借款　　同城票据清算　　同业拆借　　缴存存款

二、判断题

1. 商业银行的业务现金，要向中央银行发行库或发行保管库办理存取。　　　　（　　）
2. 目前商业银行向中央银行缴存财政性存款准备金的缴存比例为8%。　　　　（　　）
3. "存放中央银行款项"是资产类科目，增加记借方，减少记贷方，余额在借方。
　　　　　　　　　　　　　　　　　　　　　　　　　　　　　　　　　　　（　　）
4. 商业银行向中央银行归还再贷款利息，通过"利息支出"科目核算。　　　　（　　）

三、简答题

1. 金融机构往来的种类有哪些？
2. 商业银行向中央银行存取现金如何核算？
3. 商业银行向中央银行缴存存款如何核算？
4. 商业银行向中央银行再贷款如何核算？
5. 商业银行向中央银行再贴现如何核算？

6. 商业银行跨系统相互转汇有哪几种情况？分别是如何处理的？

7. 什么是同业拆借？如何进行核算？

8. 同城票据交换的基本做法是什么？如何进行账务处理？

四、业务题

请对以下业务进行账务处理。

1. 中国工商银行哈尔滨分行向中央银行借款 5000 万元，期限 15 天，利率为 12%；到期归还了 2000 万元，不足归还部分逾期 20 天，利率为 0.6%。

2. 农业银行大庆支行开户单位 A 公司要求电汇 100 000 元至深圳 B 公司，该公司在中国银行广东省支行开有账户。农业银行大庆支行拟通过同城交换，委托中国银行大庆分行营业部转汇。

3. 农业银行大庆支行开户单位甲公司要求汇款 500 000 元至在汇通银行义乌支行开户的服装公司，农业银行大庆支行拟通过本系统联行划转。

4. 交通银行哈尔滨支行向同城工商银行哈尔滨支行拆借资金 1 000 000 元，以解决季节性资金需要，通过中央银行办理拆借。拆借资金到期，交通银行将拆入资金 1 000 000 元及利息 20 000 元一并签发中央银行转账支票，归还工商银行哈尔滨支行。

5. 交通银行绥化支行向中央银行提交银行承兑汇票一份，申请再贴现。面值 50 万元，贴现期 90 天，再贴现率为 8.1‰。经审核，中央银行同意办理再贴现。

第九章 外汇业务核算

【学习要点及目标】

- 了解外汇业务的种类。
- 掌握外汇业务的会计处理。
- 熟悉外汇存、贷款业务的核算。
- 掌握进出口业务中信用证、托收、汇兑等结算方式的核算。

【核心概念】

外汇 汇率 售汇 结汇 信用证 托收

【引导案例】

我国外汇储备

中华人民共和国外汇储备的主要组成部分是美元资产,其主要持有形式是美国国债和机构债券。2006年2月底中国大陆的外汇储备总额为8536.72亿美元(不包括中国港、澳地区的外汇储备),首次超过日本,位居全球第一,2011年12月底中国大陆的外汇储备总额为31 811.48亿美元。中国大陆外汇储备作为国家资产,由中国国家外汇管理局及中国人民银行管理,实际业务操作由中国银行进行。2014年4月15日报道,中国人民银行今日公布的数据显示,截至2014年3月末,国家外汇储备余额为3.95万亿美元,较2013年年末增长了1300亿美元。我国外汇储备余额居世界第一,居世界第二的日本的外汇储备为1.1万亿美元,是我国的28%。

2016年9月末,我国外汇储备余额为31 663.82亿美元,较8月再降187.85亿美元,为连续第三个月出现下降。

(资料来源:孟艳琼.金融企业会计[M].2版.北京:中国人民大学出版社,2016)

【案例导学】

改革开放以来,企业间国际交往日趋频繁,进出口贸易发展强劲。同时,居民个人收入水平也日益提高,出国旅游、出国留学人数不断增加。为满足企业、居民个人结算的需要,银行经办的国际结算、外币兑换等各种外汇业务越来越多,已经成为商业银行业务核算内容的重要组成部分。因此,外汇业务核算的准确性、真实性,不但会对银行盈利状况、防范化解金融风险的能力产生深远的影响,也会对国家管好、用好外汇,支持国民经济建设有重要意义。

第一节 外汇业务概述

一、外币、外汇及汇率

(一)外币

外币有狭义和广义之分。狭义的外币,是指本国货币以外的其他国家或地区的货币,包括各种纸币和铸币等；广义的外币，是指所有以外国货币表示的能用于国际结算的支付凭证。除了国外的纸币和铸币外，还包括企业所持有的外国的有价证券，如以外币表示的政府公债、国库券、公司债券、股票和股息等；外币支付凭证，如以外币表示的票据、银行存款凭证、邮政储蓄凭证等；其他外币资金，如各种外币汇款、进出口贸易的外币性货款等。

会计学上的外币概念和以上一般意义上的外币概念并不相同，它是指记账本位币以外的货币，如企业以人民币为记账本位币，那么各种外国货币均为外币，包括中国港、澳、台地区的货币；若企业以某种非人民币货币以外的货币(如美元)作为记账本位币，那么人民币是外币。

(二)外汇

外汇是以外币表示的用于国际结算的支付凭证。国际货币基金组织对外汇的解释为：外汇是货币行政当局(包括中央银行、货币机构、外汇平准基金和财政部)以银行存款、财政部库券、长短期政府证券等形式所保有的在国际收支逆差时可以使用的债权，包括外国货币、外币存款、外币有价证券(如政府公债、国库券、公司债券、股票等)、外币支付凭证(如票据、银行存款凭证、邮政储蓄凭证等)。

外汇有多种分类方法，具体分类如下所述。

1. 现汇和现钞

按外汇的形态，外汇可分为现汇和现钞。现汇又称转账外汇，是国际汇兑和国际非现金结算中用以清偿国际债权、债务的外汇；现钞是指各种外币钞票、铸币等。

2. 自由外汇和记账外汇

按外汇能否自由兑换，外汇可分为自由外汇和记账外汇。

自由外汇又称"自由兑换外汇""现汇"，是指不需要外汇管理当局批准可以自由兑换成其他国家货币，或者是可以向第三者办理支付的外国货币及支付手段。世界上有50多种货币是可自由兑换货币，其中主要有美元、英镑、日元、港币、瑞士法郎、新加坡元、加拿大元、澳大利亚元、欧元、新西兰元等货币，以及用这些货币表示的汇票、支票、股票、债券等支付凭证和信用凭证。

记账外汇又称"清算外汇或协定外汇"，是指根据双边或多边支付协定进行国际结算时，用作计价单位的货币。这种货币不经货币发行国家管理当局批准不能自由兑换为其他国家货币，它只能根据两国间的有关协定使用。这种外汇只限于双边(两个协定国家)之间支付贸易货款及其从属费用和双边同意的其他付款(如外交、文化、社会团体费用等)。因双边在收付时，仅在开立的账户上进行记载(记账)，定期或超过一定额度时进行清算，所以称记账外汇。这种外汇不能用作多边清算支付给第三国，也不能兑换成其他货币。年终，双方银行对进口贸易额及有关从属费用进行账面轧抵，结出差额。对差额的处理，既可转入下一年度的贸易项目中去平衡，也可以使用双方预先商定的自由外汇进行支付清偿。

3. 贸易外汇、非贸易外汇和金融外汇

按外汇的来源用途，外汇可分为贸易外汇、非贸易外汇和金融外汇。

贸易外汇也称实物贸易外汇，是指因商品的进口和出口而发生的支出和收入的外汇，包括对外贸易中因收付贸易货款、交易佣金、运输费和保险费等发生的那部分外汇。我国

的贸易外汇主要包括出口外汇、补偿贸易外汇、来料加工的外汇收入等。贸易外汇是一国外汇收支的重要项目，在国际收支平衡表中占有极其重要的地位。

非贸易外汇是指因非贸易往来而发生收入和支出的外汇，包括侨汇、旅游外汇、劳务外汇、私人外汇、驻外机构经费以及交通、民航、邮电、铁路、银行、保险、港口等部门对外业务收支的外汇。随着经济全球化的发展，非贸易外汇收入在一些国家的外汇收入中占的比重不断加大。

金融外汇是指以某种金融资产形态表现的外汇。例如，银行同业间买卖的外汇，它并非来自或用于贸易活动，而是管理各种货币头寸过程中的金融资产；又如国家间资本转移的外汇，其无论是间接投资还是直接投资，都以某国货币表示的金融资产形态出现。

金融外汇与贸易外汇、非贸易外汇不同，它是一种金融资产外汇，例如银行同业间买卖的外汇，既非来源于有形贸易或无形贸易，也非用于有形贸易，而是为了各种货币头寸的管理和摆布。资本在国家之间的转移，也要以货币形态出现，或是间接投资，或是直接投资，都形成在国家之间流动的金融资产，特别是国际游资数量之大、交易之频繁、影响之深刻，不能不引起有关方面的特别关注。

贸易外汇、非贸易外汇和金融外汇在本质上都是外汇，它们之间并不存在不可逾越的鸿沟，而是经常互相转化。

4. 即期外汇和远期外汇

按外汇买卖的交割期，外汇可分为即期外汇和远期外汇。

即期外汇亦称"外汇现货"或"现汇"，是指即期收付的外汇，是"远期外汇"的对称。外汇买卖成交后，买卖双方必须即期交割，即在两个营业日内收进或付出的外汇。即期外汇买卖又称"现汇交易"。

远期外汇是指银行同业间或银行与客户间先签订合约，规定交易货币的种类、数额、适用的汇率和期限，并于将来约定的时间进行交割而收付的外汇。它的期限一般有30天、60天、90天、180天及1年，其中最常见的是90天。在国际汇率变动十分频繁的情况下，远期外汇交易的主要功能是发现汇价，防范化解汇率风险，同时兼有外汇投机的功能，是外汇投机的主要手段之一，操作方法与商品期货类似。

(三)汇率

汇率亦称"外汇行市或汇价"，是一国货币兑换另一国货币的比率，是以一种货币表示另一种货币的价格。由于世界各国货币的名称不同，币值不一，所以一国货币对其他国家的货币要规定一个兑换率，即汇率。

1. 汇率的分类

(1) 按银行买卖外汇的角度划分，汇率可分为汇买价、汇卖价、钞买价、钞卖价、中间价五种，而银行挂牌的只有汇买价、汇卖价、钞买价三种。

汇买价，又称外汇买入价，即银行买入外币现汇的价格；汇卖价，又称外汇卖出价，即银行卖出外币现汇的价格；钞买价，银行买入外币现钞的价格；钞卖价，银行卖出外币现钞的价格；中间价，是汇买价与汇卖价的平均价格。

对于银行来说，买卖外汇时，现汇与现钞有所区别。因为外币现钞和硬币在我国不能流通，必须运到发行国或国际金融市场出售才能转成现汇，才能作为支付手段使用。为此，银行要额外负担运输、保管等费用，所以，钞买价要低于汇买价。

汇卖价与钞卖价是相同的，因为银行卖出外汇或卖出外币现钞负担的费用大致是相同的，所以，银行不再分别公布。

中间价，是不附加银行外汇买卖收益的汇价，也是两国货币的实际汇价。商业银行向其他国家银行出售或者结购外汇一般使用这种汇价。

这里需要指出的是，无论汇买价还是汇卖价，均是立即交付的结算价格，也就是即期汇率。

(2) 按外汇买卖的交割期限来划分，汇率可分为即期汇率和远期汇率。即期汇率是相对于远期汇率而言的，即期汇率是买卖成交当时或在两个工作日内交割使用的汇率；远期汇率是外汇买卖双方通过协商签订合约，约定在未来某一日交割时所采用的汇率。

(3) 按汇率是否固定划分，汇率可分为固定汇率和浮动汇率。

固定汇率，是指由政府制定和公布，并只能在一定幅度内波动的汇率。

浮动汇率，是指由市场供求关系决定的汇率，其涨落基本自由，一国货币市场原则上没有维持汇率水平的义务，但必要时可进行干预。

2. 汇率的标价方法

汇率的标价方法是确定两种不同货币之间的比价的方法。想要确定两种不同货币之间的比价，先要确定用哪个国家的货币作为标准。由于确定的标准不同，于是便产生了几种不同的标价方法。常用的标价方法包括直接标价法和间接标价法。

(1) 直接标价法，是以一定单位(如 1 个单位)的外国货币为标准来计算应付出多少单位本国货币，相当于计算购买一定单位外币所应付多少本币，所以又叫应付标价法。包括中国在内的世界上绝大多数国家目前都采用直接标价法。在国际外汇市场上，日元、瑞士法郎、加元等均为直接标价法，如日元 119.05 即表示 1 美元兑 119.05 日元。

在直接标价法下，若一定单位的外币折合的本币数额多于前期，则说明外币币值上升或本币币值下跌，叫作外汇汇率上升；反之，如果要用比原来较少的本币即能兑换到同一数额的外币，这说明外币币值下跌或本币币值上升，叫作外汇汇率下跌，即外币的价值与汇率的涨跌成正比。

(2) 间接标价法又称应收标价法，是以一定单位(如 1 个单位)的本国货币为标准，来计算应收若干单位的外国货币。在国际外汇市场上，欧元、英镑、澳元等均为间接标价法。如欧元 0.9705 即表示 1 欧元兑换 0.9705 美元。

在间接标价法下，本国货币的数额保持不变，外国货币的数额随着本国货币币值的对比变化而变动。如果一定数额的本币能兑换的外币数额比前期少，这表明外币币值上升，本币币值下降，即外汇汇率上升；反之，如果一定数额的本币能兑换的外币数额比前期多，则说明外币币值下降，本币币值上升，即外汇汇率下跌，外币的价值和汇率的升跌成反比。

二、外汇业务的主要内容

经营外汇业务是商业银行业务经营的重要组成部分，按照集中管理、统一经营的外汇管理方针，由国家授权外汇管理局行使外汇管理职权，由外汇指定银行和经批准的其他商业银行经办外汇业务。

根据国家外汇管理局发布的《银行外汇业务管理规定》，我国外汇指定银行可以经营的外汇业务包括外汇存款、外汇贷款、外汇汇款、外币兑换、外汇同业拆借、外汇借款、发行或代理发行股票以外的外币有价证券、买卖或代理买卖股票以外的外币有价证券、外币票据的承兑与贴现、贸易和非贸易结算等业务。本章将主要介绍外币兑换、外汇存款、外汇贷款和国际贸易结算业务。

三、外汇业务的记账方法

外汇业务的记账方法有外币统账制和外币分账制两种。从我国目前的情况来看，绝大多数企业采用外币统账制，商业银行等金融企业由于外币交易频繁，涉及外币币种较多，因此采用外币分账制进行日常核算。

(一)外币统账制

外币统账制也叫本币记账法，是在业务发生时，以本国货币为记账单位，将外国货币按一定的汇率折成本国货币记账的方法。

(二)外币分账制

外币分账制也叫原币记账法，是以原币直接记账，即发生外币业务时，只用原币记账，不进行折算。发生涉及两种货币的交易时，通过"货币兑换"账户，分别与原币的对应账户构成借贷关系。会计期末，按一定的汇率将各种外币账户已记录的外币金额均换算为报告货币(按照《企业会计准则》的规定，企业对我国有关部门报出的会计报表应以人民币为报告货币)，各外币性账户调整后账面金额与原账面金额之差额作为当期汇兑损益。其优点在于能清楚地反映每一种外汇头寸的多少，以便于外汇头寸的调拨。

外币分账制的具体做法如下所述。

(1) 以各种外币分别建账。在外币分账制下，对各种有本位币牌价的外币，一律以原币为记账本位币进行核算。从填制凭证、登记账簿、编制报表，各种外币各设账务系统，各有一整套会计账簿和会计报表，每一套账都按银行的账务组织进行核算。对各种没有本位币牌价的外币，一般业务量很少，核算时需将其折算成有人民币牌价的外币进行核算。

通过这种方法，银行能够全面了解各种外币资金活动情况及其头寸的余缺，便于银行更好地调拨和运用有关外汇资金。

(2) 设置"货币兑换"科目。"货币兑换"科目是外币分账制下的专用科目。一方面，在外币分账制的要求下，各种外币分账核算，以反映各种外币资金增减活动情况及其变化的结果，便于外汇资金调拨运用；另一方面，凡是外汇业务涉及两种或两种以上货币相互兑换时，如人民币与外币、外币与外币的兑换，就必须使用"货币兑换"科目，分别记载人民币与外币，在人民币账和外币账上同时等值反映。唯有如此，才能使人民币账和外币账都符合复式记账原理，实现各自的平衡，使外币资金活动和人民币资金占用情况紧密相连。

(3) 年终并表，以本币反映财务状况和经营成果。年终结算时，各种外币业务除分别编制原币的会计报表外，还要按照规定的汇率折合成本币，并与本币报表合并，编制各货币汇总折合本币的会计报表，以便于总括反映资产、负债及所有者权益，收入、费用和利润。

实行外汇分账制，各种不同货币分设账务报表，因而能完整反映各类外币资金的变化情况，有利于外汇资金的运用和管理。

第二节 外汇买卖业务核算

我国现行的外汇管理体制规定，银行对各单位经营项目下的外汇收入和外汇支出实行结汇、售汇制，即除按规定可以保留的外汇外，各单位的外汇收入应卖给外汇指定银行；按规定需要对外付汇的，应向外汇指定银行购买。这样，外汇指定银行办理的外汇业务就都要进行外汇买卖。因此，外汇买卖是外汇业务中的一项基础性业务，是实现结汇、售汇的手段，是不同货币之间兑换的桥梁。

一、外汇买卖的账务组织

外汇买卖是指按一定汇率卖出一种货币或买入一种货币的交易行为。随着国际贸易往来的日益频繁，交易双方越来越多地使用不同货币进行结算。银行在办理外汇业务过程中，由于双方所在国家和地区不同，使用的货币币种也不相同，因此，需要将一种货币兑换成另一种货币才能了结双方的债权、债务的关系，这就是外汇兑换，也称外汇买卖。下面主要介绍外汇买卖账务组织的相关内容。

(一)设置"货币兑换"科目

"货币兑换"科目是资产负债共同性质科目。在银行办理外汇业务中，该科目既是联系外币和人民币账务系统的桥梁，又是平衡外币和人民币账务系统的重要工具。在"货币兑换"科目下，需要设置人民币和按币种设置的外币两个明细账户。

企业发生的外币交易仅涉及货币性项目的，应按相同币种金额，借记或贷记有关货币性项目科目，贷记或借记本科目。当买入外汇时，"货币兑换"科目外币户记入贷方，相应的"货币兑换"科目人民币户记入借方；当卖出外汇时，"货币兑换"科目外币户记入借方，相应的"货币兑换"科目人民币户记入贷方。外币户和人民币户的余额均轧差反映。如果外币户为贷方余额，人民币户为借方余额，则表示买入外汇大于卖出外汇，称"多头"；如果外币户为借方余额，人民币户为贷方余额，则表示卖出外汇大于买入外汇，称"空头"。外汇"多头"或"空头"，称外汇敞口，即外汇风险暴露部分。

期末，应将所有以外币表示的本科目余额按期末汇率折算为记账本位币金额，折算后的记账本位币金额与本科目(记账本位币)余额进行比较，为贷方差额的，借记本科目(记账本位币)，贷记"汇兑损益"科目；为借方差额的作相反的会计分录。本科目期末应无余额。

(二)货币兑换科目凭证

银行发生外汇买卖业务时，均应填制货币兑换凭证。货币兑换凭证分为三种：货币兑换借方传票(见表 9-1)、货币兑换贷方传票(见表 9-2)和货币兑换套汇传票。货币兑换借方传票和货币兑换贷方传票一般由三联组成：一联是外币的货币兑换传票，一联是人民币的货币兑换传票，一联是货币兑换统计卡。货币兑换套汇传票一般由五联组成：两联是外汇的货币兑换传票，两联是人民币的货币兑换传票，一联是两种外汇套汇的统计卡。

(三)货币兑换账簿设置

1. 货币兑换科目分户账

货币兑换科目分户账(见表 9-3)是以每一种外币分别设账(人民币不设分户账)的特定格式的账簿,把外币金额和人民币金额记在一张账页上。货币兑换科目分户账由"买入""卖出""结余"三栏组成。"买入""卖出"栏各设"外币""牌价""人民币"三项,"结余"栏内设"外币""人民币"两栏,其登记方法如下。

(1) 买入外汇:在"买入"栏逐笔登记外币金额、牌价、人民币金额。

(2) 卖出外汇:在"卖出"栏逐笔登记外币金额、牌价、人民币金额。

(3) 套汇业务:买入美元套出英镑,买入美元记入美元户买入栏,套出的英镑记入英镑户卖出栏。买入美钞套出美汇,则把买入的美钞记入美元户买入栏,套出的美汇记入美元户卖出栏。

(4) 余额的登记方法:外币余额与人民币余额应分别结计。

表 9-1　货币兑换借方传票

货币兑换借方传票(外币) 年　月　日			传票编号
结汇单位	全称		(借)货币兑换
	账号		(对方科目:　　)
外汇金额		牌价	人民币金额
			￥
摘要		会计: 复核: 记账: 制票:	

表 9-2　货币兑换贷方传票

货币兑换贷方传票(人民币) 年　月　日			传票编号
结汇单位	全称		(贷)货币兑换
	账号		(对方科目:　　)
外汇金额		牌价	人民币金额
			￥
摘要		会计: 复核: 记账: 制票:	

表 9-3 货币兑换科目分户账

货币兑换分户账

货币：　　　　　　　　　　　　　　　　账号：

年		摘要	买入			卖出			结余			
月	日		外币(贷)金额	牌价	人民币(借)金额	外币(借)金额	牌价	人民币(贷)金额	借或贷	外币金额	借或贷	人民币金额

每天外汇买卖交易结束后，分不同的货币将货币兑换科目的余额按当天中间价折成人民币，与该货币人民币余额的差额即为该货币当日外汇买卖的损益。凡按规定平仓的货币兑换账户，在平仓前需计算提取外汇买卖损益，不平仓的账户不计提损益。损益的具体计算如下所述。

(1) 货币兑换科目外币余额在贷方的，若外币贷方余额×该种外币中间价的乘积大于该种外币的人民币借方余额，即为贷方差额，该差额为汇兑收益；反之，若是借方差额，该差额为汇兑损失。

(2) 货币兑换科目外币余额在借方的，若外币借方余额×该种外币中间价的乘积小于该种外币的人民币贷方余额，即为贷方差额，该差额为汇兑收益；反之，若是借方差额，该差额为汇兑损失。

2. 货币兑换科目总账

货币兑换科目总账，一般采取三栏式总账格式，按各种外币和人民币分别设置。每日营业终了，根据外汇买卖科目传票，编制各种货币的科目日结单，再根据科目日结单登记总账。

二、外汇买卖的账务处理

商业银行经办的外汇买卖业务主要有结汇、售汇、付汇、套汇和银行自营或代客户进行的外汇买卖的交易。下面主要介绍结汇、售汇、付汇和套汇的业务处理。

(一)结汇、售汇、付汇的核算

1. 结汇的核算

结汇，即买入外汇，是指外汇收入所有者将其外汇收入出售给外汇指定银行，外汇指定银行按一定汇率付给等值的本币的行为。结汇的种类，按结汇对象分为单位结汇和个人结汇；按结汇原因分为贸易项目结汇、非贸易项目结汇和资本项目结汇。

结汇有强制结汇、意愿结汇和限额结汇等多种形式。强制结汇是指所有外汇收入必须卖给外汇指定银行，不允许保留外汇；意愿结汇是指外汇收入可以卖给外汇指定银行，也可以开立外汇账户保留，结汇与否由外汇收入所有者自己决定；限额结汇是指外汇收入在国家核定的数额内可不结汇，超过限额的必须卖给外汇指定银行。目前，我国主要实行的是强制结汇制，部分企业经批准实行限额结汇制，对境内居民个人实行意愿结汇制。

银行办理结汇时，必须遵守有关规定。凡未有规定或未经核准可以保留现汇的经常项目项下的外汇收入必须办理结汇；凡未规定或核准结汇的资本项目项下的外汇收入不得办理结汇。境内机构必须对其外汇收入区分经常项目与资本项目，银行按照外汇收入不同性质按规定分别办理结汇或入账手续。凡无法证明属于经常项目的外汇收入，均应按照资本项目外汇结汇的有关规定办理。

银行办理结汇时，应根据买入外币金额，按汇价折算出人民币金额，并填制货币兑换科目传票办理转账。其会计分录为

借：库存现金或其他科目(外币)
　　贷：货币兑换(汇买价或钞买价) (外币)
借：货币兑换(汇买价或钞买价) (人民币)
　　贷：库存现金或其他科目(人民币)

【例 9-1】某单位持美元现钞 1000 来行兑换人民币，当日美元钞买价为$1=￥6.25。银行应支付人民币 6250 元($1 000×6.25)。编制会计分录如下。

借：库存现金　　　　　　　　　　　　　　　　　　　　$1 000
　　贷：货币兑换　　　　　　　　　　　　　　　　　　$1 000
借：货币兑换(钞买价 6.25)　　　　　　　　　　　　　￥6 250
　　贷：库存现金　　　　　　　　　　　　　　　　　　￥6 250

2. 售汇、付汇的核算

(1) 售汇，即卖出外汇，是指外汇指定银行将外汇卖给外汇使用者，并根据交易行为发生之日的人民币汇率收取等值人民币的行为。

(2) 付汇是指经批准经营外汇业务的金融机构，根据有关售汇以及付汇的管理规定，审核用汇单位和个人提供的规定的有效凭证和商业单据后，从其外汇账户中或将其购买的外汇向境外支付的行为。

银行办理售汇业务时应严格审查客户提交的凭证，审核无误后予以办理。银行卖出外汇时，应根据卖出外币金额，按汇价折算人民币金额，并填制货币兑换科目传票。其会计分录为

借：库存现金或其他科目(人民币)
　　贷：货币兑换(钞卖价或汇卖价) (人民币)
借：货币兑换(钞卖价或汇卖价) (外币)
　　贷：库存现金或其他科目(外币)

【例 9-2】某客户出国留学，经批准以人民币购买 5000 美元。当日美元钞卖价为$1=￥6.31。银行应收取人民币 31 550 元($5 000×6.31)。编制会计分录如下。

借：库存现金　　　　　　　　　　　　　　　　　　　　￥31 550
　　贷：货币兑换(钞卖价 6.31)　　　　　　　　　　　￥31 550

借：货币兑换(钞卖价 6.31)　　　　　　　　　　　　　　　　　$5 000
　　贷：库存现金　　　　　　　　　　　　　　　　　　　　　　　$5 000

银行办理付汇较为简单，只要开立外币账户，支付的币种与原账户币种相同，便可直接支付；否则，需购汇支付。

【例 9-3】某外贸进出口公司要电付一批进口货物货款 1000 美元，购汇支付。当日美元卖出价为$1=￥6.88。银行编制会计分录如下。

借：吸收存款——活期存款(外贸进出口公司户)　　　　　　　　￥6 880
　　贷：货币兑换(卖出价 6.88)　　　　　　　　　　　　　　　￥6 880
借：货币兑换(卖出价 6.88)　　　　　　　　　　　　　　　　　$1 000
　　贷：吸收存款——汇出汇款　　　　　　　　　　　　　　　　$1 000

(二)套汇的核算

外汇买卖中，若银行没有挂出两种不同货币之间的比价，则需要进行套汇。套汇，也称套算，是以一种外汇兑换成另一种外汇的外汇买卖行为。套汇有套进套出的外汇一头固定和两头固定的情况。

1. 套进套出的外汇一头固定的处理

外汇一头固定这种方式需要套算的两种外汇，一种数额固定，另一种需要计算得出。

(1) 以人民币为中间币套汇。根据我国外汇管理法规的规定，对于一般套汇业务，应通过人民币进行核算，即对收入的一种外币按买入价折合成人民币，然后将折合的人民币按另一种外币的卖出价折算出另一种外汇金额，并填制外汇买卖套汇传票。其会计分录为

借：××科目(买入外币)
　　贷：货币兑换(汇买价) (买入外币)
借：货币兑换(汇买价) (人民币)
　　贷：货币兑换(汇卖价) (人民币)
借：货币兑换(汇卖价) (卖出外币)
　　贷：××科目(卖出外币)

【例 9-4】某客户将美元现金 5000 元带到银行要求兑换成日元，当天美元的现钞买入价为 6.75，日元的卖出价为 0.546。银行的计算过程和编制的会计分录如下。

第一步：将美元现金折算成人民币。
US$5000×6.75 = CN￥33 750 元
第二步：将人民币折算成日元。
CN￥33 750 ÷0.546 = JP￥61 813 日元
其会计分录为

借：库存现金　　　　　　　　　　　　　　　　　　　　　　　　$5 000
　　贷：货币兑换　　　　　　　　　　　　　　　　　　　　　　　$5 000
借：货币兑换(钞买价 6.75)　　　　　　　　　　　　　　　　　￥33 750
　　贷：货币兑换(卖出价 0.546)　　　　　　　　　　　　　　￥33 750
借：货币兑换　　　　　　　　　　　　　　　　　　　　　　　JP￥61 813
　　贷：库存现金　　　　　　　　　　　　　　　　　　　　　JP￥61 813

(2) 直接套汇。对同币种间的套汇一般是个人客户现汇与现钞间的套汇。

【例 9-5】某客户将美元现金 5000 元带到银行要求存入其开立的现汇户，当天美元的现钞买入价为 6.75，汇卖价为 6.85。银行编制的会计分录如下。

借：库存现金 $5 000
　　贷：货币兑换 $5 000
借：货币兑换(钞买价 6.75) ￥33 750
　　贷：货币兑换(汇卖价 6.85) ￥33 750
借：货币兑换(汇卖价 6.85) $4 927
　　贷：吸收存款——活期存款——××个人现汇户 $4 927

由此可见，外币现汇与现钞是不同的，银行承担了外币现钞的储存保管，因此，钞买价与汇买价也会有所不同。

2. 套进套出的外汇两头固定的处理

外汇两头固定是指银行经办的两种外币都是已知固定数额的套汇，常见于国际结算业务中。国际结算业务涉及的外币币种，都已经在贸易双方的合约中约定。如果境内一方结算资金的币种与境外方不同，就会发生银行套进套出的外汇两头固定的情况。

【例 9-6】银行受国内某外贸进出口公司委托，代收一笔货款 1000 英镑。境外代理行收妥后，以等值美元 1 735 报单划收本行。银行收到报单，审核无误后，按照当日外汇牌价存入其开立的银行存款英镑账户内。当天美元的买入价、卖出价分别为 6.06、6.08，当天英镑的买入价、卖出价分别为 10.73、10.86。银行编制的会计分录如下。

借：存放同业——国外某代理行 $1 735
　　贷：货币兑换 $1 735
借：货币兑换(买入价 6.08) ￥10 548.8
　　汇兑损益 311.2
　　贷：货币兑换(汇卖价 10.86) ￥10 860
借：货币兑换(汇卖价 10.86) GBP1 000
　　贷：吸收存款——活期存款——××公司现汇户 GBP1 000

第三节　外汇存贷款业务核算

一、外汇存款的核算

外汇存款是指银行吸收单位和个人所持有的外汇资金，并在以后随时或于约定期限支取的一种存款。

(一)外汇存款业务的分类

外汇存款按存款对象可分为单位外汇存款和个人外汇存款；按存入资金形态可分为现汇存款和现钞存款；按存款期限分为活期外汇存款和定期外汇存款。

(1) 单位外汇存款是存款人以单位或经济组织的名义存入银行的外汇存款，又可分为甲种外汇存款和外债专户存款。甲种外汇存款的存款对象是各国驻华机构和我国境内机关、团体、学校及企事业单位与外商投资企业等；外债专户存款以借入外债货币存入，起存金额不低于 400 万元人民币的等值外汇。

(2) 个人外汇存款是存款人以个人名义存入银行的外汇存款，又可分为乙种外汇存款和丙种外汇存款。乙种外汇存款的存款对象是居住在国外或我国港澳地区的外国人、外籍华人、华侨、港澳同胞和短期来华人员，以及居住在中国境内的外国人。其外汇的使用可以汇往中国境内外，可兑换人民币，在存款人出境时，根据存款人的要求，可支取外钞或直接汇出。丙种外汇存款的存款对象是中国境内的居民，包括归侨、侨眷和我国港澳台同胞的亲属。该种存款汇往境外金额较大时，须经国家外汇管理部门批准后方可汇出。

(3) 单位外汇存款均为现汇户，没有现钞户；个人外汇存款有现汇户和现钞户两种。现汇户可直接支取汇出；现钞户须经钞买汇卖处理方可支取汇出。现钞户可直接支取现钞。

(4) 单位活期外汇存款有支票户和存折户两种，起存金额为人民币 1000 元的等值外汇；单位定期外汇存款的起存金额为人民币 10 000 的等值外汇，存期分为 1 个月、3 个月、半年、1 年、2 年五个档次。

(5) 个人活期外汇存款为存折户，起存金额为人民币 100 元的等值外汇；个人定期外汇存款的起存金额为人民币 500 元的等值外汇，存期分为 1 个月、3 个月、半年、1 年、2 年五个档次。

(二)单位外汇存款的核算

单位开立外汇存款账户时，应提供相关证明材料，并填写一式三联开户申请书，第一联开户单位留存，第二联银行信贷部门存查，第三联银行会计部门作开户记录卡。银行经审核无误后，办理开户手续。

1. 单位活期外汇存款的核算

(1) 存入款项的核算。开立活期外汇存款存折户的，存款时填制存款凭条；开立支票户存入时填制交款单；如果存款者通过汇入或国内外联行划入款项等方式办理现汇存款的，使用有关结算凭证、联行报单等办理存款手续。

① 单位以外币现钞存入现汇户，应通过货币兑换科目进行钞买汇卖处理。银行应以当日的现钞买入牌价和现汇卖出牌价折算成外汇入账。其会计分录为

借：库存现金(外币)
　　贷：货币兑换(钞买价) (外币)
借：货币兑换(钞买价) (人民币)
　　贷：货币兑换(汇卖价) (人民币)
借：货币兑换(汇卖价) (外币)
　　贷：吸收存款——活期外汇存款(××户) (外币)

② 直接以国外汇入汇款或国内汇款存入，应根据结算专用凭证办理存入核算。

以汇入原币种存入时，其会计分录为

借：中国港澳地区及国外联行往来(全国联行外汇往来) (外币)
　　贷：吸收存款——活期外汇存款(××户) (外币)

汇入币种与存入币种不同时，通过套汇处理，其会计分录为

借：中国港澳地区及国外联行往来(全国联行外汇往来) (甲外币)
　　贷：货币兑换(汇买价) (甲外币)

借：货币兑换(汇买价)(人民币)
　　贷：货币兑换(汇卖价)(人民币)
借：货币兑换(汇卖价)(乙外币)
　　贷：吸收存款——活期外汇存款(××户)(乙外币)

(2) 支取款项的核算。支取存款时，存折户填写取款凭条；支票户填写支票，加盖预留印鉴；如果通过汇出或国内外联行划出款项等方式办理现汇取款的，使用有关结算凭证、联行报单等办理取款手续。

① 支取外币现钞，通过套汇处理，其会计分录为

借：吸收存款——活期外汇存款(××户)(外币)
　　贷：货币兑换(汇买价)(外币)
借：货币兑换(汇买价)(人民币)
　　贷：货币兑换(钞卖价)(人民币)
借：货币兑换(钞卖价)(外币)
　　贷：库存现金(外币)

支取外币现钞与存入外汇币种不同时，同样通过套汇处理。

② 支取原币汇往境外或国内异地，收到单位提交的汇款申请书，经审核无误后，办理转账，其会计分录为

借：吸收存款——活期外汇存款(××户)(外币)
　　贷：××科目(外币)

另收汇费，原则上收取人民币，也可以是等值外币。

支取外汇与存入外汇不同时，通过套汇处理。

③ 支取存款兑取人民币现金，其会计分录为

借：吸收存款——活期外汇存款(××户)(外币)
　　贷：货币兑换(汇买价)(外币)
借：货币兑换(汇买价)(人民币)
　　贷：库存现金(人民币)

(3) 利息的计算与核算。资产负债表日，商业银行对吸收的单位活期外汇存款应按规定计提利息。计提时，按计算确定的利息费用和应付未付利息，借记"利息支出"科目，贷记"应付利息"科目。

单位活期外汇存款可以按年结息，结息日为 12 月 20 日；也可以按季结息，结息日为每季度末月的 20 日。

利息计算采用积数法计算利息，并于结息次日主动将利息记入原活期存款账户转作存款本金。转账时填制利息清单一式三联：第一联为客户回单，第二联、第三联分别作借贷方记账凭证，其会计分录为

借：应付利息——××户(外币)
　　贷：吸收存款——活期外汇存款(××户)(外币)

2. 单位定期外汇存款的核算

(1) 开户存入的核算。开户存入的核算包括活期存款转定期存款的核算和直接存定期的核算两种。

客户办理活期存款转定期时，需填制外汇支付凭证一式两联交经办行，经办行审核无误后，一联记账，一联作为客户回单，并填制外汇定期存单一式三联，第一联为定期存款存单，盖章后交给单位；第二联为卡片账，专夹保管；第三联为贷方凭证，以单位支付凭证代替借方凭证。其会计分录为

  借：吸收存款——活期外汇存款(××户) (外币)
    贷：吸收存款——定期外汇存款(××户) (外币)

收到境外汇入汇款或国内转汇款项，应单位要求办理定期存款时，填制外汇定期存单一式三联，第一联为定期存款存单，盖章后交给单位；第二联为卡片账，专夹保管；第三联为贷方凭证，另填制一联转账借方凭证。其会计分录为

  借：××科目(外币)
    贷：吸收存款——定期外汇存款(××户) (外币)

(2) 转出或续存的核算。定期存款到期后，不能直接从定期户中支付现金，应要求存款单位来行办理转出手续，转入活期户后方能支付现金。

① 到期转出的核算。单位交来到期的定期存单，申请办理转出，银行抽出专夹保管的卡片账，经核对无误后，填制利息计算清单和特种转账借、贷方凭证(一借二贷)，将到期利息和定期存款转入活期户中。一联特种转账贷方凭证加盖公章后交给客户作进账单，其余两联特种转账凭证与利息计算清单一同用作记账凭证，原定期存单加盖"结清"戳记后作单位活期外汇存款贷方凭证的附件，原卡片账作定期存款借方凭证的附件。其会计分录为

  借：吸收存款——定期外汇存款(××户) (外币)
    应付利息——××户(外币)
    贷：吸收存款——活期外汇存款(××户) (外币)

② 到期续存的核算。单位交来到期的定期存单申请办理续存，银行抽出专夹保管的卡片账，经审核无误后，填制利息计算清单，按本息合计重新填制定期存单，并填制一联转账借方凭证，原存单和卡片账加盖"结清"戳记后作附件。其会计分录为

  借：吸收存款——定期外汇存款(××户) (外币)
    应付利息——××户(外币)
    贷：吸收存款——定期外汇存款(××户) (外币)

若客户只要求办理本金续存，利息转出，其会计分录为

  借：吸收存款——定期外汇存款(××户) (外币)
    贷：吸收存款——定期外汇存款(××户) (外币)
  借：应付利息——××户(外币)
    贷：吸收存款——活期外汇存款(××户) (外币)

(3) 利息的计算与核算。资产负债表日，商业银行对吸收的单位定期外汇存款应按规定计提利息。计提时，按计算确定的利息费用和应付未付利息，借记"利息支出"科目，贷记"应付利息"科目。

单位定期外汇存款利息，按对年或对月计息，不足一年或一月者应折算成日息计算。对年或对月的计算方法，按存款的存入日至第二年该日为一足年，存入日至下一月的该日为一足月。不论月份大小，均按此计算。存款到期，利随本清，一次计付利息。

(4) 提前支取或逾期支取的核算。单位定期外汇存款未到期需要部分提前支取时，其提前支取部分按活期计息，未支取部分仍按原利率执行，其定期存单作支付凭证，未支取部分填制新存单。全部提前支取时按活期存款利率计息。逾期支取时，对存期内部分按存入

日利率计息,逾期部分改按支取日活期利率计息,会计分录与到期支取相同。

(三)个人外汇存款的核算

存款人填写"外币存款开户申请书",银行认真审核申请书、外币票据或清点外币现钞,同时按规定审查开户人的护照、身份证等证件。存款人将相关文件、证件,连同外汇或现钞一同交存银行,经核对无误后,即为其办理开户手续。

1. 个人活期外汇存款的核算

(1) 存入款项的核算。以外币现钞存入时,其会计分录为

借:库存现金(外币)
　　贷:吸收存款——活期储蓄外汇存款(××户)(外币)

存款人以汇入汇款、收妥的票据或国内联行划来的款项存入时,其会计分录为

借:××科目(外币)
　　贷:吸收存款——活期储蓄外汇存款(××户)(外币)

外国人、外籍华人、侨胞、港澳台同胞以现钞存入现汇户,应按存入日外汇牌价作钞买汇卖进行套汇处理。

(2) 支取款项的核算。客户支取存款,应填写取款凭条,将存折、凭条交银行办理取款手续。支取外币现钞时,存款人从外币现钞户支取同币种现钞,直接根据取款凭条办理取款。其会计分录为

借:吸收存款——活期储蓄外汇存款(××户)(外币)
　　贷:库存现金(外币)

同时,登记分户账和存折,经复核无误后,付现并退回存折。

支取款项汇往港澳台地区或国外时,存款人从其现汇户中支取款项汇往港澳台地区或国外,需填制汇款凭证,银行依据汇款凭证和取款凭条办理汇款手续。其会计分录为

借:吸收存款——活期储蓄外汇存款(××户)(外币)
　　贷:××科目(外币)

同时按规定费率计收汇费及邮费,其会计分录为

借:库存现金(吸收存款)(人民币)
　　贷:手续费及佣金收入——汇款手续费户(人民币)
　　　　其他应付款——代收邮电费户(人民币)

外国人、外籍华人、侨胞、港澳台同胞从现钞户支取同币种资金汇往港澳台地区或国外,按当日牌价套汇处理;国内居民办理此业务,按中间价计收人民币手续费,不需套汇。

兑取人民币现金时,存款人要求从现汇户或现钞户取款并兑换成人民币现金,应按当日牌价折算。其会计分录为

借:吸收存款——活期储蓄外汇存款(××户)(外币)
　　贷:货币兑换(外币)
借:货币兑换(人民币)
　　贷:库存现金(人民币)

(3) 利息的计算与核算。资产负债表日,商业银行对吸收的外币活期储蓄存款应按规定计提利息。计提时,按计算确定的利息费用和应付未付利息,借记"利息支出"科目,贷记"应付利息"科目。

外币活期储蓄存款按年结息,结息日为每年 12 月 20 日,全年按实际天数计算,以结息日挂牌的活期储蓄存款利率计算利息。结息日的会计分录为

借:应付利息——××户(外币)
　　贷:吸收存款——活期储蓄外汇存款(××户)(外币)

存款人要求销户时,本利一并结清,其会计分录为

借:吸收存款——活期储蓄外汇存款(××户)(外币)
　　应付利息——××户(外币)
　　贷:库存现金(外币)

2. 个人定期外汇存款的核算

(1) 开户存入的核算。存款人申请开立定期外汇存款账户,其要求和手续与开立活期外汇存款账户相同,经银行审核后,开立定期存款存折或外汇定期存款存单(一式三联)。经复核后,将存折或第二联存单交存款人;第三联存单代替分户账,凭以登记"开销户登记簿"后专夹保管;第一联代转账贷方传票凭以记账。其会计分录为

借:库存现金(或其他有关科目)(外币)
　　贷:吸收存款——定期储蓄外汇存款(××户)(外币)

(2) 支取存款的核算。存款人支取到期定期外汇存款时,存单式存款凭经本人签名的到期存单办理,存折式存款凭存折和取款凭条办理。银行审核无误后,要求存款人输入密码,相符后办理付款手续,并在定期存单上盖"结清"戳记。其会计分录为

借:吸收存款——定期储蓄外汇存款(××户)(外币)
　　应付利息——××户(外币)
　　贷:库存现金(或其他有关科目)(外币)

定期外汇存款无特殊情况不能提前支取,因特殊情况需要提前支取的,须提供身份证明,银行审核同意后可办理全部或部分提前支取手续。对部分提前支取后的留存部分,按原存款的存入日和利率,立新户处理。

(3) 利息的计算与核算。

个人定期外汇存款要计利息,银行会计人员要按照总行规定,结合存款种类、币种、期限及其他因素,正确选用利率和计算存期,其具体核算方法与单位定期外汇存款相同。

二、外汇贷款的核算

外汇贷款是外汇银行办理的以外币为计量单位的贷款。外汇银行将筹集的外汇资金贷放给需要外汇资金的企业,对于利用外资和引进先进技术设备、促进我国对外贸易和国际交往的发展,都具有十分重要的意义。

外汇贷款与人民币贷款相比,具有以下特点:①借外汇还外汇;②实行浮动利率;③收取承担费;④借款单位必须有外汇收入或其他外汇来源;⑤政策性强,涉及面广,工作要求高。

(一)外汇贷款的种类

1. 按贷款期限分

按贷款期限,外汇贷款可分为短期外汇贷款和中长期外汇贷款。短期外汇贷款是指期

限在 1 年以内(含 1 年)的外汇贷款,主要包括打包贷款、进出口押汇和票据融资。中长期外汇贷款是指期限在 1 年(不含 1 年)以上的外汇贷款。

(1) 打包贷款是银行对信用证项下的出口商生产进料、加工、包装运输的资金需要而发放的专项贷款。打包贷款是银行办理出口押汇之前的贷款,与出口押汇有密切关联。

(2) 进口押汇是银行在信用证项下,由于进口商付款赎单的资金不足而发放的贷款。出口押汇是银行应出口商的要求,以装运出口后提交的与信用证要求完全相符的全套单据为依据,以应收的出口款项为抵押对出口商发放的结算贷款。

(3) 票据融资是指由借款人(进、出口商)以对外贸易交易为基础,开立最长期限为 6 个月的汇票,经国际大银行承兑,然后在金融市场上贴现,以取得资金的融通。

2. 按贷款性质和用途分

按贷款性质和用途,外汇贷款可分为固定资产贷款和流动资金贷款。固定资产贷款是对企业引进国外技术、设备或科技开发的外汇贷款;流动资金贷款是对生产储备、营运、结算融资的贷款和临时贷款。

3. 按贷款资金来源分

按贷款资金来源,外汇贷款可分为现汇贷款、"三贷"贷款和项目贷款。

现汇贷款可按利率不同分为浮动利率贷款、固定利率贷款、优惠利率贷款、贴息贷款、特优利率贷款、特种外汇贷款、短期周转外汇贷款等。

"三贷"贷款包括买方信贷、政府贷款和混合贷款。

项目贷款是若干贷款人(如银团、多国银行、政府、国际金融机构)共同向另一项目公司提供的中长期贷款,专用于大型工程建设或生产性项目的信贷。

4. 按贷款组织的方式分

按贷款组织的方式,外汇贷款可分为银团贷款、联合贷款、单一银行贷款。

银团贷款是国际金融机构贷款的一种形式,亦称辛迪加贷款,是由一家或几家银行牵头,多家银行参加,按一定的分工和出资比例组成银行集团,向某一特定借款者发放的贷款。

联合贷款是指两家或两家以上银行共同对某一客户或某一项目进行贷款,但各家银行分签贷款合同,分别谈判贷款条件。

(二)短期外汇贷款的核算

短期外汇贷款是外汇银行为了充分利用国外资金,进口国内短缺的原材料和先进设备,发展出口商品生产,增加外汇收入,将外汇资金贷给有外汇偿还能力并具备贷款条件的企业单位而发放的一种贷款。

短期外汇贷款的核算内容主要包括贷款的发放、贷款的计息和贷款的收回三个方面。

1. 贷款的发放

借款单位向银行提出申请使用的短期外汇贷款额度,经批准后订立借款合同,据以开立外汇贷款专户。借款时,借款单位一般委托外贸公司代办进口并使用信用证或进口代收等方式进行结算。当发生实际付汇时,借款单位填制短期外汇贷款借款凭证一式五联,提交银行。第一联为短期外汇贷款科目借方传票;第二联为备查卡片,由经办银行留存;第三联为支款通知，交借款单位；第四联为支款通知副本，交负责归还外汇额度的有关单位；第五联为支付通知副本，交代办进口的外贸公司。银行审核借款凭证有关内容与借款契约规定相符后进行账务处理，其会计分录为

  借：贷款——短期外汇贷款——××户(本金) (外币)
   贷：吸收存款——活期外汇存款(××户) (外币)

如以非贷款货币对外付汇，则需要经过套汇处理，其会计分录为

借：贷款——短期外汇贷款——××户(本金) (外币)
  贷：货币兑换(汇买价) (外币)
借：货币兑换(汇买价) (人民币)
  贷：货币兑换(汇卖价) (人民币)
借：货币兑换(汇卖价) (外币)
  贷：吸收存款——活期外汇存款(××户) (外币)

贷款的合同本金与实际支付的金额如存在差额的，还应按其差额，借记或贷记"贷款——短期外汇贷款——××户(利息调整)"科目。

2. 贷款的计息

短期外汇贷款因利率的不同，分为优惠利率贷款和浮动利率贷款两种。优惠利率贷款是按低于伦敦金融市场同业拆放利率所发放的贷款，按优惠利率计息。浮动利率贷款则是参照伦敦金融市场同业拆放利率，由银行根据筹资成本加上一定的银行管理费制定利率，浮动计息。浮动档次有1个月浮动、3个月浮动、6个月浮动及1年浮动四种。企业按贷款合同规定的浮动利率档次向银行贷款，在该档次内无论利率有无变动，都按贷款日确定的该档次利率计算利息，该档次期满后再按新利率计算。资产负债表日，商业银行对发放的短期外汇贷款应按规定计提利息。计提时，按贷款的合同本金和合同利率计算确定的应收未收利息，借记"应收利息"科目，按贷款的摊余成本和实际利率计算确定的利息收入，贷记"利息收入"科目，按其差额，借记或贷记"贷款——短期外汇贷款——××户(利息调整)"科目。

短期外汇贷款，每季结息一次。结息日填制短期外汇贷款结息凭证一式两联，一联作借方传票，一联作结息通知单交借款单位。借款人以外汇存款偿还利息时，其会计分录为

借：吸收存款——活期外汇存款(××户) (外币)
  贷：应收利息——××户(外币)

借款人按合同规定将利息转入贷款本金时，其会计分录为

借：贷款——短期外汇贷款——××户(本金) (外币)
  贷：应收利息——××户(外币)

3. 贷款的收回

外汇贷款借什么货币还什么货币，以原币计息。外汇贷款到期时，应由借款人填写一式四联还款凭证：第一联作借方传票，第二联作贷方传票，第三联作利息收入传票，第四联作还款通知交借款人。

借款人如以原贷款货币偿还外汇贷款时，贷款行应计算出上次结息日至还款日的贷款利息，将贷款本息一并收回。其会计分录为

借：吸收存款——活期外汇存款(××户)(或其他科目) (外币)

贷：贷款——短期外汇贷款——××户(本金)(外币)
　　　　　应收利息——××户(外币)
　　　　　利息收入——发放贷款及垫款户(外币)
存在利息调整余额的，还应同时予以结转。

借款人如以人民币购买外汇偿还，须将外贸公司签发的"还汇凭证"和填制的"短期外汇贷款还款凭证"一并提交银行。还汇凭证是外贸公司为借款人偿还外汇额度的证明文件。其会计分录为

　　借：吸收存款——活期存款(××户)(或其他科目)(人民币)
　　　　贷：货币兑换(汇卖价)(人民币)
　　借：货币兑换(汇卖价)(外币)
　　　　贷：贷款——短期外汇贷款——××户(本金)(外币)
　　　　　　应收利息——××户(外币)
　　　　　　利息收入——发放贷款及垫款户(外币)

存在利息调整余额的，还应同时予以结转。

借款人如以其他外币偿还贷款，应先套算成贷款货币，再偿还贷款本息。

【例 9-7】 某外汇银行于 2017 年 3 月 20 日向企业借出一笔金额为 100 万美元，期限为半年的贷款。利率采用 3 个月浮动利率，利息不转入贷款本金。借款日美元 3 个月浮动利率为 6.15%，7 月 21 日美元 3 个月浮动利率为 6.24%。该企业于贷款到期日从其美元存款账户偿还全部贷款本息。(假设不考虑利息调整，资产负债表日不计提利息。)

(1) 3 月 20 日至 6 月 20 日计算的利息为

US$1 000 000×3×6.15%÷12 =US$15 375

6 月 20 日确认利息收入，其会计分录为

　　借：应收利息——短期外汇贷款户　　　　　　　　　　US$15 375
　　　　贷：利息收入——发放贷款及垫款户　　　　　　　　　　US$15 375

(2) 9 月 20 日计算利息时，由于利率变化，需分段计息。

6 月 21 日至 7 月 20 日，计算的利息为

US$1 000 000×1×6.15% ÷12 =US$5125

7 月 21 日至 9 月 20 日，计算的利息为

US$1 00 0000×2×6.24% ÷12 =US$10 400

9 月 20 日利息合计：

US$5125+ US$10 400= US$15 525

9 月 20 日确认利息收入，其会计分录为

　　借：应收利息——短期外汇贷款户　　　　　　　　　　US$15 525
　　　　贷：利息收入——发放贷款及垫款户　　　　　　　　　　US$15 525

(3) 10 月 20 日还款，计算的 9 月 21 日至 10 月 20 日利息为

US$1 000 000×1×6.24% ÷12 =US$5200

　　借：应收利息——短期外汇贷款户　　　　　　　　　　US$5 200
　　　　贷：利息收入——发放贷款及垫款户　　　　　　　　　　US$5 200

收回贷款本息的会计分录为

　　借：吸收存款——活期外汇存款(××户)　　　　　　　US$1 036 100

  贷：贷款——短期外汇贷款(××户)   US$1 000 000
    应收利息——短期外汇贷款户   US$36 100

(三)进口买方信贷的核算

  买方信贷是由出口国银行直接向进口商或进口国银行提供的信贷，以便买方利用这项贷款向提供贷款的国家购买技术、设备、货物以及支付有关费用。它是我国利用外资的重要形式。贷款期限一般为 5~7 年，最长可达 10 年。贷款利率一般低于现汇贷款利率。买方信贷分为出口买方信贷和进口买方信贷。我国商业银行主要办理进口买方信贷，即我国银行作为进口国银行从出口国银行取得资金，并按需要转贷给进口单位使用。

  为了控制我国对外借款的总规模和债务风险，买方信贷外汇贷款由经办该项业务的商业银行总行统一对外签订贷款协议，由经办行采用"下贷上转"方式对进口企业发放贷款。因此，该项业务在资金来源上商业银行总行是债务人，境外银行是债权人；资金运用上总行是债权人，国内借款人是债务人；在债务处理上采用总行集中记账核算形式。

  买方信贷项下向国外银行的借入款项，由总行集中开户，使用"借入买方信贷款"科目进行核算，并按借款单位分设账户。买方信贷项下向国外借入款项的本息，由总行负责偿还；对各地企业发放买方信贷时，由分行开户，分行在"贷款"总分类科目下设置"买方信贷外汇贷款"明细科目进行核算，各分行发放的买方信贷外汇贷款的本息，由分行负责按期收回。总行、分行之间款项发放和归还，经全国联行往来处理。

  买方信贷外汇贷款的会计处理主要有对外签订信贷协议、支付定金、使用贷款、对外偿还贷款本息及对内收回贷款本息。

1. 对外签订信贷协议

  总行统一对外谈判签订买方信贷总协议，并通知各地分行和有关部门。总协议签订后，有关每个具体项目的具体信贷协议或按贸易合同逐笔申请的贷款，由总行对外谈判签订，也可由总行授权分行谈判签订。总行在签订具体协议时，应通过"买方信贷用款限额"表外科目进行核算，并登记"买方信贷用款限额登记簿"。其会计分录为

  收入：买方信贷用款限额

  使用贷款时，按使用金额逐笔转销表外科目。

2. 支付定金

  按照国际惯例，买方信贷的贷款金额一般约为合同金额的 85%，其余要支付现汇。在签订合同时，需要支付不少于 15%的定金。

  借款单位用现汇支付定金，其会计分录为

  借：吸收存款——活期外汇存款(××户)(或其他科目) (外币)
    贷：存放同业(或其他科目) (外币)

  借款单位向银行申请现汇外汇贷款支付定金，其会计分录为

  借：贷款——短期外汇贷款(××户) (外币)
    贷：存放同业(或其他科目) (外币)

  借款单位以人民币购入外汇支付定金，其会计分录为

  借：吸收存款——活期存款(××户) (人民币)
    贷：货币兑换(汇卖价) (人民币)

借：货币兑换(汇卖价)(外币)
　　贷：存放同业(或其他科目)(外币)

借款单位用与贷款币种不同的外币支付定金，其会计分录为

借：吸收存款——活期外汇存款(××户)(外币)
　　贷：货币兑换(汇买价)(外币)
借：货币兑换(汇买价)(人民币)
　　贷：货币兑换(汇卖价)(人民币)
借：货币兑换(汇卖价)(外币)
　　贷：存放同业(或其他科目)(外币)

3. 使用贷款

买方信贷项下的进口支付方式，一般使用信用证，各地分行接到国外银行寄来信用证项下有关单据，经审核无误，对外办理支付时，填制全国联行外汇往来贷方报单划收总行。其会计分录为

借：贷款——买方信贷外汇贷款(进口单位户)(外币)
　　贷：全国联行外汇往来(外币)

总行收到全国联行外汇往来报单后，其会计分录为

借：全国联行外汇往来(外币)
　　贷：借入买方信贷款(外币)
付出：买方信贷用款限额(外币)

如果由总行营业部直接贷出，则不必通过联行划转。

4. 对外偿还贷款本息

买方信贷项下借入国外同业贷款本息的偿还，由总行统一办理。总行按协议规定计算利息，对国外贷款行寄来的利息清单应认真核对，并按规定及时偿付本息。总行偿还国外贷款行本息时，其会计分录为

借：借入买方信贷款(外币)
　　利息支出——借入买方信贷利息支出户(外币)
　　贷：存放同业(或其他科目)(外币)

5. 对内收回贷款本息

银行对国内借款单位，应按借款合同的规定计算借款利息，并按期收回贷款本息。借款单位直接以外汇偿还，其会计分录为

借：吸收存款——活期外汇存款——(××户)(或其他科目)(外币)
　　贷：贷款——买方信贷外汇贷款——(××户)(外币)
　　　　利息收入——买方信贷外汇贷款利息收入(外币)

借款单位有外汇额度或交来外贸还款凭证，以人民币结汇偿还本息。其会计分录为

借：吸收存款——活期存款——(××户)(或其他科目)(人民币)
　　贷：货币兑换(汇卖价)(人民币)
借：货币兑换(汇卖价)(外币)
　　贷：贷款——买方信贷外汇贷款(外币)
　　　　利息收入——买方信贷外汇贷款利息收入(外币)

如果借款单位不能按期归还贷款，应按照贷款合同规定的到期日，将贷款本息转入"短期外汇贷款"明细科目核算，并按规定利率计算到期应收利息。转入"短期外汇贷款"明细科目后，借款单位逾期仍未能偿还贷款的，应采取有效措施，督促借款单位还款。

第四节　国际结算业务核算

国际贸易结算是指在国际贸易中，由国际商品交易而引起的外汇收付或债权、债务的清算行为。国际贸易结算是以物品交易、货钱两清为基础的有形贸易结算。国际贸易结算以现汇结算为主，主要有信用证、托收和汇兑三种结算方式。

一、信用证结算方式的核算

信用证是开证银行根据申请人(进口商)的要求向出口商(受益人)开立的一定金额、在一定期限内凭议付行寄来规定的单据付款或承兑汇票的书面承诺，是银行有条件保证付款的凭证。信用证是国际贸易中使用最为广泛的结算方式，包括进口商申请开证、进口方银行开证、出口方银行通知信用证、出口商受证出运、出口方银行议付及索汇、进口商赎单提货六个环节。

进口商根据贸易合同的规定，向银行申请开立信用证，应填具开证申请书，并缴纳相应保证金。银行审核同意后开出信用证，收取保证金，并通过其国外代理的出口地银行通知或传递信用证给出口商。出口方银行收到信用证后，进行认真核对与审查，若接受来证，应根据信用证的要求，将信用证通知或传递给出口商。出口商收到信用证，与合同内容进行核对无误后，在 L/C 规定的装运期限内按照规定的装运方式，将货物装上运输工具，并缮制和取得 L/C 所规定的装运单据，连同签发的汇票和 L/C 正本、修改通知书送交规定的议付行。出口方银行，即议付行根据单证一致、单单一致的原则，对 L/C 项目单进行审核，然后分情况对外贸公司进行出口押汇或收妥结汇。议付行付款后，开证行应立即通知进口商备款赎单，进口商将开证行所垫票款及发生的费用一并付清，并赎回单据后即可凭装运单据提货。

信用证结算业务涉及进口方业务和出口方业务两个方面，下面分别加以阐述。

(一)信用证项下进口业务的核算

进口信用证结算，是银行根据国内进口商的开证申请，向国外出口商开立信用证或信用保证书，凭国外银行寄来信用证中规定的单据，按照信用证条款规定对国外出口商付款，并向国内进口商办理结汇的一种结算方式。

进口信用证结算主要包括开立信用证、修改信用证以及审单付款三个环节。

1. 开立信用证

进口商根据与国外出口商签订的贸易合同的规定，向银行提出开证申请，并填具开证申请书。银行收到申请书后认真审核，并根据不同情况收取开证保证金。银行审核同意后签发的信用证采用套写格式，共六联(第一联为正本，其余为副本)，第一联、第二联通过国外联行或代理行转给出口商，第三联开证行代统计卡，第四联、第五联交进口商，第六联

信用证留底。收取开证申请人保证金的会计分录为

借：吸收存款——活期外汇存款(开证人户) (外币)
　　贷：存入保证金——开证人户(外币)

同时，

借：应收开出信用证款项(外币)
　　贷：应付开出信用证款项(外币)

2. 修改信用证

进口商如需修改信用证，应向银行提出申请。银行审核同意后，应即通知国外联行或代理行，同时修改信用证的增减额。修改信用证增加金额时，其会计分录与开出信用证的会计分录相同；减少金额时，会计分录相反。

3. 审单付款

开证行收到国外议付行寄来的信用证项下单据后，与信用证条款进行核对，并通知进口商。经审核确认付款后，由银行根据信用证规定办理付款或承兑，并对进口商办理进口结汇。

信用证付款方式，根据付款期限的不同，分为即期信用证付款方式和远期信用证付款方式两种。

(1) 即期信用证付款方式又分为单到国内审单付款、国外审单主动借记、国外审单后电报向我账户行索汇、授权国外议付行向我账户行索汇四种。其特点是：单证相符，见单即付。即期信用证付款方式大多采用单到国内审单付款。单到国内，进口商确认付款后，银行即办理对外付款手续，填制特种转账传票，并应先从保证金账户支付，不足部分再从结算账户支付。企业采用现汇开证时，其会计分录为

借：吸收存款——活期外汇存款(开证人户) (外币)
　　存入保证金——开证人户(外币)
　　贷：存放同业(或其他科目) (外币)

同时，

借：应付开出信用证款项(外币)
　　贷：应收开出信用证款项(外币)

一般情况下，国外银行应收的银行费用如通知费、议付费、修改费等，都由进口商负担，因此，付汇金额应包括货款与银行费用两部分。

(2) 远期信用证付款方式又分为由国外付款行承兑和国内开证行承兑两种。其特点是：单证相符，到期付款。远期信用证付款方式的核算程序分为承兑汇票及到期付款两个阶段。在国内开证行承兑方式下，开证行收到远期信用证项下议付行寄来的单据后，送进口商确认，待进口商确认到期付款后即办理远期汇票承兑手续，并将承兑汇票寄国外议付行，由议付行到期凭以索汇。办理承兑的会计分录为

借：应收承兑汇票款
　　贷：承兑汇票

同时，

借：应付开出信用证款项
　　贷：应收开出信用证款项

到期付款时的会计分录为

借：存入保证金——开证人户
　　吸收存款——活期外汇存款(开证人户)
　　贷：存放同业(或其他科目)

同时，

借：承兑汇票
　　贷：应收承兑汇票款

(二)信用证项下出口业务的核算

出口信用证结算是出口商根据国外进口商通过国外银行开来的信用证和保证书，按照其条款规定，待货物发出后，将出口单据及汇票送交国内银行，由银行办理审单议付，并向国外银行收取外汇后向出口商办理结汇的一种结算方式。

出口信用证结算主要包括受证与通知、审单议付、收汇与结汇三个环节。

1. 受证与通知

银行接到国外银行开来的信用证时，首先应对开证银行的资信、进口商的偿付能力和保险条款进行全面审查，并明确表示信用证能否接受、如何修改。经审核并核对印鉴认为可以受理时，当即编列信用证通知流水号，即将信用证正本通知有关出口商，以便发货，然后将信用证副本及银行留底联严格保管，并及时登记"国外开来保证凭信"记录卡，填制"国外开来保证凭信"表外科目收入传票进行核算。

收入：国外开来保证凭信

以后若接到开证行的信用证修改通知书，要求修改金额，或信用证受益人因故申请将信用证金额的一部分或全部转往其他行时，除按规定办理信用证修改和通知或转让手续外，其增减金额还应在表外科目"国外开来保证凭信"中核算。另外，对开证行汇入的信用证押金，授权我行在议付单据后进行抵扣的，应在信用证以及其他有关凭证上作好记录。其会计分录为

借：存放同业(外币)
　　贷：存入保证金(外币)

2. 审单议付

议付行收到出口商提交的信用证和全套单据后，按信用证条款认真审核，保证单证一致、单单相符。审核无误后，填制出口寄单议付通知书向国外银行寄单索汇，并进行相应的账务处理。其会计分录为

借：应收信用证出口款项
　　贷：代收信用证出口款项

付出：国外开来保证凭信

3. 收汇与结汇

议付行接到国外银行将票款收入我行账户通知书时，应按当日外汇牌价买入外汇，折算成人民币支付给出口商，以结清代收妥的出口外汇。其会计分录为

借：存放同业(或其他科目) (外币)
　　贷：货币兑换(汇买价) (外币)

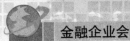

借：货币兑换(汇买价)(人民币)
　　贷：吸收存款——活期存款(出口商户)(人民币)

同时，
借：代收信用证出口款项
　　贷：应收信用证出口款项

【小资料】

商业银行办理信用证业务的注意事项

(1) 信用证项下银行依国际商会《跟单信用证统一惯例》规定：审核单据只是用以确定单据在表面上是否符合信用证条款的规定，开证行只根据表面上符合信用证的单据承担付款责任，对于任何单据的形式、完整性、准确性、真实性或单据中规定的或附加的一般或特殊条件等一律不负责任，风险由开证申请人承担。

(2) 经营外汇业务的商业银行应严格遵守国际商会《跟单信用证统一惯例》，进出口审单时应十分谨慎，开户的出口商应注意在用复印、复写或计算机打印等方式编制的单据上加注"ORIGINAL"字样。

(3) 商业银行办理远期信用证业务，必须严格执行国家的外汇管理和利用外资政策，并具有真实的商品交易背景；要严格审查开证申请人的资格、资信状况、偿付能力，并核定其开立远期信用证的最大授信额度；要建立完善的内部控制制度，严格审查分支机构的管理水平，指定明确的授权制度。对有一定时间、一定金额要求的远期信用证，要明确办理或审查及审批权限；要实行保证金制度，视开证申请人授信情况的不同而采取不同的保证金缴纳比例和担保措施；必须严格国际惯例和有关规定，对承兑信用证负有不可抗辩的付款责任。

二、托收结算方式的核算

托收结算是由债权人或收款人签发汇票或提供索汇凭据，委托银行向国外债务人或付款人代为收款的一种结算方式。根据是否附有货运单据，托收结算方式分为跟单托收和光票托收两种。跟单托收是收款人(出口商)签发汇票并附有货运单据，凭跟单汇票委托银行向付款人(进口商)收取货款的一种贸易结算方式；光票托收是收款人签发不附有货运单据的汇票，委托银行凭以收款的托收方式。虽有发票、收款清单等交易单据但无货运提单的，也属光票托收。光票托收广泛运用于非贸易结算。在贸易结算中，光票托收仅用于收取出口货款尾欠、样品费、各种佣金、代垫费用等各种贸易从属费用及进口索赔款项。

托收结算业务包括进口方业务和出口方业务两个方面，涉及的基本当事人有委托人、托收行、代收行和付款人。

(一)托收项下出口业务的核算

托收项下出口业务，即出口托收，是出口商根据买卖双方签订的贸易合约，在规定期限内备货出运后，将货运单据连同以进口买方为付款人的汇票一并送交银行，由银行委托境外代理行向进口买方代为交单和收款的一种出口贸易结算方式。

1. 发出托收单证的核算

出口商备货出运并取得货运单据后，应填写出口托收申请书一式两联，连同全套出口单据一并送交银行办理托收。银行审单后，编开托收号码，将申请书的一联退给出口商作为回单，另一联留存，并据以填制出口托收委托书。托收行发出托收凭证时，其会计分录为

　　借：应收出口托收款项(外币)
　　　　贷：代收出口托收款项(外币)

如果出口托收寄单后，因情况变化需增加托收金额时，分录同上；需减少托收金额时，分录相反。如果进口商拒付，也应反向注销托收金额。

2. 收妥进账的核算

出口托收款项一律实行收妥进账。银行根据国外银行的已贷记报单或授权借记通知书，经核实确认已收妥时，方能办理收汇或结汇。其会计分录为

　　借：代收出口托收款项(外币)
　　　　贷：应收出口托收款项(外币)
　　借：存放同业(或其他科目)(外币)
　　　　贷：货币兑换(汇买价)(外币)
　　借：货币兑换(汇买价)(人民币)
　　　　贷：吸收存款——活期存款(出口商户)(人民币)

(二)托收项下进口业务的核算

托收项下进口业务，即进口代收，是国外出口商根据贸易合同的规定，于装运货物后，通过国外托收银行寄来单据，委托我国银行向进口商收取款项的一种结算方式。

1. 收到国外单据的核算

进口方银行收到国外银行寄来的托收委托书及有关单据，经审核无误后，如果同意受理，即为代收行。代收行收到进口代收单据后，缮打进口代收单据通知书连同有关单据一起交给进口商，并作相应的账务处理。其会计分录为

　　借：应收进口代收款项(外币)
　　　　贷：进口代收款项(外币)

2. 办理对外付款的核算

进口商对进口代收单据确认付款，或者远期承兑汇票已到付款日，代收行即按有关规定办理对外付款手续。其会计分录为

　　借：吸收存款——活期存款(进口商户)(人民币)
　　　　贷：货币兑换(汇卖价)(人民币)
　　借：货币兑换(汇卖价)(外币)
　　　　贷：存放同业(或其他科目)(外币)

同时，

　　借：进口代收款项(外币)
　　　　贷：应收进口代收款项(外币)

三、汇兑结算方式的核算

国际汇兑结算是银行在不需运送现金的原则下,利用汇票或其他信用工具,使处于不同国家的债权人或债务人清算其债权、债务的一种结算方式。

汇兑结算业务的基本程序分为汇出行汇出国外汇款和汇入行解付国外汇款两个阶段。

(一)汇出行汇出国外汇款的核算

汇款人要求汇款时,应填制汇款申请书一式两联,一联作银行传票附件,一联加盖业务公章后作回单联退还汇款人。银行经办人员根据汇款申请书计算业务手续费,根据汇款人申请的汇款方式填制汇款凭证,并分情况进行账务处理。

以结汇项下汇出时,其会计分录为

借:吸收存款——活期存款(或其他科目)(人民币)
　　贷:货币兑换(汇卖价)(人民币)
　　　　手续费及佣金收入(人民币)
借:货币兑换(汇卖价)(外币)
　　贷:吸收存款——汇出汇款(外币)

以外币存款汇出时,其会计分录为

借:吸收存款——活期外汇存款(××户)(外币)
　　贷:吸收存款——汇出汇款(外币)
借:吸收存款——活期存款(××户)(人民币)
　　贷:手续费及佣金收入(人民币)

汇出行接到国外银行的借记报单时,凭借记报单抽出"汇出国外汇款"科目借方传票,进行核销转账。其会计分录为

借:吸收存款——汇出汇款(外币)
　　贷:存放同业(或其他科目)(外币)

(二)汇入行解付国外汇款的核算

汇入行解付国外汇款应根据电汇、信汇、票汇等不同方式,分别办理。

1. 信汇和电汇解付的核算

接到国外汇出行的电报,应首先核对密押;收到信汇支付委托书时,应核对印鉴。经核对相符后,办理汇款登记编号,填制汇款通知书,通知收款人领取汇款。对机关、企业采用一式五联套写的通知书。第一联为国外汇入汇款通知书,第二联为正收条,第三联为副收条,第四联为国外汇入汇款科目贷方传票,第五联为国外汇入汇款科目卡片账。其会计分录为

借:存放同业(或其他科目)(外币)
　　贷:吸收存款——汇入汇款(外币)

解付汇款时,以原币入账的,其会计分录为

借:吸收存款——汇入汇款(外币)
　　贷:吸收存款——活期外汇存款(××户)(外币)

以结汇入账的，其会计分录为

借：吸收存款——汇入汇款(外币)
　　贷：货币兑换(汇买价)(外币)
借：货币兑换(汇买价)(人民币)
　　贷：吸收存款——活期存款(收款人户)(人民币)

2. 票汇解付的核算

收到国外汇款行寄来的以我行为付款行的票汇通知书，以及汇款头寸，经核对印鉴等无误后，凭以转入"汇入汇款"科目，待持票人前来兑取。其会计分录为

借：存放同业(或其他科目)(外币)
　　贷：吸收存款——汇入汇款(外币)

当持票人持票来行取款时，须经持票人在柜面签字背书，并核对汇票通知书，以及出票行印鉴、付款金额、有效期、收款人姓名等后，才能办理人民币结汇或支付原币。其会计分录与信汇、电汇相同。

本章小结

外汇是外国货币或以外国货币表示的，用于国际结算的支付凭证。外汇可分为现汇、现钞、自由外汇、记账外汇、贸易外汇、非贸易外汇、金融外汇、近期外汇和远期外汇。

我国外汇指定银行可以经营的外汇业务包括外汇存款、外汇贷款、外汇汇款、外币兑换、外汇同业拆借、外汇借款、发行或代理发行股票以外的外币有价证券、买卖或代理买卖股票以外的外币有价证券、外币票据的承兑与贴现、贸易和非贸易结算等业务。

目前，商业银行经营的外汇业务通常采用外币分账制。外币分账制的具体做法是：从各种外币分别分账；设置"货币兑换"科目，在外汇业务核算中起桥梁和平衡作用；年终并表，以本币统一反映财务状况和经营成果。

外汇存款按存款对象分为单位外汇存款和个人外汇存款；按存入资金形态分为现汇存款和现钞存款；按存款期限分为活期外汇存款和定期外汇存款。

国际贸易结算主要有信用证、托收和汇兑三种结算方式。

一、基本概念

外汇　汇率　直接标价法　间接标价法　外汇存款　外汇贷款　售汇　结汇　信用证　托收

二、判断题

1. 国际贸易结算以现汇结算为主，主要有信用证、托收和汇兑三种结算方式。（　　）
2. "货币兑换"科目的性质是资产。（　　）
3. 现汇和现钞，由于使用情况不同，导致汇买价小于钞买价。（　　）
4. 钞买汇卖是指银行卖出外币现汇，买入外币现钞。（　　）

5. 中国银行某支行接到客户交来的外币 USD5000 元，要求汇往纽约，经审核后，即办理汇款手续，其账务处理为

借：库存现金　　　　　　　　　　　　　　USD5 000
　　贷：汇出汇款　　　　　　　　　　　　USD5 000

（　　）

三、简答题

1. 什么是外汇业务？外汇的分类有几种？
2. 什么是外币分账制？有什么特点？
3. 什么是外汇买卖？具体如何核算？
4. 外汇贷款业务有哪些种类？如何核算？
5. 什么是信用证结算？进口信用证和出口信用证分别如何核算？

四、业务题

请根据以下业务进行账务处理。

1. 4月5日，客户王某持现钞20 000港币存入港币现汇户。假设港币外汇汇价为汇买价114/100、卖出价116/100、钞买价112/100。

2. 4月8日，某驻华使馆外交官因回国述职，经批准从"活期外汇存款——驻华某机构"美元户支款兑取美元现钞8000美元携带出境。假设美元外汇汇价为汇买价642/100、卖出价645/100、钞买价621/100。

3. 收到国外某代理行贷方报单10 000美元，经批准以原币计入收款单位生物研究所账户。

4. 某企业收到美元现钞5000美元，该款项为出售样品款，经外汇管理部门批准，要求银行兑换成美元现汇，存入该公司美元现汇活期户。

5. 客户刘某3月15日持去年3月1日开立的1年期定期存单(汇户)US$2000美元，存单标明利率为2.25%，逾期部分按活期外汇存款利率1%付息。客户要求本金转为定期2年的存款，利息存入活期人民币存款户。

6. 4月10日根据某开户企业的申请，从其美元存款户中电汇500 000港元到中国香港某银行，按规定收取1‰的手续费。4月15日收到中国香港某银行解付讫通知书，销记汇出汇款科目账。

7. 英国某公司通过伦敦中国银行开来不可撤销即期信用证，向我国某外贸进出口公司采购商品，信用证金额US$80万美元。我国银行于3月1日收到并审核信用证条款无异议，通知外贸公司。3月10日出口商根据信用证条款备货出运后，将全套出口单据提交银行。银行审单无误，计算议付费US$16 000美元，并向开证行索汇，要求货款贷记我行账户。4月10日收到开证行划来货款，对出口商办理结汇。

第十章 所有者权益的核算

【学习要点及目标】
- 掌握所有者权益的核算。
- 明确商业银行利润的形成与分配。

【核心概念】

所有者权益 实收资本 资本公积 盈余公积 未分配利润

【引导案例】

银监会：2016年商业银行年度净利润同比增长3.54%

截至2016年四季度末，商业银行当年累计实现净利润16 490亿元，同比增长3.54%，增速同比上升1.11个百分点。2016年四季度商业银行平均资产利润率为0.98%，同比下降0.12个百分点；平均资本利润率13.38%，同比下降1.6个百分点。

2016年四季度末，商业银行(不含外国银行分行)加权平均核心一级资本充足率为10.75%，较上季末下降0.08个百分点；加权平均一级资本充足率为11.25%，较上季末下降0.05个百分点；加权平均资本充足率为13.28%，较上季末下降0.03个百分点。

(资料来源：根据百度资料整理)

【案例导学】

商业银行作为特殊的经济实体，因为其经营存款、贷款业务，风险也比其他行业高，为了增强自身抗风险的能力，保障客户与自身的利益，会计上就多出了一份"一般风险准备"。商业银行所有者权益的核算，主要是围绕"实收资本""资本公积""盈余公积""一般风险准备""利润的形成与分配"等方面来进行。

第一节 所有者权益概述

一、所有者权益的概念

所有者权益是指商业银行资产扣除负债后由商业银行所有者享有的剩余权益，是商业银行所有者对商业银行净资产的所有权，是商业银行筹集资金的主要来源之一。所有者权益的内容主要包括实收资本(或股本)、资本公积、盈余公积、一般风险准备和未分配利润等。

二、所有者权益的主要内容

(一)实收资本

按照我国有关法律规定，投资者设立企业首先必须投入资本。实收资本是投资者投入资本形成的法定资本。所有者向企业投入的资本,在一般情况下无须偿还,可以长期使用。实收资本的构成比例,即投资者的出资比例或股东的股份比例,通常是确定所有者在企业所有者权益中所占的份额和参与企业财务经营决策的基础,也是企业进行利润分配或股利分配的依据,同时还是企业清算时确定所有者对净资产的要求权的依据。

商业银行的实收资本是指投资者按照企业章程,或合同、协议的约定,实际投入商业银行的资本。从其来源看,实收资本可包括国家投资、其他单位投资、社会个人投资和外商投资等。我国目前实行的是注册资本制度,在注册资本制度下,投资者出资达到法定注册资本的要求是设立商业银行的先决条件,而且会计核算中的实收资本即为法定资本,应当与注册资本相一致,银行不得擅自改变注册资本数额或抽逃资金。当商业银行的实收资本比原来的注册资本增减数额超过20%时,应持资金使用证明或者验资证明,向原登记机关申请变更登记。擅自改变注册资本或者抽逃资金的都要受到工商行政管理部门的处罚。

【小资料】

商业银行实收资本数额的一般规定

中国人民银行对设立商业银行提出了最低的资本限额的要求,其内容如下所述。

(1) 对设立银行的最低资本金的要求。设有分支机构的全国性银行的最低实收资本金为20亿元人民币;不设立分支机构的全国性银行的最低实收资本金为10亿元人民币;区域性银行的最低实收资本金为8亿元人民币;合作银行的最低实收资本金为5亿元人民币。

(2) 对外资银行的最低资本金要求。在经济特区设立的外资银行总行或中外合资银行的注册资本不得少于8 000万元人民币等值外汇,实收资本不得低于注册资本的50%;在经济特区设立的外资银行分行必须持有其总行拨给的不少于4000万元人民币等值外汇的营运资金。

所有的银行设立时,其实收资本都要按照中国人民银行的规定办理手续。

(二)资本公积

商业银行的资本金中,有一些虽属于资本性质,但不能记入"实收资本(或股本)"科目,应作为资本公积。资本公积包括资本溢价(或股本溢价)和直接计入所有者权益的利得和损失等。

资本溢价(或股本溢价)是商业银行收到投资者的超出其在注册资本(或股本)中所占份额的投资。形成资本溢价(或股本溢价)的原因有溢价发行股票、投资者超额缴入资本等。

直接计入所有者权益的利得和损失是指不应计入当期损益、会导致所有者权益发生增减变动的、与所有者投入资本或者向所有者分配利润无关的利得或者损失。

资本公积一般应当设置"资本(或股本)溢价""其他资本公积"等明细科目核算。

资本公积不是商业银行从实现的经营利润转化而来,所以本质上仍是投入资本的范畴。因此,它与留存收益有着根本的区别。此外,资本公积与实收资本也有所不同,实收资本属于法定注册资本,在来源和金额上都有严格的限制;而资本公积在金额上没有严格的限制,在来源上相对比较多样。

(三)盈余公积

盈余公积是指商业银行按照规定从净利润中提取的各种积累资金。商业银行的盈余公积分为法定盈余公积和任意盈余公积。两者的区别就在于其各自计提的依据不同。前者以国家的法律或行政规章为依据提取；后者则由商业银行自行决定提取。

1. 盈余公积的来源

盈余公积是商业银行从税后净利润中提取的，根据《中华人民共和国公司法》(以下简称《公司法》)等有关法规的规定，商业银行当年实现的净利润一般应当按照如下顺序进行分配。

(1) 提取法定公积金。商业银行的法定公积金按照税后利润的 10%的比例提取(非公司制银行也可按照超过 10%的比例提取)。在计算提取法定盈余公积的基数时，不应包括企业年初未分配利润。法定公积金达到注册资本的 50%时，可以不再提取。

法定公积金不足以弥补以前年度亏损的，在提取法定公积金之前，应当先用当年利润弥补亏损。

(2) 提取任意盈余公积金。商业银行从税后利润中提取法定公积金后，经股东会或者股东大会决议，还可以从税后利润中提取任意盈余公积金。非公司制商业银行经类似权力机构批准，也可提取任意盈余公积。

(3) 向投资者分配利润或股利。

公司弥补亏损和提取公积金后所余税后利润，可以向投资者分配利润或股利。有限责任公司股东按照实缴的出资比例分取红利，但是全体股东约定不按照出资比例分取红利的除外；股份有限公司按照股东持有的股份比例分配，但股份有限公司章程规定不按持股比例分配的除外。

股东会、股东大会或者董事会违反规定，在公司弥补亏损和提取法定公积金之前向股东分配利润的，股东必须将违反规定分配的利润退还公司。

2. 盈余公积的用途

商业银行提取盈余公积主要可以用于以下几个方面。

(1) 弥补亏损。商业银行发生亏损时，应由银行自行弥补。弥补亏损的渠道主要有三条：一是用以后年度税前利润弥补。按照现行制度的规定，银行发生亏损时，可以用以后五年内实现的税前利润弥补，即税前利润弥补亏损的期间为五年。二是用以后年度税后利润弥补。商业银行发生的亏损经过五年期间未弥补足额的，尚未弥补的亏损应用所得税后的利润弥补。三是以盈余公积弥补亏损。商业银行以提取的盈余公积弥补亏损时，应当由公司董事会提议，并经股东大会批准。

(2) 转增资本。商业银行将盈余公积转增资本时，必须经股东大会决议批准。将盈余公积转增资本时，要按股东原有持股比例结转。

商业银行提取的盈余公积，无论是用于弥补亏损，还是用于转增资本，只不过是在所有者权益内部作结构上的调整。比如，以盈余公积弥补亏损时，实际是减少盈余公积留存的数额，以此抵补未弥补亏损的数额，并不引起所有者权益总额的变动；以盈余公积转增资本时，也只是减少盈余公积结存的数额，但同时增加了企业实收资本或股本的数额，也并不引起所有者权益总额的变动。

(3) 扩大企业生产经营。盈余公积的用途，并不是指其实际占用形态，提取盈余公积也并不是单独将这部分资金从企业资金周转过程中抽出。企业盈余公积的结存数，实际只表现为企业所有者权益的组成部分，表明企业生产经营资金的一个来源而已。其形成的资金可能表现为一定的货币资金，也可能表现为一定的实物资产，如存货和固定资产等，随同企业的其他来源所形成的资金进行循环周转,用于企业的生产经营。

(四)一般风险准备

一般风险准备是指从事存、贷款业务的商业银行按一定比例从净利润中提取的一般风险准备金。商业银行按规定提取的一般风险准备,是为未来难以预料的巨大经营风险而提留的准备资金,可用于弥补亏损,但不得用于分红和转增资本。

(五)未分配利润

未分配利润是商业银行留待以后年度分配且尚未指定用途的利润,属于所有者权益的组成部分。从数量上说,未分配利润是期初未分配利润加上本期实现的税后利润,减去各种盈余公积和利润分配后的余额。未分配利润有两层含义:一是留待以后年度分配的利润,二是未指定特定用途的利润。如果未分配利润出现负数,就表明年末有未弥补亏损,应该由以后年度的利润或盈余公积来弥补。

第二节 实收资本核算

一、实收资本核算的一般规定

商业银行实收资本的核算包括非股份制商业银行实收资本核算和股份制商业银行实收资本核算两部分。

(一)非股份制商业银行

非股份制商业银行的实收资本,是指商业银行收到投资者投入的资本时,应按其在注册资本中所占份额作为实收资本的入账价值,收到的各种资产应当按照投资合同或协议约定的价值确定,但合同或协议约定价值不公允的除外,两者之间的差额作为资本溢价,在"资本公积"科目核算。

(二)股份制商业银行

股份制商业银行的实收资本又称股本,应当在核定的股本总额及核定的股份总额的范围内发行股票或由股东出资取得。公司发行的股票,应按其面值作为"股本"入账,发行取得的收入超过面值的部分作为股本溢价,记入"资本公积"科目。

境外上市公司以及在境内发行外资股的上市公司,按确定的人民币股票面值和核定的股份总额的乘积计算的金额,作为"股本"入账,按收到股款当日的汇率折合的人民币金额与按人民币计算的股票面值总额的差额,作为"资本公积"处理。

二、实收资本的账务处理

为了反映投资者实收资本的情况,应设置"实收资本"或"股本"科目。该账户属于所有者权益类账户,用于核算商业银行实际收到投资者投入的资本。投资者可以用现金进行投资,也可以用现金以外的其他有形资产进行投资。账户的贷方登记实际收到投资者投入的资本,按法定程序资本公积、盈余公积转增资本的增加数;账户的借方一般不作记录,只有在减资或破产清理时借记减少数；余额反映在贷方，表示实际拥有的资本金总额。投资者投入的资本，在企业经营期间除依法转让外，一般不得抽回。

(一)非股份制商业银行实收资本的核算

1. 投资者以现金出资的核算

非股份制商业银行收到国家、企业、外商、个人以人民币现金或银行存款进行的投资时，应当以投资者在注册资本或股本中所占份额作为实收资本入账。实际收到的金额超过其在该商业银行注册资本中所占份额的部分，计入资本公积。

借：库存现金(吸收存款、存放中央银行款项等科目)
　　贷：实收资本
　　　　资本公积——资本溢价

2. 投资者以外币资本投资的核算

非股份制商业银行收到外币投资时，首先在外币账簿中登记收到的外币金额，同时还应按照当日国家外汇牌价折合成人民币金额登记"库存现金"等相关账户。银行收到投资者以外币投入的资本，采用交易日即期汇率折算成人民币金额，外币投入资本与相应的货币性项目的记账本位币金额之间不产生外币资本折算差额。

借：库存现金(吸收存款、存放中央银行款项等科目)
　　贷：实收资本

【例 10-1】某商业银行采用业务发生时的即期汇率核算外币业务，2017 年 3 月 10 日，收到个人投入的资本 100 000 美元，当日即期汇率为 1 美元=6.2 元人民币，合同约定的汇率为 1 美元=6.5 元人民币。编制的会计分录为

借：库存现金——美元(100 000×6.2) 　　　　　　　　　　　620 000
　　贷：实收资本 　　　　　　　　　　　　　　　　　　　　　620 000

3. 投资者以非现金资产投资的核算

按照《公司法》的规定，有限责任公司的股东可以用货币出资，也可以用实物、知识产权、土地使用权等可以用货币估价并可以依法转让的非现金资产作价出资。但是，法律、行政法规规定不得作为出资的财产除外。对作为出资的非现金资产应当评估作价，核实财产，不得高估或者低估作价。法律、行政法规对评估作价有规定的，从其规定。

商业银行接受非现金资产投资时，应按投资合同或协议约定价值确定非现金资产的入账价值(但合同或协议约定的价值不公允的除外)计入相关资产，按投资人在注册资本中应享有的份额，贷记"实收资本"科目，按其差额，贷记"资本公积——资本溢价"科目。

借：有关资产科目
　　贷：实收资本
　　　　资本公积——资本溢价

【例 10-2】某商业银行收到甲公司作为资本投入的房产，合同约定的价值 500 000 元，投资人在注册资本中应享有的份额为 450 000 元。编制会计分录如下。

借：固定资产 　　　　　　　　　　　　　　　　　　　　　　500 000
　　贷：实收资本 　　　　　　　　　　　　　　　　　　　　　450 000
　　　　资本公积——资本溢价 　　　　　　　　　　　　　　　　50 000

(二)股份制商业银行实收资本的核算

股份制商业银行与非股份制商业银行相比,最显著的特点就是将企业的全部资本划分为等额股份,并通过发行股票的方式来筹集资本。股票的面值与股份总数的乘积为股本,股本应等于企业的注册资本,所以股本是很重要的指标。为了直观地反映这一指标,在会计处理上,股份制商业银行应设置"股本"科目进行实收资本的核算。

"股本"科目用以核算股东投入股份制商业银行的股本,商业银行应将核定的股本总额、股份总数、每股面值在股本账户中作备查记录。为提供商业银行股份的构成情况,企业可在"股本"科目下按股东单位或姓名设置明细账。商业银行的股本应在核定的股本总额范围内发行股票取得。但值得注意的是,银行发行股票取得的收入与股本总额往往不一致,发行股票取得的收入大于股本总额的,称为溢价发行;小于股本总额的,称为折价发行;等于股本总额的,为面值发行。我国不允许企业折价发行股票。在采用溢价发行股票的情况下,银行应将相当于股票面值的部分记入"股本"科目,其余部分在扣除发行手续费、佣金等发行费用后记入"资本公积——股本溢价"科目。

1. 境内发行 A 股的核算

股份制银行应当在核定的股本总额及核定的股份总额的范围内发行股票。银行发行的股票,在收到现金等资产时,其会计分录为

借:吸收存款(存放中央银行款项)
  贷:股本
    资本公积——股本溢价(二者差额)

【例10-3】某商业银行发行普通股 20 000 000 股,每股面值为 1 元,发行价格为 6 元。股款 120 000 000 元已经全部收到,发行过程中发生相关税费 60 000 元。

根据上述资料,商业银行应作以下账务处理。

计入股本的金额=20 000 000×1=20 000 000(元)

计入资本公积的金额=(6-1)×20 000 000-60 000=99 940 000(元)

借:吸收存款   119 940 000
  贷:股本   20 000 000
    资本公积——股本溢价   99 940 000

2. 境外发行、境内发行 B 股的核算

境外上市,以及在境内发行外资股的银行,收到的股款按收到外币股款当日的汇率折算,其会计分录为

借:存放中央银行款项(或有关科目)
  贷:股本
    资本公积——股本溢价(二者差额)

【例10-4】某商业银行发行普通股 20 000 000 股,每股面值为 1 元,发行价格为 6 美元。股款 120 000 000 美元已经全部收到,收到外币股款当日的即期汇率为 1 美元=6.5 元人民币,发行过程中发生相关税费 600 000 元。

根据上述资料,商业银行应作以下账务处理。

计入股本的金额=20 000 000×1=20 000 000(元)

计入资本公积的金额=6×20 000 000×6.5-1×20 000 000-600 000=759 400 000(元)

借：吸收存款 779 400 000
　　贷：股本 20 000 000
　　　　资本公积——股本溢价 759 400 000

(三)实收资本(股本)增加的核算

《中华人民共和国公司登记管理条例》规定，公司增加注册资本的，有限责任公司股东认缴新增资本的出资和股份有限公司的股东认购新股，应当分别依照《公司法》设立有限责任公司缴纳出资和设立股份有限公司缴纳股款的有关规定执行。公司法定公积金转增为注册资本的，验资证明应当载明留存的该项公积金不少于转增前公司注册资本的 25%。公司减少注册资本的，应当自公告之日起 45 日后申请变更登记，并应当提交公司在报纸上登载公司减少注册资本公告的有关证明和公司债务清偿或者债务担保情况的说明。公司减资后的注册资本不得低于法定的最低限额。公司变更实收资本的，应当提交依法设立的验资机构出具的验资证明，并应当按照公司章程载明的出资时间、出资方式缴纳出资。公司应当自足额缴纳出资或者股款之日起 30 日内申请变更登记。

商业银行实收资本(或股本)除下列情况外，不得随意变动。

(1) 符合增资条件，并经有关部门批准增资的，在实际取得股东的出资时登记入账。

(2) 商业银行按法定程序报经批准减少注册资本的，在实际返还投资时登记入账；采用收购本企业股票方式减资的，在实际购入本企业股票时登记入账。

商业银行增加资本的途径如下。

(1) 经股东大会或类似机构决议，用资本公积转增资本，借记"资本公积(资本溢价或股本溢价)"科目，贷记"实收资本"或"股本"科目。

(2) 盈余公积转为实收资本，借记"盈余公积"科目，贷记"实收资本(或股本)"科目。

(3) 新增所有者投入。商业银行在收到投资者投入的资金时，借记"吸收存款"等有关资产科目，贷记"实收资本(或股本)"和"资本公积(资本溢价或股本溢价)"科目。

(4) 商业银行发行的可转换公司债券，按规定转为股本时，可转换公司债券持有人可将其持有的债券转换为股票。可转换公司债券持有人行使转换权利，将其持有的债券转换为股票，按可转换公司债券的余额，借记"应付债券——可转换公司债券(面值、利息调整)"科目，按其权益成分的金额，借记"资本公积——其他资本公积"科目；按股票面值和转换的股数计算的股票面值总额，贷记"股本"科目；按其差额，贷记"资本公积——股本溢价"科目。如有现金支付不可转换股票，还应贷记"库存现金"等相关科目。

(5) 股东大会批准的利润分配方案中应当分配的股票股利，办理增资手续后，应分别按其折股方式的不同进行账务处理：如按股票面值折股的，股票股利的数额与折股的股票面值总额是一致的，不涉及股票溢价问题，借记"利润分配"科目，贷记"股本"科目。如按照股票的现行市场价格折股，股东大会正式批准的分配股票股利的数额与折股的股票面值总额将发生差额，该差额作为资本公积处理，借记"利润分配"科目，贷记"股本""资本公积——股本溢价"科目。

(6) 以权益结算的股份支付的行权。以权益结算的股份支付换取职工或其他方提供服务的，应在行权日按根据实际行权情况确定的金额，借记"资本公积——其他资本公积"科目，按应计入实收资本或股本的金额，贷记"实收资本"或"股本"科目。

(四)实收资本(股本)减少的核算

商业银行的实收资本不能随意减少,股东在存续期内不能抽回投资。资本减少应符合下列条件。

(1) 银行(包括一般商业银行和股份制商业银行)减资,应事先通知所有债权人,债权人无异议方允许减资。

(2) 经股东会决议同意,并经有关部门批准。

(3) 企业减资后的注册资本不得低于法定注册资本的最低限额。

商业银行按法定程序报经批准减少注册资本的,借记"实收资本(或股本)"科目,贷记"库存现金""吸收存款"等科目。

股份有限公司由于采用的是发行股票的方式筹集股本,发还股款时,则要回购发行的股票。发行股票的价格与股票面值可能不同,回购股票的价格也可能与发行价格不同,会计处理较为复杂。

企业应设置"库存股"科目核算企业收购的尚未转让或注销的本公司股份金额,期末借方余额反映企业持有本公司股份的金额。当商业银行为减少注册资本而收购本公司股份时,应按实际支付的金额,借记"库存股"科目,贷记"库存现金""吸收存款"等科目。

商业银行持有本公司这部分股份份额以备注销减资。当注销本公司的"库存股"时,由于"股本"科目是按股票的面值登记的,所以也应按面值注销股本,同时结转"库存股"的账面余额。两者的差额,区别不同情况进行处理,具体情况如下。

(1) 若商业银行购回股票支付的价款高于面值总额的,按股票面值和注销股数计算的股票面值总额,借记"股本"科目,按所注销的库存股的账面余额,贷记"库存股"科目。若股票属于溢价发行的,按其差额,借记"资本公积——股本溢价"科目,股本溢价不足冲减的,应依次冲减"盈余公积""利润分配——未分配利润"科目;若股票属于按面值发行的,直接冲销盈余公积和未分配利润。

(2) 若商业银行购回股票支付的价款低于面值总额的,应按股票面值和注销股数计算的股票面值总额,借记"股本"科目,按所注销的库存股的账面余额,贷记"库存股"科目,按其差额,贷记"资本公积——股本溢价"科目。

【例10-5】甲股份有限公司截至2017年12月31日共发行股票60 000 000股,股票面值为1元,资本公积(股本溢价)8 000 000元,盈余公积6 000 000元。经股东大会批准,公司以现金回购本公司股票3 000 000股并注销。假定公司按照每股4元回购股票,不考虑其他因素,公司的会计处理如下。

库存股的成本=3 000 000×4=12 000 000(元)

借:库存股　　　　　　　　　　　　　　　　　　　　　　　12 000 000
　　贷:吸收存款　　　　　　　　　　　　　　　　　　　　　　12 000 000
借:股本　　　　　　　　　　　　　　　　　　　　　　　　　3 000 000
　　资本公积——股本溢价　　　　　　　　　　　　　　　　　6 000 000
　　盈余公积　　　　　　　　　　　　　　　　　　　　　　　3 000 000
　　贷:库存股　　　　　　　　　　　　　　　　　　　　　　12 000 000

【例10-6】承例10-5,假定公司以每股0.8元回购股票,其他条件不变。公司的会计处理如下。

库存股的成本=3 000 000×0.8=2 400 000(元)
借：库存股 2 400 000
　　贷：吸收存款 2 400 000
借：股本 3 000 000
　　贷：库存股 2 400 000
　　　　资本公积——股本溢价 600 000

由于公司以低于面值的价格回购股票，股本与库存股成本的差额 600 000 元应作增加资本公积处理。

第三节　资本公积与留存收益的核算

一、资本公积的核算

商业银行应当设置"资本公积"科目，用于核算银行收到投资者出资超出其在注册资本或股本所占的份额以及直接计入所有者权益的利得和损失等，并按其形成原因主要设置"资本溢价"或"股本溢价""其他资本公积"明细科目进行明细核算。

(一)资本溢价的核算

资本溢价是由于商业银行投资者投入资金超过其在注册资本中所占份额形成的。投资者经营商业银行(不含股份制银行)，投资者依其出资份额对银行经营决策享有表决权，依其所认缴的出资额对银行承担有限责任。明确记录投资者认缴的出资额，真实地反映各投资者对银行享有的权利与承担的义务，是会计处理应注意的问题。为此，会计上应设置"实收资本"科目，核算投资者按照公司章程所规定的出资比例实际缴付的出资额。在创立时，出资者认缴的出资额全部记入"实收资本"科目。

在有新的投资者加入时，为了维护原有投资者的权益，新加入的投资者的出资额并不全部作为实收资本处理。这是因为，在正常经营过程中投入的资金虽然与企业创立时投入的资金在数量上一致，但其获利能力却不一致。银行创立后，从投入资金到取得投资回报中间需要许多时间，并且这种投资具有风险性，在这个过程中资本利润率很低；而进入正常经营后，在正常情况下，资本利润率要高于初创阶段。这高于初创阶段的资本利润率是初创时必要的垫支资本带来的，银行的创办者为此付出了代价。因此，相同数量的投资由于出资时间不同，其对企业的影响程度不同，由此而带给投资者的权利也不同，往往早期出资带给投资者的权利要大于后期出资带给投资者的权利。所以，新加入的投资者要付出大于原有投资者的出资额，才能取得与原有投资者相同的投资比例。另外，不仅原有投资者原有投资从质量上发生了变化，就是从数量上也可能发生变化，这是因为银行经营过程中实现利润的一部分留在企业，形成留存收益，而留存收益也属于投资者权益，但其未转入实收资本。新加入的投资者如与原有投资者共享这部分留存收益，也要求其付出大于原有投资者的出资额，才能取得与原有投资者相同的投资比例。投资者投入的资本中按其投资比例计算的出资额部分，应记入"实收资本"科目，超过部分应记入"资本公积"科目。

(二)股本溢价的核算

商业银行以发行股票的方式筹集股本的，股票是银行签发的证明股东按其所持股份享有权利和承担义务的书面证明。为了反映和便于计算各股东所持股份占企业全部股本的比例,企业的股本总额应按股票的面值与股份总数的乘积计算。

国家规定,实收股本总额应与注册资本相等。因此,为提供企业股本总额及其构成、注册资本等信息,在采用与股票面值相同的价格发行股票的情况下,企业发行股票取得的收入应全部记入"股本"科目,支付的发行费用一次性计入当期损益;在采用溢价发行股票的情况下,企业发行股票取得的收入相当于股票面值的部分记入"股本"科目,超出股票面值的溢价收入记入"资本公积"科目。委托证券商代理发行股票而支付的手续费、佣金等,应从溢价发行收入中扣除,借记"资本公积——股本溢价",贷记"存放中央银行款项"等相关科目。

【例 10-7】商业银行委托 B 证券公司代理发行普通股 2 000 000 股,每股面值 1 元,按每股 1.2 元的价格发行。公司与受托单位约定,按发行收入的 3%收取手续费,从发行收入中扣除。假设收到的股款已存入银行。

根据上述资料,银行应作以下会计处理。

收到受托发行单位交来的款项=2 000 000×1.2×(1-3%)=2 328 000(元)

应记入"资本公积"科目的金额=溢价收入-发行手续费

=2 000 000×(1.2-1)-2 000 000×1.2×3%=328 000(元)

借:吸收存款 2 328 000
　贷:股本 2 000 000
　　资本公积——股本溢价 328 000

(三)其他资本公积的核算

其他资本公积,是指除资本溢价(或股本溢价)项目以外所形成的资本公积,其中主要包括直接计入所有者权益的利得和损失。

直接计入所有者权益的利得和损失主要由以下交易或事项引起。

(1) 采用权益法核算的长期股权投资。长期股权投资采用权益法核算的,在持股比例不变的情况下,被投资单位除净损益以外所有者权益的其他变动,银行按持股比例计算应享有的份额,如果是利得,应当增加长期股权投资的账面价值,同时增加资本公积(其他资本公积);如果是损失,应当作相反的会计分录。当处置采用权益法核算的长期股权投资时,应当将原记入资本公积的相关金额转入投资收益。

(2) 以权益结算的股份支付。以权益结算的股份支付换取职工或其他方提供服务的,应按照确定的金额,记入"管理费用"等科目,同时增加资本公积(其他资本公积)。在行权日,应按实际行权的权益工具数量计算确定的金额,借记"资本公积——其他资本公积"科目,按记入实收资本或股本的金额,贷记"实收资本"或"股本"科目,并将其差额记入"资本公积——资本溢价"或"资本公积——股本溢价"。

(3) 可供出售金融资产公允价值的变动。可供出售金融资产公允价值变动形成的利得,除减值损失和外币货币性金融资产形成的汇兑差额外,借记"可供出售金融资产——公允价值变动"科目,贷记"资本公积——其他资本公积"科目。公允价值变动形成的损失,作相反的会计分录。

(4) 金融资产的重分类。将可供出售金融资产重分类为采用成本或摊余成本计量的金融资产,重分类日该金融资产的公允价值或账面价值作为成本或摊余成本。该金融资产没有固定到期日的,与该金融资产相关、原直接计入所有者权益的利得或损失,应仍然计入"资本公积——其他资本公积"科目，在该金融资产被处置时转出，计入当期损益。

将持有至到期投资重分类为可供出售金融资产，并以公允价值进行后续计量，重分类日，该投资的账面价值与其公允价值之间的差额记入"资本公积——其他资本公积"科目。在该可供出售金融资产发生减值或终止确认时转出，计入当期损益。

按照金融工具确认和计量的规定应当以公允价值计量，但以前公允价值不能可靠计量的可供出售金融资产，企业应当在其公允价值能够可靠计量时改按公允价值计量，将相关账面价值与公允价值之间的差额记入"资本公积——其他资本公积"科目，在其发生减值或终止确认时将上述差额转出，计入当期损益。

(四)资本公积转增资本的会计处理

按照《公司法》的规定，法定公积金(资本公积和盈余公积)转为资本时，所留存的该项公积金不得少于转增前公司注册资本的 25%。经股东大会或类似机构决议，用资本公积转增资本时，应冲减资本公积，同时按照转增前的实收资本(或股本)的结构或比例，将转增的金额记入"实收资本"(或股本)科目下各所有者的明细分类账。

二、留存收益的核算

(一)盈余公积的核算

根据现行制度，盈余公积提取比例的相关规定如下：法定盈余公积，按净利润金融企业会计的 10%提取，但此项公积金达到注册资本的 50%时不再提取；任意盈余公积，由商业银行根据自身情况决定，既可多提，也可少提，还可不提。商业银行的盈余公积可以用于弥补亏损、转增资本(或股本)，但转增资本后留存的数额不得少于注册资本的 25%。符合规定条件的商业银行，也可以用盈余公积分派现金股利。

1. 账户设置

为了加强对盈余公积的核算和管理，应设置"盈余公积"科目，在该科目下分别设置"法定盈余公积""任意盈余公积"明细科目进行明细核算；外商投资银行还应分别设置"储备基金""企业发展基金"明细科目进行明细核算。本科目的期末贷方余额，反映提取的盈余公积结余数。

2. 账务处理

盈余公积涉及的主要账务处理如下。

(1) 提取盈余公积的核算。商业银行从税后利润中按规定提取盈余公积时，其会计分录为

借：利润分配——提取法定盈余公积
　　　　　　——提取任意盈余公积
　贷：盈余公积——法定盈余公积
　　　　　　——任意盈余公积

外资商业银行提取储备基金、企业发展基金时，其会计分录为

借：利润分配——提取储备基金
　　　　　　——提取企业发展基金

贷：盈余公积——储备基金
　　　　——企业发展基金

(2) 盈余公积弥补亏损的核算。商业银行经股东大会或类似机构决议，以盈余公积弥补亏损时，其会计分录为

借：盈余公积
　　贷：利润分配——盈余公积补亏

在特殊情况下，外资商业银行经批准用储备基金弥补亏损时，其会计分录为

借：盈余公积——储备基金
　　贷：利润分配——盈余公积补亏

(3) 盈余公积转增资本的核算。商业银行用盈余公积转增资本时，其会计分录为

借：盈余公积
　　贷：实收资本(股本)

外资商业银行经批准将储备基金、发展基金用于转增资本时，其会计分录为

借：盈余公积——储备基金
　　　　——企业发展基金
　　贷：实收资本

(4) 盈余公积派送新股的核算。股份制商业银行经股东大会决议，用盈余公积派送新股时，其会计分录为

借：盈余公积(按派送新股计算的金额)
　　贷：股本(按股票面值和派送新股总数计算的金额)
　　　　资本公积——股本溢价(二者差额)

(二)一般风险准备的核算

商业银行在进行利润分配时，在按当期实现的净利润提取了法定盈余公积、任意盈余公积后，应按一定比例计提一般风险准备。计提比例由银行董事会综合考虑企业所面临的风险状况等因素确定。其会计分录为

借：利润分配——提取一般风险准备
　　贷：一般风险准备

一般风险准备弥补亏损时，其会计分录为

借：一般风险准备
　　贷：利润分配——一般风险准备补亏

(三)未分配利润的核算

未分配利润是商业银行税后净利润的一种留存收益形式。商业银行在"利润分配"科目下设"未分配利润"明细科目进行核算。年度终了，银行应将全年实现的净利润自"本年利润"科目转入"利润分配——未分配利润"科目，其会计分录为

借：本年利润
　　贷：利润分配——未分配利润

如为亏损，作相反的会计分录。

同时，将"利润分配"科目下的其他明细科目的余额转入"利润分配"科目下"未分配利润"明细科目，其会计分录为

借：利润分配——未分配利润
　　贷：利润分配——其他明细科目

结转后，除"未分配利润"明细科目外，"利润分配"科目的其他明细科目应无余额。"未分配利润"明细科目期末贷方余额，反映历年积累的未分配利润，期末借方余额，反映历年未弥补的亏损。

第四节　损益的核算

商业银行的收入和费用、直接计入当期利润的利得和损失等构成了商业银行损益核算的主要内容。

商业银行从事存、贷款业务、办理票据贴现和结算，属于为完成其经营目标所从事的经常性活动，由此产生的经济利益的流入或流出构成收入或费用；商业银行以现金、无形资产、实物等对外投资，属于与经常性活动相关的其他活动，由此产生的经济利益的流入或流出也构成收入或费用。

商业银行处置固定资产、无形资产等活动，不是其为完成其经营目标所从事的经常性活动，也不属于与经常性活动相关的其他活动，由此产生的经济利益的流入或流出不构成收入或费用，而是利得或损失。

一、收入的核算

收入，是指商业银行在日常活动中形成的、会导致所有者权益增加的、与所有者投入资本无关的经济利益的总流入。

商业银行的收入主要包括利息收入、手续费及佣金收入、投资收益、公允价值变动损益、汇兑损益、其他业务收入等，但不包括为第三方或者客户代收的款项，如银行代垫的工本费、代邮电部门收取的邮电费等。商业银行的收入只有在经济利益很可能流入从而导致银行资产增加或者负债减少，且经济利益的流入额能够可靠计量时才予以确认。

1. 利息收入的核算

利息收入是指商业银行发放各类贷款、与其他金融机构(如中央银行、同业等)之间发生资金往来业务、买入返售金融资产等所取得的利息收入。其中，发放的各类贷款包括银团贷款、贸易融资、贴现和转贴现融出资金、协议透支、信用卡透支、转贷款和垫款等，但不包括接受委托发放的委托贷款。商业银行系统内、商业银行之间以及商业银行与人民银行之间相互资金往来所取得的利息，也属于利息收入核算的内容。利息收入在营业收入中占有很大的比重，特别是在当前金融业分业经营的情况下，利息收入是商业银行财务成果的重要内容。

按照《企业会计准则第14号——收入》的规定：利息收入同时满足下列条件的，才能予以确认：①相关的经济利益很可能流入企业；②收入的金额能够可靠地计量。

商业银行所取得的利息收入，应通过"利息收入"科目核算。该科目为损益类科目，可按业务类别进行明细核算。资产负债表日，商业银行应按合同利率计算确定的应收未收利息，借记"应收利息"科目，按摊余成本和实际利率计算确定的利息收入，贷记"利息收入"科目,按其差额,借记或贷记"贷款——利息调整"等科目。实际利率与合同利率差异较小的,也可以采用合同利率计算确定利息收入。期末,应将该科目余额转入"本年利润"科目,结转后该科目无余额。

利息收入的核算已在第五章"贷款与贴现业务的核算"中叙述,此处不再重复。

2. 手续费及佣金收入的核算

手续费及佣金收入是指商业银行在办理代理业务中收取的手续费及佣金,包括办理结算业务、咨询业务、担保业务、代保管等代理业务以及办理受托贷款及投资业务等收取的手续费及佣金。手续费及佣金收入包括结算与清算手续费收入、代理业务手续费收入、信用承诺手续费及佣金收入、银行卡手续费收入、顾问和咨询服务收入、托管及其他受托业务佣金收入等。

手续费及佣金收入应当在向客户提供相关服务时确认,并通过"手续费及佣金收入"科目进行核算。商业银行确认手续费及佣金收入时,按应收的金额,借记"库存现金""应收手续费及佣金"等科目,贷记"手续费及佣金收入"科目;实际收到手续费及佣金时,借记"存放中央银行款项""库存现金""吸收存款"等科目,贷记"应收手续费及佣金"等科目。期末,应将该科目余额转入"本年利润"科目,结转后该科目无余额。该科目可按手续费及佣金收入类别进行明细核算。

3. 投资收益的核算

投资收益是商业银行通过购买有价证券或以现金、无形资产、实物等对外投资所取得的收益。商业银行通过各种形式的对外投资所取得的收益,应设置"投资收益"科目进行核算。"投资收益"科目可按投资项目进行明细核算,期末,应将该科目余额转入"本年利润"科目,结转后该科目无余额。在利润表上,"投资收益"应按对外投资所取得的收益,减去发生的投资损失后的净额列报。

4. 公允价值变动损益的核算

公允价值变动损益是商业银行持有的金融资产或金融负债,由于公允价值变动形成的损益。商业银行应设置"公允价值变动损益"科目进行核算,该科目核算商业银行在初始确认时划分为以公允价值计量且其变动计入当期损益的金融资产或金融负债(包括交易性金融资产或金融负债、直接指定为以公允价值计量且其变动计入当期损益的金融资产或金融负债),以及采用公允价值计量模式的衍生工具、套期业务中公允价值变动形成的应计入当期损益的利得或损失。

资产负债表日,企业应按交易性金融资产公允价值高于其账面余额的差额,借记"交易性金融资产——公允价值变动"科目,贷记"公允价值变动损益"科目;公允价值低于其账面余额的差额,作相反的会计分录。交易性金融负债的公允价值高于其账面余额的差额,借记"公允价值变动损益"科目,贷记"交易性金融负债——公允价值变动"科目;公允价值低于其账面价值的差额,作相反的会计分录。

当商业银行出售交易性金融资产或金融负债时,将收到的价款与其账面价值的差额,借记或贷记"投资收益"科目,同时,将原计入该金融资产或金融负债的公允价值变动转出,借记或贷记"公允价值变动损益"科目,贷记或借记"投资收益"科目。

商业银行持有的金融资产或金融负债公允价值可能高于或低于账面余额,因此公允价值变动收益减去公允价值变动损失后,以净额在利润表中进行列报。

5. 汇兑损益的核算

汇兑损益是商业银行在经营外汇买卖、外币兑换以及结售汇业务过程中,有效利用利率、汇率变动而发生的损益。

有关外汇买卖的业务在"外汇业务核算"中已经叙述,在此不再重复。商业银行采用分账制核算的,期(月)末将所有以外币表示的"货币兑换"科目余额按期(月)末汇率折算为记账本位币金额,折算后的记账本位币金额与"货币兑换——记账本位币"科目余额进行比较,为贷方差额的,借记"货币兑换——记账本位币"科目,贷记"汇兑损益"科目;为借方差额的作相反的会计分录。

6. 其他业务收入的核算

其他业务收入是指商业银行经营的除主营业务以外的其他业务所取得的收入,包括出租固定资产、转让无形资产等取得的收入。取得其他业务收入时,借记"吸收存款(或其他科目)",贷记"其他业务收入"科目。

二、费用的核算

费用,是指商业银行在日常活动中发生的、会导致所有者权益减少的、与向所有者分配利润无关的经济利益的总流出。其中"日常活动",是指商业银行为完成其经营目标所从事的经常性活动以及与之相关的其他活动。

商业银行的费用主要包括利息支出、手续费及佣金支出、税金及附加、业务及管理费、资产减值损失、其他业务成本等。其中,利息支出、手续费及佣金支出、其他业务成本等属于商业银行为提供劳务等发生的可归属于劳务成本等的费用;税金及附加主要核算应由营业收入负担的各种税金,包括营业税、城市维护建设税、教育费附加等;业务及管理费是一种期间费用,是指商业银行在业务经营和管理过程中所发生的各项费用;资产减值损失用于核算商业银行计提的各种资产减值准备所形成的损失。

商业银行的费用只有在经济利益很可能流出从而导致银行资产减少或者负债增加,且经济利益的流出额能够可靠计量时才能予以确认。

1. 利息支出的核算

利息支出是指商业银行吸收的各种存款(如单位存款、个人存款、信用卡存款、特种存款、转贷款资金等)、与其他金融机构之间发生资金往来业务、卖出回购金融资产等产生的利息支出。其中,商业银行与其他金融机构之间发生资金往来包括商业银行系统内、商业银行相互之间以及商业银行与中央银行及其他非银行金融机构之间发生的资金往来业务。

对商业银行发生的利息支出,在会计上应设置"利息支出"科目进行核算,该科目为损益类科目,可按利息支出项目进行明细核算。资产负债表日,商业银行应按摊余成本和实际利率计算确定的利息费用金额,借记"利息支出"科目,按合同利率计算确定的应付未付利息,贷记"应付利息"科目,按其差额,借记或贷记"吸收存款——利息调整"等科目。实际利率与合同利率差异较小的,也可以采用合同利率计算确定利息费用。期末,应将该科目余额转入"本年利润"科目,结转后该科目无余额。

关于利息支出的详细核算已在第四章"存款业务核算"中叙述，此处不再重复。

2. 手续费及佣金支出的核算

手续费及佣金支出反映商业银行发生的与其经营活动相关的各项手续费、佣金等支出，如储蓄代办手续费支出、结算手续费支出以及其他手续费支出。对代办业务的手续费和结算业务手续费，必须按规定标准计算后支付。支付某项代办业务的手续费时，借记"手续费及佣金支出"科目，贷记"库存现金(应付手续费及佣金)"科目。

3. 税金及附加的核算

税金及附加是商业银行根据《税法》的规定，按适用的税率和费率计算交纳的各种税金和附加费。它是由商业银行的营业收入负担的税金，包括营业税、城市维护建设税、教育费附加。商业银行应设置"税金及附加"科目来核算税金及附加的增减变动情况。房产税、车船使用税、土地使用税、印花税在"业务及管理费"科目核算，不在该科目核算。但与投资性房地产相关的房产税、土地使用税在该科目核算。该科目属于损益类科目，可按"营业税""城市维护建设税""教育费附加"等设置明细科目进行核算。商业银行按规定计算确定的与经营活动相关的税费，借记"税金及附加"科目，贷记"应交税费——应交营业税、应交城市维护建设税、应交教育费附加"科目。

4. 业务及管理费的核算

业务及管理费是商业银行的期间费用，是指商业银行在业务经营和管理过程中所发生的各项费用，主要包括折旧费、业务宣传费、业务招待费、电子设备运转费、钞币运送费、安全防范费、邮电费、劳动保护费、外事费、印刷费、低值易耗品摊销、职工工资及福利费、差旅费、水电费、职工教育经费、工会经费、会议费、诉讼费、公证费、咨询费、无形资产摊销、长期待摊费用摊销、取暖降温费、聘请中介机构费、技术转让费、绿化费、董事会费、财产保险费、劳动保险费、待业保险费、住房公积金、物业管理费、研究费用等。商业银行应设置"业务及管理费"科目进行核算，该科目下按费用项目进行明细核算。

商业银行发生各项业务及管理费时，借记"业务及管理费"科目，贷记"库存现金"或"应付职工薪酬"等相关科目。

5. 资产减值损失的核算

商业银行应在资产负债表日判断各项资产是否存在可能发生减值的迹象，对存在减值迹象的，按照资产减值等准则计提各项资产减值准备。

为了反映商业银行计提的各项资产减值准备所形成的损失，专门设置"资产减值损失"科目进行核算。该科目属于损益类科目，可按资产减值损失的项目进行明细核算。商业银行根据资产减值等准则确定资产发生减值的，按应减记的金额，借记"资产减值损失"科目，贷记"坏账准备""长期股权投资减值准备""持有至到期投资减值准备""固定资产减值准备""无形资产减值准备""商誉——减值准备""贷款损失准备""抵债资产跌价准备"等科目。

商业银行计提坏账准备、持有至到期投资减值准备、贷款损失准备等后，相关资产的价值又得以恢复的，应在原已计提的减值准备金额内，按恢复增加的金额，借记"坏账准备""持有至到期投资减值准备""贷款损失准备"等科目，贷记"资产减值损失"科目。

期末，应将"资产减值损失"科目余额转入"本年利润"科目，结转后该科目无余额。

6. 其他业务成本的核算

凡不属于利息支出、手续费及佣金支出、汇兑损益、投资损益、公允价值变动损益、资产减值损失、业务及管理费的各项营业性支出，作为其他业务成本。其中包括出租固定资产的折旧费、无形资产转让成本等。商业银行应设置"其他业务成本"科目来核算反映其他业务成本的增减变动情况。发生其他业务成本时，借记"其他业务成本"科目，贷记"吸收存款"等有关科目。

三、营业外收入与营业外支出的核算

直接计入当期利润的利得和损失，是指应当计入当期损益、会导致所有者权益发生增减变动的、与所有者投入资本或者向所有者分配利润无关的利得或者损失。

1. 营业外收入的核算

营业外收入属于应直接计入当期利润的利得，是商业银行发生的与其业务经营活动无直接关系的各项经济利益的流入。营业外收入由商业银行的非日常活动形成，主要包括非流动资产处置利得、非货币性资产交换利得、债务重组利得、政府补助、盘盈利得、捐赠利得等。

商业银行对发生的各项营业外收入，应设置"营业外收入"科目进行核算。该科目属于损益类科目，可以根据营业外收入项目分别设置明细科目进行核算。

发生营业外收入时，其会计分录为
借：固定资产清理等有关科目
　　贷：营业外收入

2. 营业外支出的核算

营业外支出属于应直接计入当期利润的损失，是商业银行发生的与其业务经营活动无直接关系的各项经济利益的流出。营业外支出由商业银行的非日常活动产生，主要包括非流动资产处置损失、非货币性资产交换损失、债务重组损失、公益性捐赠支出、非常损失、盘亏损失等。

商业银行对发生的各项营业外支出，应设置"营业外支出"科目进行核算。该科目属于损益类科目，可以根据营业外支出项目分别设置明细科目进行核算。

发生营业外支出时，借记营业外支出科目，贷记库存现金(或"待处理财产损益")等有关科目。

期末，上述各损益类科目余额均应结转至"本年利润"科目，即借记"本年利润"科目，贷记上述各损益类科目，结转后上述各损益类科目均无余额。

第五节　利润与利润分配的核算

一、利润概述

利润是指企业在一定会计期间的经营成果，包括收入减去费用后的净额、直接计入当期利润的利得和损失等。商业银行的利润按照反映内容的不同，分为营业利润、利润总额

和净利润。其计算公式如下：
营业利润=营业收入-营业支出
营业收入=利息净收入+手续费及佣金净收入+投资收益+
公允价值变动收益+汇兑收益+其他业务收入
营业支出=税金及附加+业务及管理费+资产减值损失+其他业务成本
利润总额=营业利润+营业外收入-营业外支出
净利润=利润总额-所得税费用

二、利润的核算

为了反映商业银行利润的形成及构成，商业银行应设置"本年利润"科目进行核算。该科目属于所有者权益类科目。期末，将各损益类科目的余额转入"本年利润"科目，以此结算出本年是盈利还是亏损。年度终了，将"本年利润"结转至"利润分配"的未分配利润明细科目之后，"本年利润"科目无余额。其会计分录为

借：利息收入
　　手续费及佣金收入
　　投资收益
　　公允价值变动损益
　　汇兑损益
　　其他业务收入
　　营业外收入
　　贷：本年利润
借：本年利润
　　贷：利息支出
　　　　手续费及佣金支出
　　　　投资收益
　　　　公允价值变动损益
　　　　汇兑损益
　　　　税金及附加
　　　　业务及管理费
　　　　资产减值损失
　　　　其他业务成本
　　　　营业外支出
　　　　所得税费用

若结算出的"本年利润"余额在贷方，则表示盈利；若在借方，则表示亏损。

期末，将"本年利润"转入"利润分配"的未分配利润明细科目，若为盈利，则会计分录为

借：本年利润
　　贷：利润分配——未分配利润

若为亏损，则以相反的方向记账。

三、利润分配的核算

商业银行对于各期实现的利润总额，应当按照税法、财务制度的规定，依据一定的程序进行分配。按规定，商业银行可以利用年度实现的税前利润弥补以前年度的亏损，但连续弥补的期限不超过 5 年。对于已连续 5 年弥补亏损尚不足的，5 年后改用税后利润弥补。商业银行本期实现的利润总额扣除所得税费用后，即为本期实现的净利润。

(一)利润分配的顺序

本期实现的净利润加上年初未分配利润(或减去年初未弥补亏损)和其他转入后的余额，即为可供分配的利润。其分配的优先次序如下。

(1) 提取法定盈余公积。提取法定盈余公积的相关规定参见本章第一节的有关内容。

(2) 提取各项准备金和基金。从事存贷款业务的商业银行，按规定提取的一般风险准备也作为利润分配处理。

(3) 股东大会同意以后，也可以提取任意盈余公积。

(4) 向投资者分配利润。根据普通股和优先股的差别，先对优先股进行分配，然后对普通股进行分配。这里对普通股的利润分配既可以以现金形式分配，也可以以股票股利形式来转增资本。

(二)利润分配的账务处理

利润分配的账务处理如下所述。

(1) 从净利润中提取盈余公积的会计分录为

借：利润分配——提取法定盈余公积
　　　　　　——提取任意盈余公积
　贷：盈余公积——法定盈余公积
　　　　　　　——任意盈余公积

如以盈余公积补亏，其会计分录为

借：盈余公积
　贷：利润分配——盈余公积补亏

(2) 提取一般风险准备的会计分录为

借：利润分配——提取一般风险准备
　贷：一般风险准备

(3) 向股东分配股利或向投资者分配利润的会计分录为

借：利润分配——应付优先股股利
　　　　　　——应付普通股股利
　贷：应付股利(或应付利润)

(4) 按规定对利润进行分配后，将"利润分配"科目中各明细科目余额转入"未分配利润"明细科目。其会计分录为

借：利润分配——未分配利润
　贷：利润分配——各明细科目

通过上述分录转账后，"利润分配"科目除"未分配利润"明细科目有余额外，其他

明细科目均无余额。"未分配利润"余额若在贷方，则为留存收益，其年末余额表示历年积存的未分配利润；"未分配利润"余额若在借方，则表示未弥补亏损。

【例 10-8】 A 股份有限公司的股本为 100 000 000 元，每股面值 1 元。2017 年年初未分配利润为贷方 80 000 000 元，2017 年实现净利润 50 000 000 元。

假定公司按照 2017 年实现净利润的 10%提取法定盈余公积，5%提取任意盈余公积，同时向股东按每股 0.2 元派发现金股利，按每 10 股送 3 股的比例派发股票股利。2018 年 3 月 15 日，公司以银行存款支付了全部现金股利，新增股本也已经办理完股权登记和相关增资手续。A 公司的会计处理如下。

(1) 2017 年度终了时，企业结转本年实现的净利润，其会计分录为

借：本年利润　　　　　　　　　　　　　　　　　　　　　　　50 000 000
　　贷：利润分配——未分配利润　　　　　　　　　　　　　　　　　　50 000 000

(2) 提取法定盈余公积和任意盈余公积，其会计分录为

借：利润分配——提取法定盈余公积　　　　　　　　　　　　　　　5 000 000
　　　　　　——提取任意盈余公积　　　　　　　　　　　　　　　2 500 000
　　贷：盈余公积——法定盈余公积　　　　　　　　　　　　　　　　5 000 000
　　　　　　　　——任意盈余公积　　　　　　　　　　　　　　　　2 500 000

(3) 结转"利润分配"的明细科目，其会计分录为

借：利润分配——未分配利润　　　　　　　　　　　　　　　　　7 500 000
　　贷：利润分配——提取法定盈余公积　　　　　　　　　　　　　　5 000 000
　　　　　　　　——提取任意盈余公积　　　　　　　　　　　　　　2 500 000

A 公司 2017 年年底"利润分配——未分配利润"科目的余额为
80 000 000+50 000 000-7 500 000=122 500 000(元)
即贷方余额 122 500 000 元，反映企业的累计未分配利润为 122 500 000 元。

(4) 批准发放现金股利，其会计分录为
100 000 000×0.2=20 000 000(元)

借：利润分配——应付现金股利　　　　　　　　　　　　　　　　20 000 000
　　贷：应付股利　　　　　　　　　　　　　　　　　　　　　　　　20 000 000

2018 年 3 月 15 日，实际发放现金股利，其会计分录为

借：应付股利　　　　　　　　　　　　　　　　　　　　　　　　20 000 000
　　贷：银行存款　　　　　　　　　　　　　　　　　　　　　　　20 000 000

(5) 2018 年 3 月 15 日，发放股票股利，其会计分录为
100 000 000×1×30%=30 000 000(元)

借：利润分配——转作股本的股利　　　　　　　　　　　　　　　30 000 000
　　贷：股本　　　　　　　　　　　　　　　　　　　　　　　　　30 000 000

本章小结

所有者权益是商业银行所有者对商业银行净资产的所有权，主要包括投资者投入资本亦即实收资本(或股本)、资本公积和商业银行在经营过程中提取的盈余公积和未分配利润。从事存贷款业务的商业银行计提的一般风险准备也是所有者权益的组成部分。从数量关系上看，所有者权益等于全部资产减去全部负债的余额。

第十章 所有者权益的核算

加强利润核算对银行有着特别重要的意义。利润核算的实质是对银行收入和费用、直接计入当期利润的利得和损失的核算，其主要内容包括利息收入、手续费及佣金收入、投资损益、公允价值变动损益、汇兑损益、其他业务收入、利息支出、手续费及佣金支出、税金及附加、业务及管理费、资产减值损失、其他业务成本、营业外收入和营业外支出等的核算。

在会计期末，通过将各损益类科目余额转入"本年利润"科目，得出本期的利润总额。利润总额减去所得税费用后，得出净利润。净利润加上年初的未分配利润后形成本期可供分配利润。可供分配的利润按照一定的顺序进行分配后，便形成期末的未分配利润。

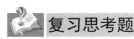

复习思考题

一、基本概念

所有者权益　实收资本　资本公积　盈余公积　未分配利润　一般风险准备

二、判断题

1. 计提一般风险准备使用的借方科目是资产减值损失。　　　　　　　　　　（　）
2. 商业银行法定盈余公积金的计提比例是 10%。　　　　　　　　　　　　　（　）
3. 年末，利润分配下设的"未分配利润"明细账户有余额，其他明细账户无余额。（　）
4. 实收资本的增减变动，必须报经政府管理部门批准。　　　　　　　　　　（　）
5. 商业银行的期间费用通过"业务及管理费"科目核算。　　　　　　　　　　（　）

三、简答题

1. 负债和所有者权益有哪些区别？
2. 商业银行留存收益包括哪些内容？
3. 商业银行的收入与费用各包括哪些内容？
4. 商业银行的利润由什么构成？如何计算和结转？
5. 商业银行盈余公积有哪些用途？如何进行账务处理？

四、业务题

1. 某商业银行收到甲集团按协议规定投入资本 4000 万元，按该集团持股比例应投入 3200 万元，溢价 800 万元。
2. 某商业银行收到外方投资 US＄3000 万美元，收到外币投资当日的汇率为 US＄100 ＝ RMB￥652。
3. 某商业银行年终按规定提取法定盈余公积 32 万元。
4. 工商银行于资产负债表日计提贷款利息收入 85 万元。
5. 工商银行收到人民银行收账通知，系支付给本行代办业务的手续费 8 万元。
6. 工商银行支付给企业单位的存款利息 54 元。
7. 工商银行总务部门购买办公用品，发生的费用支出为 680 元。

要求：根据上述经济业务，编制会计分录。

第十一章　年度决算与财务报告

【学习要点及目标】

- 了解年度决算的概念及规定、财务报告的概念。
- 掌握会计决算报表的结构组成。
- 掌握年度决算的步骤和内容、财务报告的分类。

【核心概念】

年度决算　财务报告　资产负债表　利润表　现金流量表

【引导案例】

中国建设银行年度业绩报告

建设银行恪守审慎经营的原则，坚持服务实体经济，加快推进战略转型，经营业绩和市场表现均体现出"稳中有进"的特点，在复杂的经济环境下取得了良好业绩。

中国建设银行股份有限公司 2016 年年度报告显示：2016 年年末，公司资产总额为 209 637.05 亿元，较上年同期增长 14.25%；2016 年公司实现营业收入 6050.90 亿元，较上年减少 0.02%；实现净利润 2 323.89 亿元，较上年增加 1.53%；2016 年年末，公司不良贷款率为 1.52%，较上年减少 0.06 个百分点。

核心资本充足率保持稳定。全年风险加权资产同增 11.3%，环增 4.1%。核心一级资本充足率为 12.98%，2016 年资本充足率为 14.94%。

(资料来源：根据百度资料整理)

【案例导学】

商业银行的年度决算，是根据日常会计记录，运用会计核算资料，通过报表数字全面总结和分析全年银行各项业务活动情况和考核经营成果的一项综合性工作，它是对商业银行全年工作的总结和综合反映。真实、及时地做好年度决算，并以此为基础形成年度财务会计报告，对于分析与了解商业银行全年业务和财务活动情况，提高商业银行经营管理水平，保证会计工作质量，为分析国家宏观经济状态，制定未来发展目标都具有重要的意义。

第一节　年度决算概述

年度决算是指金融企业在会计年度终了时，运用会计核算资料对全年的业务活动和财务成果进行的数字总结和文字说明。具体来说，就是指金融企业根据会计核算资料，办理结账、轧计损益和编审年度决算报表等工作。

根据我国的现行规定，从每年的 1 月 1 日起至 12 月 31 日止为一个会计年度，每年的 12 月 31 日为年度决算日，无论是否节假日，均不得提前或延后。凡是实行独立核算的金融企业及其分支机构，都要在年度决算日办理年度决算。各独立核算单位决算完毕后，要逐级汇总上报上级金融机构，最后由总部进行汇总，办理整个金融企业的汇总年度决算。非独立核算的金融企业及其分支机构，则通过并账或并表的方式，由其上级机构负责办理年度决算的合并工作。

一、年度决算的意义

年度决算是会计工作的重要环节，是考核金融企业经营活动及其成果的一项重要工作。认真做好年度决算，对于金融企业完整、真实地掌握其经营活动和财务收支情况，对于检查日常核算工作，总结工作经验，改进和提高经营管理水平，保证会计工作质量，更好地发挥会计的职能作用等，都具有重要的意义。

1. 有利于加强金融调控，促进社会主义市场经济的发展

金融企业是社会资金活动的枢纽，银行是全国范围信贷、结算、现金出纳和外汇收支的中心，而其他非银行金融机构也担负着证券承销、资金清算等重要工作。所以，金融企业的年度决算工作与国民经济的各部门、各单位是密不可分的。通过金融企业的年度决算，将一年的账簿资料加以核实和整理，按全国统一的会计科目进行归属，变成具有内在联系的年度综合指标体系，并利用报表形式按机构级别逐级汇总，可以集中、系统、全面地反映出国民经济各部门、各单位、各企业的经济活动，以及社会产品的生产、分配、交换和流通情况。通过数据分析，还可以了解银行资金的供求变化，使资金更好地适应国民经济发展的需要，为国家宏观经济决策提供信息资料，从而充分发挥金融企业调节社会经济生活、控制经济运行的作用，促进社会主义市场经济的发展。

2. 有利于提高金融企业的经营管理水平

年度决算是根据金融企业的日常会计记录，运用会计核算资料，通过报表数字，全面总结与分析金融企业全年各项业务活动情况和考核经营成果的一项综合性工作。这项工作不是平时核算资料的简单加总，而是要在核实日常会计记录的基础上清理和调整账务，比较收支、计算盈亏，确定经营成果。只有这样，才可以了解企业经营活动的全貌，掌握资产、负债、所有者权益及损益情况，以便总结经验、发现问题、找出差距，及时采取措施改进工作，推动金融企业不断改善经营，提高管理水平。

3. 有利于提高会计工作质量，发挥会计的职能作用

金融企业在办理年度决算过程中，要对全年业务活动和财务活动进行一次全面的核实和整理。所谓核实，是指账簿记录的内容同实际情况进行核对，包括银行与各开户单位对账，以及银行内部账据核对、账实核对、账账核对、账款核对和利息核对等。所谓整理，就是根据核实结果发现差异，查明原因，进行调整，使会计记录与实际相一致。然后根据核实、整理的资料，编制数字真实和内容完整的年度决算报表，并使账表一致、完全相符，并在此基础上编制相关财务报表。因此，年度决算的过程，实际上就是对日常会计工作进行总结检查的过程。通过年度决算，可以检查平时的核算是否真实、完整、正确，有利于保证会计核算质量，同时，在肯定成绩的基础上，也可以克服缺点、改进工作，发挥会计的职能作用。

二、年度决算工作

年度决算日为 12 月 31 日,但决算工作不是仅年末一天就能完成的,年度决算工作大体上可分为年度决算前的准备工作和年度决算日的工作两个阶段进行。

(一)年度决算的准备工作

决算工作大部分内容是在决算日之前进行的,年度决算准备工作一般从每年第四季度开始。总行及时下发办理当年决算工作的通知,明确提出当年决算中应注意的事项和相应的处理原则与要求,以便各基层行有统一的执行标准。各管辖分行则根据总行的要求,结合辖区内的具体情况,提出年度决算的具体要求和补充办法,组织和监督辖区内各行处正确、及时办理年度决算。各基层行处除了按照总行和分行的要求布置办理外,一般应做好全面核对内外账务、清理资金、盘点财务实物、核实损益、调整账务、试算平衡等准备工作。银行年度决算前主要有以下几项准备工作。

1. **清理各项资金**

(1) 清理贷款资金。银行要力争收回到期贷款或办理转期手续,加紧催收逾期贷款,对到期收不回的抵押贷款和质押贷款应根据合同规定处置抵押物和质押物。

(2) 清理结算资金。对各种结算资金进行全面清理,积极划款、查询和催收,应解付的汇款应设法解付,对超过两个月无人领取的汇款应办理退汇手续。

(3) 清理存款资金。在各种存款中,由于各种原因长期未发生收付活动的账户,应逐户进行清理,如确实无法联系存款人的,可按银行有关规定转作其他应付款处理。

(4) 清理内部资金。逐项清理其他应收款、其他应付款和待处理财产损益。该上缴的要上缴,该收回的要收回,该支付的要支付,该转损失的要转损失,该转收益的要转收益。经过清理后,暂时无法解决的,要注明原因,以便日后清理。

2. **核对和调整账务**

(1) 全面核对内外账务。年度决算前,要对金融机构内部所有的账、簿、卡、据进行全面核对。检查核对的内容是,各科目总账与明细账是否相符;金银、外币等账面记载与库存实物是否相符;金融机构内部账务与客户账是否相符;现金账面结存数与实际库存现金结存数是否相符。若有不符或因会计政策变更,要按照规定进行更正,达到账账、账款、账据、账实、账表、内外账户相符。

(2) 全面核对往来账务。金融机构之间往来项目较多,系统内联行往来、金融企业之间跨系统往来、金融机构与中央银行往来等都要认真清理和核对,联行间的未达账项、经办人与总行清算中心的清算资金、查询往复情况、联行汇差情况都要认真清理,如有差错及时更正,保证金融机构往来之间相互平衡。

3. **盘点财产物资**

(1) 清查核实现金、金银、有价单证和重要凭证。银行应将库存现金、储蓄业务备用金、外币、金银、有价证券和重要空白凭证的库存与相关的账簿余额核对相符,如发现溢缺,应查明原因,并按有关规定调整账簿记录,做到账实相符。

(2) 清查核实抵押品、质押品。银行应将各种抵押品、质押品与相关的账簿记录的数额核对相符，如有不符，应查明原因，予以处理。

(3) 清查核实固定资产和低值易耗品。对房屋、设备、器具、计算机等固定资产以及低值易耗品，银行应配合有关部门进行一次全面的清查盘点，并与相关的账簿记录核对相符，对于尚未入账的财产，应在年度决算前予以入账，以确保账实相符。

4. 核实损益

(1) 核实各项收入。利息收入是业务收入的主要部分，决算时，对于利息收入应进行复查，检查利率使用、积数计算、利息计算是否正确。

认真清收金融企业往来利息收入，对存放同业和拆出资金要按有关规定及时收回利息；对拆借资金拖欠的利息，年终必须全面清理收回。

(2) 检查各项费用。银行应在年度决算前对各项业务收入、各项业务成本和各项费用进行全面的核实检查，对于不合理的收入和成本应予以纠正；要检查各项费用的开支是否符合财经纪律、本年发生的费用是否全部入账，如本年的贷款损失准备金和坏账准备是否已计提足额等。对于费用开支中违反财经纪律的问题要严肃处理，对于未入账的费用应补记入账，以确保利润核算的准确性。

5. 试算平衡

年度决算工作的顺利进行，必须要看整个账务是否平衡。在上述清理、核实、调整的基础上，各经办单位应根据 11 月底各科目总账的累计发生额和余额编制试算平衡表，进行试算平衡。如果平衡，说明正确；如果不平衡，应查明原因，以求平衡，为年度决算奠定基础。

(二)年度决算日的工作

每年的 12 月 31 日为银行的年度决算日，不论是否是法定假日均不得提前或延后。年度会计决算工作主要包括：全面核对账务、检查各项库存、计算并结转货币兑换损益、结转本年利润、进行新旧账簿的结转等。

1. 全面核对账务

年度决算日营业终了，应将当日的各项业务全部入账；提出提入的票据款项应于当日处理完毕；与中央银行、同业银行及系统内各行处的各种往来划款都应在当日清算，不得跨年度，以正确反映当年的业务活动。年度决算日账务处理完毕后，应将各总分类账户与其所属的明细分类账户及相关的登记簿进行全面核对，确保账账相符。

2. 检查各项库存

年度决算日营业终了，各行处主管领导和有关人员应对库存现金、余额、外币、有价单证和抵押品、质押品等的实存数量进行检查和核对，确保账实相符。

3. 计算并结转货币兑换损益

年度决算日营业终了，各外汇指定行应将各种"外汇买卖"账户的余额，一律按决算日牌价折合成人民币，与原币的"外汇买卖"账户的人民币余额相比较，其差额为本年货币兑换的损益，应列入有关损益账户。

4. 结转本年利润

年度结算日营业终了，应将各损益类账户的最后余额分别结转入"本年利润"账户，以确定全年实现的净利润，并将实现的净利润进行分配，最后将"本年利润"账户余额转入"利润分配"账户。

5. 办理新旧账簿的结转

各独立会计单位在结转全年损益后，应办理新旧账簿的结转，结束旧账、建立新账，保证新年度业务活动的正常进行。

(1) 总账的结转。总账每年更换一次，年终结转时，新账页的日期应写新年度的1月1日，"摘要"栏加盖"上年结转"戳记，旧账余额过入新账的"上年余额"栏即可。

(2) 明细账的结转。银行的明细账可根据下年度是否可以继续使用而采取不同的结转办法。对于下年度继续使用的明细账，如对外营业客户的明细账，应在旧账页的最后一行余额下加盖"结转下年"戳记，将最后余额过入新账页。新账页的日期应写明新年度1月1日，"摘要"栏则加盖"上年结转"戳记。对于余额已结清的账户，则在账页上加盖"结清"戳记。

(3) 登记簿的结转。银行的各种表外科目和其他登记簿，年终也可根据其是否可继续使用而采取不同的处理方式。若登记簿可继续使用，则不需要结转，下年度继续使用；若是按年设立的登记簿，则需要结转，其方法可比照明细账的结转。

第二节 财 务 报 告

财务报告是反映一定时期企业财务状况和经营成果的书面文件，是会计核算的一种专门方法，是会计核算的结果和最后环节。

财务报告包括资产负债表、利润表、现金流量表、所有者权益变动表(新的会计准则要求在年报中披露)、附表及会计报表附注和财务情况说明书。一般国际或区域会计准则都对财务报告有专门的独立准则。"财务报告"从国际范围来看是较通用的术语，但是在我国现行有关法律行政法规中使用的是"财务会计报告"术语。为了保持法规体系的一致性，基本准则仍然使用"财务会计报告"术语，但同时又引入了"财务报告"术语，并指出"财务会计报告"又称"财务报告"，从而较好地解决了立足国情与国际趋同的问题。

一、财务报告的分类

1. 按反映的经济内容分

按反映的经济内容，财务报告可分为反映企业财务状况的会计报表，如资产负债表、现金流量表；反映企业经营状况的会计报表，如损益表(也称利润表)；反映企业利润分配情况的会计报表，如利润分配表。

2. 按编报时间分

按编报时间，财务报告可分为月报、季报和年报。一般要求按月编制，编报及时、明了，我国月报表包括资产负债表、利润表。现金流量表、利润分配表，平时不要求提供，只有在年度末了才要求编制。在我国，上市公司还要求提供中期财务报告(仅指半年报)，而对于季报没有特别要求。

3. 按编制单位分

按编制单位，财务报告可分为单位报表、汇总报表和合并会计报表。单位报表是指个别会计主体根据企业自身会计资料加工而成的会计报表；汇总报表是由主管单位根据所属各单位会计报表汇总编制的财务报表；合并会计报表是由控股集团公司根据母公司和子公司个别会计报表，由母公司编制的综合反映企业集团经营成果、财务状况及变动情况的会计报表。

4. 按服务对象分类

按服务对象，财务报告可分为对外报表和对内报表两种。对外报表是指报送给企业外部的国家财税机关、借款银行、主管部门、投资人和其他报表使用人的会计报表，这些报表包括资产负债表、利润表、利润分配表和现金流量表，这些报表的格式是按会计准则要求，按统一格式和规定的指标体系编制的。对内财务报表根据企业内部管理需要编制，如企业主要产品成本表、单位产品成本表、期间费用明细表、主要产品(商品)销售收入表等，其种类、格式都无统一规定。

二、财务报告的编制要求

商业银行编制财务会计报告的目的是向会计信息使用者提供反映企业财务状况、经营成果和现金流量等方面的信息，供经济决策之用。为此，在编制财务报告时应符合真实可靠、全面完整、编报及时等基本要求。

1. 真实可靠

为了保证财务会计报告所提供的信息真实可靠、数据正确，在编制财务会计报告前，应对各种会计账簿、表册、财产等进行认真审核和清查，以保证账证相符、账账相符、账实相符。在此基础上，据以编制会计报表，才能做到账表相符、内外账务相符，保证财务会计报告所提供的信息真实、正确。

2. 全面完整

全面完整的财务会计报告，一方面要求按规定的项目和内容进行编报；另一方面要求能充分反映商业银行经营活动的全面情况。因此，各商业银行编制和报送的财务会计报告，应当按照规定的格式和内容进行编报。凡是国家要求提供的信息，商业银行应当按规定的要求编报，不得漏报。在编报的报表中，凡要求填报的指标和项目，不得漏填漏列，任意取舍。

3. 编报及时

财务会计报告必须及时编报，才有利于报告的使用，达到编报的目的。不能及时传送给信息使用者，即便是最真实可靠和全面完整的财务会计报告，也没有实际的使用价值。月度财务会计报告应当于月度终了后 6 天内(节假日顺延，下同)对外提供；季度财务会计报告应当于季度终了后 15 天内对外提供；半年度财务会计报告应当于年度中期结束后 60 天内(相当于两个连续的月度)对外提供；年度财务会计报告应当于年度终了后 4 个月内对外提供。

商业银行的年度财务会计报告，应经本系统直属领导机构、审计机关、会计师事务所审核后，按规定时间向有关方面报出。

三、资产负债表

(一)资产负债表的概念及格式

资产负债表又被称为静态报表，是金融企业在某一特定日期财务状况的数据，是以"资产=负债+所有者权益"的会计平衡等式为基础编制的。金融企业的各项资产或负债，按照流动性列示能够提供可靠且更相关信息的，可以按照其流动性顺序列示。

目前国际上流行的资产负债表的格式主要有报告式和账户式两种。

(1) 报告式资产负债表，又称垂直式资产负债表。它是将资产负债表的项目自上而下排列，首先列示资产的数额，然后列示负债的数额，最后列示所有者权益的数额。报告式资产负债表使用的是"资产-负债=所有者权益"的会计平衡公式。

(2) 账户式资产负债表，又称平衡式资产负债表。它根据"资产=负债+所有者权益"的会计恒等式，按照账户的形式列示各类项目，将资产项目列在报表的左方，负债和所有者权益项目列在报表的右方，从而使资产负债表左右两方平衡。我国商业银行的资产负债表采用账户式结构，其格式如表 11-1 所示。

表 11-1　资产负债表　　　　　　　　　　会商银 01 表

编制单位：　　　　　　　　　年　月　日　　　　　　　　　　单位：元

资　产	期末余额	年初余额	负债和所有者权益(或股东权益)	期末余额	年初余额
资产：			负债：		
现金及存放中央银行款项			向中央银行借款		
存放同业款项			同业及其他金融机构存放款项		
贵金属			拆入资金		
拆出资金			交易性金融负债		
交易性金融资产			衍生金融负债		
衍生金融资产			卖出回购金融资产款		
买入返售金融资产			吸收存款		
应收利息			应付职工薪酬		
发放贷款和垫款			应交税费		
可供出售金融资产			应付利息		
持有至到期投资			预计负债		
长期股权投资			应付债券		
投资性房地产			递延所得税负债		
固定资产			其他负债		
无形资产			负债合计		

续表

资　产	期末余额	年初余额	负债和所有者权益 (或股东权益)	期末余额	年初余额
递延所得税资产			所有者权益(或股东权益):		
其他资产			实收资本(或股本)		
			资本公积		
			减：库存股		
			盈余公积		
			一般风险准备金		
			未分配利润		
			所有者权益(或股东权益)合计		
			负债和所有者权益(或股东权益)总计		

(二)资产负债表的编制方法

1. 资产负债表"年初余额"栏的填列方法

表中的"年初余额"栏通常根据上年年末有关项目的期末余额填列，且与上年年末资产负债表"期末余额"栏一致。商业银行在首次执行新会计准则时，应当按照《企业会计准则第 38 号——首次执行企业会计准则》的要求对首次执行新准则当年的"年初余额"栏中的有关项目进行相应调整。此外，如果商业银行上年度资产负债表规定的项目名称和内容与本年不一致，应对上年年末资产负债表相关项目的名称和数字按照本年度的规定进行调整，填入"年初余额"栏。

2. 资产负债表"期末余额"栏的填列方法

"期末余额"栏一般应根据资产、负债和所有者权益类科目的期末余额填列。

(1) 根据总账账户余额直接填列。例如，"拆出资金""交易性金融资产""应收利息""递延所得税资产""应付职工薪酬""应交税费""应付利息""预计负债""递延所得税负债"等项目，应根据有关总账科目的余额填列。

(2) 根据同类科目余额相加后填列。例如，"现金及存放中央银行款项"项目是根据"库存现金"和"存放中央银行款项"科目的期末余额相加后填列。

(3) 根据明细账科目余额计算填列。"应付债券"项目应根据"应付债券"科目的明细账科目余额分析填列；"未分配利润"项目应根据"利润分配"科目中的"未分配利润"明细科目期末余额填列。

(4) 根据总账余额和明细账科目余额分析计算填列。资产负债表的某些项目不能根据总账账户的期末余额或若干个总账账户的期末余额计算填列，也不能根据有关账户的相关明细账户的期末余额分析计算填列，而是根据总账账户和明细账户的期末余额计算填列。

(5) 根据有关科目余额减去其备抵科目余额后的净额填列。例如，"长期股权投资"科目应当根据"长期股权投资"科目的期末余额减去"长期股权投资减值准备"科目余额后的净额填列。"固定资产"科目应当根据"固定资产"科目的期末余额减去"累计折旧""固定资产减值准备"科目余额后的净额填列。

四、利润表

(一)利润表的概念及格式

商业银行的利润表属于动态报表,有时也称为损益表、收益表,是反映商业银行在一定会计期间经营成果的会计报表。商业银行通过编制利润表,可以反映其在一定会计期间内实现的营业收入以及与收入相配比的成本费用等情况,并通过利润总额或亏损总额的计算,为考核银行的经营成果,分析利润增减变动原因提供相关信息。

利润表的格式一般有两种:一种是单步式利润表,一种是多步式利润表。它们分别以不同的方式,反映银行利润的形成过程。

(1) 单步式利润表是将汇总的本期各项收入的合计数与各项成本、费用的合计数相抵后,一次计算求得本期最终利润(或亏损)的表式。这种格式比较简单,便于编制,但是缺少利润构成情况的详细资料,不利于直观分析银行的收益构成、收益质量及对银行未来获利能力的预测。

(2) 多步式利润表是将收入与费用项目按不同性质归类后,分步计算营业利润、利润总额、净利润的表式。这种格式注重了收入与成本费用配比的层次性,从而得出一些中间性的数据,与单步式利润表相比,能够提供更为丰富的信息。这样,有利于报表使用者了解银行经营成果的不同来源,有利于对银行经营情况进行分析,有利于利润表的纵向和横向比较。

我国商业银行的利润表采用多步式结构,其格式如表 11-2 所示。

表 11-2 利润表　　　　　　　　　　　　　　会商银 02 表

编制单位:　　　　　　　　　　年　月　日　　　　　　　　　　单位:元

项　目	本期金额	上期金额
一、营业收入		
利息净收入		
利息收入		
利息支出		
手续费及佣金净收入		
手续费及佣金收入		
手续费及佣金支出		
投资收益(损失以"-"号填列)		
其中:对联营企业和合营企业的投资收益		
公允价值变动收益(损失以"-"号填列)		
汇兑收益(损失以"-"号填列)		
其他业务收入		
二、营业支出		
税金及附加		
业务及管理费		
资产减值损失		
其他业务成本		

续表

项 目	本期金额	上期金额
三、营业利润(亏损以"-"号填列)		
加：营业外收入		
减：营业外支出		
四、利润总额(亏损以"-"号填列)		
减：所得税费用		
五、净利润(净亏损以"-"号填列)		
六、每股收益：		
(一)基本每股收益		
(二)稀释每股收益		

(二)利润表的编制方法

利润表中的栏目分为"上期金额"和"本期金额"两栏。"上期金额"栏应根据上年该期利润表"本期金额"栏内所列数字填列。如果上年该期利润表规定的各个项目的名称和内容同本期不一致，应对上年该期利润表各项目的名称和数字按本期的规定进行调整，填入"上期金额"栏。

"本期金额"栏反映各项目的本期实际发生额，各项目的填列方法如下所述。

(1) "营业收入"项目，反映"利息净收入""手续费及佣金净收入""投资收益""公允价值变动收益""汇兑收益""其他业务收入"等项目的合计金额。

(2) "利息净收入"项目，反映"利息收入"项目金额减去"利息支出"项目金额后的余额。其中，"利息收入""利息支出"项目反映商业银行经营存贷款业务等确认的利息收入和支出。

(3) "手续费及佣金净收入"项目，反映"手续费及佣金收入"项目金额减去"手续费及佣金支出"项目金额后的余额。其中，"手续费及佣金收入""手续费及佣金支出"项目反映商业银行确认的包括办理结算业务等在内的手续费、佣金收入和发生的支出。

(4) "汇兑收益"项目，反映商业银行进行外汇买卖或外币兑换等业务而发生的汇兑净收益或损失，根据"汇兑收益"科目的发生额分析填列。

(5) "营业支出"项目，反映商业银行各项与经营业务有关的支出费用的总和，根据"税金及附加""业务及管理费""资产减值损失""其他业务成本"等项目的发生额分析填列。

(6) "业务及管理费"项目，反映商业银行在业务经营和管理过程中发生的电子设备运转费、安全防范费、物业管理费等费用。

五、现金流量表

(一)现金流量表的概念及格式

商业银行现金流量表是反映商业银行在一定会计期间内现金和现金等价物流入和流出的会计报表。现金流量表中的现金，是指商业银行库存现金以及可以随时用于支付的各种存款，包括库存现金、存放中央银行款项、存放同业款项、存放系统内存款、拆放同业款项等。现金等价物是指商业银行持有的期限短、流动性强、易于转换为已知金额现金、价值变动风险很小的投资,比如三个月内到期的债券投资。

通过编制现金流量表,可以使会计报表使用者了解和评价商业银行获取现金和现金等价物的能力、未来偿还负债及支付股利的能力,并据以预测未来的现金流量。

现金流量表内分类列示经营活动产生的现金流量、投资活动产生的现金流量和筹资活动产生的现金流量,并于最后列示作为上述三项现金流量净额之和的现金及现金等价物的净增加额。如果有汇率变动对现金的影响额,则列示于现金及现金等价物净增加额之前。其中,经营活动是指商业银行投资活动和筹资活动以外的所有交易和事项;投资活动是指商业银行长期资产的购建和不包括在现金等价物范围内的投资及其处置活动;筹资活动是指导致商业银行资本及债务规模和构成发生变化的活动。目前我国商业银行现金流量表的格式如表 11-3 所示。

表 11-3　现金流量表　　　　　　　　　　　　　　　会商银 03 表

编制单位:　　　　　　　　　年　月　日　　　　　　　　　　　　单位:元

项目	本期金额	上期金额
一、经营活动产生的现金流量		
客户存款和同业存放款项净增加额		
向中央银行借款净增加额		
向其他金融机构拆入资金净增加额		
收取利息、手续费及佣金的现金		
收到其他与经营活动有关的现金		
经营活动现金流入小计		
客户贷款及垫款净增加额		
存放中央银行和同业款项净增加额		
支付手续费及佣金的现金		
支付给职工以及为职工支付的现金		
支付的各项税费		
支付的其他与经营活动有关的现金		
经营活动现金流出小计		
经营活动产生的现金流量净额		
二、投资活动产生的现金流量		
收回投资收到的现金		
取得投资收益收到的现金		
收到的其他与投资活动有关的现金		
投资活动现金流入小计		
投资支付的现金		
购建固定资产、无形资产和其他长期资产支付的现金		
支付的其他与投资活动有关的现金		
投资活动现金流出小计		
投资活动产生的现金流量净额		

续表

项　目	本期金额	上期金额
三、筹资活动产生的现金流量		
吸收投资收到的现金		
发行债券收到的现金		
收到的其他与筹资活动有关的现金		
筹资活动现金流入小计		
偿还债务支付的现金		
分配股利、利润或偿付利息支付的现金		
支付的其他与筹资活动有关的现金		
筹资活动现金流出小计		
筹资活动产生的现金流量净额		
四、汇率变动对现金及现金等价物的影响		
五、现金及现金等价物净增加额		
加：期初现金及现金等价物余额		
六、期末现金及现金等价物余额		

(二)现金流量表的编制方法

编制现金流量表时，列报经营活动现金流量的方法有直接法和间接法两种。

(1) 直接法是指以利润表中的营业收入为起算点，调节与经营活动有关的项目的增减变动，然后计算出经营活动产生的现金流量。采用直接法编报的现金流量表，有助于报表使用者分析商业银行经营活动产生的现金流量的来源和用途，预测和评价商业银行现金流量的发展前景。

(2) 间接法是指将净利润调整为经营活动现金流量，实际上是将按权责发生制原则确定的净利润调整为现金净流入，并排除投资活动和筹资活动对现金流量的影响。采用间接法编制的现金流量表，有助于将净利润与经营活动产生的现金流量净额进行比较，了解净利润与经营活动产生现金流量差异的原因，从现金流量的角度分析净利润的质量。

因此，我国《企业会计准则》规定企业应当采用直接法编制现金流量表，同时要求在附注中提供以净利润为基础调节经营活动现金流量的信息。

六、所有者权益变动表

(一)所有者权益变动表的概念及格式

商业银行所有者权益变动表是指反映构成所有者权益的各组成部分当期的增减变动情况的会计报表。所有者权益变动表在一定程度上体现银行综合收益的特点，除列示直接计入所有者权益的利得和损失外，同时包含最终属于所有者权益变动的净利润，从而构成银行的综合收益。我国商业银行所有者权益变动表的格式和内容如表 11-4 所示。

表 11-4　所有者权益变动表　　　　　　　会商银 03 表

编制单位：　　　　　　　　　年度　　　　　　　　　单位：元

项　目	本年金额						上年金额					
	实收资本(或股本)	资本公积	减：库存股份	盈余公积	一般风险准备	未分配利润	所有者权益合计	实收资本(或股本)	资本公积	减：库存股份	盈余公积	一般风险准备	未分配利润	所有者权益合计
一、上年年末余额													
加：会计政策变更　前期差错更正													
二、本年年初余额													
三、本年增减变动金额(减少以"-"号填列)													
(一)净利润													
(二)直接计入所有者权益的利得和损失													
1.可供出售金融资产公允价值变动净额													
(1)计入所有者权益的金额													
(2)转入当期损益的金额													
2.现金流量套期工具公允价值变动净额													
(1)计入所有者权益的金额													
(2)转入当期损益的金额													
(3)计入被套期项目初始确认金额中的金额													
3.权益法下被投资单位其他所有者权益变动的影响													
4.与计入所有者权益项目相关的所得税影响													
5.其他													
上述(一)和(二)的小计													
(三)所有者投入和减少资本													
1.所有者投入资本													
2.股份支付计入所有者权益的金额													
3.其他													

续表

项　目	本年金额						上年金额					
	实收资本(或股本)	资本公积	减：库存股份	盈余公积	一般风险准备	未分配利润	所有者权益合计	实收资本(或股本)	资本公积	减：库存股份	盈余公积	一般风险准备	未分配利润	所有者权益合计
(四)利润分配													
1.提取盈余公积													
2.提取一般风险准备													
3.对所有者(或股东)的分配													
4.其他													
(五)所有者权益内部结转													
1.资本公积转增资本(或股本)													
2.盈余公积转增资本													
3.盈余公积弥补亏损													
4.一般风险准备弥补亏损													
5.其他													
四、本年年末余额													

(二)所有者权益表的编制方法

所有者权益变动表各项目应当根据商业银行当期净利润、直接计入所有者权益的利得和损失、所有者投入资本和向所有者分配利润、从利润中提取盈余公积、一般风险准备金等情况分析填列。直接计入当期损益的利得和损失应包含在净利润中；直接计入所有者权益的利得和损失，主要包括可供出售金融资产公允价值变动净额、现金流量套期工具公允价值变动净额等，单列项目反映。

所有者权益变动表根据所有者权益账户及其所属的各明细账户的发生额分析填列。"上年金额"栏内各项数字，根据上年所有者权益变动表中"本年金额"栏的数据填列。"本年金额"栏各项数字一般应根据"实收资本""资本公积""盈余公积""一般风险准备""未分配利润""库存股""以前年度损益调整"等账户进行分析填列，其具体内容如下所述。

(1)"上年年末余额"项目，反映商业银行上年年末各所有者项目的余额。

(2)"会计政策变更""前期差错更正"项目，反映商业银行由于会计政策变更或前期会计差错对以前年度所有者各项目的影响金额，主要涉及"盈余公积""未分配利润"项目。

(3)"本年年初余额"项目，反映所有者权益各项目的"上年年末金额"经过"会计政策变更""前期差错更正"项目调整后的金额。

(4)"本年增减变动金额"项目，反映商业银行所有者权益的增加或减少额。该项目根据"净利润""直接计入当期所有者权益的利得和损失"等项目对所有者权益的影响金额

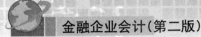

合计填列。

(5) "净利润"项目,反映商业银行全年实现的净利润。该项目根据"利润表"中的"净利润"项目金额填入本表的"未分配利润"项目。

(6) "直接计入所有者权益的利得和损失"项目,该项目根据"资本公积"账户的明细账户分析计算填入本表的"资本公积"项目。

七、会计报表附注

会计报表附注是指对在会计报表中列示项目所作的进一步说明,以及未能在这些报表中列示项目的说明等。

(一)附注的作用

附注是会计报表的重要组成部分,是对会计报表的补充说明,它主要对会计报表不能包括的内容或者披露不详尽的内容,作进一步的解释和说明,从而有助于会计报表使用者理解和使用会计信息。会计报表使用者要了解商业银行的财务状况、经营成果、现金流量情况和所有者权益变动情况,应当全面阅读附注。附注相对于报表而言,同样具有重要性。

(二)附注应当披露的内容

附注应当披露企业的基本情况、财务报表的编制基础等事项,相关信息应当与资产负债表、利润表、现金流量表和所有者权益变动表等报表中列示的项目相互参照,并且应当按照一定的结构进行系统合理的排列和分类,有顺序地披露信息。通常情况下,附注应当按照下列顺序披露。

(1) 商业银行的基本情况。

(2) 财务报表的编制基础。

(3) 遵循《企业会计准则》的声明。商业银行应当声明编制的财务报表符合《企业会计准则》的要求,真实、完整地反映了商业银行的财务状况、经营成果和现金流量等有关信息。

(4) 重要会计政策和会计估计的说明。商业银行应当披露采用的重要会计政策和会计估计,不重要的会计政策和会计估计可以不披露。在披露重要会计政策和会计估计时,应当披露重要会计政策的确定依据和财务报表项目的计量基础,以及会计估计中所采用的关键假设和不确定因素。

(5) 会计政策和会计估计变更以及差错更正的说明。商业银行应当按照《企业会计准则第 28 号——会计政策、会计估计变更和差错更正》及其应用指南的规定,披露会计政策和会计估计变更以及差错更正的有关情况。

(6) 报表重要项目的说明。商业银行应当尽可能以列表形式披露报表重要项目的构成或当期增减变动情况。对报表重要项目的说明,应当按照资产负债表、利润表、现金流量表、所有者权益变动表及其项目列示的顺序,采用文字和数字描述相结合的方式进行披露。报表重要项目的明细金额合计,应当与报表项目金额衔接。

(7) 或有事项。按照《企业会计准则第 13 号——或有事项》第十四条和第十五条的相关规定对信贷承诺进行披露,存在经营租赁承诺、资本支出承诺、证券承销及债券承兑承诺的,还应当披露有关情况。

(8) 资产负债表日后事项。披露每项重要的资产负债表日后非调整事项的性质、内容及其对财务状况和经营成果的影响。无法作出估计的，应当说明原因。披露资产负债表日后商业银行利润分配方案中拟分配的以及经审议批准宣告发放的股利或利润。

(9) 关联方关系及其交易的说明。

(10) 风险管理。风险管理主要是对商业银行的信用风险、流动风险、外汇风险、套期保值等信息进行披露。

本章小结

年度决算是对商业银行全年工作的总结和综合反映，及时、准确地做好年度决算工作并以此为基础形成年度会计报告，对于分析了解商业银行全年业务和财务活动情况，提高商业银行经营管理水平，保证会计工作质量，都具有重要的意义。

根据会计制度的规定，每年从 1 月 1 日起至 12 月 31 日止为一个会计年度。凡是独立会计核算单位，以每年 12 月 31 日为年度决算日。为了保证年度决算工作的顺利进行，做好决算的准备工作非常必要。年度决算日，除要处理好当天的业务，轧平当天的账务外，还应根据情况做好调整当日账务，结算全年损益、办理新旧账户的结转等工作。在此基础上，应当及时编制年度财务会计报告。

财务会计报告是对商业银行财务状况、经营成果和现金流量的结构性表述，至少应当包括资产负债表、利润表、现金流量表、所有者权益(股东权益)变动表和附注。

复习思考题

一、基本概念

年度决算　财务报告　期中财务报表　资产负债表　利润表　现金　现金等价物　现金流量表　期末余额　财务报表要素　财务报表附注

二、判断题

1. 商业银行在做年度决算前需要进行资产的核查。　　　　　　　　　　　(　　)
2. 年度财务报告就是指财务报表。　　　　　　　　　　　　　　　　　　(　　)
3. 我国商业银行的年度决算日为 12 月 31 日，遇到节假日可以延后。　　(　　)

三、简答题

1. 金融企业财务报告包括哪些内容？财务报表的编制要求是什么？
2. 怎么编制金融企业资产负债表？
3. 怎么编制金融企业利润表？
4. 怎么编制金融企业现金流量表？
5. 金融企业会计报表附注应披露哪些内容？

四、业务题

1. 资料：某建设银行 2017 年各科目余额如表 11-5 所示。

表 11-5 科目余额表

科目名称	借方余额	科目名称	贷方余额
库存现金	18 200 000	坏账准备	80 600
银行存款	1 440 000	持有至到期投资减值准备	2 360 000
存放中央银行款项	78 650 000	贷款损失准备	35 750 000
存放同业	37 640 000	长期股权投资减值准备	2 120 000
存放系统内活期款项	194 060 000	累计折旧	7 600 000
存放系统内定期款项	94 530 000	固定资产减值准备	1 100 000
系统内借出资金	87 620 000	无形资产减值准备	3 000 000
拆出资金	79 800 000	抵债资产减值准备	8 000 000
贷款——信用贷款	498 880 000	吸收存款	
——抵押贷款	126 880 000	——活期存款	488 080 000
——非应计贷款	140 000 000	——定期存款	430 240 000
应收利息	9 100 000	向中央银行借款	10 000 000
其他应收款	1 485 000	同业存放	40 060 000
持有至到期投资	39 860 000	系统内存放活期款项	203 560 000
代理兑付证券	41 000 000	系统内存放定期款项	113 200 000
长期股权投资	42 120 000	系统内借入资金	64 830 000
固定资产	59 750 000	拆入资金	22 720 000
无形资产	33 000 000	代理兑付证券款	58 000 000
抵债资产	108 000 000	应付利息	8 100 000
利润分配	7 400 000	其他应付款	1 120 000
		应付职工薪酬	3 750 000
		应交税费	4 265 000
		应付股利	2 000 000
		交易性金融负债	25 000 000
		应付债券	46 000 000
		股本	60 000 000
		资本公积	40 000 000
		盈余公积	2 772 400
		一般风险准备	7 657 000
		本年利润	8 050 000
合　计	1 699 415 000	合　计	1 699 415 000

要求：根据上述资料编制资产负债表。

2. 资料：某农业银行2017年年末各损益类科目结账前发生额如表11-6所示。

表 11-6 损益类科目结账前发生额

科目名称	借方发生额	科目名称	贷方发生额
利息支出	51 680	利息收入	127 300
手续费及佣金支出	5 200	手续费及佣金收入	6 400
业务及管理费	68 500	其他业务收入	4 700
税金及附加	5 544	汇兑损益	1 400
营业外支出	498	投资收益	2 750
资产减值损失	799	营业外收入	103
所得税费用	3 442		

要求：根据上述资料编制利润表。

第三篇　非银行金融机构业务核算

第十二章　保险业务的核算

【学习要点及目标】

- 了解保险公司和保险业务。
- 掌握保费收取、保险赔偿的会计处理方法。
- 掌握保险金的给付和再保险的会计处理方法。

【核心概念】

保险　财产保险　保费收入　保险准备金　再保险　人身保险

【引导案例】

保险公司的赔付责任

周小姐念大学时，母亲给她买了份 A 公司的寿险附加住院医疗保险，其中医疗险每次最高限额 2000 元，根据实际损失赔付。在这之后，周小姐又选择了 B 公司的另一份住院医疗保险，保障额度为 5000 元，同样根据实际损失赔付。2017 年 5 月，周小姐生病住院，一共花费 1800 元，在 A 公司处得到了顺利理赔，但 B 公司却以"重复保险"为由，拒绝理赔。周小姐不明白为什么买了两份住院医疗保险，却只能得到一份赔付？

医疗费用类保险的目的是为了弥补伤害，如果想要靠多份保险而获得多倍保险赔付，超过实际损失金额是不可能的。在实际理赔中，通常会先要扣除社会保险的金额，对余下部分进行理赔。

【案例导学】

保险，本意是稳妥可靠。日常人们提起的保险，更多的时候是一个法律术语，在本章中则是一种金融产品。保险主要包括政策性保险与商业保险。政策性保险一般有社会福利性质，甚至带有强制性，主要有社会保险、机动车交通事故责任强制保险(交强险)等。商业保险顾名思义就是商业性质的，不具有强制性，这个时候的保险就是一种金融产品。

从风险管理角度来讲，保险是一种风险管理的方法，或是一种风险转移机制，起分散风险、补偿损失的作用；从经济角度来讲，保险是分摊意外事故损失和提供经济保障的有效的财务安排；从法律角度来讲，保险是一种合同行为，双方在法律定位平等的基础上，达成一致。

保险公司从事保险业务实质上是经营保险风险。保险公司承担的被保险人保险风险是通过与投保人签订保险合同来体现的。

第一节　保险业务概述

保险业务是指由保险公司提供的保险产品。

一、保险

(一)保险的定义

保险是为了应付特定的灾害事故或意外事件，通过订立合同实现补偿或给付的一种经济形式，其实质是由全部投保人分摊部分投保人的经济损失。

保险是投保人依据合同约定，向保险人支付保险费，保险人对与合同约定的可能发生的事故因其发生所造成的财产损失承担赔偿保险金责任，或者当被保险人死亡、伤残、疾病或者达到合同约定的年龄、期限时承担给付保险金责任的商业保险行为。

(二)保险的要素

1. 可保风险的存在

可保风险是指符合保险人承保条件的特定风险，并不是所有的损坏物质财富或威胁人身安全的风险都可以承保。其满足的条件如下。

(1) 纯粹的风险，指只能产生亏损无获利的机会。

(2) 大量标的均有遭受损失的可能性。

(3) 风险应当有导致重大损失的可能。这种损失是被保险人不愿承担的。

(4) 风险不能使大多数的保险标的同时遭受损失。它要求损失的发生必须有分散性。如果风险同时发生，比如地震、水灾、泥石流同时发生的话，风险产生的概率就会变大，因此保险公司承保时会力求将风险单位分散。

(5) 风险必须具有现实的可测性。风险发生的概率及其导致的保险标的损失的概率应该具有可测性，在此基础上，保险公司才可以制定出准确的保险费率。一旦缺乏可测性，一般不能成为可保风险。

(6) 风险的可衡量性。可保风险导致的损失在原因、时间、地点、金额方面是可以确定的，能够用货币来衡量。

(7) 风险发生的概率小。一旦发生的概率较大的时候，保险公司是不愿意承保的，因为这样保险公司赔付的概率会比较大，产生的损失也较大。因此，保险公司承保时会选择风险发生概率比较小的。

2. 大量同质风险的集合与分散

保险的过程是风险的集合与分散的过程，通过把众多投保人面临的风险集合起来，当发生保险责任范围内的损失时，又将少数人发生的损失分摊给全部投保人。

两个前提条件：一是风险的大量性，二是风险的同质性。

3. 保险费率的厘定

保险是一种特殊商品的交换行为，保险费率就是保险商品的价格。保险费率的厘定应遵循公平性原则、合理性原则、适度性原则、稳定性原则和弹性原则。

4．保险准备金的建立

保险准备金是保险人为了保证其如约履行保险赔偿或给付义务，从保费收入或盈余中提取的与其所承担的保险责任相对应的一定数量的基金。

《保险法》规定：保险公司应当根据保障被保险人利益、保证偿付能力的原则，提取各项责任准备金，主要包括以下几项。

(1) 未到期责任准备金：主要指保险公司为保险期在 1 年以内(含 1 年)的保险合同项下还未到期的保险责任提取的准备金。

(2) 未决赔款准备金：指保险公司为还未结案的赔案提取的准备金，包括已发生已报案未决赔款准备金、已发生未报案未决赔款准备金和理赔费用准备金。

(3) 总准备金：用来满足风险损失超过损失期望以上部分的责任准备金，它从保险公司的税前利润中提取。

(4) 寿险责任准备金：保险人把投保人历年交纳的纯保费和利息收入积累起来，为将来发生的保险给付和退保给付而提取的资金。

5．保险合同

保险合同是约束投保人和保险人权利、义务关系的法律形式，是双方当事人权利、义务的依据。

(三)保险的特征

1．互助性

保险具有"一人为众，众为一人"的互助特性。保险在此条件下，分担了单位和个人所不能承担的风险，从而形成了一种经济互助关系。这种经济互助关系通过保险人用多数投保人交纳的保险费建立的保险基金对少数遭受损失的被保险人提供补偿或给付而得以体现。

2．法律性

从法律角度来看，保险双方是种合同行为，是一方同意补偿另一方损失的合同安排，同意提供损失赔偿的一方是保险人，接受损失赔偿的一方是投保人或被保险人。

3．经济性

保险是通过保险补偿或给付而实现的一种经济保障活动。其保障对象的财产和人身都直接或间接属于社会再生产中的生产资料和劳动力两大经济要素；其实现保障的手段，大多最终都必须采取支付倾向的形式进行补偿或给付；其保障的根本目的，无论从宏观的角度，还是微观的角度，都是与社会经济发展相关的。

4．商品性

保险体现了一种对价交换的经济关系，也就是商品经济关系，这种商品经济关系直接表现为个别保险人与个别人之间的交换关系；间接表现为在一定时期内全部保险人与全部投保人之间的交换关系，即保险人销售保险产品，投保人购买保险产品的关系；具体表现为保险人提供保险的补偿或给付，保障社会生产的正常进行和人们生活的安定。

5. 科学性

保险是处理风险的科学措施。现在的保险经营业务是以概率论和大数法则等科学的数理理论为基础，保险费率的厘定、保险准备金的提存等都是以科学的数理计算为依据的。

(四)保险的作用

1. 转移风险

买保险就是把自己的风险转移出去，而接受风险的机构就是保险公司。保险公司接受风险转移是因为可保风险还是有规律可循的，通过研究风险的偶然性去寻找其必然性，掌握风险发生、发展的规律，为众多有危险顾虑的人提供保险保障。

2. 均摊损失

转移风险并非灾害事故真正离开了投保人，而是保险人借助众人的财力，给遭灾受损的投保人补偿经济损失，为其排忧解难。保险人以收取保险费用和支付赔款的形式，将少数人的巨额损失分散给众多的被保险人，从而使个人难以承受的损失变成多数人可以承担的损失，这实际上是把损失均摊给有相同风险的投保人。所以，保险只有均摊损失的功能，而没有减少损失的功能。

3. 实施补偿

分摊损失是实施补偿的前提和手段，实施补偿是分摊损失的目的。其补偿的范围主要有以下几个方面。

(1) 投保人因灾害事故所遭受的财产损失。
(2) 投保人因灾害事故使自己身体遭受的伤亡或保险期满应结付的保险金。
(3) 投保人因灾害事故依法对他人应付的经济赔偿。
(4) 投保人因另方当事人不履行合同所蒙受的经济损失。
(5) 灾害事故发生后，投保人因施救保险标的所发生的一切费用。

4. 抵押贷款和投资收益

《保险法》中明确规定："现金价值不丧失条款"，客户虽然与保险公司签订了合同，但客户有权中止这个合同，并得到退保金额。保险合同中也规定客户资金紧缺时可申请退保金的 90%作为贷款。如果客户急需资金，又一时筹措不到，便可以将保险单抵押在保险公司，从保险公司取得相应数额的贷款。

同时，一些人寿保险产品不仅具有保险功能，而且具有一定的投资价值，就是说如果在保险期间没有发生保险事故，那么在到达给付期时，客户所得到的保险金不仅会超过客户过去所交的保险费，而且还有本金以外的其他收益。由此可以看出，保险既是一种保障，又是一种投资收益。

(五)保险的分类

1. 按保险的对象分类

按照保险的对象分类，保险可分为财产保险和人寿保险。

(1) 财产保险是指以财产及其有关利益为保险标的的保险，它是与人身保险相对应的概念，包括财产损失保险、责任保险、信用保险等保险业务。

(2) 人寿保险是以人的身体或寿命作为保险标的，当被保险人在保险期间内因保险事故导致伤、残、死亡或者生存至保险期满时，保险人给付保险金的保险，包括人寿保险、健康保险、意外伤害保险等保险业务。

2. 按业务承保方式分类

按业务承保方式，保险可分为原保险、再保险和共同保险。

(1) 原保险是指保险人直接承保并与投保人签订保险合同，构成保险人权利和义务的保险。

(2) 再保险也称分保，是指保险公司在直接承担保险合同的基础上，通过签订分保合同，将其承担的部分风险和责任向其他保险公司进行保险的行为，即对保险人的保险。

(3) 共同保险也称共保，是指两个或两个以上的保险人同时联合直接承保同一保险标的保险。

二、保险合同

(一)保险合同的含义

保险合同是指保险人与投保人约定保险权利与义务，并承担源于被保险人保险风险的协议。其中，保险人(承保人)是指与投保人订立保险合同，并承担赔偿或给付保险金责任的保险公司。对于原保险合同，投保人是指与保险公司订立原保险合同，并按照合同约定负有支付保险费义务的自然人、法人及其他组织；对于再保险合同，投保人是指与保险公司(再保险接受人)订立再保险合同，并按照合同约定负有支付保险费义务的自然人。被保险人是指其财产或人身受保险合同保障，享有保险金请求权的自然人、法人及其他组织。投保人可以为被保险人。

(二)保险合同的分类

按照危险损失转移层次分类，保险合同被划分为原保险合同和再保险合同。

(1) 原保险合同是指保险人向投保人收取保费，对约定的可能发生的事故因其发生所造成的财产损失承担赔偿保险金责任，或者当被保险人死亡、伤残、疾病或者达到约定的年龄、期限时承担给付保险金责任的保险合同。

保险人应当根据在原保险合同延长期内是否承担赔付保险金责任，将原保险合同分为寿险原保险合同和非寿险原保险合同。

(2) 再保险合同是指一个保险人分出一定的保费给另一个保险人，再保险接受人对再保险分出人由原保险合同所引起的赔付成本及其他相关费用进行补偿的保险合同。

【小资料】

保险思想的起源

保险思想发源于古代巴比伦(今伊拉克幼发拉底河流域)，以后传至腓尼基(今黎巴嫩境内)，再传入古希腊。约在公元前3000年前，在巴比伦的法典中就有冒险借贷的规定。

公元前19世纪，巴比伦国王曾命令僧侣、官员及村长征收一种专门税，用以作为救济火灾的基金。

古代埃及，在横越沙漠的犹太商队之间，对丢失骆驼的损失，采用互助共济的方式进行补偿。

在古罗马的历史上，也有过类似于现代养老保险的丧葬互助会组织。

在古希腊，曾盛行过一种团体，即组织有相同政治、哲学观点或宗教信仰的人或同一行业的工匠入会，每月交付一定的会费，当入会者遭遇意外事故或自然灾害造成经济损失时，由该团体给予救济。

(资料来源：http://www.doc88.com/p-9035334628466.html)

第二节 财产保险业务核算

财产保险有广义与狭义之分。广义的财产保险是指以物质财产及有关经济利益和损害赔偿责任为保险标的的保险，实际上是指除人身保险以外的一切保险；而狭义的财产保险是指仅以物质财产作为保险标的的保险，也称为财产损失保险。

在国际上，对财产保险概念的界定，不同学者有不同的阐述，但归纳起来不外有两种：一种是以经营业务的范围，分为广义与狭义财产保险，前有论述；另一种是以承保标的虚实分，分为有形财产保险与无形财产保险。财产保险在不同的国家称呼也不同，如产物保险(中国台湾、新加坡等)、损害保险(美国、日本等)，或非寿险(欧洲)。

一、财产保险的特征及业务处理程序

(一)财产保险的特征

(1) 保险标的为各种财产物资及有关责任。除人身与生命之外的任何标的，且投保人与被保险人是同一人，并与保险标的有着密切关系。

(2) 业务性质是组织经济补偿。有损失有赔偿，不能得到额外收益，不允许重复保险。

(3) 经营内容具有复杂性，主要指投保对象与承保标的、承保过程与承保技术及危险管理的复杂性。

(二)财产保险的业务处理程序

(1) 投保人和保险公司签订保险合同。保险合同一经签订，保险公司就开始承担保险责任。

(2) 投保人按合同约定向保险公司交纳保险费或保户储金。

(3) 保险公司向业务员支付代理手续费。

(4) 投保人出险后向保险公司汇报损失，请求理赔。

(5) 保险公司评估投保人损失，并赔付资金。

二、原保险合同收入的确认和计量

(一)保费收入概述

保费收入是保险公司为履行原保险合同规定的义务而向投保人收取的对价收入。

1. 确认条件

财产保险业务原保险合同收入的确认条件主要有以下几个。
(1) 原保险合同成立并承担相应保险责任。
(2) 与原保险合同相关的经济利益能够流入。
(3) 与原保险合同相关的收入能够可靠地计量。

2. 确认时间

签单日与承担保险责任日一致时，于签单时确认保费收入；否则，于承担保险责任时确认保费收入。

3. 计量

保费收入金额根据原保险合同约定的保费总额确定。

(二)保费收入应设置的科目

1. 保费收入

"保费收入"科目为损益类科目，核算保险公司承保业务所取得的收入，以储金实现的利息作为保费收入也在本科目核算。收到的保费款项，按实际价款入账。科目贷方登记本期实现的保费收入和保护储金实现的利息收入；借方登记发生的退保费以及续保时的折扣和无赔偿款优待。期末时，应将"保费收入"科目的余额转入"本年利润"科目，结转后"保费收入"科目应无余额，该科目按险种设置明细科目。

2. 应收保费

"应收保费"科目为资产类科目，核算保险公司按照原保险合同约定应向投保人收取的保费。该科目借方登记保险公司发生的应收保费、已确认坏账并转销但以后又收回的金额；贷方登记收回的应收保费、确认为坏账而冲销的应收保费。期末借方余额反映尚未收回的保费，需要按投保人设置明细科目。

3. 预收保费

"预收保费"科目是负债类科目，核算保险公司收到的未满足保费收入确认条件的保费。贷方登记预收保费，借方登记保费收入实现时结转的保费收入，期末贷方余额反映公司向投保人预收的保险费。该科目要求按投保人设置明细科目。

4. 保户储金

"保户储金"科目是负债类科目，核算保险公司收到投保人以储金本金增值作为保费收入的储金。贷方登记收到的保户储金，借方登记返还的保户储金，期末贷方余额反映保户交存的、尚未返还的储金。

(三)保费收入核算的账务处理

1. 直接缴纳保费的核算

(1) 签发保单时保费一次付清的核算。

【例 12-1】某财产保险公司会计部门收到业务部门交来的财产基本险保费日报表、保

费收据存根和银行收账通知100 000元，该业务签单生效时收到全部保费，其会计分录为

借：银行存款　　　　　　　　　　　　　　　　　　　　　　　100 000
　　贷：保费收入——财产基本险　　　　　　　　　　　　　　　　100 000

（2）预收保费的核算。当保险客户提前缴费或缴纳保费在前、承担保险责任在后时，保险公司应将收取的保费作为预收保费入账。

【例12-2】某财产保险公司会计部门收到业务部门交来的货运险保费日报表和保费收据存根，以及银行收账通知30 000元，该业务于下月5日起承担保险责任。

① 向投保人预收保费时，其会计分录为

借：银行存款　　　　　　　　　　　　　　　　　　　　　　　30 000
　　贷：预收保费——某企业　　　　　　　　　　　　　　　　　　30 000

② 下月5日保费收入实现时，其会计分录为

借：预收保费——某企业　　　　　　　　　　　　　　　　　　　30 000
　　贷：保费收入——货运险　　　　　　　　　　　　　　　　　　30 000

（3）分期缴费的核算。由于保险单一经签单，全部保费均确认为保费收入，因此，在分期缴纳保费的情况下，未收款部分记入"应收保费"科目。"应收保费"应按规定计提坏账准备。

【例12-3】某企业投保财产综合险，与某财产保险公司签订保险单，约定保费为200 000元，分期付款。首期通过银行贷记凭证收款通知，保险公司已收到40 000元，其余保费分8期，每期收取20 000元。

① 首期收款并发生应收保费时，其会计分录为

借：银行存款　　　　　　　　　　　　　　　　　　　　　　　40 000
　　应收保费——某企业　　　　　　　　　　　　　　　　　　160 000
　　贷：保费收入——财产综合险　　　　　　　　　　　　　　200 000

② 以后每期收到应收保费时，其会计分录为

借：银行存款　　　　　　　　　　　　　　　　　　　　　　　20 000
　　贷：应收保费——某企业　　　　　　　　　　　　　　　　　20 000

③ 如最后一期保费未收到已有3年以上，经确认为坏账，其会计分录为

借：坏账准备　　　　　　　　　　　　　　　　　　　　　　　20 000
　　贷：应收保费——某企业　　　　　　　　　　　　　　　　　20 000

④ 上述已转销的应收保费以后又收到时，其会计分录为

借：应收保费——某企业　　　　　　　　　　　　　　　　　　20 000
　　贷：坏账准备　　　　　　　　　　　　　　　　　　　　　　20 000

同时，

借：银行存款——活期户　　　　　　　　　　　　　　　　　　20 000
　　贷：应收保费——某企业　　　　　　　　　　　　　　　　　20 000

2. 以保户储金收益作为保费的核算

这种保费收取方式主要适用于财产保险业务中的两全保险，如家财两全险，即以家庭财产作为保险标的，当财产发生保险责任范围内的损失时，保险公司要给予赔款；若保险期满保险财产没有发生损失，则可以领取全部保险金。

两全保险将所收取的保费作为储金，并将储金作为定期存款存入银行或用于购买债券，

将其所滋生的利息或投资收益作为保费收入。

【例 12-4】 某财产保险公司会计部门收到业务部门交来的 3 年期家财两全险保户储金日结汇总表、储金收据及银行储金专户收账通知，计 4 000 000 元，预定年利率为 2.25%，不计复利，3 年后一次还本付息。

① 收到保户储金，存入银行专户时，其会计分录为

借：银行存款——储金专户　　　　　　　　　　　　　　　4 000 000
　　贷：保户储金——家财两全险　　　　　　　　　　　　　　　4 000 000

② 第一、二年年末，按预定年利率计算保户储金每年应计利息 90 000 元，转作保费收入时，其会计分录为

借：应收利息　　　　　　　　　　　　　　　　　　　　　　　　90 000
　　贷：保费收入——家财两全险　　　　　　　　　　　　　　　　　90 000

③ 第三年，家庭财产两全险的保单到期，3 年期专户存储的定期存单转为活期存款，并将银行存款归还保户储金时，其会计分录为

借：银行存款——活期户　　　　　　　　　　　　　　　　　4 270 000
　　贷：银行存款——储金专户　　　　　　　　　　　　　　　　4 000 000
　　　　应收利息　　　　　　　　　　　　　　　　　　　　　　180 000
　　　　保费收入——家财两全险　　　　　　　　　　　　　　　　90 000

同时，

借：保户储金——家财两全险　　　　　　　　　　　　　　　4 000 000
　　贷：银行存款——活期户　　　　　　　　　　　　　　　　　4 000 000

3．退保费的核算

原保险合同提前解除的，保险人应将退保费作为支撑单独核算或是直接冲减保费，计入当期损益。具体来说，非寿险合同发生退保应直接冲减保费收入；寿险合同在犹豫期间发生的退保行为，应当按照合同约定将相关的保费返回保户，冲减当期保费收入。寿险犹豫期后发生的退保，按报单持有期间累积而得的报单现金价值，确认为退保费支出。

【例 12-5】 家庭两全险保户林某向平安人寿提出要求退保，客户投保时交纳储金 60 000 元，保险期为 3 年，现已投保 2 年零 2 个月。业务部门同意退保，审核报单及储金收据，签发批单，按保险费率计算每年保费为 1400 元，前两年已计入应计利息 3000 元，余额退还现金，其会计分录为

借：保户储金——家财两全险　　　　　　　　　　　　　　　　60 000
　　贷：保费收入　　　　　　　　　　　　　　　　　　　　　　　1 400
　　　　应收利息　　　　　　　　　　　　　　　　　　　　　　　3 000
　　　　库存现金　　　　　　　　　　　　　　　　　　　　　　55 600

4．中途加保和退保的核算

(1) 中途加保的保费收入核算，与投保时保费收入的核算相同。

(2) 中途退保或部分退保，应按已保期限与剩余期限的比例计算退保费，退保费直接冲减保费的收入。

【例 12-6】 某企业投保的财产综合险因资产重估增值而引起保险金额上升，按保费率计算应追加保费 10 000 元。某财产保险公司会计部门收到业务部门转来的批单、保费收据

及银行收账通知后，作会计分录为

借：银行存款——活期户　　　　　　　　　　　　　　　　10 000
　　贷：保费收入——财产综合险　　　　　　　　　　　　　　10 000

三、原保险合同成本的确认和计量

(一)设置的科目

1. 赔款支出

"赔款支出"科目为损益类科目，核算保险公司财产保险、意外伤害保险、1年期以内(含1年)的健康保险业务按保险合同约定支付的赔款和发生的理赔勘查费用。该科目借方登记企业当期确定的支付赔偿款的金额或实际发生的理赔费用，贷方登记企业承担赔付保险金责任后应当确认的代位追偿款或取得的损余物资的金额。该科目可按保险合同和险种进行明细核算。期末，应将本账户的余额转入"本年利润"账户，结转后本账户应无余额。

2. 预付赔付款

"预付赔付款"科目为资产类科目，核算保险公司在处理各种理赔案件过程中，按照保险合同约定预先支付的赔付款。借方登记保险公司预付的赔付款，贷方登记转销的预付赔付款。期末余额在借方，表示保险公司已预付尚未转销的预付赔偿款。该科目应按保险人或受益人设置明细账，进行明细分类核算。

3. 损余物资

"损余物资"科目为资产类科目，核算保险公司按照原保险合同约定承担赔偿保险金责任后取得的损余物资成本。借方登记保险公司承担赔偿责任取得的损余物资的余额，贷方登记保险公司处置损余物资转销的余额。本科目期末借方余额，反映保险公司承担赔偿保险金责任取得的损余物资的价值。

4. 应收代位追偿款

"应收代位追偿款"科目为资产类科目，核算保险公司按照原保险合同约定承担赔付保险金责任后确认的代位追偿款。该科目可按被追偿单位(个人)进行明细核算。

5. 应付赔付款

"应付赔付款"科目为负债类科目，用于核算保险责任已经确定，且保险人应支付而尚未支付的赔付款数额。借方登记保险公司已支付的应付赔付款数额，贷方登记保险公司应付而尚未支付的赔付款数额，余额在贷方。本科目应按投保人设置明细账，进行明细分类核算。

(二)账务处理

1. 当时结案的赔款支出的核算

借：赔款支出
　　贷：库存现金(银行存款)

2. 预付赔付款的核算

借：预付赔付款——××险种
　　贷：库存现金(银行存款)
借：赔款支出
　　贷：预付赔付款——××险种
　　　　库存现金(银行存款)

3. 理赔勘查支出的核算

借：赔款支出——财产基本险
　　贷：库存现金(银行存款)

4. 损余物资的核算

损余物资是指财产部分受损还具有一定的利用价值。登记"损余物资登记簿"，处理的收入冲减赔款支出。

5. 错赔或者骗赔案件的核算

借：银行存款
　　贷：赔款支出——××险种

6. 代位追偿款的核算

应收代位追偿款是指保险人承担赔付保险责任后，依法向第三者责任人索赔不属于其免责范围所造成的损失而应当取得的赔款。

借：应收代位追偿款
　　贷：赔款支出——××险种
借：库存现金(银行存款)
　　贷：应收代位追偿款

四、原保险业务保险准备金的核算

(一)未到期责任准备金的核算

1. 设置的会计科目

(1) "未到期责任准备金"科目为负债类科目，用来核算保险公司按规定提取的非寿险原保险合同未到期责任准备金。再保险接受人提取的再保险合同分保未到期责任准备金，也在该账户核算。该账户贷方登记按规定提取的未到期责任准备金，借方登记按规定冲减的未到期责任准备金，期末余额在贷方，反映保险公司的未到期责任准备金。该科目可按保险合同进行明细核算。

(2) "提取未到期责任准备金"科目为损益类科目，用来核算保险公司按规定提取的非寿险原保险合同未到期责任准备金和再保险合同分保未到期责任准备金。该科目借方登记按规定提取的未到期责任准备金，贷方登记按规定冲减的未到期责任准备金。期末，应将该科目余额转入"本年利润"科目，结转后该科目无余额。该科目可按险种和保险合同进行明细核算。

2. 账务处理

(1) 每日提取时。

借：提取未到期责任准备金——财产基本险
　　贷：未到期责任准备金——财产基本险

(2) 资产负债表日，重新精算调整未到期责任准备金。

借：未到期责任准备金——财产基本险
　　贷：提取未到期责任准备金——财产基本险

(3) 期末结转。

借：本年利润
　　贷：提取未到期责任准备金——财产基本险

(二) 未决赔款准备金的核算

1. 设置的会计科目

(1) "未决赔款准备金"科目为负债类科目，用于核算因为已经发生非寿险保险事故并已提出保险赔款、已经发生非寿险保险事故但尚未提出保险赔款的赔案及可能发生的理赔费用而按规定提取的未决赔款准备金。再保险接受人提取的再保险合同未决赔款准备金也在该科目核算。该科目贷方登记按规定提取的未决赔款准备金，借方登记按规定冲减的未决赔款准备金，期末余额在贷方，反映保险公司的未决赔款准备金。该科目可按险种和保险合同进行明细核算。

(2) "提取未决赔款准备金"科目为损益类科目，用于核算因为发生非寿险保险事故并已提出保险赔款、已经发生非寿险保险事故但尚未提出保险赔款的赔案及可能发生的理赔费用而按规定提取的未决赔款准备金。再保险接受人提取的再保险合同未决赔款准备金也在该科目核算。该科目借方登记按规定提取的未决赔款准备金，贷方登记按规定冲减的未决赔款准备金。期末，应将该科目余额转入"本年利润"科目，结转后该科目无余额。该科目可按险种和保险合同进行明细核算。

2. 账务处理

(1) 每次提取时。

借：提取未决赔款准备金——财产基本险
　　贷：未决赔款准备金——财产基本险

(2) 每年年度进行未决赔款准备金充足性测试，若未决赔款准备金余额小于年度末再精算需要提取的余额，则补提；若未决赔款准备金余额大于年度末再精算需要提取的余额，则不冲减。

(3) 若发生的事故实际赔付费用小于提取的未决赔款准备金，则冲减多提的未决赔款准备金。

借：未决赔款准备金——财产基本险
　　贷：提取未决赔款准备金——财产基本险

(4) 期末结转。

借：本年利润
　　贷：提取未到期责任准备金——财产基本险

第三节 人身保险业务核算

人身保险是以人的生命、身体或劳动能力为保险标的，以被保险人的生死、伤害、疾病为保险事故的保险业务，是以被保险人的生命为保障对象的保险。其业务包括人寿保险、意外伤害保险、健康保险以及人身保险准备金的核算。

一、人寿保险保费收入的确认和核算

(一)保费收入的确认

保险人应当按照规定计算确定保费收入金额：对于寿险原保险合同，分期收取保费的，应当根据当期应收取的保费确定；一次性收取保费的，应当根据一次性应收取的保费确定。原保险合同提前解除的，保险人应当按照原保险合同的约定计算确定应退还投保人的金额作为退保费，计入当期损益。

(二)设置的科目

1. 保费收入

"保费收入"科目为损益类科目，用来核算保险公司按保险合同或批单向保户收取的保险费。本科目贷方登记实现的保险费收入，借方登记期末转入"本年利润"科目的本期发生额，期末结转后应无余额。该科目应按险种设置明细账，进行明细分类核算。

2. 预收保费

"预收保费"科目为负债类科目，用来核算保险公司在保险合同生效前向投保人预收的保险费。贷方登记发生的保费预收数，借方登记转作保费收入的保费预收数，期末余额在贷方，表示期末保险公司向投保人预收的保险费。该科目应按投保人设置明细账，进行明细分类核算。

3. 应收保费

"应收保费"科目为资产类科目，用来核算保险公司应向投保人收取但尚未收到的保险费。借方登记保险公司发生的应收保费及已确认坏账并转销的应收保费又收回的金额，贷方登记收回的应收保费及确认为坏账而冲销的应收保费，期末余额在借方，表示期末保险公司尚未收回的保险费。该科目应按投保人设置明细账，进行明细分类核算。

4. 保户储金

"保户储金"科目为负债类科目，用来核算保险公司将保户缴纳的储金存在银行，以所生利息作为保费收入的保险业务。贷方登记收到的保户储金，借方登记返还的保户储金，期末该科目贷方余额反映保户交存的、尚未返还的储金。

(三)人寿保险的保费收入的核算

1. 保险业务发生时收取保费的核算

对于寿险原保险合同，分期收取保费的，应当根据当期应收取的保费确定；一次性收

取保费的，应当根据一次性应收取的保费确定。其会计分录为

借：库存现金(或银行存款、应收保费)
　　贷：保费收入——某险种

2. 预收保费的核算

如果收到的保费中包括保险客户的提前交费，应作为预收保费处理，到期再转入保费收入。其会计分录为

借：库存现金(或银行存款)
　　贷：预收保费——某险种

将预收保费转为已实现的保费收入时，其会计分录为

借：预收保费——某险种
　　贷：保费收入——某险种

【例 12-7】某客户投保个人养老金险，该保户约定每月交费 100 元，2017 年 10 月 5 日以现金预缴全年保费 1200 元。应编制会计分录如下。

借：库存现金　　　　　　　　　　　　　　　　　　　　　1 200
　　贷：保费收入——年金保险(个人养老金险)　　　　　　　　100
　　　　预收保费——某客户　　　　　　　　　　　　　　1 100

以后每月将预收保费转为实现的保费收入时，其会计分录为

借：预收保费——某客户　　　　　　　　　　　　　　　　　100
　　贷：保费收入——年金保险(个人养老金险)　　　　　　　　100

二、人寿保险业务保险金给付的核算

人寿保险业务保险金给付是保险公司对投保人在保险期满或在保险期中支付保险金，以及对保险期内发生保险责任范围内的意外事故按规定给付的保险金。人寿保险业务保险金给付分为满期给付、年金给付、死伤医疗给付。

(一)设置的会计科目

1. 满期给付

"满期给付"科目属于损益类科目，用来核算保险公司因人寿保险业务的被保险人生存至保险期满，公司按保险合同的约定支付给被保险人的满期保险金。该科目借方登记满期给付实际支付的金额，贷方登记期末转入"本年利润"科目的本期发生金额，期末结转后本科目应无余额。该科目应按险种设置明细账，进行明细分类核算。

2. 年金给付

"年金给付"科目属于损益类科目，用来核算人寿保险业务中被保险人生存至规定年龄，保险公司按保险合同的约定向被保险人给付金额的业务。该科目借方登记保险公司给付被保险人的金额，贷方登记期末转入"本年利润"科目的金额，结转后该科目无余额。

3. 死伤医疗给付

"死伤医疗给付"科目属于损益类科目，用来核算保险公司因人寿保险及长期健康保险业务的被保险人在保险期内发生保险责任范围内的保险事故，公司按保险合同的约定支

付给被保险人(受益人)的保险金。该科目借方登记被保险人在保险期间发生死伤医疗事故时，保险公司向被保险人给付赔偿金的金额，贷方登记期末转入"本年利润"科目的本期发生金额。期末结转后本科目应无余额。该科目应设置"死亡给付""伤残给付""医疗给付"三个明细账，进行明细分类核算。

(二)保险金给付的业务核算

1. 满期给付的业务核算

被保险人生存到保险期满时，保险公司给付的保险金称作满期给付。现阶段，我国开办的人寿保险期满险种主要有简易人寿保险、团体人寿保险、普通个人生存保险以及生死两全保险等。

(1) 被保险人生存至期满，按保险条款的规定支付保险金时，其会计分录为

借：满期给付——某险种
　　贷：库存现金(或银行存款)

(2) 在满期给付时，如有贷款本息未还清者，应将其未还清的贷款本息从应支付的保险金中扣除。其会计分录为

借：满期给付(应给付金额)
　　贷：保户质押贷款(未收到的保户质押贷款本金)
　　　　利息收入(欠息金额)
　　　　库存现金(银行存款) (实际支付金额)

(3) 在保险合同规定的缴费宽限期内发生满期给付时，其会计分录为

借：满期给付——某险种(应给付金额)
　　贷：保费收入——某险种(投保人未缴保费金额)
　　　　利息收入——保户质押贷款利息收入户(欠息金额)
　　　　库存现金(或银行存款)(实际支付金额)

(4) 期末，将"满期给付"科目的余额转入"本年利润"科目时，其会计分录为

借：本年利润
　　贷：满期给付——某险种

2. 年金给付的业务核算

年金给付是人寿保险公司年金保险业务的被保险人生存至规定年龄，按保险合同约定支付给被保险人的给付金额。

(1) 被保险人生存至规定年龄，按保险合同条款的规定支付年金时，其会计分录为

借：年金给付
　　贷：库存现金

(2) 期末，将"年金给付"科目余额转入"本年利润"科目时，其会计分录为

借：本年利润
　　贷：年金给付——某险种

3. 死伤医疗给付的业务核算

死伤医疗给付分为死亡给付、伤残给付和医疗给付三种。保险公司对被保险人因保险事故死亡时的给付称为死亡给付；保险公司对被保险人因保险事故永久性全部丧失劳动能

力时的给付称为伤残给付；保险公司对被保险人因保险事故进行医疗时的给付称为医疗给付。

(1) 被保险人在保险期内发生保险责任范围内的死亡、意外伤残、医疗事故，保险公司按保险责任支付保险金时，其会计分录为

  借：死伤医疗给付——某险种
    贷：库存现金(或银行存款)

(2) 在保险合同规定的缴费宽限期内发生死伤医疗给付时，其会计分录为

  借：死伤医疗给付——某险种(应给付金额)
    贷：保费收入——某险种(投保人未缴保费金额)
      利息收入——保户质押贷款利息收入户(欠息金额)
      库存现金(或银行存款) (实际支付金额)

(3) 期末，将"死伤医疗给付"科目的余额转入"本年利润"科目时，其会计分录为

  借：本年利润
    贷：死伤医疗给付——某险种

(三)退保的核算

1. 退保业务的含义

退保业务是指被保险人在保险期限未满的情况下要求退保并获保险公司同意的业务。退保包括犹豫期退保和正常退保两种。

(1) 犹豫期退保，是指投保人在合同约定的犹豫期内的退保。一般保险公司规定投保人收到保单后 10 天为犹豫期。

(2) 正常退保，是指超过犹豫期的退保。通常领取过保险金的保单，不得申请退保。

2. 退保业务的核算

(1) 保险公司寿险原保险合同提前解除，按原保险合同的约定，计算确定应退还投保人的保单现金价值，其会计分录为

  借：退保金——某险种
    贷：库存现金(或银行存款)

(2) 被保险人退保时，若有预缴保费的，应退还预缴部分，其会计分录为

  借：退保金——某险种
    预收保费——某险种
    贷：库存现金(或银行存款)

(3) 期末，将"退保金"科目的余额转入"本年利润"科目时，其会计分录为

  借：本年利润
    贷：退保金——某险种

三、意外伤害保险和健康保险的核算

(一)意外伤害保险

意外伤害保险是指以意外伤害而致身故或残疾为给付保险金条件的人身保险。意外伤

害保险中所称意外伤害是指,在被保险人没有预见到或违背被保险人意愿的情况下,突然发生的外来致害物对被保险人的身体明显、剧烈地侵害的客观事实。

1. 意外伤害保险的特征

意外伤害保险的特征主要有如下几点。

(1) 保险金的给付。保险事故发生时,死亡保险金按约定保险金额给付,残废保险金按保险金额的一定百分比给付。

(2) 保费计算基础。意外伤害保险的纯保险费是根据保险金额损失率计算的,这种方法认为被保险人遭受意外伤害的概率取决于其职业、工种或从事的活动,在其他条件都相同时,被保险人的职业、工种、所从事活动的危险程度越高,应交的保险费就越多。

(3) 保险期限。意外伤害保险的保险期较短,一般不超过 1 年。

2. 意外伤害保险的保费

意外伤害保险保险费的计算原理近似于财险,即在计算意外伤害保险费率时,应根据意外事故发生频率及其对被保险人造成的伤害程度、对被保险人的危险程度进行分类,对不同类别的被保险人分别制定保险费率。

(1) 按保额的比例计收,若保险费率为 2‰,则表示每千元保额收取保费 2 元。这种计收方式下的保费随保额的增长而呈正比例增加。

(2) 按收费金额的一定比率计收。例如,公路旅客意外伤害保险,保费按票价的 2%计收,亦称保费率为 2%。

(3) 按约定的金额计收。旅游意外伤害保险规定,每人每天收取一定金额的保费。

在实际操作中,1 年期意外伤害险的保费,一般采取按保额的一定比例计收;极短期意外伤害险,大多采用收费金额(如机票票价)的一定比率或按约定的金额计收保费,如购买一份航意险,其保额为 40 万元,保费为 20 元。

(二)健康保险

健康保险是指保险公司通过疾病保险、医疗保险、失业收入损失保险和护理保险等方式对因健康原因导致的损失给付保险金的保险。

健康保险,按保险期限的长短,可分为短期健康保险和长期健康保险;按保险标的所产生的结果,可分为医疗保险和残疾收入补偿保险。其中,短期健康保险是指保险期限为 1 年及 1 年以下的健康保险;长期健康保险是指保险期限在 1 年以上的健康保险;医疗保险是指保险人对投保人由于疾病等所有的医疗费用承保的保险;残疾收入补偿保险是指保险人对投保人由于疾病所致的收入损失承保的保险。

(三)意外伤害保险与健康保险的核算

意外伤害保险和健康保险与财产保险的核算方法基本相同,这里只作简单介绍。

根据意外伤害保险和健康保险的业务特点,保险公司应分别设置"保费收入""应收保费""赔款支出"科目。

1. 保费收入的核算

投保人购买意外伤害保险和短期健康保险也应办理投保手续和缴纳保费。每日对外营业结束后,业务部门汇编"××险保费日结单",连同保费收据存根送交会计部门审核后,

由会计部门办理入账,其会计分录为

借:库存现金
　　贷:保费收入——意外伤害险(公路旅客)

或

借:库存现金
　　贷:保费收入——健康险

【例 12-8】 某中学为在校学生 5000 人投保 1 年期学生团体平安险,保险金额为 5000 元。按规定每人每年缴纳保费 10 元,合计 50 000 元。经特别约定分两次缴清,投保时支付 50%,两个月后支付 50%。应编制会计分录如下。

借:银行存款	25 000
应收保费——某中学	25 000
贷:保费收入——意外伤害保险(平安险)	50 000

2. 保险金给付的核算

投保人提出索赔并提供有关单证或证明后,保险公司在办理意外伤害保险和短期健康保险给付时,须由业务部门理赔,责任确认无误后,填制"××险给付领取收据",由投保人签章后,连同分户卡一并送交会计部门,会计部门凭此给付保险金,其会计分录为

借:赔款支出——意外伤害险(团体险)
　　贷:库存现金

或

借:赔款支出——健康险
　　贷:库存现金

3. 准备金的提取

意外伤害保险和短期健康保险的准备金提取与财产保险相同,包括未到期责任准备金和未决赔款准备金。

【例 12-9】 某中学投保 1 年期学生住院医疗险,保险金额为 60 000 元。该中学有位学生因患病而住院治疗,在住院期间发生理赔范围内的医疗费 30 000 元,按分级累进计算给付金额为 27 000 元,经审查后当即以现金支付。应编制会计分录如下。

借:赔款支出——健康险(医疗险)	27 000
贷:库存现金	27 000

四、人身保险准备金的核算

(一)寿险责任准备金的业务核算

提取寿险责任准备金有两种方式:一种是理论责任准备金提取法,另一种是修正责任准备金提取法。两者的区别在于计算的依据不同,理论责任准备金是以均衡纯保费为依据计算的;修正责任准备金是根据修正后的非均衡纯保费计算的。

1. 理论责任准备金的计算

计算责任准备金的方法有两种,即追溯法和预测法。

(1) 追溯法也称过去法或已交保费推算法，是用未来应付保险金的精算现值与过去已付保险金的精算积存值差额来计算责任准备金的一种方法。

(2) 预测法也称未来法或未交保费推算法，是用未来应付保险金的精算现值与未来应收纯保费的精算现值差额来计算责任准备金的一种方法。

2. 实际责任准备金的计算

实际责任准备金的计算分为一年定期法和扣除一定数额法两种。

(1) 一年定期法，即把保险期间的第一年视为定期死亡保险，完全不提取责任准备金，责任准备金的提取从第二年开始。这种方法是假定投保人的年龄比实际大一岁，即从保险的第二年起保，交付寿险费的年期比实际少一年。第一年保费的余额，全部充作营业费用。

(2) 扣除一定数额法，即在保险开始的第一年，从保险费收入中扣除营业费用中的一个必要数额，剩余部分留作责任保险金，以后逐年减少这种扣除额，全部扣除既可在保险交费期终了时结束，也可以在其中结束。但不管如何在时间上分配营业费用，在保险合同终了时，实际提留的责任准备金要等于理论的责任准备金，这样才能保证保险人充分履行自己的给付义务。

3. 会计年度末责任准备金的调整

为调整会计年度与保单年度的差异，一般采用将前后两个保单年度末的责任准备金进行直线插值的方法。插值通常有按月和按日两种做法。

4. 设置会计科目

"寿险责任准备金"科目为负债类科目，该科目贷方登记本期增加的寿险责任准备金数额，借方登记本期减少的寿险责任准备金数额，期末贷方余额为已提取的寿险准备金数额。该科目应按险种设置明细账，进行明细分类核算。

"提取寿险责任准备金"科目为损益类科目，该科目借方登记企业确认寿险保费收入时，按保险计算确定的寿险责任准备金的余额，贷方登记原保险合同保险人确定支付赔付款金额或实际发生理赔费用的当期，冲减的保险责任准备金的金额。期末，将该科目余额转入"本年利润"科目，结转后该科目无余额。

5. 寿险责任准备金的业务核算

(1) 计提寿险责任准备金时的会计分录为
借：提取寿险责任准备金——某险种
　　贷：寿险责任准备金

(2) 冲减寿险责任准备金时的会计分录为
借：寿险责任准备金
　　贷：提取寿险责任准备金——某险种

(3) 转销寿险责任准备金时的会计分录为
借：寿险责任准备金
　　贷：提取寿险责任准备金——某险种

(4) 期末结转提取寿险责任准备金时的会计分录为
借：本年利润
　　贷：提取寿险责任准备金——某险种

(二)长期健康险责任准备金的业务核算

长期健康险责任准备金是指保险人为尚未终止的长期健康保险责任提取的准备金,其科目设置包括"长期健康险责任准备金"和"提取长期健康险责任准备金"。

"长期健康险责任准备金"科目为负债类科目,用来核算保险公司为尚未终止的长期健康保险责任提取的准备金。该科目贷方登记保险公司按保险计算确定的应提取的长期健康险责任准备金金额,借方登记原保险合同保险人确定支付赔付款金额或实际发生理赔费用的当期,冲减的长期健康险责任准备金的金额,期末余额在贷方,反映企业拥有的保险责任准备金。该科目可按保险合同进行明细核算。

"提取长期健康险责任准备金"科目为损益类科目,用来核算保险公司为尚未终止的长期健康险责任提取的准备金。该科目借方登记企业确认长期健康险保费收入时,按保险精算确定的长期健康险责任准备金的金额,贷方登记原保险合同保险人确定支付赔付款金额或实际发生理赔费用的当期,冲减的长期健康险责任准备金的金额;期末,将该科目余额转入"本年利润"科目,结转后该科目无余额。

计提长期健康险责任准备金时的会计分录为
  借:提取长期健康险责任准备金——某险种
    贷:长期健康险责任准备金
冲减长期健康险责任准备金时的会计分录为
  借:长期健康险责任准备金
    贷:提取长期健康险责任准备金——某险种
转销长期健康险责任准备金时的会计分录为
  借:长期健康险责任准备金
    贷:提取长期健康险责任准备金——某险种
期末结转提取长期健康险责任准备金时的会计分录为
  借:本年利润
    贷:提取长期健康险责任准备金——某险种

第四节 再保险业务核算

再保险又称分保,是指一个保险人(再保险分出人)分出一定的保费给另一个保险人(再保险接受人),再保险接受人对再保险分出人由原保险合同所引起的赔付成本及其他相关费用进行补偿的保险业务。

在再保险业务中,分出保险业务的保险人称为原保险人或再保险分出人,亦即为再保险合同的投保人;接受分保业务的保险人称为再保险人或再保险接受人(分入人)。

一、再保险分出业务的核算

(一)分出业务的核算内容

分出业务是指保险公司将自己直接承保的业务,根据分保合同的规定分给分保接受人的业务,主要核算向分保业务分入人分出的保费、摊回分保赔款和摊回费用。分出业务需定期编制分保账单，计算分保应收、应付的收支项目，正确计算损益。

1. 分出业务的程序

(1) 临时分保，其业务程序包括：科学规划，确定优化的分保方案；填制摘要表，选择分入人和向分入人提供分保条件；向分入人发送正式分保要约；发送赔款通知；编制临时分保账单；临时分保的责任终止和续转。

(2) 固定分保，其业务程序包括：固定分保的安排(固定分保又称合同分保，被广泛采用)；合同分保正式文件的签订(合同分保正式文件由分保条、合同文本、附约组成)；赔款处理；分保合同账单的编制(分保合同账单是分保合同执行后的具体经营成果的反映)。

2. 分出保费的计算

(1) 比例再保险分出保费的计算方法。比例分保的情况下，分出人的自留额和分入人的责任额都表示为保额的一定比例，该比例也是计算分出保费的依据。其计算公式如下：

$$分出保费=保费×确定的分保比例$$

(2) 非比例再保险分出保费的计算方法。非比例再保险分出保费的计算比较复杂。以最典型的超额赔款分保举例，影响超额赔款分保分出保费的因素有：预交最低再保险费、净保费收入总额、再保险费率。

(二)会计科目的设置

1. 分出保费

"分出保费"科目用来核算公司分出业务向分入人分出的保费。该科目属于费用类损益科目，其借方登记分出保费，贷方登记转入本年利润数额，结转后该科目无余额。该科目要求按险种设置明细账。

2. 存入保证金

"存入保证金"(财险)或"存入分保准备金"(寿险)科目用来核算公司分出业务按约定扣存分入人的保费形成的准备金。该科目属于负债类科目，其贷方登记扣存的分保准备金，借方登记转回上期扣存的分保准备金，余额在贷方，反映尚未退还的分保准备金。该科目要求按分入人设置明细账。

3. 摊回分保费用

"摊回分保费用"科目用来核算公司分出业务向分入人摊回的应由其承担的各项费用，该科目属于损益类(收入)科目，其贷方登记向分入人摊回的费用，借方登记期末结转"本年利润"的数额，结转后该科目无余额。该科目要求按险种设置明细账。

4. 应收分保账款

"应收分保账款"科目用来核算保险公司开展分保业务而发生的应收未收的各种款项，属于资产类科目，其借方登记分保业务中应收未收款项的发生数，贷方登记收回数，余额在借方反映应收尚未收回的分保账款。该科目要求按分入人设置明细账。

5. 应付分保账款

"应付分保账款"科目用来核算保险公司开展分保业务而发生的应付未付的各种款项，

属于负债类科目，其贷方登记分保业务中应付未付款项的发生数，借方登记支付数，余额在贷方，反映应付尚未支付的分保账款。该科目要求按分入人设置明细账。

6. 应收分保未到期责任准备金

"应收分保未到期责任准备金"科目核算再保险分出人从事再保险业务确认的应收分保未到期责任准备金。该科目属于资产类科目，按照再保险接受人和再保险合同进行明细核算。该科目期末借方金额，反映再保险分出人从事再保险业务确认的应收分保未到期责任准备金结余。

7. 应收分保保险责任准备金

"应收分保保险责任准备金"科目核算再保险分出人从事再保险业务应向再保险接受人摊回的保险责任准备金，包括未决赔款准备金、寿险责任准备金和长期健康险责任准备金。本科目按保险责任准备金类别和再保险接受人、再保险合同进行明细核算。期末借方余额，反映保险分出人从事再保险业务应向再保险接受人摊回的保险责任准备金结余。

8. 摊回分保责任准备金

"摊回分保责任准备金"科目核算再保险分出人应向再保险接受人摊回的保险责任准备金，包括未决赔款准备金、寿险责任准备金和长期健康险责任准备金。本科目可按保险责任准备金类别和险种进行明细核算。期末应将本科目余额转入"本年利润"科目，结转后本科目无余额。

【例 12-10】某保险公司 2017 年将车险业务采用固定合同以成数分保方式与 A 再保险公司结成分保伙伴关系。某保险公司按 30%的比例将业务分给 A 再保险公司，并且按照分保费的 30%收取分保手续费。某保险公司第一个月的业务数据如表 12-1 所示，未到期责任准备金按 1/24 法计提，暂不进行准备金充足性测试。要求编制 2017 年 1 月份某保险公司再保险业务相关的会计分录。

表 12-1　2017 年 1 月份某保险公司业务数据表

月　份	保费收入	赔　款	未决赔款
1	1 000 000	500 000	60 000

(1) 分出保费的计算及分录如下。

分出保费=1 000 000×30%=300 000(元)

借：分出保费　　　　　　　　　　　　　　　　　　　　　　　300 000
　　贷：应付分保账款　　　　　　　　　　　　　　　　　　　　　300 000

(2) 摊回分保赔款的计算及会计分录如下。

摊回分保赔款=500 000×30%=150 000(元)

借：应收分保账款　　　　　　　　　　　　　　　　　　　　　150 000
　　贷：摊回赔付支出　　　　　　　　　　　　　　　　　　　　　150 000

(3) 分保费用的计算及会计分录如下。

分保费用=300 000×30%=90 000(元)

借：应收分保账款　　　　　　　　　　　　　　　　　　　　　90 000
　　贷：摊回分保费用　　　　　　　　　　　　　　　　　　　　　90 000

(4) 应收分保未到期责任准备金的计算及分录如下。
应收分保未到期责任准备金=300 000×23/24=287 500(元)
借：应收分保未到期责任准备金　　　　　　　　　　287 500
　　贷：提取未到期责任准备金　　　　　　　　　　　　　287 500
(5) 应收未决赔款准备金的计算及分录如下。
应收未决赔款准备金=60 000×30%=18 000(元)
借：应收未决赔款准备金　　　　　　　　　　　　　18 000
　　贷：摊回未决赔款准备金　　　　　　　　　　　　　　18 000

二、再保险分入业务的核算

(一)分入业务的核算内容

分入业务是保险分入人按分保合同接受的分出公司的业务。分入业务的核算内容包括审核分保账单、计算分保收入项目、正确计算分保损益。

1. 保费收入的确认与核算

分入人的分保费收入一般于收到分保账单时确认。分入保费收入的三个确认条件为：一是分入人收到分保账单时开始承担再保险责任，二是分保费收入金额是可以确定的，三是分入人收到分保费的可能性很大。分入人在收到分出人发出分保账单时，按账单中标明的分保费进行核算。

2. 分保赔款和费用的核算

分入人在收到分出人发来的分保账单时，按账单中标明的分保赔款和费用的金额进行核算。

3. 提存准备金的核算

再保险业务提存的准备金包括未决赔款准备金和长期责任准备金。根据国际惯例，也为了真正反映再保险业务的损益，一般以3年为一个损益结算期。在未到结算年度之前，当期营业收支差额全额作为长期责任准备金提存。再保险准备金的提存、转回账务处理与财险业务相应准备金的账务处理相同。

(二)会计科目的设置

1. 分保费收入

"分保费收入"科目核算分入业务所取得的收入，该科目属于损益类(收入)科目，其贷方登记保费收入数，借方登记期末结转"本年利润"科目的数额，结转后无余额。该科目应按险种设置明细账。

2. 存出保证金

"存出保证金"科目核算分保分入业务按合同约定存出的分保准备金。该科目属于资产类科目，其借方登记存出的分保准备金，贷方登记收回的分保准备金，余额在借方，反映公司存出的分保准备金数额。该科目应按分出人设置明细账。

3. 赔付支出

"赔付支出"科目核算分入公司向分出人支付的应由其承担的赔款。该科目属于损益类(费用)科目,其借方登记应承担的分保赔款数,贷方登记期末结转"本年利润"科目的数额,结转后该科目无余额。该科目要求按险种设置明细账。

4. 分保费用

"分保费用"科目核算分入公司因分入业务向分出人支付的应由其承担的各项费用。该科目属于损益类(费用)科目,其借方登记应承担的分保费用,贷方登记期末结转"本年利润"科目的数额,结转后该科目无余额。本科目要求按险种设置明细账。

5. 应收分保账款

"应收分保账款"科目核算保险公司开展分保业务而发生的应收未收的各种款项。该科目属资产类科目,其借方登记分保业务中应收未收款项的发生数,贷方登记收回数,余额在借方反映应收尚未收回的分保账款。该科目要求按分出人设置明细账。

6. 应付分保账款

"应付分保账款"科目核算保险公司开展分保业务而发生的应付未付的各种款项。该科目属于负债类科目,其贷方登记分保业务中应付未付款项的发生数,借方登记支付数,余额在贷方,反映应付尚未支付的分保账款。该科目要求按分出人设置明细账。

【例 12-11】用例 12-10 的资料进行核算,A 保险公司收到分保账单后的会计分录如下。

  借:应收分保账款   300 000
    贷:分保费收入   300 000
  借:分保费用   300 000
    贷:应付分保账款   300 000

【小资料】

中国再保险的历程

1949 年以前再保险始终具有半殖民地性质,虽然中国再保险的思想萌芽也许可以追溯到两千多年前周文王关于"救患分灾"的概念,但作为一种分散风险和转移责任的分保业务,再保险是在 19 世纪西方保险业进入中国之后才逐步发展起来的。

从总体上看,自 1949 年以后,中国再保险呈现出波浪式发展的特点,在发展过程中既出现过"波峰",也出现过"波谷"。第一次"波峰"出现在中华人民共和国成立初期,同时也为再保险市场的恢复和重建积累了宝贵经验。1949 年 10 月中国人民保险公司和中国保险公司成立之后,中国再保险进入快速发展阶段。

从 1953 年开始,中国再保险和原保险一样,虽然几经整顿和调整,但总体上仍然呈现出波浪式发展的势头,在"大跃进"时期甚至还短暂地出现过又一次高潮。遗憾的是,由于受"左"的思潮影响,继 20 世纪 50 年代初停办国内再保险业务几年之后,国家有关部门又在 1958 年年底作出停办国内保险业务的决定。

自 1978 年以后,中国进入改革开放和以经济建设为中心的新时期。在新的环境条件下,中国再保险结束了过去那种波浪起伏、曲折坎坷的发展历程,呈现出稳步上升的发展态势。

到 1996 年为止，中国人民保险公司在大力发展直接保险业务的同时，还通过其内设的再保险部和驻海外各地的经营机构积极开展再保险业务，取得了令人瞩目的成就。

从全国再保险市场来看，1999 年以来的商业业务同样呈稳步增长之势。2000 年，国内各保险公司共完成商业分出业务 19 亿元，较上年增长 11%；完成商业分入业务 6.3 亿元，增长 57.5%。

本章小结

财产保险有广义与狭义之分。广义的财产保险是指以物质财产及有关经济利益和损害赔偿责任为保险标的的保险，实际上是指除人身保险以外的一切保险；而狭义的财产保险是指仅以物质财产作为保险标的的保险，也称为财产损失保险。

人身保险是以人的生命、身体或劳动能力为保险标的，以被保险人的生死、伤害、疾病为保险事故的保险业务，是以被保险人的生命为保障对象的保险，其业务包括人寿保险、意外伤害保险、健康保险以及人身保险准备金的核算。

再保险又称分保，是指一个保险人(再保险分出人)分出一定的保费给另一个保险人(再保险接受人)，再保险接受人对再保险分出人由原保险合同所引起的赔付成本及其他相关费用进行补偿的保险业务。

在再保险业务中，分出保险业务的保险人称为原保险人或再保险分出人，亦即为再保险合同的投保人；接受分保业务的保险人称为再保险人或再保险接受人(分入人)。

复习思考题

一、基本概念

保险　财产保险　人身保险　再保险　保费收入

二、判断题

1. "未决赔款准备金"科目核算保险公司分入分保业务按合约规定存入的分保准备金。
（　　）
2. 人寿险业务发生的退保金借记"保费收入"科目。（　　）
3. "提取未决赔款准备金"属于资产类科目。（　　）
4. 预收保费属于资产类账户。（　　）
5. 保险公司处理损余物资所得，一般作营业外收入处理。（　　）

三、简答题

1. 什么是保险？什么是保险合同？
2. 保险的特征是什么？保险是如何分类的？
3. 简述人寿保险业务的种类。
4. 人寿保险业务核算主要包括哪些内容？
5. 简述财产保险理赔的程序。
6. 说明"满期给付""死伤医疗给付""年金给付"科目的设置。

7. 人身保险业务需提取哪些准备金？在会计核算上需设置哪些科目？
8. 再保险业务核算的主要内容有哪些？

四、业务题

1. 某企业投保财产综合险，与某财产保险公司签订保险单，约定保费为 100 000 元，分期付款。首期通过银行贷记凭证收款通知，保险公司已收到 20 000 元，其余保费分 8 期，每期收取 10 000 元。要求：请编制相关会计分录。

2. 甲保险公司 2017 年将车险业务采用固定合同以成数分保方式与乙再保险公司结成分保伙伴关系。甲保险公司按 40%的比例将业务分给乙再保险公司，并且按照分保费的 40%收取分保手续费。甲保险公司第 9 个月的业务数据如表 12-2 所示，未到期责任准备金按 1/24 法计提，暂不进行准备金充足性测试。要求：编制 2017 年 9 月份甲保险公司再保险业务相关的会计分录。

表 12-2 2017 年 9 月份甲保险公司业务数据表

月 份	保费收入	赔 款	未决赔款
1	1 000 000	500 000	60 000

3. 某财产保险公司会计部门收到业务部门交来的货运险保费日报表和保费收据存根，以及银行收账通知 50 000 元，该业务于下月 7 日起承担保险责任。要求：编制相关会计分录。

4. 某客户投保个人养老金险，该保户约定每月交费 200 元。2017 年 10 月 5 日以现金预缴全年保费 2400 元。要求：请编制会计分录。

5. 某财产保险公司会计部门收到业务部门交来的 4 年期家财两全险保户储金日结汇总表、储金收据及银行储金专户收账通知，计 6 000 000 元，预定年利率为 2.5%，不计复利，4 年后一次还本付息。要求：编制相关会计分录。

第十三章 证券业务的核算

【学习要点及目标】

- 了解证券的概念、种类、功能,以及证券业务的种类。
- 了解证券经纪业务、承销业务、自营业务的概念、特点及要素。
- 掌握证券经纪业务、承销业务、自营业务、回购业务的核算,会作一般业务的会计处理。

【核心概念】

证券公司　证券　证券回购　证券承销　自营证券　证券经纪业务

【引导案例】

中国证券市场的自我完善

上海证券交易所、深圳证券交易所的成立标志着我国证券市场开始发展。1990年12月19日,上海证券交易所开业;1991年7月3日,深圳证券交易所正式开业。

中国证券市场作为一个新兴的高速成长的证券市场,在短短十几年的时间里取得了举世瞩目的成就。上海证券交易所、深圳证券交易所的交易和结算网络覆盖了全国各地。证券市场交易技术手段处于世界先进水平,法规体系逐步完善。全国统一的证券监管体制也已经建立。证券市场在促进国有企业改革、推动我国经济结构调整和技术进步方面发挥了突出的作用。

目前,我国发行上市的证券品种已涵盖了股票(A股、B股、H股、N股)及其存托凭证、证券投资基金(如封闭式证券投资基金、上市开放式基金、交易型开放式指数基金、开放式证券投资基金)、债券(如国债、公司债券、金融债券、可转换公司债券)、权证(如认购权证、认沽权证)、资产支持证券(如专项资产收益计划、收费资产支持受益凭证)等。资本市场为推进传统产业升级换代、促进生产力的迅速提高开辟了更为多样的直接融资渠道。

(资料来源:王强.证券投资实务[M].2版.北京:中国财政经济出版社,2015)

【案例导学】

证券业务也叫公开市场业务,是指中央银行在金融市场上公开买卖有价证券的一项业务。中央银行在公开市场买进有价证券实际就是投放了基础货币,卖出有价证券则是回笼基础货币。公开市场业务是中央银行调控货币供给的重要方式,是一项有效的货币政策工具。

第一节　证 券 概 述

一、证券公司

证券公司(俗称券商)是指依照《公司法》的规定,经国务院证券监督管理机构审查批准,从事证券经营业务的有限责任公司或者股份有限公司。它是非银行金融机构的一种，是从事证券经营业务的法定组织形式，是专门从事有价证券买卖的法人企业，分为证券经营公司和证券登记公司。

二、证券

证券是用来证明持有人享有的某种特定权益的凭证，如股票、债券、本票、汇票、支票、保险单、存款单、借据、提货单等各种票证单据都是证券。

(一)证券的种类

按其性质不同，证券可以分为凭证证券和有价证券两大类。

1. 凭证证券

凭证证券又称为无价证券，是指本身不能使持有人或第三者取得一定收入的证券，包括活期存款单、借据、收据等。

2. 有价证券

有价证券是一种具有一定票面金额，证明持券人有权按期取得一定收入，并可自由转让和买卖的所有权或债权证书，通常简称证券，主要形式有股票和债券两大类。其中，债券又可分为公司债券、公债和不动产抵押债券等。有价证券本身并没有价值，只是由于它能为持有者带来一定的股息或利息收入，因而可以在证券市场上自由买卖和流通。

有价证券又可分为以下三种。
(1) 资本证券，如股票、债券等。
(2) 货币证券，包括银行券、银行票据等。
(3) 财物证券，如货运单、提单、栈单等。

目前，我国证券市场所交易的证券种类，限于资本证券，主要包括股票、债券、证券投资基金券以及经国务院依法认定的其他证券。

(二)证券的功能

证券是资本的运动载体，它具有以下两个基本功能。

1. 筹资功能

筹资功能，即为经济的发展筹措资本。通过证券筹措资本的范围很广，社会经济活动的各个层次和方面都可以利用证券来筹措资本。例如，企业通过发行证券来筹集资本，国家通过发行国债来筹措财政资金等。

2. 配置资本的功能

配置资本的功能，即通过证券的发行与交易，按利润最大化的要求对资本进行分配。资本是一种稀缺资源，如何有效地分配资本是经济运行的根本目的。证券的发行与交易起着自发地分配资本的作用。通过证券的发行，可以吸收社会上闲置的货币资本，使其重新进入经济系统的再生产过程而发挥效用。证券的交易是在价格的诱导下进行的，而价格的高低取决于证券的价值。证券的价值又取决于其所代表的资本的实际使用效益，所以，资本的使用效益越高，就越能从市场上筹集资本，使资本的流动服从效益最大化的原则，最终实现资本的优化配置。

【小资料】

证券的起源

1603 年，在共和国大议长奥登巴恩维尔特的主导下，荷兰联合东印度公司成立。就像他们创造了一个前所未有的国家一样，如今，他们又创造了一个前所未有的经济组织。它是第一个联合的股份公司，为了融资，他们发行股票，不过不是现代意义的股票。人们来到公司的办公室，在本子上记下自己借出了钱，公司承诺对这些股票分红，这就是荷兰东印度公司筹集资金的方法。通过向全社会融资的方式，东印度公司成功地将分散的财富变成了自己对外扩张的资本。荷兰人同时还创造了一种新的资本流转体制。1609 年，世界历史上第一个股票交易所诞生在阿姆斯特丹。只要愿意，东印度公司的股东们可以随时通过股票交易所将自己手中的股票变成现金。

早在四百多年前，在阿姆斯特丹的股票交易所中，就已经活跃着超过 1000 名的股票经纪人。他们虽然还没有穿上红马甲，但是固定的交易席位已经出现了。这里成为当时整个欧洲最活跃的资本市场，前来从事股票交易的不仅有荷兰人，还有许许多多的外国人。大量的股息收入从这个面积不超过 1000 平方米的院子流入荷兰国库和普通荷兰人的腰包，仅英国国债一项，荷兰每年就可获得超过 2500 万荷兰盾的收入，价值相当于 200 吨白银。

三、证券业务的种类

经国务院证券监督管理机构批准，证券公司可以经营下列部分或者全部业务。
(1) 证券经纪。
(2) 证券投资咨询。
(3) 与证券交易、证券投资活动有关的财务顾问。
(4) 证券承销与保管。
(5) 证券自营。
(6) 证券资产管理。
(7) 其他证券业务。

【小资料】

改革开放后中国第一家证券业市场的起源

1986 年 9 月 26 日，上海建立了第一个证券柜台交易点，开始接受委托，办理由其代理发行延中实业和飞乐音响两家股票的代购、代销业务。这是中国证券正规化交易市场的开端。1986 年，沈阳市信托投资公司开设第一个从事证券转让业务的柜台。

上海证券交易所于 1990 年 11 月 26 日正式成立，并于同年 12 月 19 日在上海开张营业。这是经国务院授权、中国人民银行批准，中华人民共和国成立以来在大陆开业的第一家证券交易所。1991 年 7 月 3 日，我国第二家证券交易所——深圳证券交易所也正式开业。

第二节　证券经纪业务核算

证券经纪业务简言之就是代理买卖有价证券的行为，又称代理买卖证券业务，它是证券公司最基本的一项业务，具体是指证券公司通过其设立的营业场所(即证券营业部)和在证券交易所的席位，接受客户委托，按照客户的要求，代理客户买卖证券的业务。在证券经纪业务中，证券公司不向客户垫付资金，不分享客户买卖证券的差价，不承担客户的价格风险，只收取一定比例的佣金作为业务收入。由于目前中国的证券经纪业务主要表现为在证券交易所代理买卖证券，因此，以下对证券经纪业务的介绍也主要是指证券交易所的代理买卖。

一、证券经纪业务的构成要素

证券经纪业务一般由以下四个要素构成。

1. 委托人

在证券经纪业务中，委托人是指依国家法律、法规的规定，可以进行证券买卖的自然人或法人。证券业从业人员、管理人员和国家规定禁止买卖股票的其他人员，不得直接或间接持有、买卖股票。

2. 证券经纪商

证券经纪商是指接受客户委托、代客户买卖证券并以此收取佣金的中间人。证券经纪商必须遵照客户发出的委托指令进行证券买卖，并尽可能以最有利的价格使委托指令得以执行，但证券经纪商不承担交易中的价格风险。证券经纪商向客户提供服务以收取佣金作为报酬。

3. 证券交易所

在中国，证券交易所是依据国家有关法律，经国务院批准设立的提供证券集中竞价交易场所的不以盈利为目的的法人。证券交易所本身不持有证券，也不进行证券的买卖，更不能决定证券交易的价格，它只是为交易双方的成交创造、提供条件，并对双方进行监督。在证券交易所交易的情况下，交易地点是固定的，即在交易所的交易大厅进行；进场参加交易的机构是固定的，即证券交易所会员。

4. 证券交易对象

证券交易对象是委托合同中的标的物，即委托的事项或交易的对象。例如，企业并购业务中的经纪对象可能是某企业；房地产经纪商的业务对象是房产或地产；证券经纪商的经纪业务是为客户寻找他所指定的证券，即证券经纪业务的对象是特定价格的证券。而客户则是经纪业务的服务对象，是委托关系中的委托人。经纪关系一经确立，经纪商就应按照委托合同中的有关条款，在受托的权限范围内寻找交易对象或办理委托事项。

二、证券经纪业务的原则

证券经纪业务的步骤可分为办理股东账户、开户、委托、交割四步。在代理买卖业务中,证券公司应遵循代理原则、效率原则、三公原则。

(1) 代理原则是指不能参与证券交易人的委托,也不能受理全权选择证券种类,全权决定买卖数量、买卖价格、买卖方向等的委托。只承担代理的责任,对于证券买卖后所形成的盈利与损失无权参与分享,也无须承担责任。

(2) 效率原则是指接到客户的委托后,应尽快进行申报。

(3) "三公原则"是指公司应做到资料、委托价格成交情况公开,操作程序、交易结果公平、公正。

三、证券经纪业务的特点

证券经纪业务具有以下四个突出的特点。

1. 业务对象的广泛性和多变性

证券经纪业务的对象是特定价格和数量的证券,由于所有上市交易的股票和债券都是证券经纪业务的对象,所以证券经纪业务对象具有广泛性的特点。同时,由于证券价格受多种因素的影响经常处在变化之中,同一种证券在不同时点上会有不同的价格,因此证券经纪业务对象还具有多变性的特点。

2. 经纪业务的中介性

证券经纪业务是一种中介业务,证券经纪人不是利用自己的资金进行证券买卖,也不承担交易中的风险,而是充当证券买卖双方的代理人,发挥着沟通买卖双方并按一定的要求和规则迅速、准确地执行指令和代办手续,尽量使买卖双方按自己的意愿成交的媒介作用,因此具有中介性的特点。

3. 客户指令的权威性

在证券经纪业务中,客户是委托人,经纪商是受托人。经纪商要严格按照委托人的要求办理委托事务,这是经纪人对委托人的首要义务。委托人的指令具有权威性,证券经纪商必须严格按照委托人指定的证券、价格和有效时间买卖证券,不能自作主张,擅自改变委托人的意愿。如果情况发生变化,即使是为维护委托人的权益而不得不变更委托人的指令时,也要事先征得委托人的同意。证券经纪商如果故意违反委托人的指示,在处理委托事务中使委托人遭受损失,应当承担赔偿责任。

4. 客户资料的保密性

在证券经纪业务中,委托人的资料关系到其投资决策的实施和投资盈利的实现,关系到委托人的切身利益,因此证券经纪商有义务为客户保密。保密的资料包括客户开户的基本情况(如姓名、住址、身份证号、股东账户和资金专户账号等)和客户委托的有关事项(如买卖哪种证券、买卖证券的数量、资金账户中的资金余额等)。如因证券经纪商泄露客户资料而造成客户损失,证券经纪商应承担赔偿责任。

四、证券经纪业务的核算

(一)科目设置

1. 代理买卖证券款

"代理买卖证券款"为负债类科目,核算金融企业接受客户委托,代客户买卖股票、债券和其他有价证券,由客户交存的款项。金融企业代客户认购新股的款项、代理客户领取的现金股利和债券利息,代客户向证券交易所支付的配股款等,也在本科目核算。本科目应按客户名称设置明细账。本科目期末贷方余额,反映客户交存的代买卖证券款项的余额。

2. 结算备付金

"结算备付金"为资产类科目,核算从事证券业务的金融企业为证券交易的资金清算与交收而存入指定清算代理机构的款项。该账户属资产类账户,清算备付金应按实际交存的金额入账。本科目借方登记企业存入清算代理机构的款项,贷方登记从清算代理机构划回企业的资金。本科目期末借方余额,反映企业存在指定清算代理机构的款项。本科目可按清算代理机构设置明细账。

3. 代理兑付债券

"代理兑付债券"科目核算金融企业接受委托代理兑付到期的证券,属于资产类账户,反映金融企业代国家政府机构和企业兑付到期的债券。代理兑付收到债券时记入借方,向国家政府机构和企业交付已兑付的债券时记入贷方,余额在借方表示已经兑付但未交付的债券数。

4. 代理兑付债券款

"代理兑付债券款"为负债类科目,反映金融企业代国家政府机构和企业兑付到期债券而收到委托单位预付的兑付债券资金。收到委托单位的兑付资金时记入贷方,向委托单位交付已兑付的债券时记入借方,余额在贷方,表示委托单位预付的兑付债券资金尚未使用数。该账户按委托单位和兑付债券的种类设置明细分类账户。

(二)代理认购新股的核算

1. 收取认购款

收取认购款时,根据开户银行的收账通知作如下会计分录。
借:银行存款——客户
　　贷:代理买卖证券款

2. 划转认购资金

新股认购开始,证券公司应将款项划转清算代理机构,其会计分录如下。
借:结算备付金——客户
　　贷:银行存款——客户

3. 清算资金

(1) 客户向证券公司办理申购手续时,公司与证券交易所清算资金,其会计分录如下。

借：代理买卖证券款
　　贷：结算备付金——客户
(2) 证券交易所完成鉴定工作，将未中签资金退给公司代理的客户，其会计分录如下。
借：结算备付金——客户
　　贷：代理买卖证券款
(3) 证券公司将未中签的款项划回，其会计分录如下。
借：银行存款——客户
　　贷：结算备付金——客户
(4) 证券公司将未中签的款项退给客户，其会计分录如下。
借：代理买卖证券款
　　贷：银行存款——客户

(三)代理配股派息的核算

(1) 采用当日向证券交易所解交配股款的，在客户提出配股要求时，其会计分录如下。
借：代理买卖证券款
　　贷：结算备付金——客户
(2) 采用定期向证券交易所解交配股款的，在客户提出配股要求时，其会计分录如下。
借：代理买卖证券款
　　贷：其他应付款——应付客户配股款
(3) 与证券交易所清算配股款时，按配股金额清算的会计分录如下。
借：其他应付款——应付客户配股款
　　贷：结算备付金——客户
(4) 代理客户领取现金股利和利息时，其会计分录如下。
借：结算备付金——客户
　　贷：代理买卖证券款
(5) 按规定向客户统一结息时，其会计分录如下。
借：利息支出
　　应付利息
　　贷：代理买卖证券款

(四)代理买卖证券的核算

1. 代理买卖证券业务中的资金核算

(1) 金融企业收到客户交来款项时的会计分录为
借：银行存款(或现金、存放中央银行准备金)
　　贷：代理买卖证券款
(2) 金融企业为客户在证券交易所开设清算资金专户的会计分录为
借：结算备付金——客户
　　贷：银行存款(或存放中央银行准备金)

2. 代理证券买卖的核算

代理证券买卖业务按代买入、代卖出的差额清算，应区分以下两种情况进行账务处理。

(1) 金融企业接受客户委托，通过证券交易所代理买卖证券，与客户清算时，如果买入证券成交总额大于卖出证券成交总额，其会计分录为

借：代买卖证券款
　　(买卖证券成交价的差额，加代扣代缴的印花税和应向客户收取的佣金等费用)
　贷：结算备付金——客户
　　(买卖证券成交价的差额，加代扣代缴的印花税费和应向客户收取的佣金等费用)

同时，

借：手续费支出——代买卖证券手续费支出(金融企业应负担的交易费用)
　　结算备付金(金融企业应向客户收取的佣金)
　贷：手续费收入——代买卖证券手续费收入
　　(金融企业应向客户收取的佣金等手续费)

(2) 如果买入证券成交总额小于卖出证券成交总额，其会计分录与前述相反。

【例 13-1】红河公司接受贸易公司委托，通过证券交易所代理买卖证券。根据"上海证交所汇总清算表"，2017 年 1 月与贸易公司清算时，买入证券成交总额大于卖出证券的成交总额 600 万元，代扣代缴的印花税税费和过户费为 15 万元，向贸易公司收取的交易佣金为 12 万元，证券公司应向交易所支付的其他交易费用等为 0.5 万元。

应扣收客户汇总资金额=600+15+12=627(万元)
证券公司收支差额=12-0.5=11.5(万元)

借：代买卖证券款　　　　　　　　　　　　　　　　　　　　6 270 000
　贷：结算备付金　　　　　　　　　　　　　　　　　　　　　6 270 000
借：手续费支出——代买卖证券手续费支出　　　　　　　　　　　5 000
　　结算备付金　　　　　　　　　　　　　　　　　　　　　　115 000
　贷：手续费收入——代买卖证券手续费收入　　　　　　　　　　120 000

(五)代理兑付证券的核算

代理兑付证券业务是金融企业接受国家或企业等债券发行单位的委托，兑付到期债券，兑付结束后，将已兑付证券集中交给发行单位，同时向发行单位收取手续费的业务。

(1) 金融企业收到委托单位拨来的兑付资金时，其会计分录为
借：银行存款(存放中央银行准备金)——委托单位存款户
　贷：代兑付债券款

(2) 金融企业收到客户交来的实物债券，按兑付金额，编制会计分录如下。
借：代兑付债券(兑付记名债券时为"代兑付债券款")
　贷：银行存款(库存现金、存放中央银行准备金)

(3) 兑付完毕，金融企业向委托单位交回已兑付的债券，编制会计分录如下。
借：代兑付债券款
　贷：代兑付债券

(4) 如果向委托单位单独收取时，按应收或已收取的手续费，编制会计分录如下。
借：银行存款(存放中央银行准备金)
　贷：手续费收入——代兑付债券手续费收入户

(5) 若手续费与兑付款一并汇入，则先在"其他应收款"科目反映，债券兑付完成后，再冲减"其他应收款"并确认手续费收入。

【例 13-2】A 证券公司接受 B 公司的委托兑付 2014 年发行的 3 年期企业债券。2017 年 5 月 2 日收到委托单位的兑付资金 1000 万元，其中手续费 8 万元。截至 5 月底，代理兑付的债券共计 950 万元。

(1) 收到拨付的代兑付资金时，其会计分录为

借：银行存款 10 000 000
　　贷：代兑付债券款 9 920 000
　　　　其他应收款——预收代兑付债券手续费户 80 000

(2) 收到客户交来的实物债券，其会计分录为

借：代兑付债券 9 500 000
　　贷：银行存款 9 500 000

(3) 将已兑付债券以及剩余款项交发行人，其会计分录为

借：代兑付债券款 9 920 000
　　贷：代兑付债券 9 500 000
　　　　银行存款 420 000

(4) 确认手续费收入，其会计分录为

借：企业应收款——预收代兑付债券手续费户 80 000
　　贷：手续费收入——代兑付债券手续费收入户 80 000

第三节　自营证券业务核算

自营证券是证券公司以自主支配的资金或证券，在证券一级市场和二级市场上从事以盈利为目的并承担相应风险的证券买卖行为。

一、自营证券业务的概念和特点

(一)自营证券业务的概念

自营证券业务，是指经中国证监会批准经营证券自营业务的证券公司用自有资金和依法筹集的资金，用自己的名义开设证券账户买卖依法公开发行或中国证监会认可的其他有价证券，以获得盈利的行为。具体来说，自营业务是综合类证券公司一种以盈利为目的，为自己买卖证券，通过买卖价差获利的经营行为。在从事自营业务时，证券公司必须先拥有资金或证券。自营业务买卖的对象包括权证、基金券、国债、股票等(不包括 B 股)。

取得自营证券的形式：一是通过交易购得；二是包销方式承销的证券在发行期结束后，将未售出的证券转为自营证券。

(二)自营证券业务的特点

自营证券业务具有以下几个基本特点。

1. 自主性

自营即自主经营，这是自营业务的首要特点。在不违反法律、法规的条件下，从事自营的证券公司在交易行为、交易方式、交易价格上具有自主性。自主性是从投资决策到整个操作的完全的自主性，不受外来的限制，证券公司有权决定投资方向。

2. 风险性

自营业务的风险性来自于二级市场。买卖证券是一种风险很大的活动，因为影响证券价格的因素很多，证券价格的波动难以把握。

3. 收益性

证券价格的波动风险带来的是价格差异，从价格差异中可以获得利润。有效地掌握这种价格波动，就能从自营买卖中获得收益。

4. 专业性

自营部门是一个专业部门，必须集中一大批经验丰富的专业操作人员和专业研究人员。通过这些专业人员的研究和规范操作，才能取得一定的稳定收益，才能有效防范政策和法律风险。

5. 保密性

由于自营资金投入的规模很大，大资金的运作对所买卖的证券价格具有很大的影响，一旦资金运作的方向、方式、规模等被其他人员知晓，将会给自营业务造成巨大的损失，因此，自营业务的保密性十分重要。

二、自营证券的范围

证券自营业务的范围一般包括以下四个方面。

1. 一般上市证券的自营买卖

一般上市证券是证券公司自营业务的主要方面。证券公司根据行情变化进行证券自营买卖业务。上市证券的自营买卖具有吞吐量大、流动性强等特点。

2. 一般非上市证券的买卖

一般非上市证券的自营买卖又称柜台自营买卖，主要交易非上市证券，包括上市公司的非流通股份和非上市公司的股权证。

3. 兼并收购中的自营买卖

证券公司根据市场发展，可以从事投资银行中的兼并收购业务。证券公司可以根据收购对象的潜在价值先行收购(这些收购包括上市公司的各种股份以及非上市公司的股权)，然后再将所收购股份出售给其他公司。

4. 证券承销业务中的自营买卖

证券承销商在发行业务中一般采取余额包销的方式。股票在发行中由于种种原因若未全额销售，根据协议，余额部分由证券商买入。这种情况多在政策变动和股市疲软时发生，这部分股票证券公司将择机卖出。

三、自营证券的核算

证券公司自营买入证券根据现行会计准则规定，将取得的证券按照持有意图在初始确认时划分为以公允价值计量且其变动计入当期损益的金融资产、持有至到期投资、可供出售金融资产和长期股权投资等。以下主要阐述以公允价值计量且其变动计入当期损益的金融资产、持有至到期投资、可供出售金融资产的核算。

(一)科目设置

1. 交易性金融资产

"交易性金融资产"属于资产类科目，核算证券公司为交易目的持有的债券投资、股票投资、基金投资、权证投资等交易性金融资产以及指定为以公允价值计量且其变动计入当期损益的金融资产的公允价值。该科目下分别设置"成本""公允价值变动"等明细科目。

2. 公允价值变动损益

"公允价值变动损益"属于损益类科目，核算证券公司交易性金融资产、交易性金融负债、指定为以公允价值计量且其变动计入当期损益的金融资产和金融负债、衍生工具等公允价值变动形成的应计入当期损益的利得或损失。其可按交易性金融资产、交易性金融负债、衍生工具等进行明细核算。期末，该科目余额转入"本年利润"账户，结转后无余额。

3. 持有至到期投资

"持有至到期投资"属于资产类科目，核算证券公司持有至到期投资的摊余成本。该科目下分别设置"成本""利息调整""应计利息"等明细科目。期末余额在借方，反映证券公司持有至到期投资的摊余成本。

4. 持有至到期投资减值准备

"持有至到期投资减值准备"属于资产类科目，是"持有至到期投资"的备抵科目，核算证券公司持有至到期投资的减值准备。该科目可按持有至到期投资的类别和品种进行明细核算。期末余额在贷方，反映证券公司已计提但尚未转销的持有至到期投资减值准备。

5. 可供出售金融资产

"可供出售金融资产"属于资产类科目，核算证券公司持有的可供出售金融资产的公允价值，包括划分为可供出售的股票投资、债券投资等金融资产。其下设置"成本""利息调整""应计利息""公允价值变动"等明细科目。期末余额在借方，反映证券公司可供出售金融资产的公允价值。

(二)以公允价值计量且其变动计入当期损益的金融资产的核算

以公允价值计量且其变动计入当期损益的金融资产包括交易性金融资产和指定为以公允价值计量且其变动计入当期损益的金融资产。交易性金融资产主要是指证券公司为了近期内出售而持有的，在活跃市场上有公开报价、公允价值能够持续可靠获得的金融资产，如证券公司以赚取差价为目的从二级市场购入的股票、债券和基金等。指定为以公允价值计量且其变动计入当期损益的金融资产，一般指某项金融资产不满足确认为交易性金融资产的条件，证券公司在其符合某些特定条件时，将其按公允价值计量，并将其公允价值变动计入当期损益。

(1) 向清算代理机构存入资金。进行自营证券的买卖，需要通过清算代理机构进行结算。

公司将自有资金存入清算代理机构时，按实际存入金额入账，其会计分录为

借：结算备付金——××清算代理机构——自有
　　贷：银行存款

从清算代理机构收回资金，作相反的会计分录。

(2) 初始确认。初始确认按公允价值计量发生的相关交易费用直接计入当期损益，支付的价款中如果有已宣告但尚未发放的现金股利或已到付息期但尚未领取的利息时，作为应收股利或应收利息反映。按照实际支付的金额，减少结算备付金的余额。其会计分录为

借：交易性金融资产——成本　　　（公允价值）
　　投资收益　　　　　　　　　　（交易费用）
　　应收股利或应收利息
　　贷：结算备付金——××清算代理机构——自有

(3) 持有期间被投资单位宣告发放的现金股利，或在资产负债表日按分期付息、一次还本债券投资的票面利率计算的利息，应确认为投资收益。其会计分录为

借：应收股利或应收利息
　　贷：投资收益

收到宣告发放的现金股利或债券利息时，其会计分录为

借：结算备付金——××清算代理机构——自有
　　贷：应收股利或应收利息

实际收到现金股利或应收利息时，其会计分录为

借：银行存款
　　贷：应收股利或应收利息

(4) 资产负债表日，公允价值变动形成的利得或损失计入当期损益。公允价值高于其账面余额的，按其差额，其会计分录为

借：交易性金融资产——公允价值变动
　　贷：公允价值变动损益

公允价值低于其账面余额的差额，作相反的会计分录。

(5) 证券公司出售以公允价值计量且其变动计入当期损益的金融资产时，应将实际收到的金额与该金融资产账面余额的差额，确认为投资收益。同时将原计入该金融资产的公允价值变动损益转出，计入投资收益。其会计分录为

借：结算备付金——××清算代理机构——自有　　（实际收到的金额）
借或贷：交易性金融资产——公允价值变动　　　（该明细科目的账面余额）
借或贷：投资收益　　　　　　　　　　　　　　（借贷方差额）
　　贷：交易性金融资产——成本　　　　　　　（取得时的成本）
同时，借或贷：公允价值变动损益　　　　　　　（公允价值变动损益账户余额）
　　　　贷或借：投资收益

(三)持有至到期投资的核算

(1) 证券公司取得持有至到期投资，初始确认时，按公允价值计量，发生的相关交易费用计入初始确认金额。实际支付的价款中包含的已到付息期但尚未领取的债券利息，单独确认为应收利息。按实际支付的金额减少结算备付金。其会计分录为

借：持有至到期投资——成本　　　　　　　　　　(面值)
　　　应收利息　　　　　　　　　　　　　　　(已到付息期但尚未领取的利息)
借或贷：持有至到期投资——利息调整　　　　　(借贷方差额)
　　　贷：结算备付金——××清算代理机构——自有　(实际支付的金额)
收到上述支付价款中包含的债券利息时，其会计分录为
借：结算备付金——××清算代理机构——自有
　　　贷：应收利息

(2) 持有期间，于资产负债表日，按实际利率计算持有至到期投资各期利息收入和摊余成本。

① 持有至到期投资为分期付息、一次还本债券投资的，其会计分录为
借：应收利息　　　　　　　　　　　　　　(按票面利率计算的应收未收利息)
借或贷：持有至到期投资——利息调整　　　(借贷方差额)
　　　贷：投资收益　　　　　　　　　　　(摊余成本和实际利率计算的利息收入)

② 收到债券利息时，其会计分录为
借：持有至到期投资——应计利息　　　　　(按票面利率计算的应收未收利息)
借或贷：持有至到期投资——利息调整　　　(借贷方差额)
　　　贷：投资收益　　　　　　　　　　　(摊余成本和实际利率计算的利息收入)

(3) 资产负债表日，证券公司应对持有至到期投资的账面价值进行检查，有客观证据表明持有至到期投资已经发生减值的，应当计提减值准备。计提减值准备时，应将持有至到期投资的账面价值减记至预计未来现金流量的现值，减记的金额确认为资产减值损失，计入当期损益。其会计分录为

借：资产减值损失　　　　　　(账面价值减去预计未来现金流量现值)
　　　贷：持有至到期投资准备

预计未来现金流量现值，一般按照取得持有至到期投资时(即初始确认时)确定的实际利率折现计算。

已计提减值准备的持有至到期投资，其价值以后又得以恢复的，应在原已计提的减值准备金额内，按恢复增加的金额将原确认的减值损失转回。其会计分录为

借：持有至到期投资准备
　　　贷：资产减值损失

(4) 将持有至到期投资重分类为可供出售金融资产时，其会计分录为
借：可供出售金融资产　　　　　　　　　　　　　(重分类日公允价值)
　　　持有至到期投资准备　　　　　　　　　　　(账面余额)
　　　贷：持有至到期投资(成本、利息调整、应计利息)　(账面余额)
贷或借：其他综合收益　　　　　　　　　　　　　(借贷方差额)

(5) 出售持有至到期投资时，应将所取得的价款与持有至到期投资账面价值的差额，计入投资收益。其会计分录为

借：结算备付金——××清算代理机构——自有　　(实际收到的金额)
　　　持有至到期投资准备　　　　　　　　　　　(账面余额)
　　　贷：持有至到期投资(成本、利息调整、应计利息)　(账面余额)
贷或借：投资收益　　　　　　　　　　　　　　　(借贷方差额)

(四)可供出售金融资产的核算

(1) 初始确认。证券公司取得可供出售金融资产时，按可供出售金融资产的公允价值与交易费用之和作为初始入账金额，支付的价款中包含的已宣告但尚未发放的现金股利，应单独确认应收项目。按照实际支付的金额，减少结算备付金的金额。

① 证券公司取得的可供出售金融资产为股票时会计分录为

借：可供出售金融资产——成本　　　　　　(公允价值与交易费用之和)
　　应收股利　　　　　　　　　　　　　　(已宣告但尚未发放的现金股利)
　　贷：结算备付金——××清算代理机构——自有　(实际支付的金额)

② 证券公司取得的可供出售金融资产为债券时会计分录为

借：可供出售金融资产——成本　　　　　　(面值)
　　　应收股利　　　　　　　　　　　　　(已到付息期但尚未领取的利息)
借或贷：可供出售金融资产——利息调整　　(借贷方差额)
　　贷：结算备付金——××清算代理机构——自有　(实际支付的金额)

③ 收到可供出售金融资产支付价款中包含的已宣告发放的现金股利时，其会计分录为

借：结算备付金——××清算代理机构——自有
　　贷：应收股利或应收利息

④ 可供出售权益工具，在持有期间被投资单位宣告发放现金股利时，其会计分录为

借：应收股利　　　　　　　　　(被投资单位宣告发放的现金股利×持股比例)
　　贷：投资收益

(2) 在持有期间计提的利息，应当确认为投资收益。证券公司应当按照摊余成本和实际利率计算确定投资收益。

① 资产负债表日，可供出售债券为分期付息、一次还本债券投资的，其会计分录为

借：应收利息　　　　　　　　　　　　(按票面利率计算的应收未收利息)
借或贷：可供出售金融资产——利息调整　(借贷方差额)
　　贷：投资收益　　　　　　　　　　(按摊余成本和实际利率计算的利息收入)

收到债券利息时，其会计分录为

借：结算备付金——××清算代理机构——自有
　　贷：应收利息

② 可供出售债券为一次还本付息债券投资的，其会计分录为

借：可供出售金融资产——应计利息　　　(按票面利率计算的应收未收利息)
　　借或贷：可供出售金融资产——利息调整　(借贷方差额)
　　贷：投资收益　　　　　　　　　　　(按摊余成本和实际利率计算的利息收入)

(3) 资产负债表日，应将可供出售金融资产公允价值变动形成的利得和损失，计入其他综合收益。

可供出售金融资产公允价值高于其账面余额的，按其差额，其会计分录为

借：可供出售金融资产——公允价值变动
　　贷：其他综合收益

公允价值低于其账面余额的差额，作相反的会计分录。

(4) 可供出售金融资产公允价值若发生较大幅度的非暂时性下降(下降幅度达到或超过20%、公允价值持续低于成本达到或超过 6 个月)，则可认定该可供出售金融资产已发生减

值，应当确认减值损失。其会计分录为

借：资产减值损失　　　　　　　　　　　　（应减记的金额）
　　贷：其他综合收益　　　　　　　　　　（原计入其他综合收益的累计损失金额）
　　　　可供出售金融资产——公允价值变动　　（借贷方差额）

已确认减值损失的可供出售金融资产，在随后的会计期间，原确认减值损失的事项好转，使已确认减值损失的可供出售金融资产的公允价值又上升时，应作资产价值恢复处理。

① 可供出售权益工具价值恢复的处理。已确认减值损失的可用出售权益工具的价值回升时，只能通过其他综合收益转回。其会计分录为

借：可供出售金融资产——公允价值变动
　　贷：其他综合收益

② 可供出售债券价值恢复的处理。已确认减值损失的可用出售债券投资的价值回升时，应通过损益账户在已确认的减值数额内转回。如果公允价值上升额超过了原确认的资产减值损失金额，超出部分应作为其他综合收益处理。其会计分录为

借：可供出售金融资产——公允价值变动
　　资产减值损失　　　　　　　　　　　　（原确认的减值损失）
　　贷：其他综合收益

(5) 出售可供出售金融资产时，应将所取得的价款与可供出售金融资产账面价值的差额，计入投资收益；同时，将原计入其他综合收益的公允价值变动累计额转出，计入投资收益。其会计分录为

借：结算备付金——××清算代理机构——自有　　（实际收到的金额）
　　贷：可供出售的金融资产(成本、公允价值变动、利息调整、应收利息) (账面余额)
　　借或贷：投资收益　　　　　　　　　　　　（借贷方差额）
同时，借或贷：其他综合收益
　　贷或借：投资收益　　　　（原计入其他综合收益的公允价值变动累计金额）

(五)自营证券出售成本的核算

出售自营证券需要结转成本，由于证券买卖频繁，采用实际成本结转时，证券公司自营证券的计价可采用先进先出法、加权平均法、移动平均法等方法计算确定。方法一经确定，不得随意变更，如需变更，应在会计报表附注中予以说明。

1. 先进先出法

先进先出法是指以先购入的证券先发出这样一种实物流转假设为前提，对发出的证券进行计价的一种方法。采用这种方法，先购入的自营证券的成本在后购入的证券之前先转出，据此确定发出证券和期末证券的成本。

$$卖出证券成本=前日结存金额+本日购入金额-本日结存金额$$

【例 13-3】假定甲证券公司 2017 年 6 月份买卖某种股票的资料如表 13-1 所示，假设该股票无期初库存。

(1) 按照买入的先后顺序，依次计算卖出成本。

13 日卖出的 4000 股应为 1 日买入的 7000 股，则：

13 日卖出股票成本=4000×5.00=20 000(元)

30 日卖出的 5000 股应为 1 日买入的 7000 股中剩下的 3000 股和 6 日买入的 5000 股中

的2000股,则:

30日卖出股票成本=3000×5.00+2000×5.10=25 200(元)

表13-1 甲证券公司证券买卖明细表 单位:元

2017年6月	买入			卖出			余额	
	数量/股	单价	金额	数量/股	单价	金额	数量/股	金额
1	7 000	5.00	35 000				7 000	35 000
6	5 000	5.10	25 500				12 000	60 500
13	5 500	4.95	27 225	4 000	5.00	20 000	13 500	67 725
21	6 000	5.50	33 000				19 500	100 725
30	4 000	5.95	23 800	5 000		25 200	18 500	99 325
合计	27 500		144 525	9 000		45 200	18 500	99 325

(2) 先求出库存证券的结存金额,再用倒推法求出卖出证券的实际成本。

结存余额=144 525-45 200=99 325(元)

采用先进先出法,自营证券成本是按最近购入证券确定的,期末自营证券的成本比较接近现行的市场价值,其优点是金融企业不能随意挑选自营证券的计价以调整当期利润;缺点是工作量比较大,特别对于证券交易额巨大的金融企业更是如此。而且当股价上涨时,会高估企业当期利润和期末自营证券的价值;反之,当股价下跌时,会低估企业存货价值和当期利润。

2. 加权平均法

加权平均法亦称一次加权平均法,指以本月全部购入自营证券数量加月初自营证券数量作为权数,去除本月全部购入自营证券的成本加上本月初自营证券的成本,计算出自营证券的加权平均单位成本,从而确定自营证券的发出和期末自营证券成本。其计算公式如下:

$$加权平均单位成本 = \frac{结存证券实际成本 + 本期购入证券实际成本}{期初结存证券数量 + 本期购入证券数量}$$

本月售出成本=本月售出证券数量×加权平均单位成本

月末库存成本=月末库存数量×加权平均单位成本

【例13-4】假定甲证券公司2017年6月份买卖某种股票的资料如表13-2所示,假设该股票无期初库存。

6月份证券加权平均成本=144 525÷27 500≈5.2555(元)

本期卖出证券总成本=9000×5.2555=47 299.5(元)

采用加权平均法,只在月末一次计算加权平均单价,比较简单,而且在市场价格上涨或下跌时所计算出来的单位成本平均化,对存货成本的分摊较为折中。但是采用这种方法,计算过程比较复杂,在业务量大且无计算机辅助记账的情况下,无法从账上提供发出和结存的单价及金额,不利于加强对自营证券的管理。在会计电算化环境下,这种方法可以克服上述缺点。

表 13-2　甲证券公司证券买卖明细表　　　　　　　　　　　　　　　　　单位：元

2017年6月	买入			卖出			余额	
	数量/股	单价	金额	数量/股	单价	金额	数量/股	金额
1	7 000	5.00	35 000				7 000	
6	5 000	5.10	25 500				12 000	
13	5 500	4.95	27 225	4 000			13 500	
21	6 000	5.50	33 000				19 500	
30	4 000	5.95	23 800	5 000			18 500	
合计	27 500		144 525	9 000			18 500	97 225.5

3. 移动平均法

移动平均法亦称移动加权平均法，指本期购入的证券的成本加原有库存证券的成本，除以本次购入的证券的数量加原有的证券数量，据以计算加权单价，并对售出证券进行计价的一种方法。其计算公式如下：

$$移动平均单价=\frac{前日结存证券实际成本+本日购入证券实际成本}{前日结存证券数量+本日购入证券数量}$$

移动加权平均法的优点在于能使管理当局及时了解证券的结存情况，而且计算的平均单位成本以及发出和结存的证券成本比较客观。但采用这种方法，每次购入证券都要计算一下平均成本，计算工作量比较大，只有在电子计算机环境下才能有效发挥作用。

以上三种方法，先进先出法计算比较简单，适用于买卖笔数不多、自营业务量小的金融机构；加权平均法和移动平均法计算相对复杂，但不论业务量大小均可使用。

第四节　证券承销业务核算

当一家发行人通过证券市场筹集资金时，就要聘请证券经营机构来帮助它销售证券。证券经营机构借助自己在证券市场上的信誉和营业网点，在规定的发行有效期内将证券销售出去，这一过程称为承销。它是证券经营机构的基本职能之一。证券承销业务是间接发行证券的一种方式。

一、证券承销的形式

证券承销是指证券发行人委托具有证券承销资格的证券承销商，按照承销协议由证券承销商向投资者募集资本并交付证券的行为和制度。

根据证券经营机构在承销过程中承担的责任和风险的不同，承销又可分为代销和包销两种形式。

(1) 证券代销又称代理发行，是指证券公司代发行人发售证券，在承销期结束时，将未售出的证券全部退还给发行人的承销方式。

(2) 证券包销，是指证券公司将发行人的证券按照协议全部购入或者在承销期结束时将售后剩余证券全部自行购入的承销方式。包销又可分为全额包销和余额包销两种形式。

二、代理发行证券的核算

代理发行证券是金融企业接受客户委托，代客户发行有价证券的业务。例如，代国家发售国库券、国家重点建设债券，代企业发行集资债券和股票、基金等。

(一)科目设置

1．代理发行证券

金融企业应设置"代理发行证券"科目，对金融企业的证券承销业务进行核算。代理发行证券应当按照承销合同规定的价格入账。"代理发行证券"账户是资产类账户，反映金融企业接受国家或企业委托代理发行的有价证券。收到委托方委托发行的证券时按承购价或约定证券价格或面值记入该账户的借方，证券出售时或结转代理发行证券成本时记入该账户的贷方。发行期结束，将未出售的代理发行证券退还委托方，或转入自营库存证券、长期投资时，记入该账户的贷方，发行期结束后该账户应无余额。该账户按委托单位和代理发行证券的种类设置明细分类账。

2．代理发行证券款

金融企业应设置"代发行证券款"科目核算金融企业接受委托，采用余额承购包销方式或代销方式代理发行证券所形成的应付证券资金。代理发行证券款应按实际发生额入账。本科目按委托单位和证券种类设置明细账。期末贷方余额，反映金融企业代理发行证券尚未支付给委托单位或尚未清算的未发行证券的款项。

3．证券发行

金融企业应设置"证券发行"科目核算代理发行证券的收益。该账户属损益类账户，借方反映转入的证券发行成本，贷方反映证券发行的收入，期末贷方大于借方的差额即为证券发行收益，而借方大于贷方的差额表示证券发行亏损。无论是收益还是亏损，均转入"本年利润"账户，期末应无余额。

4．待转发行费用

金融企业应设置"待转发行费用"科目核算代理发行证券的费用。该账户属于损益类账户，借方反映可抵扣发行收入的直接发行费用，贷方反映结转的发行费用。期末无论是借方余额还是贷方余额，均转入"本年利润"账户，期末应无余额。

(二)不同发行方式的核算

代理发行证券的发行方式有：代销方式、全额承购包销方式和余额包销方式三种。

1．代销方式的核算

代销是指金融企业代发行人(或包销商)售出证券，在发行期结束时，划付已销售证券所获的价款，未售出的证券全部退还给发行人(或包销商)并收取代销手续费的方式。在代销方式下，证券发行的风险由发行人自行承担。

(1) 金融企业收到委托单位代销的证券，采用上网发行的，于上网发行日，按发行数量及约定的发行价格在备查账簿中进行登记，不作账务处理。

第十三章 证券业务的核算

(2) 发售证券后,与证券交易所交割清算,按网上实际发行数量和发行价格计算的发行款项减去上网费用入账,其会计分录为

借:结算备付金
　　其他应收款——应收代垫委托单位上网费
　　贷:代理发行证券款——委托人户

(3) 发行期结束后,将已发售的证券所得款项划给委托单位,并收取发行手续费和代垫上网费用,其会计分录为

借:代理发行证券款——委托人户
　　贷:其他应收款——应收代垫委托单位上网费
　　　　手续费收入——代销证券手续费户
　　　　结算备付金

同时,将未售出的证券退还委托单位,冲销备查账簿中登记的发行证券。

2. 全额承购包销方式的核算

全额承购包销是指金融企业按协议价格先行全额购买发行人该次发行的证券,然后再以自己确定的价格向投资者发售。金融企业承担全部发行风险,并先行全额支付发行证券的价款。

(1) 金融企业先按承购价将证券全部认购,并向发行单位支付全部证券款项,其会计分录为

借:代理发行证券——××证券户
　　贷:银行存款(存放中央银行准备金)

(2) 金融企业将证券转售给投资者,收到认购款时,按认购价入账,其会计分录为

借:银行存款(现金、存放中央银行准备金)
　　贷:证券发行

(3) 按照相关规定开支可抵扣发行收入的直接费用时,如上网费用,其会计分录为

借:待转发行费用
　　贷:银行存款(存放中央银行准备金)

(4) 结转售出证券的实际成本,按售出的证券数量及购入包销的单位价格,计算出发售成本,其会计分录为

借:证券发行
　　贷:代理发行证券——××证券户

(5) 结转应与发行收入相配比的发行费用,其会计分录为

借:证券发行
　　贷:待转发行费用

(6) 发行期满,未售出的证券转为金融企业的自营证券或长期债权投资,其会计分录为

借:自营证券(或长期债权投资)
　　贷:代理发行证券——××证券户

【例 13-5】 海通证券公司接受中华医药公司的委托,以全额包销方式代其发行债券 7000 万元(面值),承购价为 6500 万元。网上按面值发行期满后,共售出 6700 万元,海通证券公司应支付上网费 8 万元,未售出的债券按合同规定,转为海通证券公司的自营证券。

(1) 认购全部证券时,其会计分录为

```
借：代理发行证券——中华医药公司债券户         65 000 000
    贷：银行存款                              65 000 000
```
(2) 网上发行结束，收到认购款时的会计分录为
```
借：银行存款                                  67 000 000
    贷：证券发行                              67 000 000
```
(3) 支付上网费用时的会计分录为
```
借：待转发行费用                                   80 000
    贷：银行存款                                   80 000
```
(4) 结转售出证券的实际成本时的会计分录为

65 000 000÷70 000 000×67 000 000≈62 214 285.71(元)
```
借：证券发行——中华医药公司债券户             62 214 285.71
    贷：代理发行证券——中华医药公司债券户      62 214 285.71
```
(5) 结转应与发行收入相配比的发行费用时的会计分录为
```
借：证券发行                                       80 000
    贷：待转发行费用                               80 000
```
(6) 发行期满，未售出的证券转为自营证券时的会计分录为

65 000 000−62 214 285.71=2 785 714.29(元)
```
借：自营证券                                   2 785 714.29
    贷：代理发行证券——中华医药公司债券户       2 785 714.29
```

(三)余额包销方式的核算

余额包销是指金融企业按照规定的发行额和发行条件，在约定期限内向投资者发行证券，到销售截止日，如投资者实际认购总额低于预定发行总额，未售出的证券由金融企业负责认购，并按约定时间向发行人支付全部证券所得款项，收取手续费。余额包销的承销商需承担发行风险，证券发行款项于发行期结束后支付。

(1) 收到委托单位委托发行的证券，按约定的发行价格，作会计分录如下。
```
借：代理发行证券——××证券户
    贷：代理发行证券款——××证券户
```
(2) 在约定的期限内售出，按发行价格，作会计分录如下。
```
借：银行存款
    贷：代理发行证券——××证券户
```
(3) 如有未售出证券，按合同规定由金融企业认购，转为自营证券或长期投资时，按发行价格，作会计分录如下。
```
借：自营证券(或长期债权投资)
    贷：代理发行证券
```
(4) 发行期结束，所集资金付给委托单位，并收取手续费，作会计分录如下。
```
借：代理发行证券款(按发行价格)
    贷：银行存款(按支付给委托单位的价款)
        证券发行——代理发行证券手续费收入(按应收取的手续费)
```

第五节 证券回购业务的核算

证券回购业务是一种以买卖证券的形式融通资金的业务,包括买入返售证券业务和卖出回购证券业务。

一、买入返售证券

买入返售证券业务是指企业年金基金与其他有关方面以合同或协议的方式,按一定价格买入证券,到期日再按合同规定的价格将该批证券予以返售。这种业务实际上是以证券为依据向交易对方融出资金,而有价证券并不真正转移,目的是获取买卖价差收入。

(一)科目设置

金融企业应设置"买入返售金融资产"科目,核算通过国家规定的场所进行融券业务而发生的实际成本。

"买入返售金融资产"是指金融企业按规定进行证券回购业务而融出的资金。买入返售证券应当按照实际支付的款项入账。

金融企业按一定价格买入证券时,借记本科目,到合同规定日期返售给企业时,按返售价贷记本科目,期末借方余额反映已经买入但尚未到期返售证券的实际成本。本科目应按买入返售证券的种类设置明细账,进行明细核算。

(二)买入返售证券的核算

这里只考虑买入返售证券在当期到期的情况。

买入返售证券业务的账务处理包括买入返售证券和到期返售证券两个环节。

(1) 金融企业通过国家规定的场所买入某种证券成交时,按实际支付的款项记账,其会计分录为

借:买入返售金融资产
　　贷:结算备付金——金融企业

(2) 合同确定的期限到后,金融企业按规定的卖出价返售给原交易对方。卖出价与买入价的差额作为金融企业的营业收入,其会计分录为

借:结算备付金——金融企业
　　贷:买入返售金融资产(按所返售证券的账面价值)
　　　　其他营业收入——买入返售证券收入户(按其差额)

二、卖出回购证券

卖出回购证券业务是指金融企业与其他企业以合同或协议的方式,按一定价格卖出证券,到期日再按合同规定的价格买回该批证券,以获得一定期间内资金使用权的证券业务。这种业务属短期融通资金业务,一般卖出价要低于回购价,其差额作为资金使用的代价,证券不作真正的转移。

(一)科目设置

金融企业应设置"卖出回购金融资产款"科目,核算通过国家规定的场所进行证券回购业务卖出证券取得的款项。本科目应按买入返售证券的种类设置明细账,进行明细核算。本科目期末贷方余额反映卖出尚未回购的证券款。

(二)卖出回购证券的核算

(1) 金融企业通过国家规定的场所卖出证券,按实际收到的款项入账,其会计分录为

借:结算备付金
　　贷:卖出回购金融资产款

(2) 合同期满金融企业购回证券。回购价高于卖出价的差额作为其他营业支出列账,其会计分录为

借:卖出回购金融资产款(按卖出证券时实际收到的款项)
　　其他营业支出——卖出回购证券支出户
　　贷:结算备付金(按回购证券时实际支付的款项)

本章小结

证券是用来证明持有人享有的某种特定权益的凭证,如股票、债券、本票、汇票、支票、保险单、存款单、借据、提货单等各种票证单据都是证券。它具有筹资功能和配置资本的功能。

证券经纪业务,简言之就是代理买卖有价证券的行为,又称代理买卖证券业务。它是证券公司最基本的一项业务,一般由委托人、证券经纪商、证券交易所和证券交易对象四个要素构成。

证券自营是证券公司以自主支配的资金或证券,在证券一级市场和二级市场上从事以盈利为目的并承担相应风险的证券买卖行为。

证券承销业务是间接发行证券的一种方式,证券承销是指证券发行人委托具有证券承销资格的证券承销商,按照承销协议由证券承销商向投资者募集资本并交付证券的行为和制度。

证券回购业务是一种以买卖证券的形式融通资金的业务,包括买入返售证券业务和卖出回购证券业务。

复习思考题

一、基本概念

证券公司　证券　证券回购　证券承销　自营证券　证券经纪业务

二、判断题

1. 证券业从业人员、管理人员可以直接或间接持有、买卖股票。　　　　　(　　)
2. "代理兑付债券"是负债类的会计科目。　　　　　　　　　　　　　　(　　)

3. 按其性质不同，证券可以分为有价证券和凭证证券两大类。　　　　　(　　)
4. 有价证券包括资本证券与货币证券。　　　　　　　　　　　　　　(　　)
5. 某证券经营企业，在会计期末，证券销售科目为借方 126 000 元，表明该企业自营证券销售业务为收益。　　　　　　　　　　　　　　　　　　　　　(　　)

三、简答题

1. 简述证券的功能和证券业务的种类。
2. 证券经纪业务的构成要素有哪些？
3. 证券经纪业务的原则和特点是什么？
4. 证券经纪业务是如何核算的？
5. 简述自营证券业务的特点和范围。
6. 自营证券是如何核算的？
7. 证券回购业务是如何核算的？

四、业务题

1. 华龙经济公司接受家具公司委托，通过证券交易所代理买卖证券。根据"上海证交所汇总清算表"，2017 年 5 月与家具公司清算时，买入证券成交总额大于卖出证券的成交总额 700 万元，代扣代缴的印花税税费和过户费为 20 万元，向家具公司收取的交易佣金为 15 万元，证券公司应向交易所支付的其他交易费用等为 2 万元。

要求：请作相应账务处理。

2. 兴业证券公司接受贸易公司委托，以全额包销方式代其发行债券 5500 万元(面值)，承购价为 5000 万元。网上按面值发行期满后，共售出 5200 万元，兴业证券公司应支付上网费 5 万元，未售出的债券按合同规定，转为兴业证券公司的自营证券。

要求：请作相应的账务处理。

3. 海通证券公司 2017 年 3 月 30 日自营证券成本与市价金额如表 13-5 所示。

表 13-5　自营证券成本与市价金额　　　　　　　　单位：元

项　目	2013 年 3 月 30 日		
	成　本	市　价	预计跌价损益
自营证券——股票			
股票 A	69 000	60 000	(9 000)
股票 B	55 500	54 000	(1 500)
小计	124 500	114 000	(10 500)
自营证券——企业证券			
A 企业证券	750 000	725 000	(25 000)
B 企业证券	115 000	130 000	15 000
小计	865 000	855 000	(10 000)
合计	989 500	969 000	(20 500)

要求：请分别按单项比较法、分类比较法、总额比较法计提跌价准备。

4. 假定海通证券公司 2017 年 9 月份买卖某种股票的资料如表 13-6 所示。假设该股票无期初库存。要求：请用加权平均法计算本期卖出证券总成本。

表 13-6　海通证券公司证券买卖明细表　　　　　　　　单位：元

2017年9月	买入			卖出			余额	
	数量/股	单价	金额	数量/股	单价	金额	数量/股	金额
1	7 000	5.00	35 000	4 000			3 000	
5	5 000	5.50	27 500	4 500			3 500	
15	5 500	4.85	26 675				9 000	
23	6 000	5.60	33 600				15 000	
30	4 000	5.85	23 400				19 000	
合计	27 500		146 175	8 500			19 000	

5. 假定海通证券公司 2017 年 8 月份买卖某种股票的资料如表 13-7 所示。该股票无期初库存。要求：请用先进先出法计算本期卖出证券总成本。

表 13-7　海通证券公司证券买卖明细表　　　　　　　　单位：元

2017年8月	买入			卖出			余额	
	数量/股	单价	金额	数量/股	单价	金额	数量/股	金额
1	7 000	5.00	35 000					
3	3 000	5.20	15 600	4 000				
17	5 000	4.85	24 250					
24	4 000	5.50	22 000	6 000				
30	6 000	5.95	35 700	1 000				
合计	25 000		132 550					

6. 海通证券公司接受联华公司的委托兑付 2013 年发行的 4 年期企业债券。2017 年 3 月 9 日收到委托单位的兑付资金 1500 万元，其中手续费 15 万元。截至 5 月底，代理兑付的债券共计 1400 万元。要求：作相关业务处理。

第十四章　租赁业务的核算

【学习要点及目标】

- 理解租赁的特点、分类及经营性租赁和融资性租赁的主要区别。
- 了解经营租赁、融资租赁的会计核算原则。
- 掌握出租人和承租人开展经营租赁与融资租赁的账务处理方法。

【核心概念】

租赁　经营租赁　融资租赁　租赁期　承租人　出租人　租赁开始日

【引导案例】

租赁给企业带来的发展机遇

贵州××(集团)有限责任公司，成立于2017年，注册资金90 000万元，主营磷矿开采与磷肥加工业务，是全国特大型磷肥基地建设单位。

贵州××(集团)有限责任公司为建设技术改造项目和补充流动资金，选择以售后回租的形式与××金融租赁公司合作，开展融资租赁业务。××金融租赁公司从该企业购进一批矿磷石开采设备，再以该批生产设备作为租赁物租给该企业使用，租赁物转让价格为人民币3亿元，租赁期限为5年，按季度支付租金。租赁期满后，该公司以合同约定的留购价格按"现时现状"留购租赁物，取得租赁物的所有权。

通过融资租赁服务，贵州××(集团)有限责任公司获得了资金支持，满足其生产需求和发展要求，与此同时，××金融租赁公司通过定期收取租金获得了利益收入。

(资料来源：崔刚.金融企业会计[M].北京：机械工业出版社，2012)

【案例导学】

租赁是人类古老的经济行为，性质属于信用范畴。随着社会环境的变化，租赁业务迅猛发展，成为企业筹资、融资或投资的重要理财活动之一。租赁的发展大致经历了传统租赁、融资租赁和创新租赁三个发展阶段。我国把传统租赁列为经营性租赁，意思是在租赁的时候提供经营服务。

第一节　租赁业务概述

一、租赁的概念

租赁的历史由来已久，但概念一直比较模糊。经过4000多年的发展，特别是近50年来现代租赁的兴起后，租赁以很多形态存在于经济活动中。"租赁"是指物品的所有者和使用者之间的一种有偿借贷关系。《国际会计准则第 17 号——租赁》中将租赁定义为：在一个协定的期间内，出租人将某项资产的使用权让与承租人，以换取一项或一系列支付的协议。我国 2006 年颁布的《企业会计准则第 21 号——租赁》中将租赁定义为：在约定的期间内，出租人将资产使用权让与承租人，以获取租金的协议。

二、租赁的特点

租赁的特点主要表现为以下三点。

1. 所有权与使用权相分离

任何租赁业务，在租赁期内，出租人出让或承租人取得的只是资产的使用权，租赁资产的所有权仍归出租人。租期届满，租赁资产的所有权要么归还给出租人，要么由承租人廉价购买，具体应视租约的规定。

2. 融资与融物相结合

租赁属于一种信用形式，出租人出让资产，无异于向需要使用资产的承租人同时提供了等量的资金信贷；承租人借入资产，也无异于同时取得了相当于资产购置成本的信贷资金。

3. 分期补偿

出租方分期获得租金收入，解决承租方一次性购置资金不足的问题。

三、租赁的种类

(一)按租赁的性质不同分类

按租赁的性质不同，可以将租赁划分为融资租赁和经营租赁，此分类是以与租赁资产所有权有关的风险和报酬是否转移为依据来划分的。

1. 融资租赁

融资租赁是指实质上转移了与资产所有权相关的全部风险和报酬的租赁，其所有权最终可能转移，也可能不转移。所谓"风险"，是指由于资产闲置或技术陈旧而发生的损失，以及由于经营状况变化致使有关收益发生的变动。所谓"报酬"，是指在资产有效使用年限内直接使用它而获得的收益，资产本身的增值以及处置所实现的收益。一项租赁只有实质上转移了与租赁资产所有权有关的全部风险和报酬，才能被认定为融资租赁。

2. 经营租赁

经营租赁又称为业务租赁，是融资租赁的对称，是为满足承租人临时使用资产的需要而安排的"不完全支付"式租赁。它是一种纯粹的、传统意义上的租赁。承租人租赁资产只是为了满足经营上短期的、临时的或季节性的需要，并没有添置资产方面的意图。

经营性租赁是一个反复出租的过程，出租人与多个承租人签订出租合同，租赁物件一般是通用设备或技术含量高、更新速度快的设备。

(二)按出租人取得租赁资产的来源和方式分类

按出租人取得租赁资产的来源和方式,可将租赁划分为直接租赁、回租和转租赁。

1. 直接租赁

直接租赁是指由出租人在资金市场上筹资并向资产的制造商支付货款后取得该项资产,然后直接出租给承租人的一种租赁方式。采用直接租赁方式时,租赁双方应签订租赁合同,并根据承租人的订货要求,出租人与制作商签订资产的买卖合同。

2. 回租

回租是指承租人将自有物件出卖给出租人,同时与出租人签订一份租赁合同,再将该物件从出租人处租回的租赁形式。回租业务是承租人和出卖人为同一人的特殊租赁方式,包括融资性回租和经营性回租两种形式。

3. 转租赁

转租赁是指以同一物件为标的物的多次融资租赁业务。在转租赁业务中,上一租赁合同的承租人同时又是下一租赁合同的出租人。转租人从其他出租人处租入租赁物件再转租给第三人,转租人以收取租金差为目的。租赁物件的所有权归第一出租人。

(三)按是否享有纳税优惠进行分类

按是否享有纳税优惠,可将租赁划分为节税租赁和非节税租赁。

1. 节税租赁

节税租赁是指一项能够真正享受税收优惠待遇的租赁,出租人和承租人都能从国家提供的税收优惠中得到好处。例如,在租赁行为中,出租人可获得加速折旧及投资减税等税收优惠政策,承租人支付的租金可以作为当期费用处理,减少了应纳税所得额,从而享受纳税优惠政策。

2. 非节税租赁

非节税租赁又称销售式租赁,是指出租人通过租赁方式把资产分期售给承租人而获得收益的租赁形式。出租人可以从销售资产和获取利息两个途径获取收益。销售式租赁在合同中通常由承租人享受留购权条款,或者承租人支付的租金中包括获取租赁资产所有权的部分。承租人向出租人支付的租金,不能作为费用从成本中扣除。

(四)其他分类

租赁还可以按其他条件进行分类,如按融资货币不同可将租赁划分为本币租赁和外币租赁;按服务地区不同可将租赁划分为境内租赁和跨境租赁;按融资方式不同可将租赁划分为表内融资和表外融资;按资产性质不同可将租赁划分为动产租赁和不动产租赁等。

四、融资租赁与经营租赁的区别

融资租赁与经营租赁的区别主要表现在以下几点。

1. 作用不同

融资租赁行为能使企业缩短项目的建设期限，有效规避市场风险，同时，可以避免企业因资金不足而放过稍纵即逝的市场机会。经营租赁行为能使企业有选择地租赁企业急用但并不想拥有的资产，特别是工艺水平高、升级换代快的设备更适合经营租赁。

2. 两者判断方法不同

融资租赁其实质就是转移了与资产所有权有关的全部风险和报酬，是分期付款购置固定资产的一种变通方式，但要比直接购买高得多。经营租赁则仅仅转移了该项资产的使用权，而对与该项资产所有权有关的风险和报酬却没有转移，仍然属于出租方，承租企业只按合同规定支付相关费用，承租期满的经营租赁资产由承租企业归还出租方。

3. 租赁程序不同

经营租赁出租的设备由租赁公司根据市场需要选定，然后再寻找承租企业；而融资租赁出租的设备由承租企业提出要求购买或由承租企业直接从制造商或销售商那里选定。

4. 租赁期限不同

经营租赁的租赁期较短，短于资产有效使用期；而融资租赁的租赁期较长，接近于资产的有效使用期。

5. 设备维修、保养的责任方不同

经营租赁由租赁公司负责设备的维修、保养；而融资租赁由承租方负责。

6. 租赁期满后设备处置方法不同

经营租赁期满后，承租资产由租赁公司收回；而融资租赁期满后，企业可以很少的"名义货价"(相当于设备残值的市场售价)留购。

7. 租赁的实质不同

经营租赁实质上并没有转移与资产所有权有关的全部风险和报酬；而融资租赁的实质是将与资产所有权有关的全部风险和报酬转移给了承租人。

五、租赁业务的相关概念

(一)与时间相关的概念

1. 租赁开始日

租赁开始日是指租赁协议日与租赁各方就主要租赁条款作出承诺日中的较早者。应在此日对租赁类型进行判断，以此日为基准计算或估算最低租赁付款额的现值、最低租赁收款额的现值以及资产余值等款项的数额，作为租赁资产入账基础。

2. 租赁期

租赁期是指租赁合同规定的不可撤销的租赁期间。不可撤销，主要从承租人的角度来说，以下情况除外。

(1) 经出租人同意。

(2) 双方就同一资产或同类资产签订了新的合同。
(3) 承租人支付了一笔足够大的额外款项。
(4) 发生某些很少出现的或有事项，如企业倒闭。

3. 租赁期开始日

租赁期开始日是指承租人有权行使其使用资产的权利的日期，表明租赁行为的开始。

(二)与租赁资产计价相关的概念

1. 资产余值

资产余值是指在租赁开始日估计的租赁期满时租赁资产的公允价值。按是否有担保余值和未担保余值，资产余值分为担保余值和未担保余值。

2. 担保余值

担保余值是指得到担保的那部分资产余值，租赁期满能保证收回。担保余值对于承租人和出租人而言是不完全一致的。就承租人而言，是由承租人及其有关的第三方担保的资产余值；就出租人而言，还包括除这两项之外，独立于承租人和出租人但在财务上有能力担保的第三方提供担保的担保余值。

3. 未担保余值

未担保余值是指租赁资产余值中扣除就出租人而言的担保余值后的资产余值。由于没有人提供担保，它的收回没有切实可靠的保证，最终由出租人自身负担。

4. 最低租赁付款额

最低租赁付款额是指在租赁期内承租人应支付或可能被要求支付的各种款项(不包括或有租金和履约成本)，加上由承租人或与其有关的第三方担保的资产余额。若承租人有购买租赁资产的选择权，所订立的购买价款预计将远低于行使选择权时租赁资产的公允价值，由此在租赁开始日就可以合理确定承租人将会行使这种购买权，那么购买价格也应当包括在最低租赁付款额内。

5. 最低租赁收款额

相对于出租人而言，最低租赁付款额应当大于最低租赁收款额，即还应包括独立于承租人和出租人的第三方担保的余值，但若没有担保，则数额应相等。

(三)与租赁收益的确认相关的概念

1. 或有租金

或有租金是指金额不固定、以时间长短以外的其他因素(如销售量、使用量、物价指数等)为依据计算的租金。或有租金不包括在最低付款额中。

2. 履约成本

履约成本是指在租赁期内为租赁资产正常工作所支付的各种使用费，如技术咨询和服务费、人员培训费、维修费、保险费等。履约成本应计入当期损益，但不包括在最低付款额中。

3. 租赁内含利率

租赁内含利率是指在租赁开始日，使最低租赁收款额的现值与未担保余值的现值之和等于租赁资产公允价值与出租人的初始费用之和的折现率。

【小资料】

租赁的起源

> 私有制是租赁产生的基础，私有制产生了人们对不同物品的不同所有权，人们根据所有权暂时出让使用权，收取一定的使用费用，从而产生了租赁。随着生产力的发展，租赁业也逐渐发展起来。
>
> 中国的租赁历史悠久，起源可追溯到原始社会。当时产品的剩余产生了产品的交换，而在很多场合下人们需要频繁交换闲置物品，用后再归还，而不必让渡该物品于对方。这种仅仅涉及物品使用权的交换，是最原始形态的租赁。在中国历史上，有文献记载的租赁可追溯到西周时期。《卫鼎(甲)铭》记载，邦君厉把周王赐给他的五田出租了四田。这是把土地出租的例子。由于中国长期处于农业社会，因此出租人都是些"地主老财"，和承租人的关系是"剥削与被剥削"的关系。

第二节 经营租赁业务的核算

一、经营租赁的主要特点

(1) 可撤销合同期间，承租人可中止合同，退回设备，以租赁更先进的设备。

(2) 基本租期内，出租人只能从一次出租中收回设备的部分垫支资本，需通过该项设备以后多次出给多个承租人使用，方能补足未收回的那部分设备投资外加其应获得的利润。

(3) 租赁机构不仅提供融资便利，还提供维修管理等专门服务，对出租设备的适用性、技术性能负责，并承担过时风险，负责购买保险。

二、经营性租赁的账务处理

(一)出租人的会计处理

在经营性租赁中，与租赁资产所有权有关的风险和报酬并未发生转移，仍由出租人承担，因此出租人应将用作经营租赁的资产按资产的性质在资产负债表的相关项目中列出。

出租人对经营租赁的会计处理比较简单，主要是解决应收租金与确认当期收入之间的关系，以及经营租赁资产折旧的计提。

对于经营租赁资产中的固定资产，应当采用出租人对类似应折旧资产通常所采用的折旧政策计提折旧；对于其他经营租赁资产，应当采用合理的方法进行摊销。

经营租赁的租金应当在租赁期内(包括优惠免租期)的各个期间按直线法确认为收入，而不能依据各期实际收到的租金确定；如果其他方法更合理，也可以采用其他方法。出租人所承担的该由承租人负担的费用金额应从租金总额中扣除，并在租赁期内进行分配。或有租金应当在实际发生时确认为当期收入。

1. 出租人应设置的科目

(1) "应收经营租赁款"科目，用来核算企业采用经营租赁方式租出资产而应向承租人收取的租金(含利息)，以及向承租方收取的手续费。借方登记按期计算出的应收租金额，贷方登记按规定日期收取的租金额。

(2) "经营租赁资产"科目，用来核算企业为经营租赁购建资产的实际成本，包括租赁资产的价款、贸易手续费、银行手续费、运输费、运输保险费、仓储报关费、财产保险费、增值税等税款及租前借款费用等。如果租赁资产是从境外购入的，还应包括境外运输费、境外运输保险费和进口关税。当资产没有租出时，在租赁开始日之前，资产价值在"固定资产"账户下核算。

(3) "经营租赁资产累计折旧"科目，用来核算企业采用经营租赁方式租出资产的折旧的计提。折旧发生时记入其贷方，在资产最终报废清理时记入借方转销。期末余额在贷方，表明企业的经营性资产折旧总额。租赁资产的折旧应按同类资产所采用的正常的折旧政策进行计提。

(4) "租赁收入"科目，用来核算专门从事租赁业务的企业进行经营租赁而取得的收入。当出租人向承租人收取利息和手续费时，记入该账户的贷方，借方表示结转到"本年利润"账户的租赁收入净额。

2. 出租人的核算

(1) 购入资产时作会计分录如下。

借：经营租赁资产——未出租资产
　　贷：银行存款

(2) 租出设备时作会计分录如下。

借：经营租赁资产——已出租资产
　　贷：经营租赁资产——未出租资产

(3) 每期确认租赁收入时作会计分录如下。

借：应收经营租赁款
　　贷：主营业务收入——租金收入

(4) 每期计提折旧时作会计分录如下。

借：业务及管理费用
　　贷：经营租赁资产累计折旧

(5) 收到租金时作会计分录如下。

借：银行存款
　　贷：应收经营租赁款

【例 14-1】2017 年 6 月 1 日，红旗租赁公司将新购入的设备 1 台出租给贸易公司，价值为 200 000 元，经济使用年限为 10 年，租赁开始日为 2017 年 6 月 1 日，租期为 5 年，年租金为 20 000 元，租金每年终了时均等支付。设备租赁过程中发生直接费用 10 000 元，由出租方承担。

(1) 支付直接费用时作会计分录如下。

借：业务及管理费用　　　　　　　　　　　　　　　　　　　10 000
　　贷：银行存款　　　　　　　　　　　　　　　　　　　　　　　10 000

(2) 交付设备使用权时作会计分录如下。
借：经营租赁资产——已出租资产　　　　　　　　　　　200 000
　　贷：经营租赁资产——未出租资产　　　　　　　　　　　　200 000
(3) 每期确认租赁收入时作会计分录如下。
借：应收经营租赁款　　　　　　　　　　　　　　　　　20 000
　　贷：主营业务收入——租金收入　　　　　　　　　　　　　20 000
(4) 每年收到租金时作会计分录如下。
借：银行存款　　　　　　　　　　　　　　　　　　　　20 000
　　贷：应收经营租赁款　　　　　　　　　　　　　　　　　　20 000
(5) 每期计提折旧时作会计分录如下。
$$200\,000 \div 10 = 20\,000(元)$$
借：业务及管理费用　　　　　　　　　　　　　　　　　20 000
　　贷：经营租赁资产累计折旧　　　　　　　　　　　　　　　20 000

(二)承租人的会计处理

在经营性租赁中，与租赁资产所有权有关的风险和报酬并未发生转移，仍由出租人承担，因此承租人对经营租赁的会计处理比较简单，主要是解决应付租金与计入当期费用之间的关系。

承租人发生的初始直接费用，应当确认为当期费用，或有租金应当在实际发生时确认为当期费用。

1. 承租人应设置的科目

(1) "管理费用——租赁费"科目，用来核算应由承租人支付的各种费用，在期末应结转到"本年利润"账户的借方。

(2) "应付经营租赁款"科目，用来核算每期应付而未付的租赁款，在期末支付租金的情况下使用，属于一项负债。

(3) "待摊费用"科目，用来核算租赁初期预付租金以待日后摊销的余额，一般期末余额在借方，属于一项资产。

2. 承租人的核算

(1) 承租人期初预付租金时作会计分录如下。
借：待摊费用
　　贷：银行存款
(2) 分期摊销预付的租金时作会计分录如下。
借：管理费用
　　贷：待摊费用
(3) 按期支付租金时作会计分录如下。
借：管理费用
　　贷：银行存款

【例14-2】2017年1月1日，贸易公司从红旗公司以经营租赁方式租入生产线一套，租期为3年。设备价值为2 000 000元，经济使用年限为8年，残值为4000元。合同规定，租赁开始日为2017年1月1日，贸易公司向红旗公司一次性支付租金140 000元，第一年年末支付租金 100 000 元,第二年年末支付租金 100 000 元,第三年年末支付租金 140 000 元。

租金总额=140 000+100 000+100 000+140 000=480 000(元)

每期应负担的租金费用=480 000÷3=160 000(元)

(1) 2017 年 1 月 1 日预付租金时作会计分录如下。

借:待摊费用　　　　　　　　　　　　　　　　　　140 000
　　贷:银行存款　　　　　　　　　　　　　　　　　　140 000

(2) 2017 年 12 月 31 日支付租金并摊销费用时作会计分录如下。

借:管理费用——租赁费　　　　　　　　　　　　　160 000
　　贷:银行存款　　　　　　　　　　　　　　　　　　100 000
　　　　待摊费用　　　　　　　　　　　　　　　　　　 60 000

(3) 2018 年 12 月 31 日支付租金并摊销费用时作会计分录如下。

借:管理费用——租赁费　　　　　　　　　　　　　160 000
　　贷:银行存款　　　　　　　　　　　　　　　　　　100 000
　　　　待摊费用　　　　　　　　　　　　　　　　　　 60 000

(4) 2019 年 12 月 31 日支付租金并摊销费用时作会计分录如下。

借:管理费用　　　　　　　　　　　　　　　　　　160 000
　　贷:银行存款　　　　　　　　　　　　　　　　　　140 000
　　　　待摊费用　　　　　　　　　　　　　　　　　　 20 000

【小资料】

现代租赁的发展

现代租赁起源于第二次世界大战后的美国。战争的结束减少了美国的消费需求,美国经济出现萧条,产品滞销。为了扩大企业销售能力,有些企业开始采取分期付款的方式销售其产品。但由于涉及信用问题,分期付款没有明显的效果。1958 开始有人尝试在分期付款的基础上引入租赁模式,即在没有支付完所有的租金前,物件的所有权属于出租人,全部租金支付完毕后物件的所有权归承租人。这种将物权和使用权分离的分期付款方式被称为"融资租赁"。第一个专业开展这种业务的公司是美国的"联合租赁公司",目前仍是美国数一数二的租赁公司。

美国的租赁公司经过了六个发展阶段,即出租服务——简单融资租赁——创新金融租赁服务——经营性租赁——新租赁产品——成熟。目前美国的租赁额和租赁在国内生产总值的渗透率在世界上是最高的,在美国无处不见租赁的踪影。租赁公司分化成厂商租赁类、金融租赁类、专业租赁类和信息咨询类。进入 20 世纪 90 年代中期,由于竞争激烈,美国的租赁业开始出现兼并风潮,租赁公司的数量不断缩小,租赁公司的规模不断扩大。

第三节　融资租赁业务的核算

一、融资租赁的主要特征

1. 融资期限长、还款压力小

融资租赁除了具有融资方式灵活的特点外,还具备融资期限长、还款方式灵活、压力小的特点。目前,中小企业通过融资租赁所享有资金的期限可达 3 年,远远高于一般银行贷款期限。在还款方面，中小企业可根据自身条件选择分期还款，从而极大地减轻了短期资金压力，可以防止中小企业本来就比较脆弱的资金链发生断裂。

2. 并非适合所有的中小企业

融资租赁虽然因其门槛低、形式灵活等特点非常适合中小企业解决自身融资难题，但是它却不适用于所有的中小企业。融资租赁比较适合生产、加工型中小企业，特别是那些有良好销售渠道，市场前景广阔，但是出现暂时困难或者需要及时购买设备扩大生产规模的中小企业。

二、融资租赁的四种功能

1. 融资功能

融资租赁从其本质上看是以融通资金为目的的，它是为解决企业资金不足的问题而产生的。需要添置设备的企业只需付少量资金就能使用所需设备进行生产，相当于为企业提供了一笔中长期贷款。

2. 促销功能

融资租赁可以用"以租代销"的形式，为生产企业提供金融服务。一方面可避免生产企业存货太多，导致流通环节的不畅通，有利于社会总资金的加速周转和国家整体效益的提高；另一方面可扩大产品销路，加强产品在国内外市场上的竞争能力。

3. 投资功能

租赁业务也是一种投资行为。租赁公司对租赁项目具有选择权，可以挑选一些风险较小、收益较高以及国家产业倾斜的项目给予资金支持。同时，一些拥有闲散资金、闲散设备的企业也可以通过融资租赁使其资产增值。融资租赁作为一种投资手段，不仅使资金具有专用性，而且还改善了企业的资产质量，使中小企业实现技术、设备的更新改造。

4. 资产管理功能

融资租赁可以将资金运动与实物运动联系起来。因为租赁物的所有权在租赁公司，所以租赁公司有责任对租赁资产进行管理、监督，控制资产流向。随着融资租赁业务的不断发展，还可利用设备生产者为设备的承租方提供维修、保养和产品升级换代等特别服务，使其经常能使用上先进的设备，降低使用成本和设备淘汰的风险，尤其是对于售价高、技术性强、无形损耗快或利用率不高的设备有较大好处。

三、融资租赁的账务处理

(一)承租人的会计处理

1. 承租人应设置的科目

根据《企业会计准则》的相关规定，承租人进行租赁业务的会计核算，应设置以下科目。

(1)"长期应付款——应付融资租赁款"科目，用于核算按规定向出租方缴付的租金总额(包括设备原价、利息和手续费)。贷方登记发生的应付而未付的款项，即"最低租赁付款额",借方登记已归还的应付融资租赁款。期末贷方余额表示企业尚未偿付的应付融资租赁款。该科目应按长期应付款的种类设置明细分类账户。

(2) "固定资产——融资租入固定资产"科目用于核算以融资租赁方式租入的固定资产，对于融资租入固定资产的原价确定、安装费用和维修费用，都比照自有设备处理。

(3) "未确认融资费用"科目用于核算应付未付的利息和手续费，以待日后分摊。在租赁开始日，按照长期应付款与设备入账价值之间的差额，借记本科目；按规定每年确认并支付的利息和手续费，借记"财务费用"科目，贷记本科目。该账户期末借方余额表示尚未支付的利息和手续费。

2. 承租人的核算

(1) 租赁开始日的会计处理。在租赁开始日，承租人通常应当将租赁开始日租赁资产原账面价值和最低租赁付款额的现值两者中较低者作为租入资产的入账价值，将最低租赁付款额作为长期应付款的入账价值，并将两者之间的差额记录为未确认融资费用。但是如果该项融资租赁资产占企业资产总额的比例不大，承租人在租赁开始日可按最低租赁付款记录租入资产和长期应付款。这时的"比例不大"通常是指融资租入固定资产总额小于承租人资产总额的30%(含30%)。在这种情况下，对于融资租入资产和长期应付款额的确定，承租人可以自行选择，既可以采用最低租赁付款额，也可以采用租赁资产原账面价值和最低租赁付款额的现值两者中较低者。这时所讲的"租赁资产的原账面价值"是指租赁开始日在出租者账上所反映的该项租赁资产的账面价值。

承租人在计算最低租赁付款额的现值时，如果知道出租人的租赁内含利率，应当采用出租人的内含利率作为折现率；否则，应当采用租赁合同中规定的利率作为折现率。如果出租人的租赁内含利率和租赁合同中规定的利率都无法得到，应当采用同期银行贷款利率作为折现率。

(2) 初始直接费用的会计处理。初始直接费用是指在租赁谈判和签订租赁合同的过程中发生的可直接归属于租赁项目的费用。承租人发生的初始直接费用通常有印花税、佣金、律师费、差旅费、谈判发生的费用等。承租人发生的初始直接费用，应当计入租入资产的价值，其会计分录为

借：固定资产——融资租入固定资产
　　贷：银行存款等科目

(3) 未确认融资费用的分摊。在融资租赁下，承租人向出租人支付的租金中，包含了本金和利息两部分。承租人支付租金时，一方面应减少长期应付款，另一方面应同时将未确认的融资租赁费用按一定的方法确认为当期融资费用。在先付租金(即每期起初等额支付租金)的情况下，租赁期第一期支付的租金不含利息，只需减少长期应付款，不必确认当期融资费用。

在分摊未确认融资费用时，承租人应采用一定的方法加以计算。按照准则的规定，承租人可以采用实际利率法，也可以采用直线法和年数总和法等。在采用实际利率法时，根据租赁开始日租赁资产和负债的入账价值基础不同，融资费用分摊率的选择也不同。未确认融资费用的分摊具体分为以下几种情况。

① 租赁资产和负债以最低租赁付款额的现值为入账价值，且以出资人的租赁内含利率为折现率。在这种情况下，应以出资人的租赁内含利率为分摊率。

② 租赁资产和负债以最低租赁付款额的现值为入账价值，且以租赁合同中规定的利率

作为折现率。在这种情况下，应以租赁合同中规定的利率作为分摊率。

③ 租赁资产和负债以租赁资产原账面价值为入账价值，且不存在承租人担保余值和优惠购买选择权。在这种情况下，应重新计算融资费用分摊率。融资费用分摊率是指，在租赁开始日，使最低租赁付款额的现值等于租赁资产原账面价值的折现率。在承租人或与其有关的第三方对租赁资产余值提供担保的情况下，与上类似，在租赁期满时，未确认融资费用应全部摊完，并且租赁负债也应减为零。

④ 租赁资产和负债以租赁资产原账面价值为入账价值，且不存在承租人担保余值，但存在优惠购买选择权。在这种情况下，应重新计算融资费用分摊率。在租赁期满时，未确认融资费用应全部摊完，并且租赁负债也应减为零。

⑤ 租赁资产和负债以租赁资产原账面价值为入账价值，且存在承租人担保余值。在这种情况下，应重新计算融资费用分摊率。在承租人或与其有关的第三方对租赁资产余值提供了担保或由于在租赁期满时没有续租而支付违约金的情况下，在租赁期满时，未确认融资费用应全部摊完，并且租赁负债也应减少至担保余值或该日应支付的违约金。

承租人对每期应支付的租金，应按支付的租金金额进行账务处理。其会计分录如下。

借：长期应付款——应付融资租赁款
　　贷：银行存款

如果支付的租金中包含履约成本，应同时借记"制造费用""管理费用"等科目，同时根据当期应确认的融资费用金额进行账务处理。其会计分录如下。

借：财务费用
　　贷：未确认融资费用

(4) 租赁资产折旧的计提。承租人应对融资租入固定资产计提折旧，主要应解决折旧政策和折旧期间两个问题。

承租人计提租赁资产折旧时，其方法应与自有资产计提折旧方法相一致。如果承租人或与其有关的第三方对租赁资产提供了担保，则应计折旧总额为租赁开始日固定资产的入账价值扣除余值后的差额。如果承租人或与其有关的第三方对租赁资产余值提供了担保，则应计折旧总额为租赁开始日固定资产的入账价值。

确定租赁资产的折旧期间时，应根据租赁合同规定，如果能够合理确定租赁期满时承租人将会取得租赁资产所有权，即可认定承租人拥有该项资产的全部尚可使用年限，因此应以租赁开始日租赁资产的尚可使用年限作为折旧期间；如果无法合理确定租赁期满时承租人是否能够取得租赁资产所有权，则应以租赁期与租赁资产尚可使用年限两者中较短者作为折旧期间。

(5) 履约成本的会计处理。履约成本的种类很多，对于融资租入固定资产的改良支出、技术咨询和服务费、人员培训费等应予分摊计入各期费用，其会计分录为

借：长期待摊费用、预提费用、制造费用、管理费用等
　　贷：银行存款等

(6) 或有租金的会计处理。由于或有租金的金额不确定，无法采用系统合理的方法对其进行分摊，因此在实际发生时，应借记"制造费用""营业费用"等科目，贷记"银行存款"等科目。

(7) 租赁期满时的会计处理。租赁期满时，承租人对租赁资产的处理通常分以下三种情况。

① 返还租赁资产，此时应借记"长期应付款——应付融资租赁款""累计折旧"科目，

贷记"固定资产——融资租入固定资产"科目。

② 优惠续租租赁资产。如果承租人行使优惠续租选择权,则应视同该项租赁一直存在;如果期满没有续租,根据租赁合同要向出租人支付违约金时,借记"营业外支出"科目,贷记"银行存款"等科目。

③ 留购租赁资产。在承租人享有优惠购买选择权并支付购价款时,借记"长期应付款——应付融资租赁款"科目,贷记"银行存款"等科目。

同时,将固定资产从"融资租入固定资产"明细科目转入有关其他明细科目。

(8) 相关信息的会计披露。承租人应当在财务报告中披露与融资租赁有关的事项,主要有:①每类租入资产在资产负债表日的账面原值、累计折旧及账面净值;②资产负债表日后连续三个会计年度每年将支付的最低付款额,以及以后年度内将支付的最低付款总额;③未确认融资费用的余额,即未确认融资费用的总额减去已确认融资费用部分后的余额;④分摊未确认融资费用所采用的方法,如实际利率法、直线法或年数总和法。

【例 14-3】2014 年 12 月 15 日,甲公司与乙租赁公司签订了一份电动车生产线租赁合同。租赁合同规定,租赁期开始日为 2014 年 12 月 31 日,租赁期为 3 年,每年年末支付租金 300 000 元。租赁期届满时电动车生产线的估计余值为 120 000 元,其中由甲公司担保的余值为 110 000 元,未担保余值为 10 000 元。该生产线的保险、维护等费用由甲公司自行承担,每年 20 000 元。该电动车生产线于 2014 年 12 月 31 日运抵甲公司,该生产线不需安装,当日投入使用,估计使用 4 年,采用直线法计提折旧,于每月月末确认融资费用并计提折旧,该生产线在 2014 年 12 月 31 日的公允价值为 950 000 元,租赁内含利率为 6%。2017 年 12 月 31 日,甲公司将该电动车生产线归还给乙租赁公司。

(1) 甲公司租赁开始日的账务处理如下。

第一步,判断租赁类型。

本例中租赁期(3 年)占租赁资产估计使用年限(4 年)的 75%,满足融资租赁的标准,甲公司应当将其认定为融资租赁。

另外,甲公司 2014 年 12 月 31 日计算租赁开始日最低租赁付款额的现值,确定租赁资产入账价值。应选择租赁合同规定的利率 6%作为折现率。

最低租赁付款额=300 000×3+110 000=1 010 000(元)

最低租赁付款额的现值=300 000×(P/A,6%,3)+110 000×(P/F,6%,3)

=300 000×2.673+110 000×0.84

=801 900+92 400=894 300(元)

最低租赁付款额的现值 894 300 元大于租赁开始日公允价值的 90%,即 855 000 元(950 000×90%),满足融资租赁的标准,甲公司应当将该项租赁认定为融资租赁。

上述两条只要满足其一就可认定为融资租赁。

第二步,确定租赁资产的入账价值。

最低租赁付款额的现值为 894 300 元,小于租赁资产公允价值 950 000 元。根据孰低原则,租赁资产的入账价值应为其折现值。

第三步,计算未确认融资费用。

未确认融资费用=最低租赁付款额-最低租赁付款额现值=1 010 000-894 300=115 700(元)

第四步,将初始直接费用计入资产价值。

初始直接费用是指在租赁谈判和签订租赁协议的过程中发生的可直接归属于租赁项目的费用。承租人发生的初始直接费用通常有印花税、佣金、律师费、差旅费、谈判费等。

承租人发生的初始直接费用,应当计入租入资产价值。本例中没有该项费用。

第五步,2014年12月31日租入固定资产时的会计处理如下。

借:固定资产——融资租入固定资产　　　　　　　　　　　894 300
　　未确认融资费用　　　　　　　　　　　　　　　　　115 700
　　贷:长期应付款——应付融资租赁款　　　　　　　　　　　1 010 000

(2) 甲公司分摊未确认融资费用的会计处理如下。

第一步,确定融资费用分摊率。由于租赁资产的入账价值为其最低租赁付款额的折现值,因此融资费用分摊率为折现率6%。

第二步,租赁期内按实际利率法分摊未确认融资费用,如表14-1所示。

表14-1　未确认融资费用分摊表　　　　　　　　　　　单位:元

日　　期	租金 (1)	确认的融资费用 (2)=期初×6%	应付本金减少额 (3)=(1)-(2)	应付本金金额 (4)=期初-(3)
2014.12.31				894 300.00
2015.12.31	300 000	53 658.00	246 342.00	647 958.00
2016.12.31	300 000	38 877.48	261 122.52	386 835.48
2017.12.31	300 000	23 164.52	276 835.48	110 000.00
合计	900 000	115 700.00	784 300.00	

第三步,支付租金、分摊未确认融资费用。

① 2015年12月31日支付租金时的会计分录如下。

借:长期应付款——应付融资租赁款　　　　　　　　　　　300 000
　　贷:银行存款　　　　　　　　　　　　　　　　　　　300 000

② 2015年分摊未确认融资费用=894 300×6%=53 658(元)

2015年每月分摊未确认融资费用时,每月财务费用为53 658÷12=4471.50(元)

借:财务费用　　　　　　　　　　　　　　　　　　　　4 471.50
　　贷:未确认融资费用　　　　　　　　　　　　　　　　4 471.50

③ 2016年12月31日支付租金时的会计分录如下。

借:长期应付款——应付融资租赁费　　　　　　　　　　　300 000
　　贷:银行存款　　　　　　　　　　　　　　　　　　　300 000

④ 2016年分摊未确认融资费用=647 958×6%=38 877.48(元)

2016年每月分摊未确认融资费用时,每月财务费用为38 877.48÷12=3239.79(元)

借:财务费用　　　　　　　　　　　　　　　　　　　　3 239.79
　　贷:未确认融资费用　　　　　　　　　　　　　　　　3 239.79

⑤ 2017年12月21日支付租金时的会计分录如下。

借:长期应付款——应付融资租赁费　　　　　　　　　　　300 000
　　贷:银行存款　　　　　　　　　　　　　　　　　　　300 000

⑥ 2017年分摊未确认融资费用=115 700-53 658-38 877.48=23 164.52(元)

2017年每月分摊未确认融资费用时,每月财务费用为23 164.52÷12=1930.38(元)

借:财务费用　　　　　　　　　　　　　　　　　　　　1 930.38
　　贷:未确认融资费用　　　　　　　　　　　　　　　　1 930.38

(3) 每年支付保险费、维护费，计提本年折旧的会计处理如下。

① 2015 年度支付该生产线的保险费、维护费时的会计分录如下。

借：制造费用　　　　　　　　　　　　　　　　　　　　　20 000
　　贷：银行存款　　　　　　　　　　　　　　　　　　　　　　　20 000

② 2015 年度计提本年折旧=(894 300−110 000)÷3=261 433.33(元)

2015 年每月计提的折旧额为 261433.33÷12=21 786.11(元)

借：制造费用　　　　　　　　　　　　　　　　　　　　　21 786.11
　　贷：累计折旧　　　　　　　　　　　　　　　　　　　　　　　21 786.11

③ 2016 年、2017 年度计提本年折旧，并支付保险、维护等费用时，会计处理同 2015 年度。租赁期满，将该生产线退还乙租赁公司的会计分录如下。

借：长期应付款——应付融资租赁费　　　　　　　　　　110 000
　　累计折旧　　　　　　　　　　　　　　　　　　　　784 300
　　贷：固定资产——融资租入固定资产　　　　　　　　　　　　894 300

(二)出租人的会计处理

1. 出租人应设置的科目

(1) "融资租赁资产"科目属于资产类科目，用于核算出租人进行融资租赁业务，在按合同起租时出租人取得的租赁资产的实际成本。购入和以其他方式取得融资租赁资产时，借记本科目；租赁开始日，按照融资租赁资产的公允价值(最低租赁收款额与未担保余值的现值之和)，贷记本科目。融资租赁资产的公允价值与其账面价值有差额的，还应借记"营业外支出"科目或贷记"营业外收入"科目。余额通常在借方，反映企业已作为融资租赁资产但尚未租出资产的实际成本。本科目应当按照承租人、租赁资产类别和项目进行明细核算。

(2) "长期应收款"科目属于资产类科目，用于核算企业融资租赁产生的应收款项和采用递延方式分期收款，实质上是具有融资性质的由销售商品和提供劳务等经营活动产生的应收款项。出租人融资租赁产生的应收租赁款，应按租赁开始日最低租赁收款额与初始直接费用之和，借记本科目；根据合同或协议每期收到承租人或购货单位(接受劳务单位)偿还的款项，借记"银行存款"科目，贷记本科目。本科目的期末借方余额，反映企业尚未收回的长期应收款。本科目应当按照承租人或购货单位(接受劳务单位)等进行明细核算。

(3) "未担保余值"科目属于资产类科目，用于核算租赁企业采用融资租赁方式租出资产的未担保余值。出租人在租赁期开始日，应按租赁开始日最低租赁收款额与初始直接费用之和，借记"长期应收款"科目，按未担保余值，借记本科目；租赁期限届满，承租人行使优惠购买选择权，存在未担保余值的，按未担保余值，贷记本科目；承租人未行使优惠购买选择权，企业(租赁)收到承租人交还租赁资产，存在未担保余值的，按未担保余值，贷记本科目。本科目期末借方余额，反映企业融资租出资产的未担保余值。本科目可按承租人、租赁资产类别和项目进行明细核算。未担保余值发生减值的，可单独设置"未担保余值减值准备"科目。

(4) "未实现融资收益"科目属于资产类科目，用于核算企业分期计入租赁收入或利息收入的未实现融资收益。出租人融资租赁产生的应收租赁款，在租赁期开始日，应按租赁开始日最低租赁收款额与初始直接费用之和，借记"长期应收款"科目，按未担保余值，借记"未担保余值"科目，按融资租赁资产的公允价值(最低租赁收款额的现值和未担保余值的现值之和),贷记"融资租赁资产"科目,按融资租赁资产的公允价值与账面价值的差额,借记"营业外支出"科目或贷记"营业外收入"科目,按发生的初始直接费用,贷记"银行存款"等科目,按其差额,贷记本科目。

采用实际利率法按期计算确定的融资收入,借记本科目,贷记"租赁收入"科目。

采用递延方式分期收款,实质上是具有融资性质的由销售商品或提供劳务等经营活动产生的长期应收款,满足收入确认条件的,按应收的合同或协议价款,借记"长期应收款"科目,按应收的合同或协议价款的公允价值,贷记"主营业务收入"等科目,按其差额,贷记本科目。涉及增值税的,还应进行相应的处理。

采用实际利率法按期计算确定的利息收入,借记本科目,贷记"财务费用"科目。

本科目期末贷方余额,反映企业尚未转入当期收益的未实现融资收益。本科目可按未实现融资收益项目进行明细核算。

(5)"租赁收入"科目属于损益类科目,用于核算租赁企业确认的租赁收入。企业确认的租赁收入,借记"未实现融资收益""应收账款"等科目,贷记本科目;取得或有租金,借记"银行存款"科目,贷记本科目。期末将本科目转入"本年利润"科目,结转后本科目无余额。本科目可按租赁资产的类别进行明细核算。

2. 出租人的核算

(1) 租赁开始日的会计处理。出租人应将租赁开始日最低租赁收款额作为应收融资租赁款的入账价值,并同时记录未担保余值,将最低租赁收款额与担保余值之和与其现值之和的差额记录为未实现融资收益。

在租赁开始日,出租人应按最低租赁收款额,借记"应收融资租赁款"科目,按未担保余值的金额,借记"未担保余值"科目,按租赁资产的原账面价值,贷记"融资租赁资产"科目,按上述科目计算后的差额,贷记"未实现融资收益"科目。

(2) 初始直接费用的会计处理。出租人发生的初始直接费用,通常包括印花税、佣金、律师费、差旅费、谈判费等。出租人发生的初始直接费用,应当确认为当期费用,借记"管理费用"等科目,贷记"银行存款"等科目。

(3) 未实现融资收益的分配。出租人每期收到的租金包括本金和利息两部分。未实现融资收益应当在租赁期内各个期间进行分配,确认为各期的融资收入。分配时,出租人应当采用实际利率法计算当期应确认融资收入,在与实际利率法计算结果无重大变化的情况下,也可以采用直线法和年数总和法。

出租人每期收到的租金,借记"银行存款"科目,贷记"应收融资租赁款"科目。同时,每期确认融资租赁收入时,借记"递延收益——未实现融资收益"科目,贷记"主营业务收入——融资收入"科目。

当出租人超过一个租金支付期没有收到租金时,应当停止确认收入,其已确认的收入,应予转回,转作表外核算。到实际收到租金时,再将租金中所含融资收入确认为当期收入。

(4) 未担保余值发生变动时的会计处理。出租人应当定期对未担保余值进行检查,如果有证据表明未担保余值已经减少,应当重新计算租赁内含利率,并将本期的租赁投资净额的减少确认为当期损失,以后各期根据修正后的投资净额和重新计算的租赁内含利率确定应确认的融资收入。如果已经确认损失的未担保余值得以恢复,应当在原已确认的损失金额内转回,并重新计算租赁内含利率,以后各期根据修正后的投资净额和重新计算的租赁内含利率确定应确认的融资收入。未担保余值增加时,不作调整。其中租赁投资净额是指,融资租赁中最低租赁收款额与未担保余值之和与未实现融资收益之间的差额。

由于未担保余值的金额决定了租赁内含利率的大小,从而决定着融资未实现收益的分配,因此,为了真实地反映企业的资产和经营业绩,根据谨慎性原则的要求,在未担保余值发生减少和已确认损失的未担保余值得以恢复的情况下,都应重新计算租赁内含利率,以后各期根据修正后的投资净额和重新计算的租赁内含利率确定应确认的融资收入。未担保余值增加时,不作调整。

期末,出租人的未担保余值的预计可回收金额低于其账面价值的差额,借记"递延收益——未实现融资收益"科目,贷记"未担保余值"科目。如果已确认的未担保余值得以恢复,应当在原已确认的损失金额内转回,科目与前述相反。

(5) 或有租金的会计处理。或有租金应当在实际发生时确认为收入,借记"应收账款""银行存款"等科目,贷记"主营业务收入——融资收入"科目。

(6) 租赁期满时的会计处理。

① 租赁期满时,承租人将租赁资产交还出租人,这时有四种情况。

第一,存在担保余值,不存在未担保余值。出租人收到承租人交还的资产时,借记"融资租赁资产"科目,贷记"应收融资租赁款"科目。

第二,存在担保余值,同时存在未担保余值。出租人收到承租人交还的资产时,借记"融资租赁资产"科目,贷记"应收融资租赁款""未担保余值"科目。

第三,不存在担保余值,存在未担保余值。出租人收到承租人交还的资产时,借记"融资租赁资产"科目,贷记"未担保余值"科目。

第四,担保余值和未担保余值都不存在。出租人无须作处理,只需相应的备查登记即可。

② 优惠续租租赁资产。如果承租人行使优惠续租选择权,则出租人应视同该项租赁一直存在而作出相应的账务处理。如果承租人没有续租,根据合同规定向承租人收取违约金时,借记"其他应收款",贷记"营业外收入"科目。同时将收回的资产按上述规定进行处理。

③ 留购租赁资产。承租人行使了优惠购买选择权,出租人应该按照收到的承租人支付的购买资产的价款,借记"银行存款"等科目,贷记"应收融资租赁款"等科目。

(7) 相关会计信息的披露。出租人应在财务报告中披露的事项有:①资产负债表日后连续三个会计年度每年度将收取的最低收款额,以及以后年度内将收取的最低收款总额;②未确认融资收益的余额,即未确认融资收益的总额减去已确认融资收益部分后的余额;③分配未确认融资收益所采用的方法,如实际利率法、直线法或年数总和法。

【例14-4】 20×1年12月28日,甲公司与乙公司签订了一份租赁合同,租生产线一套。20×2年1月1日该生产线运抵甲公司,租期36个月,自租赁期开始日起每年年末支付租金1 000 000元;该生产线在20×2年1月1日乙公司的公允价值为2 600 000元;合同规定的利率为8%(年利率)。生产线为全新设备,使用年限为5年。20×3年和20×4年两年,甲公司每年按该生产线所生产产品的年销售收入的1%向乙公司支付经营分享收入。

甲公司采用实际利率法确认本期应分摊的未确认融资费用,采用年限平均法计提固定资产折旧。20×3年、20×4年甲公司分别实现产品销售收入10 000 000元和15 000 000元。20×4年12月31日,甲公司将该生产线退还乙公司。甲公司在租赁谈判和签订租赁合同过程中发生可归属于租赁项目的手续费、差旅费共计10 000元。

乙公司租出的生产线账面价值为2 600 000元,发生初始直接费用100 000元,采用实际利率法确认本期应分配的未实现融资收益。20×3年、20×4年乙公司从甲公司分享销售收入100 000元和150 000元。20×4年12月31日,乙公司将该生产线收回。

(1) 乙公司租赁开始日的账务处理如下。

① 计算租赁内含利率。

租赁内含利率是指租赁开始日,使最低租赁收款额的现值与未担保余值的现值之和等于租赁资产公允价值与出租人的初始直接费用之和的折现率。

最低租赁收款额等于最低租赁付款额,即

租金×期数+承租人担保余值=1 000 000×3+0=3 000 000(元)

因此,租赁资产的公允价值+初始费用的和为

1 000 000×(P/A,R,3)=2 600 000+100 000=2 700 000(元)

经查表14-2可知:

表14-2 年金系数计算表

年金系数	利 率
2.7232	5%
2.7	R
2.6730	6%

利用内插法,可得R=5.46%。

② 计算租赁开始日最低租赁收款额及其现值和未实现融资收益。

最低租赁收款额+未担保余值=(最低租赁付款额+第三方担保余值)+未担保余值
　　　　　　　　　　　　=[(各期租金之和+承租人担保余值)+第三方担保余值]+未担保余值
　　　　　　　　　　　　=[(1 000 000×3+0)+0]+0=3 000 000(元)

最低租赁收款额=1 000 000×3=3 000 000(元)

最低租赁收款额的现值=1 000 000×(P/A,5.46%,3)=2 700 000(元)

未实现融资收益=(最低租赁收款额+初始费用+未担保余值)-(最低租赁收款额的现值+初始费用+未担保余值的现值)=3 100 000-2 700 000=400 000(元)

③ 判断租赁类型。本例中租赁期3年占租赁资产可使用年限5年的60%,满足融资租赁的相关标准。另外,最低租赁收款额的现值为2 600 000元,大于租赁资产原账面价值的90%,即2 340 000(2 600 000×90%)元,满足融资租赁的相关标准,因此乙公司应当将该项租赁认定为融资租赁。

④ 账务处理。20×2年1月1日,乙公司租出生产线,发生初始费用,作会计分录如下:

借:长期应收款——应收融资租赁款　　　　　　　　　　　　3 100 000
　　贷:融资租赁资产　　　　　　　　　　　　　　　　　　2 600 000
　　　　银行存款　　　　　　　　　　　　　　　　　　　　　100 000
　　　　未实现融资收益　　　　　　　　　　　　　　　　　　400 000
借:未实现融资收益　　　　　　　　　　　　　　　　　　　　100 000
　　贷:长期应收款——应收融资租赁款　　　　　　　　　　　100 000

(2) 乙公司未实现融资收益分配的账务处理如下。

① 计算租赁期内各租金收取期应分配的未实现融资收益,如表14-3所示。

表14-3 未实现融资收益分配表

20×2年1月1日

日期 ①	租金 ②	确认的融资收入 ③=上期的期末⑤×5.46%	租赁投资净额减少额 ④=②-③	租赁投资净额余额 期末⑤=上期的期末⑤-④
20×2.1.1				2 700 000.00
20×2.12.31	1 000 000	147 420.00	852 580.00	1 847 420.00
20×3.12.31	1 000 000	100 869.13	899 130.87	948 289.13
20×4.12.31	1 000 000	51 710.87	948 289.13	0
合计	3 000 000	300 000.00	2 700 000.00	

作尾数调整：51 710.87=1 000 000-948 289.13；948 289.13=948 289.13-0

② 账务处理如下。

20×2.12.31，收到第一期租金时的会计分录为

借：银行存款　　　　　　　　　　　　　　　　　　　　　　　1 000 000
　　贷：长期应收款——应收融资租赁款　　　　　　　　　　　　　　　1 000 000

20×2.1—12，每月确认融资收入时，其会计分录为

借：未实现融资收益(147 420÷12)　　　　　　　　　　　　　　12 285
　　贷：租赁收入　　　　　　　　　　　　　　　　　　　　　　　　　12 285

20×3.12.31，收到第二期租金时的会计分录为

借：银行存款　　　　　　　　　　　　　　　　　　　　　　　1 000 000
　　贷：长期应收款——应收融资租赁款　　　　　　　　　　　　　　　1 000 000

20×3.1—12，每月确认融资收入时，其会计分录为

借：未实现融资收益(100 869.13÷12)　　　　　　　　　　　　8 405.76
　　贷：租赁收入　　　　　　　　　　　　　　　　　　　　　　　　　8 405.76

20×4.12.31，收到第三期租金时的会计分录为

借：银行存款　　　　　　　　　　　　　　　　　　　　　　　1 000 000
　　贷：长期应收款——应收融资租赁款　　　　　　　　　　　　　　　1 000 000

20×4.1—12，每月确认融资收入时，其会计分录为

借：未实现融资收益(51 710.87÷12)　　　　　　　　　　　　　4 309.24
　　贷：租赁收入　　　　　　　　　　　　　　　　　　　　　　　　　4 309.24

(3) 或有租金的账务处理如下。

20×3.12.31，根据合同规定向甲公司收取经营分享收入100 000元，其会计分录为

借：应收账款——甲公司　　　　　　　　　　　　　　　　　　100 000
　　贷：租赁收入　　　　　　　　　　　　　　　　　　　　　　　　　100 000

20×4.12.31，根据合同规定向甲公司收取经营分享收入150 000元，其会计分录为

借：应收账款——甲公司　　　　　　　　　　　　　　　　　　150 000
　　贷：租赁收入　　　　　　　　　　　　　　　　　　　　　　　　　150 000

(4) 租赁期满时的账务处理。20×4.12.31将该生产线从甲公司收回，作备查登记。

(5) 在财务报告中列示与披露。

本章小结

经营租赁又称为业务租赁,是融资租赁的对称,是为满足承租人临时使用资产的需要而安排的"不完全支付"式租赁。它是一种纯粹的、传统意义上的租赁。承租人租赁资产只是为了满足经营上短期的、临时的或季节性的需要,并没有添置资产方面的意图。经营性租赁是一个反复出租的过程,出租人与多个承租人签订出租合同,租赁物件一般是通用设备或技术含量高、更新速度快的设备。经营性租赁的业务应分别从出租人与承租人角度进行核算。

• 融资租赁是指实质上转移了与资产所有权相关的全部风险和报酬的租赁,其所有权最终可能转移,也可能不转移。所谓"风险",是指由于资产闲置或技术陈旧而发生的损失,以及由于经营状况变化致使有关收益发生的变动。所谓"报酬",是指在资产有效使用年限内直接使用它而获得的收益,资产本身的增值以及处置所实现的收益。一项租赁只有实质上转移了与租赁资产所有权有关的全部风险和报酬才能被认定为融资租赁。融资性租赁的业务应分别从出租人与承租人角度进行核算。

复习思考题

一、基本概念

租赁　经营租赁　融资租赁　租赁期　承租人　租赁开始日　出租人

二、判断题

1. 一项租赁只有实质上转移了与租赁资产所有权有关的全部风险和报酬才能被认定为融资租赁。（　）

2. 如果无法合理确定租赁期届满后承租人是否能够取得租赁资产的所有权,应以租赁期与租赁资产寿命两者中较短者作为折旧期间。（　）

3. 在承租人或与其有关的第三方对租赁资产提供了担保或由于在租赁期届满时没有续租而支付违约金的情况下,在租赁期届满时未确认的融资费用应当全部摊销完毕,并且租赁负债应减少至担保余值或该日应支付的违约金。（　）

三、简答题

1. 租赁有哪些类型?
2. 融资租赁与经营租赁的区别是什么?
3. 在融资租赁中,承租人和出租人在会计科目的设置上有什么不同?
4. 简述经营性租赁业务的一般程序。
5. 如何判断一种租赁是否为融资租赁?
6. 什么是最低租赁收款额和最低租赁付款额?

四、业务题

1. 2017年1月1日,机器租赁公司将新购入的1台设备出租给红旗公司,价值为100 000元,经济使用年限为10年,租赁开始日为2017年1月1日,租期为5年,年租金为10 000元,租金每年终了时均等支付。设备租赁过程中发生直接费用5000元,由出租方承担。要求：作机器租赁公司的账务处理。

2. 2017年1月1日，红旗公司从机器公司以经营租赁方式租入生产线一套，租期为3年。设备价值为2 000 000元，经济使用年限为8年，残值为6000元。合同规定，租赁开始日为2017年1月1日，红旗公司向机器公司一次性支付租金140 000元，第一年年末支付租金100 000元，第二年年末支付租金100 000元，第三年年末支付租金110 000元。

要求：作红旗公司的账务处理。

3. 某租赁公司于2017年将账面价值为5000万元的一套大型电子计算机以融资租赁方式租赁给B企业，该大型电子计算机占企业资产总额的30%以上。双方签订合同，B企业租赁该设备48个月，每6个月月末支付租金600万元。B企业担保的资产余值为900万元，另外担保公司担保金额为750万元，租赁开始日公允价值为5000万元，估计资产余值为1 800万元。已知"最低租赁收款额现值与未担保的资产余值现值"之和为5000万元。问：该租赁公司在租赁期开始日应记入"未实现融资收益"科目的金额为多少万元？

4. 2017年12月1日，甲公司与乙公司签订了一份租赁合同。合同主要条款及其他有关资料如下：

(1) 租赁标的物：某大型机器生产设备。

(2) 租赁期开始日：2017年12月31日。

(3) 租赁期：2017年12月31日至2020年12月31日，共计36个月。

(4) 租金支付方式：自承租日起每6个月于月末支付租金225 000元。

(5) 该设备在租赁开始日的公允价值与账面价值均为1 050 000元。

(6) 租赁合同规定年利率为14%。

(7) 该设备的估计使用年限为9年，已使用4年，期满无残值，承租人采用平均法计提折旧。

(8) 租赁期满时，甲公司享有优惠购买选择权，购买价为150 000元。估计期满时的公允价值为300 000元。

(9) 2019年和2020年两年甲公司每年按该设备所生产产品的年销售收入的5%向乙租赁公司支付经营分享收入。甲公司2019年和2020年的销售收入分别为350 000元、400 000（或500 000）元。此外，该设备不需安装。

(10) 承租人在租赁谈判和签订租赁合同过程中发生的可归属于租赁项目的手续费、律师费、差旅费、印花税等初始直接费用共计10 000元，以银行存款支付。出租人在租赁谈判和签订租赁合同过程中发生的直接费用共计15 000元，以银行存款支付。

$(P/A,7\%,6)=4.7665$；$(P/F,7\%,6)=0.6663$；$225\ 000×(P/A,7.7\%,6)+150×(P/F,7.7\%,6)=1050\ 000$

要求：

(1) 判断租赁类型。

(2) 确定租赁资产入账价值并编制会计分录。

(3) 编制2018年6月30日、12月31日未确认融资费用分摊的会计分录。

(4) 编制2018年12月31日按年计提折旧的会计分录。

(5) 编制2019年和2020年有关或有租金的会计分录。

(6) 编制2020年12月31日租赁期满时留购租赁资产的会计分录。

5. 2017年年初，天华租赁公司购入设备一台，公允价值为700 000万元。现以融资租赁方式出租给大兴公司，租期为6年，承租人担保余值为100万元，无未担保余值。每年年末等额支付租金150 000万元，租赁内含利率为7.7%。

要求：作出租人的相关账务处理。

参 考 文 献

[1] 中华人民共和国财政部. 企业会计准则[M]. 北京：经济科学出版社，2006.
[2] 财政部会计司编写组. 企业会计准则讲解(2008)[M]. 北京：人民出版社，2008.
[3] 崔澜. 商业银行会计[M]. 北京：北京交通大学出版社，2010.
[4] 崔澜. 金融公司会计[M]. 北京：北京交通大学出版社，2011.
[5] 王允平，关新红，李晓梅. 金融企业会计学[M]. 北京：经济科学出版社，2017.
[6] 韩俊梅，岳龙. 商业银行会计学[M]. 北京：经济科学出版社，2011.
[7] 李光，陈新宁. 金融企业会计[M]. 北京：清华大学出版社，2010.
[8] 崔刚，汪要文，侯立新. 金融企业会计[M]. 北京：机械工业出版社，2012.
[9] 李燕. 金融企业会计[M]. 大连：东北财经大学出版社，2013.
[10] 关新红，李晓梅. 金融企业会计[M]. 2版. 北京：中国人民大学出版社，2015.
[11] 张凤卫. 金融企业会计[M]. 2版. 北京：清华大学出版社，北京交通大学出版社，2013.
[12] 李晓梅，关新红. 金融企业会计[M]. 4版. 北京：首都经济贸易大学出版社，2015.
[13] 孟艳琼. 金融企业会计[M]. 2版. 北京：中国人民大学出版社，2016.
[14] 刘学华. 金融企业会计[M]. 2版. 上海：立信会计出版社，2017.
[15] 关新红. 新会计准则下金融企业会计实务[M]. 3版. 北京：电子工业出版社，2015.